Reinhard Kaiser

Der glückliche Kunsträuber

Benjamin Zix: «Allegorisches Porträt von Vivant Denon», 1811.

Reinhard Kaiser

Der glückliche Kunsträuber

Das Leben des Vivant Denon

C.H.Beck

Mein Dank gilt Elena Balzamo, Marie-Luise Knott, Michael Hohmann, Ann Anders, Heiner Boehncke, Rainer Wieland, Stefan Bollmann, meiner Frau Viktoria, unserer Tochter Lisa und unserer Enkeltochter Emma Gesine. Ohne die Ermutigung, die mir von ihnen allen zuteilwurde, wäre dieses Buch nicht fertig geworden.

Frankfurt am Main, 20. September 2015
Reinhard Kaiser

Mit 22 Abbildungen

© Verlag C.H.Beck oHG, München 2016
Satz: Fotosatz Amann, Memmingen
Druck und Bindung: GGP Media GmbH, Pößneck
Umschlaggestaltung: Geviert, Grafik & Typografie, München
Umschlagabbildungen: vorne: Jean-Baptiste Isabey, Porträt Vivant Denons, 1794;
hinten: Hubert Robert, La Grande Galerie (Musée du Louvre),
Ausschnitt, nach 1801, © bpk/RMN – Grand Palais/Jean-Gilles Berizzi
Gedruckt auf säurefreiem, alterungsbeständigem Papier
(hergestellt aus chlorfrei gebleichtem Zellstoff)
Printed in Germany
ISBN 978 3 406 68878 2

www.chbeck.de

Que Pierrot serait content
s'il avait l'art de vous plaire.*

*Ach, wie froh wär Pierrot,
hätt' er die Kunst, euch zu vergnügen.

Inhalt

Vorspann

1. Kapitel

2. Kapitel

3. Kapitel

4. Kapitel

5. Kapitel

6. Kapitel

7. Kapitel

8. Kapitel

9. Kapitel

10. Kapitel

Nachspann

Anhang

Vorspann

Historische Achse — Seit es sie gibt, scheint die gläserne Pyramide des Louvre in Paris den Ausgangspunkt einer Geraden zu bilden, die wie mit dem Lineal gezogen in westlicher Richtung durch die französische Hauptstadt verläuft. Zunächst passiert diese Gerade einen Triumphbogen römischen Formats, schneidet dann – auf der Place de la Concorde – einen echten, altägyptischen Obelisken und unterquert noch einen zweiten Triumphbogen, diesmal von napoleonischen Ausmaßen, bevor sie sich hinter der so gut wie quadratischen Öffnung einer Baulichkeit im Weiten verliert, die seltsamerweise ebenfalls «Bogen» – sogar «Großer Bogen», *Grande Arche* – genannt wird und allein zu dem phantastischen Zweck errichtet scheint, ein Stück Himmel einzurahmen und gleichsam an die Erde zu heften.

Genau genommen beginnt diese «historische Achse», wie sie in Frankreich genannt wird, allerdings nicht bei der gläsernen Pyramide, sondern bei einem schräg vor ihr stehenden Reiterstandbild Ludwigs XIV. Die Pyramide und der ganze Louvre liegen nämlich ein wenig versetzt zu ihr. Trotzdem ergibt sich der Eindruck, dass zwischen all diesen Denk- und Sehenswürdigkeiten, über Räume und Zeiten hinweg, ein Zusammenhang besteht, und dieser Eindruck täuscht nicht.

Auch die gläserne Pyramide dient einem phantastischen Zweck. Sie markiert und beschirmt einen Zugang zur Kunst, wie es keinen zweiten auf der Welt gibt. Sie eröffnet den Weg in eine Sammlung von Sammlungen, die nicht ihresgleichen hat.

Wenn der Besucher in die Pyramide getreten ist, bleibt ihm nach der Sicherheitskontrolle nichts anderes übrig, als erst einmal hinabzusteigen auf eine tiefer gelegene, dank des durchsichtigen Zeltes über ihm aber dennoch lichte Ebene. Dort unten hat er dann die Wahl. Drei Wege führen von hier zur Kunst. Entscheidet er sich für den, der nach rechts, nach Süden, in Richtung der Seine, zum ältesten Teil des Museums abzweigt, so gleitet er nach einigen Schritten auf einer nun wieder in die Höhe führenden Rolltreppe den Buchstaben D-E-N-O-N entgegen und kann dann, unter ihnen hindurchgehend, seinen Weg fortsetzen – zu den römischen und griechischen Antiken im Erdgeschoss oder hinauf nach der Beletage, zu den italienischen Meistern in der Grande Galerie, zur Mona Lisa und zu den großformatigen Franzosen des 19. Jahrhunderts in den angrenzenden Sälen.

Der Louvre hat in den zweieinhalb Jahrzehnten seit der Eröffnung der Pyramide und mit all den Erweiterungen, die ihr folgten, einen Glanz erlangt, der ungeheuerlich und unvergleichlich erscheint. Doch dieser Eindruck täuscht. So viel Strahlkraft, wie er heute hat, ist schon einmal von ihm ausgegangen – kurz nachdem das einstige Königsschloss zu Beginn der revolutionären Schreckensherrschaft, im Sommer 1793, in ein Kunstmuseum umgewandelt worden war. Während der ersten beiden Jahrzehnte seines Daseins stand dieser Louvre in seiner Pracht und seiner Anziehungskraft hinter dem von heute nicht zurück, und was die – nach dem Urteil der Zeitgenossen – großartigen Gemälde und Skulpturen allerhöchsten Ranges anging, die er damals beherbergte, so übertraf ihre Zahl und ihre Qualität sogar die Bestände des heutigen Museums. Nachher allerdings ging es dann sehr plötzlich und steil bergab.

*

Frankreich beraubt — Im Herbst des Jahres 1815, nach der Schlacht bei Waterloo, als Napoleon Bonaparte abgedankt hatte und zu Schiff in sein endgültiges Exil nach Sankt Helena unterwegs war, erschienen in Paris Abgesandte zahlreicher europäischer Mächte – Kunstsachverständige. Sie verschafften sich – bisweilen unter militärischer Bedeckung – Zugang zum Museum und wanderten mit langen Listen durch die schier endlose Grande Galerie, auf der Suche nach Bildern und Skulpturen, die sie von ihren Sockeln oder von den Wänden zu holen und abzutransportieren gedachten.

Der Direktor des Museums, Dominique Vivant Denon, ein quicklebendiger, streitbarer Herr von achtundsechzig Jahren, stellte sich den Eindringlingen nach Kräften entgegen. Zeit seines langen, wendungsreichen Lebens hatte er es immer verstanden, im Umgang mit sehr unterschiedlichen, sehr einflussreichen, sehr mächtigen Personen den richtigen Ton zu treffen. Aber diesmal, angesichts des drohenden Untergangs seines Museums, verlor er jegliche Contenance.

Auch der Heilige Stuhl beteiligte sich an der Leerung des Louvre und hatte dazu den berühmten italienischen Bildhauer Antonio Canova nach Paris entsandt. Als Denon gegen ihn ausfallend wurde, wies Canova ihn zurecht, so führe man sich in Gegenwart eines Botschafters, eines *Ambassadeur*, nicht auf. «*Ambassadeur!*», erwiderte Denon, «Sie wollten wohl sagen *emballeur* – Einpacker!»*

Die Vereinigten Niederlande hatten vier Kommissare nach Paris geschickt. Unter der Leitung von Cornelis Apostool, dem Direktor des Koninklijk Museum in Amsterdam, des heutigen Rijksmuseums, sollten die Maler Balthasar-Paul Ommeganck, Joseph Dionysius Odevaere und Petrus Johannes van Regemorter etliche alte Niederländer und Flamen und vor allem die Gemälde des Peter Paul Rubens aus Paris in ihre Heimat zurückholen. Als Denon sah, wie van Regemorter, hoch auf einer Leiter stehend, eines der großen Rubensbilder abhängen wollte, das zu den Hauptattraktionen des Louvre gehört hatte, packte ihn der Zorn. Er stieß die Leiter um, und van Regemorter wäre unweigerlich mit ihr in die Tiefe gestürzt, hätte er sich nicht mit beiden Händen oben an den Rahmen des Bildes geklammert, wo er, vor der kostbaren Leinwand strampelnd, eine Weile hängenblieb, bis seine Landsleute die Leiter wieder aufgerichtet hatten.* Doch aller Widerstand Denons und seiner Mitarbeiter blieb vergebens. Der Louvre leerte sich zusehends und noch viel schneller, als er sich in den beiden vorangegangenen Jahrzehnten gefüllt hatte. Schließlich erschien in der «Gazette de France» unter dem Datum des 18. Oktober 1815 die folgende Notiz:

Monsieur Denon, Generaldirektor des Museums, hat um seine Entlassung gebeten. Ihre Majestät hat seinem Gesuch stattgegeben und dabei Ihre Zufriedenheit darüber zum Ausdruck gebracht, mit welchem Eifer sich dieser Gelehrte dafür eingesetzt hat, Frankreich einen Teil der Meisterwerke zu erhalten, deren es sich nun beraubt sieht.*

Frankreich *beraubt!* So sah es die «Gazette de France». So sah es «Ihre Majestät», Ludwig XVIII., der Nachfolger Ludwigs XVI. auf dem französischen Königsthron, der die Jahre der Revolution und des napoleonischen Kaiserreiches im Exil verbracht und nach der Schlacht bei Waterloo mit Hilfe der Engländer und Preußen den Weg zurück in die französische Hauptstadt gefunden hatte. So sah es auch Denon selbst – ausgerechnet er, den übelwollende Zeitgenossen außerhalb Frankreichs den «französischen Raubkommissär»* nannten und für den größten Kunsträuber ihrer Zeit, wenn nicht aller Zeiten hielten.

Vivant Denon, von 1802 bis 1815 Direktor des Louvre oder vielmehr des «Musée Napoléon», wie es während dieser Zeit hieß, hat die «Politik des nationalen Kunstraubs»* für Frankreich nicht erfunden und nicht in Gang gesetzt. Aber er hat sie, nachdem ihm die Leitung des Museums übertragen worden war, so energisch und so sachverständig betrieben wie niemand in den Jahren vor ihm. Bei den planmäßig organisierten Aktionen wurde – ebenfalls nicht selten unter militärischer Bedeckung – aus zahlreichen europäischen Groß- und Kleinstaaten eine unübersehbare Menge von Kunstwerken und anderen Kulturgütern nach Frankreich «weggeführt» – zum höheren Ruhm der *Grande Nation*, als Trophäen ihrer militärischen Triumphe. Damals wurden mehr Kunstwerke von ihrem bisherigen Standort entfernt als je zuvor in Europa.

Übertroffen wurde diese Betriebsamkeit, was die Masse der bewegten, verschleppten und verschobenen Werke angeht, wohl erst durch die kunsträuberischen Untaten, die Deutschland in der Zeit des Nationalsozialismus vollbrachte: die Beschlagnahmung und Enteignung von jüdischem Kunstbesitz im eigenen Land seit den dreißiger Jahren und während des Krieges dann die Plünderung öffentlicher und privater Sammlungen in den besetzten Ländern.

Irgendwann im Herbst 1815 sah Vivant Denon schließlich ein, dass er die Fülle seiner Sammlungen gegen die Rückgabeforderungen der Geschädigten nicht würde retten können:

*Sollen sie die Sachen doch mitnehmen – der Blick dafür fehlt ihnen, und Frankreich wird durch seinen Vorrang in der Kunst immer aufs Neue beweisen, dass diese Meisterwerke hier besser aufgehoben waren als anderswo.**

In trotziger Resignation bezeugt hier der selbstbewusste Kunsträuber sein gutes Gewissen. Wie immer es um das förmliche Recht der ursprünglichen Besitzer und ihrer Abgesandten bestellt sein mag, er reklamiert für sein Land das bessere, kunstfreundlichere Klima und für sich selbst das höhere Recht der Kennerschaft und des wahren Kunstverstandes – *der Blick dafür fehlt ihnen.*

Friedrich Schiller, zweitgrößter Dichter jenes Landes, das – nach Italien – von den französischen Kunstraubzügen am heftigsten getroffen wurde, hatte sich und seine Leser schon in dem Gedicht «Die Antiken zu Paris» von 1802 mit einem ganz ähnlichen Gedanken getröstet, wie ihn dann schließlich auch Denon formulierte:

Was der Griechen Kunst erschaffen,
Mag der Franke mit den Waffen
Führen nach der Seine Strand,
Und in prangenden Museen
Zeig er seine Siegstrophäen
Dem erstaunten Vaterland!

Ewig werden sie ihm schweigen,
Nie von den Gestellen steigen
In des Lebens frischen Reihn.
Der allein besitzt die Musen,
Der sie trägt im warmen Busen,
Dem Vandalen sind sie Stein.

*

Vandalismus — Wie sind die Vandalen eigentlich zu ihrem schlechten Ruf gekommen? Gewiss, sie haben im Jahre 455 unter ihrem Anführer Geiserich während vierzehn langen Tagen Rom geplündert. Aber sie waren nicht die Ersten und nicht die Einzigen, die so etwas taten. Beim «Sacco di Roma» zum Beispiel, der Plünderung Roms im Jahre 1527, waren vor allem deutsche Landsknechte am Werk. Auch könnte man den alten Vandalen zugutehalten, dass sie ihrem späteren Ruf insofern nicht gerecht wurden, als sie damals in Rom eben nicht einfach alles, was ihnen unterkam, kurz und klein schlugen. Blinde Zerstörungswut, für die sie heute ihren Namen hergeben müssen, scheint ihre Sache nicht gewesen zu sein. Den siebenarmigen Leuchter zum Beispiel, den die Römer vierhundert Jahre vorher selbst zusammen mit zahlreichen anderen Kult- und Kunstgegenständen aus dem Tempel von Jerusalem geraubt und im Triumphzug nach Rom gebracht hatten, haben auch die Vandalen nicht zerstört oder verschwinden lassen. Sie haben ihn nach Karthago mitgenommen und dort sorgfältig aufbewahrt. Verschwunden ist der den Juden so unschätzbar wertvolle und bis heute schmerzlich vermisste Leuchter erst, nachdem wiederum achtzig Jahre später Belisar, ein Feldherr des christlichen Kaisers Justinian I., ihn den Vandalen weggenommen hatte. Auf der Seereise nach Konstantinopel soll er mit einem Schiff voller Beute im Mittelmeer versunken sein. Der Begriff «Vandalismus» kam erst sehr viel später auf. Die Französische Revolution selbst hat ihn hervorgebracht – *selbstkritisch*, so könnte man sagen, im Blick auf ihren eigenen Umgang mit der Kunst.

Kurz nachdem schließlich auch Robespierre unter die Guillotine geraten war, im August 1794, legte ein gemäßigter Abgeordneter, der Abbé Henri Grégoire, der Nationalversammlung drei «Berichte über die Zerstörungen des Vandalismus und die Mittel, sie zu verhindern» vor. Darin formulierte er als eine Tatsache, was den radikaleren Vorkämpfern der Revolution und ihren Fußtruppen erst noch klargemacht werden musste: «Barbaren und Sklaven verabscheuen die Denkmäler der Kunst, freie Menschen lieben und bewahren sie.»*

Die Revolution hatte der Kunst in den zurückliegenden Jahren keineswegs jene Liebe entgegengebracht, die der Abbé Grégoire hier als eine Selbstverständlichkeit hinstellt. Im Gegenteil. Kunstbesitz galt vielen Revolutionären als verwerfliches Privileg des Adels und der Kirche, als schändliches, zerstörungswürdiges Zeichen des Luxus und der Dekadenz, und so gehörten zu den Folgen des Sturms auf die Bastille auch ungezählte wüste Bilderstürme. Nicht nur Herrscherstatuen und andere Symbole des alten Regimes fielen ihnen zum Opfer. Der Idee nach galt es, sämtliche Spuren der Monarchie, der Feudalherrschaft und des Klerikalismus auszulöschen. Königs- und Heiligenfiguren im Inneren und an den Fassaden und Portalen der Kirchen wurden zerschlagen, die Kirchenschätze mit ihren Reliquiaren, Kelchen und Monstranzen eingeschmolzen, um den Goldwert zu realisieren. Adelssitze wurden verwüstet und geplündert. Vernichtung und Verschleuderung von Kunstbesitz gingen dabei dicht nebeneinander her. Möbel, Gemälde und Gobelins wurden versteigert – an eine Kundschaft, die aus Holland, England und Italien mit Annoncen in den dort erscheinenden Zeitungen nach Frankreich gelockt wurde.

Die Gruft der Kirche von Saint Denis im Norden von Paris, wo seit achthundert Jahren die französischen Könige und ihre Gemahlinnen bestattet worden waren, wurde im Herbst 1793 verwüstet – angeblich um das Blei der Särge im Inneren der Grabmäler für die Rüstungsproduktion zu gewinnen, vor allem aber um die Herrschaft dieser Herrscher wenigstens nachträglich und symbolisch ungeschehen zu machen und das Andenken an sie auszulöschen. Die Gebeine der Toten wurden in ein Massengrab neben der Kirche geworfen. In der letzten Phase der Vorherrschaft Robespierres scheint dieses zerstörerische Treiben seinen Höhepunkt erreicht zu haben. Noch im April 1794, nur wenige Monate bevor Henri Grégoire der Nationalversammlung über den Vandalismus berichtete, erschienen im Musée Central, wie der Louvre damals hieß, Bevollmächtigte des Wohlfahrtsausschusses und sonderten im Depot sämtliche Gemälde aus, die in ihrer Thematik irgendwie an die Feudalzeit erinnerten, um sie nachher zu verbrennen.*

Dem vandalistischen Wüten der Revolutionäre stellten sich besonnenere Zeitgenossen entgegen und brachten sich mitunter selbst in Gefahr, indem sie gefährdete Kunstwerke und wertvolle historische Objekte vor der Zerstörung zu retten versuchten. Alexandre Lenoir richtete im ehemaligen Kloster der Petits Augustins, wo heute die «Ecole des beaux-arts» von Paris residiert, ein Depot für solche bedrohten Kulturschätze ein, das er dann im Jahre 1795, nach dem Ende der Schreckensherrschaft, in ein Museum für französische Kultur und Geschichte umwandelte.*

Während in Paris und der französischen Provinz die Werke der Kunst noch, wie die Menschen, in Massen hingerichtet wurden, begannen die Truppen der französischen Republik jenseits der Landesgrenzen schon damit, nicht nur die von Klerikalismus und Fürstenherrschaft unterdrückten Völker, sondern auch die in diesen Gegenden anzutreffenden Kunstwerke zu *befreien*. Seit 1792 kämpften französische Armeen mit wechselndem Erfolg auf linksrheinischem deutschen Gebiet und auf dem Territorium des heutigen Belgien und der Niederlande gegen eine von Österreich und Preußen angeführte Koalition europäischer Mächte, die Frankreich wieder in eine Monarchie verwandeln wollten.

Der französischen Nordarmee, die schließlich die Oberhand behielt und die österreichischen Niederlande und die Generalstaaten besetzte, gehörte auch eine Gruppe von «Kunstkommissaren» an. Sie wählten zum ersten Mal – vor allem in den Kirchen und Klöstern Flanderns – eine größere Zahl von Kunstwerken für die Überführung nach Paris aus: die Mitteltafel des berühmten Genter Altars von Jan van Eyck, Bilder von Paulus Potter, Jacob Jordaens, Rembrandt, van Dyck und immer wieder Rubens – nicht zuletzt auch dessen «Kreuzigung des Apostels Petrus», die im Oktober 1794 in der Kirche Sankt Peter in Köln abgehängt wurde. Es war dies allerdings das einzige Gemälde, das damals in Köln beschlagnahmt wurde. Die Kunst der Gotik, an der die Stadt so reich war, galt dem französischen Kunstgeschmack der Zeit als *primitif*, was im Französischen nicht so abwertend klingt wie im Deutschen das Wort *primitiv*, damals aber dennoch bedeutete, dass diese «frühe», «ursprüngliche», «urwüchsige» Kunst nicht hoch im Kurs stand und kaum Beachtung fand.*

Stattdessen nahmen die Kunstkommissare in Köln aus den Sammlungen des ehemaligen Jesuitenkollegs mehr als 26000 Kupferstiche und über 6000 Zeichnungen sowie die wertvollsten Bücher aus dessen großer Bibliothek mit. In Aachen beschlagnahmten sie unter anderem den Proserpina-Sarkophag, in dem einst Karl der Große bestattet worden sein soll, sowie ein Armreliquiar und ließen außerdem an die vierzig Marmor- und Porphyrsäulen aus den Bögen der Pfalzkapelle des Doms brechen und nach Paris schaffen.* Vom weiteren Schicksal dieser Kostbarkeiten wird noch die Rede sein.

*

Triumph und Trophäe — Verglichen mit den verschiedenen Formen ihrer Zerstörung und Vernichtung erscheint der Raub von Kunst fast wie eine Form ihrer Wertschätzung und Verehrung. Anders als für Schiller fielen diese Kunstentführungen in der Wahrnehmung der Franzosen, die für ihre Planung und Ausführung zuständig waren, jedenfalls nicht unter die Rubrik «Vandalismus». Der Erfinder dieses Begriffs selbst, der Abbé Grégoire, kündigte im August 1794 voller Überschwang das baldige Eintreffen der ersten Kunstkonvois aus den Niederlanden an:

Die Republik erwirbt durch ihren Mut, was Ludwig XIV. auch mit ungeheuren Summen niemals zu gewinnen vermochte. Crayer, van Dyck und Rubens sind auf dem Weg nach Paris, und die flämische Schule erhebt sich und kommt herbei, um unsere Museen zu schmücken.*

Am 20. September 1794 trat der Maler Jacques-Luc Barbier, zu jener Zeit als Leutnant und Kunstkommissar im Dienst der Nordarmee stehend, vor die Nationalversammlung und meldete die Ankunft jenes ersten, von ihm selbst in Flandern zusammengestellten Kunsttransports. Die Rede, die er aus diesem Anlass hielt, ist aufschlussreich. Aus der Entführung von Kunstschätzen wird in Barbiers Rhetorik deren Heimkehr in ihr wahres Vaterland, und das ganze Unterfangen erscheint nicht im Mindesten als Bilderraub, sondern als groß angelegte Bilderbefreiung.

Vertreter des Volkes! Die Früchte des Genies stellen das Erbe der Freiheit dar, und dieses Erbe wird stets von der Volksarmee respektiert werden. Die Armee des Nordens drang mit Feuer und Schwert in die Mitte der Tyrannen und ihrer Anhänger vor, aber sie schützte sorgfältig die zahlreichen Meisterwerke der Kunst, welche die Despoten in ihrer überstürzten Flucht zurückließen. Zu lange waren diese Meisterwerke durch den Anblick der Sklaverei beschmutzt worden. Im Herzen der freien Völker sollen diese Werke berühmter

Männer ihre Ruhe finden; die Tränen der Sklaven sind ihrer Größe nicht würdig, und die Ehrung der Könige beunruhigt nur ihren Grabesfrieden.

Nicht länger befinden sich diese unsterblichen Werke in fremdem Land; heute sind sie im Vaterland der Künste und des Genies, der Freiheit und Gleichheit, in der französischen Republik angekommen. Ich habe diese kostbaren Bilder zusammengebracht und begleitet, denen weitere folgen werden. Ich bitte Euch, Bürgervertreter, ihre Sicherstellung anzuordnen, so dass ich nach Erfüllung dieser Mission zurückkehren kann, um die Despoten zu bekämpfen. Lang lebe die Republik!*

Als sich der Schwerpunkt des Kriegsgeschehens nach Italien verlagert, wo der junge General Napoleon Bonaparte Oberbefehlshaber über die französische Armee wird, ist wieder eine Kunstkommission mit von der Partie. Während Napoleon einen Sieg nach dem anderen über die Österreicher erringt und ganz Nord- und Mittelitalien republikanisiert, besichtigen die Kunstkenner in seiner Nachhut Kirchen, Klöster und Paläste.

Napoleon gab dem Kunstraub eine vermeintlich unanfechtbare rechtliche Form, indem er die Ablieferung einer bestimmten Zahl von Kunstobjekten in seinen Friedens- oder Waffenstillstandsverträgen festschrieb. Piacenza, Parma und Modena zum Beispiel hatten jeweils zwanzig Bilder nach Auswahl der französischen Kommissare zu liefern. Rom musste einhundert Bilder, Skulpturen, Mosaiken, Vasen und fünfhundert Handschriften hergeben und Venedig außer sechs Millionen Zechinen in bar und zwanzig Bildern auch das Wahrzeichen der Stadt, den Bronzelöwen, sowie die berühmten vier Bronzepferde aus der Fassade des Markusdoms, die die Venezianer ihrerseits sechshundert Jahre zuvor in Konstantinopel entwendet hatten.

Aus seinem Hauptquartier in Tolentino berichtet Napoleon 1797 an die Regierung in Paris:

21

Bürger Direktoren, der Ausschuss der Gelehrten hat in Ravenna, Rimini, Pesaro, Ancona, Loreto und Perugia reiche Ernte gehalten; dies alles wird unverzüglich nach Paris gesandt werden. Zusammen mit dem, was aus Rom gesandt werden wird, werden wir dann alles haben, was in Italien an Schönem zu finden ist, ausgenommen eine kleine Zahl von Dingen, die sich in Turin und Neapel befinden.*

Viel Sinn für Kunst hat Napoleon nicht besessen. Das «Schöne», das in Italien zu finden war, interessierte ihn nicht um seiner selbst willen. Er schätzte die Kunstbeute vor allem als Denkmal, als Beleg für seine Siege und zu ihrer Ausschmückung. Denn zum Triumph gehörte, nach antikem Vorbild, die *Trophäe*.

«Tropaion» nannten die alten Griechen ihre Siegesdenkmäler. Ursprünglich bestand ein solches Tropaion aus erbeuteten Waffenstücken der Feinde, die an Baumstümpfe oder eigens aufgerichtete Pfähle und Gerüste gehängt wurden, und zwar genau dort, wo sich die «Trope», die *Wendung* der Feinde zur Flucht, oder die «Katas-Trophe», die *vollständige Wendung* ihres Schicksals zum Schlimmsten, ereignet hatte.

Später verlegte man die Siegesdenkmäler vom Schlachtfeld in die Hauptstadt, und schließlich hörten die Sieger auf, ihre Siege allein mit den Waffen der Besiegten zu schmücken. Von dem siebenarmigen Leuchter, den Titus Flavius Vespasianus im Jahre 70 n. Chr. aus Jerusalem entführte und im Triumph nach Rom brachte, war schon die Rede. Die Römer scheuten auch den Aufwand nicht, der erforderlich war, zahlreiche Wahrzeichen des alten Ägypten, dieses scheinbar so unerschütterlichen und dennoch von ihnen unterworfenen Reiches, über das Meer zu holen und in ihrer eigenen Kapitale aufzurichten, so dass Rom heute der Ort auf der Welt ist, wo die meisten ägyptischen Obelisken stehen. Und ein Konsul namens Lucius Aemilius Paulus führte nach seinem Sieg über den mazedonischen König Perseus im Jahre 168 v. Chr. nicht weniger als zweihundertfünfzig Wagen voller Kunstschätze aus ganz Griechenland in seinem Triumphzug mit sich.

Man weiß, wie sehr das Vorbild der Römer die Anhänger der Französischen Revolution inspirierte und auch denjenigen, der ihr durch seinen Staatsstreich ein Ende machte. Napoleon hat seinen italienischen Siegen mit römischer und italienischer Kunst in Frankreich Denkmäler gesetzt. Schon zu einer Zeit, als er sich noch nicht zum Ersten Konsul und erst recht nicht zum Imperator oder Kaiser aufgeschwungen hatte, im Juli 1798, bescherte er den erstaunten Bürgern von Paris einen Triumphzug nach altrömischem Muster (Abb. 12). Die Brüder Goncourt haben ihn in ihrer «Geschichte der französischen Gesellschaft unter dem Direktorium» nach zeitgenössischen Quellen beschrieben:

Ein neues, gewaltiges Fest – der 10. Thermidor des Jahres VI [28. Juli 1798 – der vierte Jahrestag von Robespierres Sturz]. Auf den Boulevards des Städtchens, das sich einst Kaiser Julian als Winterlager erkor, werden die Wunderwerke Italiens und Griechenlands herumgefahren! Ein Wagen trägt die vier Pferde aus Venedig; ein anderer Apollon und Clio; ein anderer Melpomene und Thalia, ein anderer die Venus vom Kapitol, ein anderer den Dornauszieher und den Diskuswerfer; ein anderer den sterbenden Gallier ... ein anderer die Laokoon-Gruppe; ein anderer den Apoll von Belvedere; ein anderer die Verklärung von Raffael; ein anderer Bilder von Tizian und Veronese! Und als wären neunundzwanzig Wagenladungen mit Meisterwerken von göttlicher Schönheit nicht genug, folgen noch Wagen mit Gewächsen, Versteinerungen, Tieren; es folgen die Bären von Bern, die Löwen, die Kamele, die Dromedare Afrikas und ganze Fuhren von Manuskripten, Medaillen, Notenhandschriften, Druckwerken. ... Nachdem sie die Boulevards entlanggezogen sind, bilden die Wagen auf dem Marsfeld drei Kreise um die Statue der Freiheit, und auf ihnen türmt sich im goldenen Glanz der untergehenden Sonne ein Olymp aus Marmor. *

Viele Beutestücke blieben verpackt. Aber auf den Kisten stand in großen Buchstaben geschrieben, was sie enthielten, und zwischen den antiken Statuen wurde ein Schild getragen, auf dem zu lesen war:

La Grèce les ceda,
Rome les a perdu,
Leur sort changea deux fois,
*Il ne changera plus.**

Griechenland gab sie her,
Rom hat sie verloren,
Ihr Schicksal wechselte zweimal,
nun jedoch nie mehr.

Vivant Denon und Bonaparte selbst waren bei diesem seltsamen Umzug allerdings nicht zugegen. Auch an den bisher geschilderten Aktionen war Denon nicht beteiligt gewesen. Gegen die Ideen, die dieser Art von Beute- und Triumphzügen zugrunde lagen, hatte er sogar zusammen mit einigen anderen französischen Künstlern und Historikern öffentlich Bedenken erhoben. Zwei Jahre zuvor, zu Beginn des italienischen Feldzugs, hatte er einen von dem Archäologen und Kunsthistoriker Antoine Chrysostôme Quatremère de Quincy angeregten, zwar zaghaft formulierten, aber ernst gemeinten Brief an das Direktorium unterzeichnet:

*Bürger Direktoren – wir treten mit der Bitte an Sie heran, die wichtige Frage reiflich zu erwägen, ob es Frankreich nützlich, ob es für die Künste und Künstler überhaupt vorteilhaft ist, wenn die Denkmäler des Altertums und die Meisterwerke der Malerei und Bildhauerkunst, die den Bestand der Galerien und Museen von Rom bilden, aus dieser Hauptstadt der Künste weggeführt werden ...**

Bei den «Bürgern Direktoren» hatte dieses Schreiben wenig Interesse geweckt. Diese Leute hatten erkannt, wie anschaulich und symbolkräftig sich mit der spektakulären Überführung weltberühmter Skulpturen und Gemälde von Rom nach Paris vor aller Welt der Anspruch der französischen Hauptstadt auf das Erbe Roms und seine Nachfolge als Neues Rom, als neue Mitte der Welt bekräftigen ließ. Deshalb bremsten sie ihren erfolgsverwöhnten General in Italien weder in seinen militärischen noch in seinen konfiskatorischen Ambitionen.

Sie legten ihm auch keine Steine in den Weg, als er 1798 den Plan einer militärischen Expedition nach Ägypten ins Gespräch brachte. Napoleon wollte auf diese Weise die Stellung Frankreichs im östlichen Mittelmeerraum stärken und diejenige Englands und des mit ihm verbündeten Osmanischen Reiches schwächen. Am 19. Mai 1798 verließ er den Hafen von Toulon mit einer Kriegsflotte, der sich in den folgenden Tagen weitere Einheiten anschlossen. Auf ihrem Weg nach Süden nahm sie die Insel Malta kampflos ein und landete am 1. Juli bei Alexandria.

Mit an Bord waren hundertfünfzig Gelehrte, die während des Feldzugs das Land erkunden und die Altertümer des Pharaonenreiches erforschen, vermessen, zeichnen und, soweit sie transportabel waren, für die Museen in der Heimat einsammeln sollten. Zu ihnen gehörte auch Denon, der sich dann in Ägypten allerdings von den gelehrten Kollegen trennte und seine eigenen Wege ging. Die meisten Teilnehmer der ägyptischen Expedition fanden, Denon sei mit seinen einundfünfzig Jahren viel zu alt für ein derart gefahrvolles und kräftezehrendes Unternehmen. Denon selbst fand das nicht.

Mein Leben lang hatte ich mir gewünscht, eine Reise nach Ägypten zu machen. Aber die Zeit, die alles abnutzt, hatte auch diesen Wunsch stumpf gemacht. Als nun von der Expedition, die uns zu Herren dieses Landes machen sollte, die Rede war, fachte die Aussicht, mein altes Vorhaben doch noch zu verwirklichen, dieses Verlangen von neuem an. Ein Wort des Helden, der die Expedition befehligte, entschied über meine Abreise; er versprach mir, mich mit sich zurückzubringen, und ich zweifelte nicht an meiner Rückkunft. Sobald *ich für jene gesorgt hatte, deren Schicksal von dem meinen abhing, ließ ich die Vergangenheit hinter mir und gehörte ganz der Zukunft.* *

1. Kapitel

Herkunft, Legenden, Prägungen — Dominique Vivant Denon wurde am 4. Januar 1747 im burgundischen Chalon-sur-Saône geboren. Sein Vater war Advokat. Seine Mutter stammte aus einer reichen Kaufmannsfamilie. Die Denons verfügten in ihrer Stadt über Haus- und Grundbesitz und in deren Umgebung über einige Weinberge in guter Lage. Sie waren wohlhabend, aber wahrscheinlich nicht adelig, auch wenn Vivant Denon diesen Anschein später zeitweilig zu erwecken versuchte.

Ein unvollendet gebliebener, später Text Denons über die Entstehung und Zusammensetzung seiner eigenen Sammlung enthält auch einige autobiographische Andeutungen. Seine Heimatstadt, so schreibt er, habe ihm wenig Anregung zu bieten vermocht. Einem ihrer Bewohner jedoch, einem Sammler, verdankt er einen Eindruck, der ihm sein Leben lang unvergesslich blieb.

*Mit einer entschiedenen Liebe zur Kunst bin ich geboren worden und habe sie schon als Kind nicht nur bewundert, sondern geradezu verehrt. Ich habe das Licht der Welt in einer Provinzstadt erblickt, die dem Talent zu seiner Entfaltung nichts bieten konnte. Ein angesehener Bürger, der an die fünfzig Zeichnungen zusammengetragen hatte, erschien mir als der großherzigste und nützlichste Mann im Staat. Die Ehrfurcht, die ich ihm entgegenbrachte, erwarb mir sein Vertrauen und seine Aufmerksamkeit: Er vertraute mir die Zeichnung eines Kopfes von Carracci an; ich sah darin einen Vertrauensbeweis, für den ich ihm unendlich dankbar war, und diese Empfindung war so lebhaft, dass mich noch fünfzig Jahre später der Anblick des Hauses, in dem er gewohnt hatte, nicht ungerührt ließ.**

Der Sammler als nützlichster Mann im Staat! Vielleicht kann sich nur ein Kind zu einer so erhabenen Idee vom Wert des Sammelns und vom Rang dessen, der es betreibt, aufschwingen.

Doch auch dem erwachsenen Denon ist sie als Antrieb offenbar erhalten geblieben. Sie scheint eine ähnlich prägende Kraft entfaltet zu haben wie die Prophezeiung einer Zigeunerin, die ihm im Alter von sieben Jahren zuteilgeworden sein soll.

Du wirst von den Frauen geliebt werden. Du wirst an Höfen in ganz Europa verkehren. Und eines Tages wird ein strahlender Stern aufgehen und dir all deine Wünsche erfüllen.*

Die Geschichte dieser Glücksverheißung ist die erste einer Anzahl von Legenden, zu denen vor allem wohl Denon selbst einige Schlüsselszenen seines Lebens ausgesponnen hat. Er war ein großer Erzähler, und auch wenn diese Geschichten nicht immer ganz glaubhaft sind, scheint doch ein wahrer Kern fast nie zu fehlen. Deshalb und in Ermangelung verlässlicherer Auskünfte haben seine frühen Biographen sie gern aufgegriffen und so oft nacherzählt, dass sie mit der Zeit zu halbwegs festen Elementen von Denons Lebensgeschichte geworden sind – allen voran die Legende von der Zigeunerin. Denn sie hat sich auf besonders wundersame Weise bewahrheitet, in jedem einzelnen Punkt. Oder aber: Denon hat sie wahr gemacht, hat aus den Prophezeiungen dieser Frau die Kraft, das Selbstvertrauen, den Elan, die Phantasie geschöpft, derer es bedurfte, um sie Wirklichkeit werden zu lassen.

Prägende Kraft scheint für Denon auch der eigene Name gehabt zu haben. Der Vorname *Vivant* ist heute und war auch im damaligen Frankreich eine Rarität. Dabei gab es tatsächlich einen Heiligen, der so hieß. Er soll ein Gefährte des heiligen Martin von Tours gewesen sein und vor allem in Burgund missioniert haben. Wie der Name dieses Mannes durch einen Großonkel väterlicherseits, Vivant Jolivot, auf die Familie und auf ihn selbst gekommen ist, hat Denon in einem Brief aus der Zeit nach 1809 geschildert.

Der bon Vivant, dessen Namen ich trage, ist ein Heiliger, den man im Paradies kaum kennt, der sich dafür aber umso enger meiner Familie angeschlossen hat, in der es nur zwei Militärs gab – der eine war mein Großonkel, der jedoch zu meinem Glück vor allem ein Mann des Hofes blieb. Denn wenn ich heute genug zu essen habe, so deshalb, weil er sich aufs Trinken verstand und viel mit dem Grand Dauphin [dem ältesten Sohn Ludwigs XIV.] getrunken hat, der ihm zu seinem Vermögen verhalf. Sonderbarerweise hieß er Vivant. Der andere Vivant ist mein Neffe, der General Brunet, der in der Schlacht von Aspern einen Arm verlor ...*

Nur einen Arm, aber nicht sein Leben! So soll oder darf man diesen letzten Satz vielleicht ergänzen. Denn der Name *Vivant* hängt mit *vivre* und *la vie* und *vivacité*, mit «leben» und «Leben» und «Lebhaftigkeit» zusammen. Denon hat seinen Vornamen sehr geschätzt. Wegen seiner Seltenheit und wegen der Bilder und Ideenverbindungen, die er zu wecken vermag.

Wie jener Großonkel, der in der Wirklichkeit wohl weniger durch Trinken als durch seinen Weinhandel den Wohlstand der Familie gemehrt hat, besaß auch Denon das Talent zum *Bonvivant*, zum Lebenskünstler – und sogar zum *Über*lebenskünstler. Die streckenweise höchst gefährlichen Zeiten zwischen 1770 und 1820 mit all ihren Umschwüngen, Aufstiegen und Abstürzen hat Vivant Denon nicht nur unversehrt überstanden. Er hat sich in all diesen Jahren fast immer seines Lebens auch zu erfreuen gewusst, und dies die meiste Zeit über nicht etwa in der Zurückgezogenheit eines inneren oder wirklichen Exils, sondern in der Nähe der historischen Akteure. Er ist ihnen allen begegnet, hat auch sie gleichsam gesammelt und hat sich den wichtigsten unter ihnen sogar nützlich zu machen gewusst. Sein Künstlerleben als Lebenskünstler erschöpft sich nicht in Muße und Kunstgenuss. Zwar lässt er es sich gern gut gehen. Aber noch viel mehr reizt es ihn, sich der geliebten, begehrten Kunst dort zu nähern, wohin geebnete Wege nicht mehr führen. Faszinierender ist die Annäherung, wo sich dem Verlangen Gefahren und Strapazen in den Weg stellen, die es zu überwinden gilt.

*

Zutritt erlangen — Das erste, vergleichsweise leicht zu nehmende Hindernis ist sein Vater, der ihn aus Chalon nicht weglassen will – oder allenfalls bis Dijon oder Lyon, aber gewiss nicht nach Paris. Eines Tages, wahrscheinlich 1763, als er sechzehn ist, darf sich Denon dann doch auf den Weg in die Hauptstadt machen, wenn auch nicht ohne seinen Hauslehrer. Dieser Abbé Buisson ist zwar neun Jahre älter, aber deshalb nicht weniger neugierig auf Paris als sein Zögling. Gut möglich, dass er da seine Amts- und Aufsichtspflichten nicht allzu ernst nimmt. Der Vater wünscht sich, sein Sohn möge die Rechte studieren und Advokat werden wie er selbst. Der jedoch, so scheint es, studiert in Paris – wozu ihn niemand anhalten muss – vor allem die schönen Künste und das Leben selbst. Von irgendwelchen Fortschritten an der *Faculté des droits* in dieser Zeit ist nichts bekannt. Wohl aber weiß man, dass er bei dem Maler Noël Hallé Unterricht im Zeichnen und Radieren genommen hat. Seine früheste datierte Radierung stammt aus dem Jahr 1764, ein Porträt – und es war sein Hauslehrer, der ihm dazu Modell sitzen musste.*

Vivant Denon hat wohl schon früh zu zeichnen begonnen. Vor allem der Wunsch, sich in dieser Kunst zu vervollkommnen, trieb ihn, das provinzielle Chalon-sur-Saône zu verlassen. In Paris zeichnet und radiert er nun mit großem Eifer, experimentiert aber auch auf anderen Feldern und mit Begabungen, von denen er bisher nichts ahnte, die er nun aber an sich zu entdecken beginnt.

Ob er von seinem Talent, Zutritt zu erlangen, schon wusste, bevor er es auf eine Probe stellte, die man sich härter kaum hätte ausdenken können? Zuerst bestärkte ihn dabei vielleicht die Weissagung der Zigeunerin – zuletzt aber der eigene Erfolg.

Hiervon handelt die zweite Legende aus Denons jungen Jahren – ebenso häufig nacherzählt wie die erste. Denon verschafft sich während seiner ersten Jahre in Paris Zugang zum Hof Ludwigs XV. – mehr noch, er gewinnt die Gunst des Königs selbst.

Täglich findet er sich an einer bestimmten Stelle ein, wo der König regelmäßig vorübergeht, und betrachtet ihn jedesmal mit solchem Entzücken, dass der Monarch schließlich aufmerksam wird und eines Tages das Wort an den jungen Mann richtet.

«Was wollen Sie hier?»

«Sie sehen, Sire!», lautet die Antwort.

«Wie denn? Sie wollen mich um gar nichts bitten? Sie haben keine Wünsche?»

«Nur diesen einen, Sire: dass mir die Wachen und ihre Bajonette nicht länger verwehren, mich Ihrer Person zu nähern.»*

Ludwig XV., oft von Langeweile geplagt und daher immer auf der Suche nach neuen Zerstreuungen, ist von Denons beschwingtem Auftreten angetan. Er beauftragt einen Herrn de Laborde aus seinem Gefolge, dem jungen Mann eine Genehmigung zu verschaffen, mit der er die Gemächer und Gärten des Schlosses jederzeit betreten kann. Von nun an unterhält sich der König oft mit Denon und lernt ihn als einen talentierten Erzähler bald so sehr schätzen, dass er sich anderen Begleitern gegenüber zu Grobheiten hinreißen lässt. Einem minderbegabten Höfling, der ihm im geselligen Kreis eine gute Geschichte schlecht erzählt, schneidet er einmal kurzerhand das Wort ab und ruft seinem neuen Favoriten zu: «Los, Denon, erzählen *Sie* mir das!»*

So die Legende. In der Wirklichkeit verhielt es sich mit der Annäherung an den König und jenem Herrn de Laborde wahrscheinlich gerade umgekehrt. Nicht der König bat ihn, dafür zu sorgen, dass Denon Zutritt bei Hofe bekäme, sondern Denon war es, der de Laborde bat, ihm einen Weg in die Nähe des Königs zu bahnen. Oder de Laborde selbst hat sich erboten, Denon in diesem Punkt behilflich zu sein. Die beiden hatten sich kennengelernt und angefreundet – möglicherweise im Atelier von Denons künstlerischem Lehrmeister Noël Hallé.

Jean-Benjamin de Laborde, dreizehn Jahre älter als Denon, war Komponist, Schriftsteller, Reisender und, ähnlich wie Denon, erfüllt von einem aufgeklärten Interesse an den Künsten, der Literatur, den Wissenschaften. Außerdem hatte er von seinem Vater das Amt eines Steuerpächters geerbt. Unter Denons damaligen Pariser Bekannten scheint er der Einzige gewesen zu sein, der dem König so nahe stand, dass er ihn auf Denon aufmerksam machen und Denon die Chance verschaffen konnte, sich das Amt eines königlichen Kammerherrn – eines *Gentilhomme ordinaire du Roi* – und damit den Zugang zum König für fünfzehntausend Francs zu kaufen.* Dieses Amt ist nicht den Angehörigen des Adels vorbehalten, aber es adelt auch nicht seinen Inhaber. Im Mai 1768 wird Denon das zugehörige Dokument unter Hinweis auf sein «gutes Betragen» und seine «Fähigkeiten» ausgefertigt, und es dauert nicht lange, da findet sich für den neuen Kammerherrn auch eine Aufgabe, die zu seinem Interesse an künstlerischen Dingen passt.

Ihm wird die Verwaltung einer Sammlung von «geschnittenen Steinen» anvertraut, die Madame de Pompadour, die Maitresse Ludwigs XV., als sie 1764 starb, ihrem König hinterlassen hat.* Diese Gemmen stammen von Jacques Guay, dem ersten Steinschneider, der in die Königliche Akademie der Künste aufgenommen wurde. Ursprünglich soll Madame de Pompadour 147 Gemmen von Guay besessen haben, aber aus irgendeinem Grund hatte sie dem König nur 27 dieser Kleinode vermacht. Von ihnen soll Denon nun ein Verzeichnis anlegen.

Hier zum ersten Mal in seinem Leben bekommt er es mit einer Sammlung von Kunstgegenständen zu tun, und es ist die Nähe zu einem Mächtigen, zum König selbst, die ihm die Nähe zur Kunst und den Umgang mit ihr beschert – eine lehrreiche, eine prägende Erfahrung. Ob aber den königlichen Kammerherrn dieser erste Auftrag, der seinen Kunstsinn in Anspruch nimmt, auch nur für kurze Zeit wirklich ausgefüllt hat, ist zweifelhaft. Der Katalog der 27 Gemmen und andere Belege für seine Tätigkeit als Verwalter dieses winzigen Teils der königlichen Sammlungen haben sich nicht erhalten. Überhaupt ist es wenig einleuchtend, dass die Beschäftigung mit einigen Gemmen der ganze Sinn und Zweck seines Ämterkaufs gewesen sein könnte. Plausibler ist die Vermutung, dass Denon das Amt eines *Gentilhomme ordinaire du Roi* im Gedanken an eine Laufbahn im diplomatischen Dienst des Königs erworben hat.* Auf sie scheint er sich in den Jahren nach 1768 vorbereitet zu haben – wie intensiv, das ist unklar. Andere Aktivitäten auf einem anderen Feld haben jedenfalls deutlichere Spuren hinterlassen.

Nachdem Denon in Paris Anschluss an die Welt der Künstler gefunden und sich dank der dort geknüpften Verbindungen den königlichen Hof erschlossen hat, versucht er sein Glück nun auch auf der Bühne. Man weiß nicht, welche der ihn treibenden Kräfte die stärkere war – ob ihn die Liebe zum Theater die Nähe der Schauspielerinnen oder die Liebe zu den Frauen den Kontakt zum Theater suchen lässt. Jedenfalls glückt ihm diese Annäherung nur zum geringeren Teil. Die Schauspielerinnen der Comédie française sind ihm zwar gewogen und sorgen dafür, dass «Julie ou le Bon Père – Julie oder Der gute Vater», seine Komödie in drei Akten, obwohl vom Auswahlkomitee schon abgelehnt, schließlich doch gespielt wird. Beim Publikum jedoch fällt das zähe, um Witz nur bemühte Stück durch und wird nach zehn schlecht besuchten Vorstellungen abgesetzt. Denon lässt es zwar drucken* – wahrscheinlich auf eigene Kosten und seinem Vater zuliebe –, aber ein Talent zum Dramatiker findet er nicht bei sich.

Immerhin gelingt ihm auf der Titelseite dieses seines ersten Buches mit nur drei Buchstaben und drei Sternchen das doppelte Kunststück, seinen Namen halbwegs unkenntlich zu machen und dabei doch sich und sein Incognito zu adeln. Der Hinweis auf den Verfasser lautet dort: «Par M.(onsieur) D* N**. Gentilhomme Ordinaire du Roi». Hier zum ersten Mal, so scheint es, rückt Denon die beiden Silben seines Nachnamens auseinander, koppelt das «De» vom «Non» ab, um es als Adelspartikel glänzen zu lassen. Bei jemandem, der sich in der Gesellschaft noch keinen Namen ge-

33

macht hat, wird dies keine allzu auffällige Operation gewesen sein, zumal sich nach dem bloßen Hörensagen kaum entscheiden ließ, ob der Name Denon aus zwei Silben oder zwei Wörtern bestand.

*

Als Volontär in Sankt Petersburg — Denons diplomatische Ausbildung im Außenministerium zu Versailles scheint eher langwierig als intensiv gewesen zu sein. Mehrere Jahre soll sie gedauert haben, vertrug sich aber offenbar mit den anderen Aktivitäten, die Denon in dieser Zeit entfaltete. Im Jahre 1771 wird er schließlich zum *Gentilhomme de l'ambassade*, zum Botschaftsvolontär, ernannt. Der aktive Dienst im Ausland beginnt dann mit seiner Entsendung nach Sankt Petersburg im Januar 1773. Eine zweite, kurze Mission führt ihn 1775 in die Schweiz, die dritte und längste in das Königreich Neapel, wo er von 1779 bis 1785 mehr als sechs Jahre tätig ist.

Später lebte Denon in dem Gefühl, ihm sei während seiner Jahre als Diplomat allzu wenig gelungen und viel zu viel Zeit abhandengekommen. Dabei erstreckte sich seine Karriere im diplomatischen Dienst über nicht mehr als zwölf Jahre, von denen er obendrein fünf in einem allerdings unfreiwilligen Urlaub verbrachte. Und nachher in Italien verstand sich Denon immer besser darauf, die freien Räume, die ihm die Bewältigung seiner offiziellen Aufgaben ließ, anderen Dingen zu widmen, der Kunst, dem Zeichnen, dem Sammeln, der Erkundung Neapels und seiner Umgebung.

Auf seinem ersten Posten, als unbezahlter Volontär bei freier Kost und Logis an der Botschaft in Sankt Petersburg, kam Denon anfangs gut zurecht. Sein Talent, mit fremden Menschen gelassen umzugehen und sich auch in unübersichtlicher Gesellschaft, wie er ihr am Hof der Zarin Katharina II. ständig begegnete, halbwegs sicher zu bewegen, muss ihm schon damals gute Dienste geleistet

34

haben. Dem Botschafter selbst, der sich ebenfalls erst seit kurzem in Russland aufhielt, fehlte es gerade an diesem Orientierungssinn. Umso dankbarer war er für alles, was ihm sein Gehilfe an Beobachtungen und Fingerzeigen zutrug.

So knüpfte Denon freundliche Beziehungen zu der Familie eines Generals, der an der Niederschlagung eines Aufstandes von Kosaken und Bauern im Inneren Russlands beteiligt war, und schon bald sah er sich imstande, dessen Frau und dessen Töchtern beim Mittagessen an ihrem Mienenspiel und ihren mehr oder minder geröteten Wangen die militärische Lage am Ural abzulesen.*

Denon gelang es auch, aus Diderot, dem Enzyklopädisten und Verfasser der «Indiskreten Kleinode», zeitweilig einen Agenten der Auslandsspionage der französischen Krone zu machen. Diderot war einige Monate nach Denon in der russischen Hauptstadt eingetroffen. Die Zarin selbst hatte ihn eingeladen, und vom ersten Augenblick an genoss er ihr Vertrauen und freien Zugang zu ihren Gemächern. Wochenlang führte er zum Befremden des ganzen Hofes ausgedehnte philosophische Gespräche unter vier Augen mit Katharina – immer darauf hoffend, sie von den Vorteilen einer Abschaffung der Leibeigenschaft und überhaupt einer aufgeklärten Regierungsweise für ihr Land zu überzeugen, letztlich aber ohne Erfolg.

Aufmerksam beobachtete Denon, wie sich die Stimmung zwischen der Zarin und ihrem philosophischen Berater mit der Zeit verdüsterte und wie sein Landsmann nach und nach resignierte. Als Diderots Heimreise dann kurz bevorstand, machte er sich dessen Enttäuschung zunutze und bewog ihn, in seinem Gepäck die Kopie einer geheimen Karte aus dem Land zu schmuggeln und dem französischen Außenministerium zu übergeben. Auf ihr waren die Plätze am Schwarzen Meer eingezeichnet, wo Russland neue Festungen bauen wollte, um sich gegen die Türken zu sichern, mit denen es damals ständig im Streit lag. Das Original der Karte stammte aus dem russischen Generalstab und blieb nur für wenige Augenblicke in französischen Händen, gerade so lange, wie es dauerte, die handschriftlichen Einzeichnungen und Anmerkungen darauf in ein anderes Exemplar zu übertragen.*

Für einen angehenden Diplomaten waren das schöne Erfolge. Denon jedoch machte den guten Eindruck bald selbst zunichte. Wenige Wochen nach Diderots Abreise endete auch sein Aufenthalt in Russland in einem Durcheinander aus Tollkühnheit und Anmaßung. Mitte Mai 1774 musste er das Zarenreich binnen drei Tagen verlassen, nachdem sein Versuch gescheitert war, eine französische Schauspielerin, die die russischen Behörden aus irgendeinem Grund in Haft genommen hatten, aus ihrem Gewahrsam zu befreien. Was lag ihm an dieser Frau? War er ihr zugetan? Weshalb war sie verhaftet worden? Etwa als Spionin? Die ganze Angelegenheit blieb rätselhaft.*

Einen Tag vor dem Eklat in Sankt Petersburg, am 10. Mai 1774, stirbt in Versailles Ludwig XV. Wegen des langen Postwegs wird die Nachricht hiervon in Russland jedoch erst zwei oder drei Wochen später bekannt. Denon reist ihr also gleichsam entgegen und wird irgendwo unterwegs von ihr erfahren haben. In Kopenhagen begegnet er dem bisherigen französischen Botschafter in Schweden, dem Comte de Vergennes, der ebenfalls auf dem Weg zurück nach Frankreich ist. Er soll neuer Außenminister werden. Die beiden setzen ihre Reise gemeinsam fort. Aber fürs Erste scheint diese unverhoffte Bekanntschaft Denon nicht zu helfen. Der neue Minister hat nicht nur keine Verwendung für ihn. In der Beurlaubung Denons bekunden sich auch Ungnade und ein strenger Tadel für das, was der junge Diplomat in Russland angerichtet hat. Denons unbezahlter Strafurlaub dauert fast fünf Jahre. Nur einmal, im Frühjahr 1775, wird er für einige Wochen in die Schweiz entsandt – eine Mission, die, so vermutet man, den Vorbereitungen für einen neuen Bündnisvertrag zwischen der Eidgenossenschaft und Frankreich dient.

Erwähnenswert erschien den frühen Biographen diese Reise Denons vor allem deshalb, weil er sie nutzt, dem greisen Voltaire in Ferney am Genfer See einen Besuch abzustatten und ihn dabei auch zu zeichnen. In Kupfer gestochen und gedruckt (Abb. 4), hat «Das Frühstück von Ferney» beim Publikum großen Erfolg. Voltaire allerdings ist nicht erbaut. Denon habe ihn nicht porträtiert, sondern als einen verkrüppelten, grinsenden Affen karikiert, so beklagt er sich in einem Brief*, und der Zeichner muss alles ihm zu Gebote stehende diplomatische Geschick aufwenden, um sein Modell zu besänftigen.

*

Nur diese Nacht — Man weiß wenig darüber, wie Denon die ersten Jahre seiner Beurlaubung verbrachte. Möglicherweise kehrte er damals nicht nach Paris zurück, sondern hielt sich für längere Zeit in seiner burgundischen Heimat auf und schrieb dort die Erzählung «Point de lendemain – Nur diese Nacht». Es gibt sogar die Vermutung, Denon habe die Intrige der rätselhaften Madame de T., von der sie handelt, erst am eigenen Leib erlebt, bevor er sie zu Papier brachte. Vielleicht aber wollte er mit dieser Erzählung auch nur einigen zweifelnden Damen und Herren beweisen, dass es möglich sei, eine «galante» Geschichte zu schreiben, die alles sagt und doch mit keinem Wort den guten Ton verletzt.

Ein junger Mann wird von einer Frau auf das Schloss ihres betagten, zur Liebe kaum mehr geneigten Gatten entführt – für eine Nacht.

*«Was für eine köstliche Nacht», sagte sie, «haben wir allein durch den Zauber dieser Lust erlebt, die unsere Führerin und unsere Ausrede ist! Mir scheint, wenn wir durch Gründe gezwungen würden, uns morgen zu trennen, so hinterließe unser Glück, von dem die Welt nichts ahnt, kein Band, das zu entknoten wäre ... ein Bedauern vielleicht und zur Entschädigung dafür eine angenehme Erinnerung ... Letztlich also Lust, ohne die Umstände, den Ärger und die Tyrannei der Konventionen.»** *

Und so nimmt die Dame am Morgen nach der einzigen Nacht Abschied von ihrem jungen Mann:

– Leben Sie wohl, Monsieur; ich verdanke Ihnen große Freude; Sie aber habe ich mit einem schönen Traum belohnt. In diesem Augenblick ruft Ihre Liebe Sie zurück; die, der sie gilt, ist ihrer würdig. Wenn ich ihr einige Aufwallungen geraubt habe, gebe ich Sie ihr nun zurück – zärtlicher, feinfühliger, empfindsamer.

– Noch einmal: leben Sie wohl. Sie sind charmant ... Stiften Sie keinen Unfrieden zwischen mir und der Comtesse.

Sie drückte mir die Hand und verließ mich.

Ich bestieg den Wagen, der auf mich wartete. Ich suchte nach der Moral dieses ganzen Abenteuers und – fand keine.*

Zweimal hat sich Denon in entschieden künstlerischer Absicht auf ein Abenteuer mit der Sprache eingelassen. Einmal kam ein Nichts dabei heraus, sein miserables Theaterstück, und einmal ein ganz und gar gelungenes Stück Prosa, das heute zur Weltliteratur gehört – aber doch nur diese wenigen Seiten. Möglich, dass sich Denon nachher beides nicht erklären konnte – weder sein Scheitern mit dem Theaterstück, auf das er so große Hoffnungen gesetzt hatte, noch sein Meisterwerk «Nur diese Nacht». Vielleicht kam es ihm vor, als sei ihm beides weder gelungen noch misslungen, sondern nur «widerfahren» – als habe die Sprache, die sich dem *conteur* Denon, dem mündlichen Erzähler, stets so willig und gefügig erwiesen hat, in ihrer Schriftgestalt mit ihm ein intrigantes, undurchschaubares Spiel gespielt, als habe sie ihm beides nur angetan, den Misserfolg wie das Gelingen. Denon hat auch nachher noch viel geschrieben – seine Reiseberichte vor allem und Briefe. Aber eine Scheu, ein Misstrauen gegenüber dem Schreiben scheint ihm geblieben zu sein. So gern er, wenn sich die Gelegenheit dazu bot, Anekdoten und Legenden aus seinem Leben erzählte – einen Versuch, dieses Leben zu *beschreiben*, hat er nie unternommen, zum großen Bedauern derer, die sich auszumalen vermögen, was alles er in einer Schilderung seines Lebens hätte festhalten können. Selbst dargestellt hat er sich – immer wieder und in jedem Lebensalter – nur mit dem Zeichenstift und der Radiernadel, einmal sogar, sofern die Zuschreibung stimmt, mit dem Pinsel (Abb. 2), und fast alle diese Selbstporträts gehören in die Reihe seiner besten Arbeiten.

«Point de lendemain» erschien zuerst im Juni 1777 in der von Claude-Joseph Dorat, einem Freund Denons, herausgegebenen Zeitschrift «Mélanges Littéraires ou Journal des Dames». Mit Rücksicht auf die Fortsetzung seiner diplomatischen Karriere verbarg sich der Verfasser hinter einer langen Abkürzung, über die sich kluge und neugierige Leute noch bis ins 19. Jahrhundert den Kopf zerbrochen haben: M.D.G.O.D.R. Als dieses Rätsel einmal gelöst war, hatte es auch mit den falschen Zuschreibungen ein Ende. Manche hatten Dorat selbst für den Verfasser gehalten. Und Honoré de Balzac hat in seiner «Physiologie du mariage – Physiologie der Ehe» den Anschein erweckt, die Geschichte stamme von ihm. In Wirklichkeit bedeutete M.D.G.O.D.R. nichts anderes als: *Monsieur Denon Gentilhomme ordinaire du Roi.*

*

Die Entdeckung Italiens — Im Herbst 1777 – die Beurlaubung vom diplomatischen Dienst dauert an – gelangt Denon zum ersten Mal nach Italien. Er hat sich entschlossen, bei einem Buchprojekt mitzuwirken, das nach den Plänen der beiden Männer, die es ersonnen haben, durch seine Gründlichkeit, seinen Umfang und die Pracht seiner Ausstattung alle Wünsche eines anspruchsvollen Publikums erfüllen soll. Denons Freund und Förderer Jean-Benjamin de Laborde ist der Finanzier des Unternehmens. Er hat sich mit einem gewissen Abbé Jean Baptiste Claude Richard de Saint-Non zusammengetan, um eine «Voyage pittoresque» herauszubringen, eine Reise in Bildern und Beschreibungen durch die Königreiche Neapel und Sizilien, bestehend aus mehreren, mit

Kupferstichen reich illustrierten Bänden, die in einzelnen Lieferungen während einiger Jahre den Subskribenten nach und nach
zugestellt werden sollen.

Doch ehe mit dem Druck und der Auslieferung dieser Reise begonnen werden kann, muss sie zunächst einmal unternommen
und aufgezeichnet werden. Denon lässt sich von de Laborde nicht
lange bitten – er ist sofort bereit, die Leitung zu übernehmen. Mit
zwei Architekten für die Grund- und Aufrisse bedeutender Gebäude und einem Maler und Zeichner für die Stadtansichten und
die Landschaften macht sich Denon im Herbst 1777 auf den Weg.
Er selbst zeichnet während dieser Reise nur wenig. Er schreibt vor
allem ein ausführliches Reisetagebuch, das dem Abbé de Saint-
Non später als Grundlage für seinen Text dienen soll.

Am Ende gab es zwar allerlei Ärger, weil Denon sich von Saint-
Non ausgenutzt und als Mitverfasser dieses viel bewunderten
Werkes nicht ausreichend gewürdigt fühlte. Trotzdem war die
Reise für ihn ein Glücksfall. Nachdem er und seine Gefährten die
Stadt Neapel und ihre Umgebung erkundet und dabei auch zwei-
mal den Vesuv bestiegen hatten, reisten sie ein Dreivierteljahr
lang durch Apulien, die Basilikata und Kalabrien im Königreich
Neapel und durch das Königreich Sizilien, lauter Gegenden, in die
sich damals nur einigermaßen beherzte Reisende vorwagten.

Auf diesen oft riskanten Wegen, so scheint es, ist Denons Liebe
zur Kunst, die in den ersten Jahren seines Diplomatendaseins ein
wenig verkümmert war, neu erwacht und hat sich in eine Leidenschaft verwandelt, die ihn sein Leben lang nicht mehr verließ.
Diese Reise hat ihn an sich selbst erfahren lassen, welche Strapazen er auf sich zu nehmen imstande war, welchen Einfallsreich-
tum, was für ein Organisationstalent und wie viel Ausdauer er zu
entwickeln vermochte, wenn es galt, an abgelegene, kaum bekannte, kaum erschlossene Kunststätten zu gelangen. Im tiefen
Süden Italiens fand er Gelegenheiten, seinen Kunstverstand und
seinen Blick zu schulen, wie sie sich ihm in solcher Vielfalt noch
nie geboten hatten. Hier begann er zu sammeln – griechische und

römische Münzen, Gefäße und Bronzefiguren, vor allem aber, wie es seinem Auftrag entsprach, Material für die «Voyage pittoresque», also Erlebnisse, Erfahrungen und Einsichten, die er selbst notierte, sowie Blicke, Ansichten und Eindrücke, die er von seinen Gefährten zeichnen ließ. Ja, auch Blicke mussten gesammelt werden, und das Mittel der Wahl hierbei war in einer Zeit ohne Fotografie das Zeichnen. Schon damals übrigens, schon zu Beginn seiner ersten großen Kunstreise, während sich Denon und seine Kollegen noch in der Umgebung von Neapel umsahen, nahm dieses Sammeln bisweilen räuberische Züge an, und es begann – notgedrungen – bei den Blicken!

*

Fromme Diebstähle — Pompeji, die römische Stadt, die beim Ausbruch des Vesuvs im Jahre 79 n. Chr. verschüttet worden war, durfte in einer Darstellung der Königreiche Neapel und Sizilien nun wirklich nicht fehlen. Ihre Wiederentdeckung und die ersten Ausgrabungen hatten seit der Mitte des 18. Jahrhunderts in ganz Europa Aufsehen erregt. Aber Zeichnen war in Pompeji verboten. Besucher durften sich nicht einmal Notizen machen. Denon notiert:

Als ich das erste Mal dort war, hatte ich die Taschen voller Geld, in der Absicht, heimlich zu zeichnen, denn es war mir unmöglich gewesen, eine Erlaubnis zu erlangen. ... Wir – Desprez, Renard [der Zeichner und ein Architekt der Gruppe] und ich – waren daher mit dem festen Entschluss gekommen, zu bestechen. Wir begaben uns gegen Abend dorthin, kurz vor Einbruch der Dunkelheit, wenn die dort beschäftigten Arbeiter ihre Arbeitsstelle verlassen. Als Erstes nahmen wir uns das Landhaus [die Villa des Diomedes] vor. ... Wir bestachen, wie wir es uns vorgenommen hatten. *

Die Ruinenwächter ließen sich ihre Beihilfe zum Blickraub täglich neu bezahlen. Aber anders konnte Denon die dringend benötigten

Ansichten der wichtigsten Bauwerke Pompejis nicht erlangen. Auch mochte er sich nicht immer damit begnügen, von dem, was er in Pompeji und anderswo zu sehen bekam, bloß Abbilder mitzunehmen. Bisweilen überkam ihn schon bei diesen Erkundungen das Verlangen nach den Dingen selbst – oder, wenn sie als ganze und intakt nicht zu haben waren, nach Proben oder Bruchstücken, die sich davontragen ließen, etwa bei einem Besuch von Vergils angeblichem Grab am Fuß des Posillipo, der Hügelkette südwestlich von Neapel.

Wir stiegen auf das gewölbte Dach des Grabmals und suchten nach dem berühmten Lorbeerbaum: Er war zugrunde gegangen, und die Ciceroni hatten es versäumt, einen neuen zu pflanzen. Mir kam der Gedanke, es verhalte sich mit diesem Lorbeerbaum wie mit zahlreichen Sehenswürdigkeiten, die nur im Schutz der Leichtgläubigkeit entstehen und gedeihen, sichtbar und zum Thema von Geschichten werden können. Wir suchten trotzdem und fanden, als wir in der Erde herumstocherten und Brombeerranken und Akanthusblätter beiseiteschoben, tatsächlich einen alten Stumpf. Wir halfen den Ciceroni noch dabei, uns zu betrügen, und so schnitt ich mir mit einer gewissen Begeisterung ein Stück von dem verfaulten Holz ab. Wie das Gefühl erklären, das dieser fromme Diebstahl in mir weckte? Was das Grab anging, so hatte ich starke Zweifel. An den Lorbeerbaum glaubte ich überhaupt nicht. Aber es ging um Vergil. Eine religiöse Empfindung ergriff mich, und ich brauchte dringend etwas, auf das ich meine Verehrung lenken konnte.*

Denon scheint nicht zu bemerken, dass er hier von einer Regung ergriffen wird, über die er sich an einer anderen Stelle seines Berichts nur amüsiert – dort, wo er aus dem Blickwinkel des Agnostikers schildert, in welche Verzückung der Reliquienkult die Neapolitaner versetzt, wenn sie in die Kathedrale ihres Stadtheiligen Januarius strömen, um das dort zweimal jährlich stattfindende Wunder der Verflüssigung von dessen Blut mitzuerleben.* Andererseits berichtet er in einer sonderbaren Mischung aus Ironie und heiligem Ernst davon, wie er in Pompeji, kurz nachdem er sich dort in den Besitz unerlaubter Blicke gebracht hat, klammheimlich und ohne weitere Bestechung auch zum Reliquienräuber wird:

Man führte uns überall herum. Wir stiegen hinab in den Keller, wo man die 27 Skelette der Frauen sieht, die sich wahrscheinlich aus lauter Verwirrung an diesem abgelegenen Ort verkrochen hatten. Alle hatten sich in einer der Ecken neben der Tür dicht aneinandergedrängt. Man hat mit ihren Gebeinen auch die Abdrücke ihrer Körper in der Asche gefunden und bewahrt im Museum den Abdruck des Busens von einer von ihnen auf, dazu die Ringe, Armreife, Halsketten und den Ohrschmuck von allen. Noch sah man in diesem Keller die Schädel der 27 Frauen. Ich weiß nicht, ob man sie auch weiterhin zeigen wird, aber ich gestehe, dass dann nur mehr 26 zu sehen sein werden. Ich konnte nämlich dem Verlangen nicht widerstehen, die Gelegenheit zu nutzen und mich in den Besitz einer vornehmen Römerin zu bringen. Desprez' Hilfe und mein weiter Mantel verschafften sie mir. Ich nahm auch etwas von dem, was vom Wein in den Amphoren übrig geblieben war, die nebeneinander an einer Mauer lehnten. Ich nahm auch ein Stück von den Amphoren ...*

So steht es natürlich nicht in der offiziellen Prachtausgabe der «Voyage pittoresque» des Abbé de Saint-Non. Von den Frauenskeletten im Keller der Villa des Diomedes ist zwar auch dort einiges zu lesen. Aber die räuberischen Einzelheiten von Denons Besuch und das unverhohlene Vergnügen, mit dem er sie preisgibt, hat Saint-Non gestrichen. Sie finden sich nur in Denons handschriftlichen Aufzeichnungen, die in neuerer Zeit ebenfalls gedruckt worden sind.*

*

Winckelmann und die Ameisen — Bisweilen scheint es, als sei der Süden Italiens, den Denon in seinen Aufzeichnungen schildert, von einem kollektiven Sammeleifer erfasst, als habe die Menschen dort ein allgemeines, mehr oder minder leidenschaftliches Interesse an der großen Vergangenheit ihres Landes gepackt, die überall aus dem Boden hervordringt, sobald man nur ein wenig an der Oberfläche kratzt. Mehrmals notiert Denon, dass auf den Äckern in dieser oder jener Gegend fast täglich römische und griechische Münzen gefunden werden. Mehrmals zeigt man ihm römische Gräber, die erst vor kurzem entdeckt und geöffnet worden sind, und oft kann er – mal für Geld, mal auch schon für gute Worte – von den Grabbeigaben einiges für sich erlangen.* Die einfachen Leute bieten den Reisenden zum Kauf an, was bei solchen Zufallsfunden zutage kommt – neben den Münzen auch antike Vasen und andere Gefäße, Schmuckstücke, kleine Bronzefiguren. Die Besitzenden – Adelige, wohlhabende Bürger, Kirchenleute – veranstalten Ausgrabungen auf ihren eigenen Ländereien. Sie sammeln selbst, und die Eifrigsten unter ihnen denken an die Gründung eines Museums oder sind schon dabei, eines einzurichten.

Deshalb ist Catania dem Fürsten von Biscari zu solchem Dank verpflichtet: Nicht nur hat er die antiken Denkmäler so weit wie möglich ausgraben lassen, sondern er hat mit ebenso viel Geschmack wie Großzügigkeit auch eine Sammlung oder ein Museum zusammengetragen, auf dessen Besichtigung ich drei Tage verwandte und dessen Beschreibung ein ganzes Buch füllen würde. … Eine Sammlung von Terrakottavasen, die wertvollste, die es gibt, sowohl was die Anzahl, die Formen und die Klarheit der dargestellten Figuren angeht; eine andere mit Bronzefiguren; die Naturgeschichte ist vertreten durch Hervorbringungen des Meeres wie Pflanzen, Muscheln und Fische, durch Hervorbringungen der Erde, etwa Mineralien, Gewächse, vulkanische Erden, Marmor, Edelsteine, Tiere: Und das alles ist in eine Ordnung gebracht, die zugleich von Wissen, Sorgfalt und Geschmack zeugt. Auch eine Reihe von Waffen, Rüstungen und *merkwürdigen Gewändern ist zu sehen. Der Fürst hat fast alles schon zeichnen lassen, will es in Kupfer stechen und zusammen mit einer Geschichte Siziliens drucken lassen. ... Obwohl dieses Projekt weit vorangeschritten ist, hat er uns in seiner unermesslichen Liebenswürdigkeit eine Anzahl Dinge abzeichnen lassen, von denen uns eine weniger vornehme Seele schon den bloßen Anblick nicht gegönnt hätte.**

Auch hier zeigt sich, dass Denon eine klare Vorstellung davon hat, wie eng Sehen und Begehren miteinander verbunden sind, wie schon das «Betrachten» und erst recht das Abzeichnen Formen des Besitzergreifens sind, die nicht jeder Eigentümer einer Sammlung dulden mag.

In Catania besucht Denon noch ein zweites Museum, das die dortigen Benediktiner in ihrem Kloster eingerichtet haben. Auch hier wird ihm und seinen Mitarbeitern das Zeichnen großzügig erlaubt. Aber den französischen Besuchern entgeht nicht, wie sehr sich diese Sammlung von der des Fürsten von Biscari unterscheidet.

Wir zeichneten auch im Museum der Benediktiner, das in einem großartigen Kirchenraum untergebracht ist, wo man das Schöne allerdings erst aus dem Wirrwarr hervorsuchen muss, bevor man es schildern kann. ... Auf Schritt und Tritt begegnet einem hier, wie in allen von Mönchen angelegten Sammlungen, jener Ameisentrieb, der wahllos und mit immer gleichem Eifer alles zusammenträgt und anhäuft – das Weizenkorn genauso wie den unnützen Holzsplitter. Dennoch hat auch dieser Trieb sein Gutes. Er hat die ersten Kabinette begründet und uns antike Schätze jedweder Art bewahrt.*

Bei den Benediktinern von Catania ist ein Gedanke noch nicht angekommen, von dem den Fürsten von Biscari zumindest eine erste Ahnung erreicht hat. Mehr und mehr Sammler begreifen in dieser Zeit, dass sie einen nützlichen Beitrag zum Fortschritt der Erkenntnis, zur Erweiterung des Wissens leisten können, indem sie sich nicht damit begnügen, Merkwürdigkeiten, Raritäten, Kostbarkeiten anzuhäufen und zu horten, sondern darüber hinaus den Versuch wagen, eine Ordnung in ihre Sammlung zu bringen. Im Bereich der Naturgeschichte liegt dies besonders nahe. Es lässt sich aber auch auf das Feld der Kunst übertragen. Indem sie in ihren Kabinetten Reihen oder Abfolgen zu bilden versuchen – von Vasen und anderen Gefäßen, von Münzen, von Waffen, von Bildern –, können Sammler einen Beitrag zu dem großen Projekt leisten, der Kunst auf die Spur ihrer Geschichte zu kommen.

Bisher erschöpfte sich diese Geschichte in den Lebensgeschichten berühmter Künstler. Nun aber beginnt der Gedanke, dass die Kunst selbst eine Geschichte habe, viele ihrer aufmerksamen, ernsthaften Liebhaber zu fesseln. Johann Joachim Winckelmann, der deutsche Altertumsforscher, hat ihn aufgebracht. Andere sind dabei, ihn zu entfalten, und Sammlungen erweisen sich als ein vorzüglich geeignetes Labor, in dem die Geschichte der Kunst sichtbar und an Werken, an exemplarischen Objekten, an Zeugnissen oder *monuments*, also «Denkmälern» im übertragenen Sinne, ablesbar gemacht werden kann.

In einer Geschichte des Geschmacks bei den verschiedenen Völkern nehmen die Gefäße einen wichtigen Platz ein. An einem Gebrauchsgegenstand, der nicht nur bei den zivilisierten, sondern auch bei den wilden Nationen unentbehrlich ist, lässt sich für jede von ihnen ablesen, auf welche Weise sie nach Schönheit und Anmut strebt. *

So formuliert es Denon vierzig Jahre später – mit einer Klarheit, die ihm in der Zeit seiner ersten Italienreise wohl noch nicht zu Gebote stand. Aber der Grundgedanke ist da, und Denon wird ihn im Laufe der folgenden Jahre und Jahrzehnte entfalten. Aus diesem Blickwinkel vermag er sein Interesse auf Bezirke der Kunst zu lenken, denen die meisten seiner Zeitgenossen noch wenig Beachtung schenken – auf die außereuropäischen Kulturen, die «wilden Nationen», aber auch auf die europäischen «Primitiven», die deutschen und italienischen Maler des ausgehenden Mittelalters und der Frührenaissance.

*

Auf verlorenem Posten — Für Denon wird es eine freudige Überraschung gewesen sein: Kaum ist er Anfang Dezember 1778 mit seinen Kollegen nach Neapel zurückgekehrt, da eröffnet sich ihm die Aussicht auf eine Verlängerung seines Aufenthalts in Italien. Gerade als er im Begriff ist, seine Arbeit für die «Voyage pittoresque» des Abbé de Saint-Non abzuschließen, wird ihm im Februar 1779 eine Stelle als Berater bei der französischen Botschaft in Neapel angeboten, und wenig später folgt seine Ernennung zum Botschaftssekretär.* Clermont d'Amboise, der amtierende Botschafter, ist Denon wohlgesinnt. Möglich, dass ihm dessen ausgedehnte Erkundungstour durch den italienischen Süden wie eine besonders solide landeskundliche Vorbereitung auf den neuen Posten erscheint. Möglich, dass auch Denon sich für gut präpariert hält, nach fast fünfjährigem Pausieren nun in den diplomatischen Dienst zurückzukehren.

Aber Franzosen haben in Neapel einen schweren Stand, vor allem solche, die die französische Krone repräsentieren. König Ferdinand IV. von Neapel und Sizilien ist ein schwacher Herrscher. Die Bevormundung durch seinen Vater, den spanischen König Karl III., hat er nie abzuschütteln vermocht. Allerdings kümmert sich inzwischen vor allem seine Gemahlin Maria Carolina um die Regierungsgeschäfte – zusammen mit ihrem Günstling und Geliebten, dem Briten John Acton. Maria Carolina ist – wie die französische Königin Marie-Antoinette – eine Tochter Maria Theresias von Österreich. Sie ist sogar drei Jahre älter als ihre Schwester und sitzt in Neapel trotzdem auf einem weniger ansehnlichen Thron. Eine gegen Frankreich gerichtete Politik betreibt sie aber auch deshalb, weil Ludwig XVI. ein Verbündeter des spanischen Königs ist, des-

47

sen Einfluss auf Neapel und Sizilien sie zu Gunsten von Großbritannien und mit dessen Beistand endgültig zurückdrängen will.* Obendrein liegen Frankreich und England im Konflikt um die Vorherrschaft auf dem Mittelmeer, und auch in dem Krieg, den die britischen Kolonisten in Nordamerika um ihre Unabhängigkeit vom Mutterland führen, hat sich Frankreich gegen England gestellt.

Über Denons Wirken, solange er an der französischen Vertretung zu Neapel in der untergeordneten Stellung eines Sekretärs tätig war, ist wenig bekannt. Er scheint in dieser Zeit kaum Spuren hinterlassen zu haben. Das ändert sich erst, als das Außenministerium in Versailles den Botschafter 1782 nach Frankreich zurückruft, ohne für ihn einen Nachfolger von gleichem Rang zu ernennen. Stattdessen wird Denon zum *chargé d'affaires* oder Geschäftsträger befördert und soll in dieser Eigenschaft den Botschafter vertreten. Frankreich zeigt dem Königreich Neapel mit dieser Geste an, dass es den beiderseitigen Beziehungen fortan geringere Bedeutung beimisst als bisher. Der neapolitanische Hof ist hierüber dauerhaft verstimmt, woraus sich für Denon eine schier endlose Kette unerfreulicher, oft demütigender Schikanen und Scherereien ergibt. Die Königin, ihre Minister und wohl auch einige Angehörige des diplomatischen Korps lassen Denon spüren, dass sie ihn nicht für voll nehmen, sondern in ihm einen Platzhalter erblicken und nicht mehr.

Denons wichtigste Aufgabe ist es, das Außenministerium in Versailles fortlaufend über die Vorgänge und Zustände am neapolitanischen Hof zu unterrichten. Die 287 Depeschen, die er zwischen dem Juli 1782 und dem Juli 1785 an den Comte de Vergennes schickt, füllen einen dicken Band*, und immer wieder finden sich in ihnen Stellen, die ahnen lassen, wie schwer es Denon mitunter fällt, die Contenance zu wahren. Selbst von Seiten seiner Vorgesetzten handelt er sich mitunter Ermahnungen ein, seinen Mitteilungsdrang zu drosseln und auf ein Maß an Deutlichkeit zu reduzieren, wie es in einer diplomatischen Korrespondenz allenfalls statthaft ist. Mit den Anfeindungen der Königin bekommt er es nun immer wieder zu tun. Nicht zu Unrecht vermutet Maria Carolina, durch ihn würden Einzelheiten aus ihren Privatgemächern nach Frankreich zu ihrer Schwester gelangen. Aber stets erregt Denon mit dem, was er in seinen Briefen an Andeutungen über die Skandale am Hof von Neapel und die Intrigen gegen ihn nach Frankreich gelangen lässt, auch den Unwillen der dortigen Königin. Denn sosehr Marie-Antoinette das politische und persönliche Gebaren ihrer Schwester missbilligt – Einzelheiten über deren Kapricen möchte sie lieber gar nicht erfahren als durch die offiziellen Kanäle der französischen Diplomatie.

*

Vasensammeln und andere Liebhabereien — Trotzdem beschert sein Dasein als Stellvertreter des Botschafters Denon nicht bloß Verdruss. Die Beförderung zum *chargé d'affaires* hat auch ihr Gutes. Sie macht ihn zum Hausherrn der Botschaft, so dass er deren Räumlichkeiten abseits ihres eigentlichen Zwecks auch als Museum für seine griechischen Vasen – damals nannte man sie irrtümlich oft noch «etruskisch» – nutzen kann. In Neapel betätigt sich Denon während der keineswegs knapp bemessenen freien Zeit, die ihm seine Amtsgeschäfte lassen, nämlich weiterhin als Sammler. Er beginnt auch wieder zu zeichnen und zu radieren – Straßenszenen, Bettler, Gaukler, streitende Frauen, Charakterköpfe von Frauen und Männern aus dem Volk. Er zeichnet den Koch seiner Botschaft, aber auch eine neapolitanische Schönheit, einmal von vorn und einmal von hinten, jeweils mit über die Hüften hochgeschlagenem Rock.* Die beiden Ansichten gehören zu einer ganzen Serie lizenziöser Radierungen, die er im Laufe der nächsten Jahre erweitert und aus der er ein «Werk» formen will – ein «Oeuvre priapique».* Aber die verschiedenen Blätter sind von so unterschiedlicher Machart und Qualität – manche vorzüglich, andere trist und kümmerlich –, dass sie sich zu einer schlüssigen Abfolge nicht recht fügen.

Denon zeichnet auch eine Anzahl von Gestalten aus dem Theater- und Musikleben Neapels und eine kleine Galerie von Hofleuten und Kollegen aus dem Kreis der Diplomaten – den Marquis Bernardo Tanucci, der die Politik im Königreich Neapel gelenkt hat, bevor Maria Carolina seinen Sturz herbeiführte; den Abbé Galiani, der seine Abberufung aus Paris und den Verlust seiner französischen Freunde – d'Alembert, Diderot, Holbach, Melchior Grimm, Madame d'Epinay – auch nach mehr als zehn Jahren noch nicht verwunden hat; den Kardinal Bernis, den französischen Gesandten beim Heiligen Stuhl, im Kreis seiner dortigen Kollegen (Abb. 5) und, besonders markant, auch den britischen Gesandten, Sir William Hamilton.

Hamilton hält sich schon seit fast zwanzig Jahren in Neapel auf. Die Stadt und ihre Umgebung sind ihm zur zweiten Heimat geworden. Auch er findet neben seinen diplomatischen Geschäften reichlich Zeit, sich auf Gebieten, die ihn wirklich faszinieren, vom Liebhaber zum Experten auszubilden – zum Vulkanologen und zum Altertumsforscher. Kurz nach seiner Ankunft in Neapel hatte er begonnen, sich für antike Vasen zu interessieren, und hat dann in wenigen Jahren eine eindrucksvolle Sammlung aufgebaut, die er 1772 an das noch junge, 1759 eröffnete Britische Museum in London schon wieder verkauft – aber erst, nachdem er sie durch den Franzosen Pierre-François Hugues d'Hancarville in einem reich illustrierten Prachtwerk in zwei Sprachen – Englisch und Französisch – hat dokumentieren lassen. Die vier Bände dieser «Collection of Etruscan, Greek and Roman antiquities from the cabinet of the Honorable William Hamilton» erschienen zwischen 1767 und 1776. Sie gelten wegen der Genauigkeit ihrer Abbildungen und weil sie Winckelmanns neue Ideen zur Geschichte der Kunst aufgreifen und weiter entfalten, als ein Meilenstein der Archäologie. Denon wird das Werk gekannt haben. Vielleicht hat es ihn sogar zum Vasensammeln angeregt oder in dieser Leidenschaft bestärkt. Aber kannte er auch William Hamilton, und wenn ja, wie gut? Gemeinsame Interessen waren vorhanden und hätten beiden wichtiger erscheinen können als die gegensätzlichen Positionen, die sie im Interesse ihrer Länder zu vertreten hatten. Flüchtige Begegnungen muss es bei den verschiedensten Anlässen in Neapel gegeben haben. Doch über einen näheren Umgang zwischen Denon und Hamilton ist nichts bekannt. Nur einige wenige Berührungspunkte lassen sich ausmachen.

Als Zeichner und Radierer ist Denon, wie erwähnt, mit ihm in Blickkontakt getreten, sogar mehrmals. Denon hat auch ein Porträt von Hugues d'Hancarville, dem Herausgeber des großen Werkes über Hamiltons Sammlung, radiert, außerdem auch mehrere «Attitüden» von Hamiltons zweiter Frau, der für ihre theatralischen Darbietungen und ihre Schönheit viel bestaunten und in ganz Europa berühmt gewordenen Lady Hamilton. Diese Blätter sind allerdings nicht in Neapel entstanden, wo sie erst auftauchte, nachdem Denon die Stadt verlassen hatte, sondern erst einige Jahre später in Venedig. Im Übrigen haben Denons frühe Biographen eine Anekdote überliefert, die Denon und Hamilton miteinander in nähere Verbindung bringt und aus der Zeit stammen könnte, als sich beide noch gleichzeitig in Neapel aufhielten.

Denon hatte dem britischen Gesandten in Neapel, Sir Hamilton, einem bedeutenden Liebhaber der Künste und Raritätensammler, einen Abzug seiner mit wunderbarer Genauigkeit ausgeführten Kopie von Rembrandts «Auferweckung des Lazarus» zum Geschenk gemacht. Sir Hamilton legte dieses im Original sehr seltene Blatt mehreren äußerst versierten Kennern als einen wirklichen Rembrandt vor. Einer von ihnen bekundete heftiges Verlangen, die Radierung zu besitzen, worauf Hamilton sich erst lange bitten ließ und sie ihm dann zu einem so hohen Preis verkaufte, wie wenn sie tatsächlich ein eigenhändiges Werk des großen Meisters gewesen wäre.*

Es gibt noch eine zweite Legende, die Denons Radierkunst daran veranschaulicht, wie meisterlich er sich darauf verstand, die Manier Rembrandts nachzuahmen. In dieser Geschichte wird niemand betrogen. Stattdessen stürzt hier Denon einen anderen, ebenfalls namhaften Kenner durch sein Können in eine ausweglose Verwirrung – den französischen Gelehrten und Kunstschriftsteller Jean Baptiste Louis Georges Seroux d'Agincourt. Bei ihm, so beginnt die Anekdote, hatte sich Denon eines Tages Rembrandts Radierung «Der Tod der Jungfrau Maria» ausgeliehen – angeblich nur, um sie gründlich zu studieren.

Bald darauf erschien er wieder und behauptete, Seroux müsse ihm wohl aus Versehen zwei Abzüge mitgegeben haben und nun wolle er ihm doch wenigstens einen davon zurückgeben. «Ich kenne Sie», antwortete d'Agincourt lachend, «Sie haben meine Radierung kopiert. Aber ich werde mein geliebtes Original wieder an mich nehmen.» – «Finden Sie es!», entgegnete Denon. Und tatsächlich, dank der vorzüglichen Arbeit des Kopisten und weil er darauf geachtet hatte, den Probeabzug auf altes Papier zu drucken, konnte der Verfasser der «Histoire de l'Art par les Monumens» das Original nicht mehr erkennen, musste sich geschlagen geben und zog es vor, Denon beide Blätter zu überlassen.*

Seroux d'Agincourt, geboren 1730, war ein studierter Botaniker und hatte erst im vorgerückten Alter begonnen, sich im Geiste Winckelmanns mit der Kunst und ihrer Entwicklung zu beschäftigen. 1779 ließ er sich dauerhaft in Rom nieder und begann mit der Arbeit an einer «Geschichte der Kunst in Denkmälern». Vom Niedergang der klassischen Antike sollte sie durch die bislang weitgehend missachtete und vernachlässigte Zeit des Mittelalters zu jener neuen Blüte führen, die nach dem Urteil und dem Geschmack seiner Zeit mit der Spätrenaissance und dem Barock angebrochen war.

Ob Seroux d'Agincourt und Denon einander je begegnet sind, ist nicht klar. Die Anekdote von der durch kunstvolles Kopieren erworbenen Rembrandt-Radierung scheint der einzige Hinweis auf ein solches Treffen zu sein. Trotzdem wird Denon von dem großen Projekt seines Landsmanns schon früh erfahren haben. Dessen «Histoire de l'Art par les Monumens» erschien zwar, durch die Revolution und die napoleonischen Kriege verzögert, erst zwischen 1810 und 1823. Aber sie nahm schon nach 1780 Gestalt an und machte von sich reden. Jahrelang beschäftigte Seroux d'Agincourt eine ganze Gruppe von umherreisenden Zeichnern, die ihm das umfangreiche Bildmaterial für seine große Kunstgeschichte lieferten. Wahrscheinlich hat sich Denon an ihm ein Beispiel genommen, als er einige Jahre später zum zweiten Mal nach Italien ging.

*

Ein Graveur mit vielfältigen Talenten — Im Sommer 1785 geht Denons Zeit in Neapel zu Ende. Einen neuen Botschafter hat der Comte de Vergennes schon im Jahr zuvor ernannt, den Baron Louis-Marie de Talleyrand, einen entfernten Verwandten von Napoleons späterem Außenminister. Denon reist seinem Nachfolger von Neapel entgegen und trifft ihn in Rom, um alles Nötige im Hinblick auf die Amtsübergabe zu besprechen. Er hat es plötzlich sehr eilig, Italien zu verlassen, seit er erfahren hat, dass sein Vater Anfang Juli in Chalon-sur-Saône gestorben ist. Die Stadt liegt auf seinem Weg nach Paris. Ohnehin wollte er dort Station machen, um seinen kränkelnden Vater zu besuchen. Nun gibt es dort Erbschaftsangelegenheiten zu regeln.

In den vergangenen vier Jahren, während er sich in Neapel aufhielt, sind Denons nächste Angehörige allesamt gestorben – 1781 die Mutter, zwei Jahre später seine einzige Schwester und zuletzt der Vater. Von nun an besteht Denons nähere Verwandtschaft nur noch aus den Kindern seiner Schwester, seinen beiden Neffen Vivant-Jean und Dominique-Vivant, der eine sechs, der andere sieben Jahre alt, und deren Vater, Louis Charles Brunet. Fortan wird sich dieser Schwager um Denons Besitz in der Bourgogne kümmern und an einen Bankier in Paris regelmäßig Geldbeträge schicken, die sich aus Pacht- und Mieteinnahmen und aus den Erträgen der Weinberge im Besitz der Familie ergeben. Schon dank dieser Bezüge scheint Denon gut versorgt zu sein. Hinzu kommt aber auch – als finanzielles Zeichen der Anerkennung für seine Bemühungen im Dienst des Königs – eine jährliche Rente von 2400 Livres, die jedoch bald auf 1800, dann auf 1000 Livres gekürzt und schließlich ganz gestrichen wird, sowie eine einmalige außerordentliche Zuwendung von 10000 Livres für die Kosten seiner Rückkehr und zum Ausgleich für seine Aufwendungen bei der Ausübung seiner Ämter.*

Für seine Vasensammlung, die mit der Zeit weiter gewachsen ist und immer mehr Platz in der französischen Botschaft zu Neapel okkupiert hatte, hat Denon ebenfalls gesorgt. Zwar notiert er später einmal: «Bei der Rückkehr nach Frankreich war ich mit Töpferwaren so beladen, dass ich gar nicht wusste, wohin damit.»* Aber eine Idee, wie er mit seinem unhandlichen Schatz verfahren könnte – es soll sich um 525 Stücke gehandelt haben –, ist ihm noch vor seiner Abreise aus Italien gekommen. Er folgt dem Beispiel William Hamiltons. Der hatte seine Sammlung an das Britische Museum verkauft. Denon bietet die seine dem französischen König zum Kauf an. Noch aus Italien hat er dem Comte d'Angiviller, dem Königlichen Generaldirektor für Bauten, Künste, Gärten und Manufakturen, sein Mitbringsel angekündigt – «eine höchst ansehnliche Sammlung etruskischer Vasen und, was die Formen angeht, vielleicht die vollständigste, die es gibt. Sie ist die Frucht achtjährigen Suchens und Bemühens.»* D'Angiviller erwirbt sie zum Preis von 30000 Livres für die Sammlung der königlichen Porzellanmanufaktur in Sèvres bei Paris. Etliche Stücke aus Denons Kollektion sind dort noch heute in der Dauerausstellung zu sehen.

Nach einem neuen Posten als Diplomat sucht Denon nicht. Es wird ihm auch keiner angeboten. Stattdessen bemüht er sich um Aufnahme in die Königliche Akademie für Malerei und Bildhauerei. Auch hierbei unterstützt ihn der Comte d'Angiviller, und wie es scheint, ist dieser Beistand auch durchaus erforderlich, damit Denon sein Ziel erreicht. Den Mitgliedern der Akademie leuchtet seine Kandidatur nämlich nicht recht ein – und dies umso weniger, als Denon Wert darauf legt, dass man ihn dort nicht, wie zunächst vorgesehen, als «engagierten Liebhaber», sondern als «Graveur mit vielfältigen Talenten» begrüßt – als *graveur artiste de divers talents*. Am Ende geht sein Wunsch zwar in Erfüllung, aber wohl nur dank energischer Protektion. Denn Denons Bewerbung verstößt in mehreren Punkten sogar gegen das Aufnahmereglement, angefangen damit, dass er sich mit der Kopie eines Gemäldes bewirbt, das ihm nicht etwa, wie es den Regularien entspräche, der Akademiedirektor als Aufgabe gestellt hat, sondern das er sich selbst gesucht hat – ein Gemälde obendrein, das nicht, wie sonst üblich, von einem Angehörigen der Akademie, sondern von einem Nicht-Mitglied, dem Italiener Luca Giordano, stammt und nicht einmal zu den anerkannten Meisterwerken dieses Malers zählt. Einmalig in der Geschichte der Pariser Akademie ist aber, dass sich Denon mit einer Radierung bewerben darf, während von einem Graveur sonst grundsätzlich eine Arbeit in der allein für würdig erachteten, von Denon allerdings verabscheuten Technik des Kupferstichs gefordert wird.*

2. Kapitel

Die Griechin seines Lebens — Ein Jahr bevor in Frankreich die große Umwälzung beginnt, im Juni 1788, kehrt Denon nach Italien zurück. Er ist einundvierzig Jahre alt und fühlt sich frei – verfügt dank seiner Renten und des väterlichen Erbes über mehr Mittel, als er zu einem unbeschwerten Leben braucht, und glaubt, Karriere, Dienst und Amtsgeschäfte lägen nun ein für alle Mal hinter ihm. Er will das Land, das seine Begeisterung für die Kunst von neuem entfacht hat, weiter erkunden und seine künstlerischen Fertigkeiten vervollkommnen.

Kein Auftrag leitet ihn. Aber vielleicht eine Aufgabe, die er sich selbst gestellt hat. Oder ein Projekt, zu dem er sich mit Freunden in Paris verabredet hat. Etwa ein reich illustriertes Werk über die Kunst Italiens nach dem Vorbild der Kunstgeschichte von Seroux d'Agincourt? Jedenfalls bemüht sich Denon, wo immer er hinkommt, so viel Kunst wie irgend möglich in Augenschein zu nehmen – Kirchen, Paläste, Gemälde, Zeichnungen, Stiche –, und sammelt sie in Gestalt von Kopien, die er mit großem Einsatz selbst anfertigt.

Er reist in Begleitung eines Sekretärs, eines gewissen Aubourg, dessen Bekanntschaft er anscheinend schon während seiner Zeit in Neapel gemacht hat und der ihm inzwischen zu einem guten Freund und Vertrauten geworden ist.

Über Turin, Mailand, Parma, Verona, Vicenza und Padua gelangt er im Herbst 1788 nach Venedig, wo ihm die Reiselust mit einem Schlag vergeht – nicht wegen der einsetzenden kalten Jahreszeit und auch nicht, weil er der Kunst müde oder gar überdrüssig geworden wäre, sondern weil er sich verliebt.

Es geschieht Anfang November 1788 in Treviso, einem Ausflugsort nördlich von Venedig. Wohlhabende Venezianer besuchen ihn gern, vor allem während ihrer *villeggiatura*, dem zweimal jährlich, im Frühsommer und im Spätherbst, stattfindenden Urlaub auf dem festen Land. Bei einer Abendgesellschaft in Treviso also, zu der ihn ein liberal gesinnter, hoch angesehener Patrizier, Angelo Querini, aus Venedig mitgenommen hat, begegnet Denon Elisabetta Teotochi Marin. Gleich am nächsten Tag, während er noch auf dem Rückweg nach Venedig ist, schildert er ihr in seinem ersten Brief, wie sehr ihm an einem Wiedersehen gelegen ist und was er zu tun gedenkt, damit es möglichst bald zustande kommt.

Ich habe Sie einmal sagen hören – wenn ich mich recht erinnere, war es gestern –, liebenswürdige Menschen seien so selten. Fern von Ihnen trifft einen diese Wahrheit mit ganzer Wucht. Deshalb werde ich zu allen Heiligen Venedigs beten, sie mögen schlechtes Wetter kommen lassen, so dass ich Sie recht bald wiedersehe. Aber sagen Sie dem Herrn Marin nichts davon, damit er mir bei der Rückkehr nicht böse ist.*

Italienische Freunde haben ihren griechischen Vornamen *Elisabetta* in *Isabella* verwandelt. Nur Denon macht daraus später den Kosenamen *Bettine*. Briefe schreibt er ihr von nun an sein Leben lang – manchmal in kurzen, manchmal in langen Abständen, den letzten kaum vier Wochen vor seinem Tod. Mehr als dreihundertfünfzig von ihnen haben sich erhalten. Die Postwege waren zu manchen Zeiten sehr unsicher, so dass etliche Briefe nicht angekommen sind. Aber von denen, die ihre Adressatin erreicht haben, scheint nachher so gut wie keiner mehr verloren gegangen zu sein. Sie sind reich an Auskünften und Einzelheiten auch über die Empfängerin, vor allem aber über Denon, eine Quelle, die umso wertvoller ist, als es andere persönliche Dokumente von ihm – private Briefe an andere Personen, Tagebücher oder Aufzeichnungen – nicht gibt. Isabellas Briefe an ihn hingegen haben sich, soweit man weiß, nicht erhalten – bis auf einen einzigen, von dem noch die Rede sein wird.*

Denons Briefe an Isabella Teotochi sind erst gegen Ende des 20. Jahrhunderts in italienischen Archiven gefunden und 1999 zum ersten Mal vollständig publiziert worden. Bis dahin hatten die Biographen – wohl auch im Gedanken an die Weissagung der legendären Zigeunerin: «Du wirst von den Frauen geliebt werden» – viel über Denons Verhältnis zu den Frauen spekuliert und in ihm einen eifrigen, wenn auch diskreten Frauenfreund und Frauensammler vermutet, allerdings ohne je Einzelheiten oder Namen nennen zu können. Inzwischen haben sich – und zwar vor allem in Denons Briefen an Isabella! – Hinweise darauf gefunden, dass er sich in späteren Jahren mit einigen anderen Frauen verbunden hat. Aber die gleichen Briefe deuten auch darauf hin, dass Isabella diejenige war, die ihm sein Leben lang mehr bedeutete als alle anderen und der er seit ihrer ersten Begegnung in Treviso so viel Offenheit und so viel Vertrauen entgegengebracht hat wie keiner sonst.

Elisabetta Teotochi Marin ist achtundzwanzig Jahre alt, als sie Denon kennenlernt – eine Griechin aus gräflichem Haus, geboren auf der in jener Zeit zur Republik Venedig gehörenden Insel Korfu. Als sie sechzehn war, haben ihre Eltern sie gegen ihren Willen mit Carlo Antonio Marin verheiratet, einem fünfzehn Jahre älteren venezianischen Patrizier. Von Anfang an war die Verbindung unglücklich. Einige wenige Nächte hat die junge Frau das Bett mit ihrem Mann geteilt, bis sie es nicht mehr ertrug und nachher fast nie mehr geschehen ließ. Ein Dreivierteljahr später kam ihr Sohn Giambattista zur Welt. Inzwischen ist er elf Jahre alt. Im Jahr nach seiner Geburt drängte ihr Mann sie, in seine Heimatstadt umzuziehen. Auch das wollte sie nicht. Wie eine Entführung kam ihr die Übersiedlung nach Venedig vor.*

Schon an jenem ersten Abend in Treviso scheint Isabella ihrem neuen Bekannten einiges von sich erzählt zu haben. In seinem dritten Brief, wenige Tage nach dem ersten geschrieben, noch bevor es zu dem erhofften Wiedersehen gekommen ist, macht er ihr daraus ein kompliziertes Kompliment. Er preist sie als eine geraubte Schönheit, weggeführt vom Bürger einer Republik, die sich seit jeher auf den Kunstraub gut verstanden habe.

Dabei denkt Denon wohl vor allem an die berühmten römischen Bronzepferde, die seit sechshundert Jahren Teil der Fassade von San Marco sind. Die Venezianer hatten sie einst in Konstantinopel entwendet. Und es wird keine zehn Jahre mehr dauern, bis die Franzosen ihrerseits, bei der Besetzung Venedigs durch Napoleon 1797, die prachtvollen Rösser nach Paris schaffen – wohlgemerkt ohne Beteiligung Denons, der damals noch einer von vielen kaum bekannten Künstlern ist, die im Louvre ihren Studien und ihrer Kopistenarbeit nachgehen.

Zwar habe sich, so schreibt Denon der Griechin, die ihn so sehr entzückt hat, von den legendären Werken der alten griechischen Maler Apelles und Zeuxis kein einziges erhalten, aber –

... der Menschenschlag, der ihnen Modell stand, lebt. Er verschafft uns eine Vorstellung von den Schönheiten der griechischen Kunst, und die Venezianer, die ihre Hauptstadt mit den Trophäen ihrer Siege immer wieder auf das Herrlichste zu schmücken wussten, schlagen auf diese Weise die Bewunderung der Liebhaber des Schönen in Bann. Daher zweifele ich nicht, dass das Kabinett des Herrn Marin stets eines der beliebtesten in ganz Italien sein wird – und bestellen Sie ihm bitte meine Glückwünsche zu allem, was er dort besitzt. *

Die Empfängerin selbst wird einen Augenblick gebraucht haben, um zu erkennen, was in diesen Zeilen geschieht – wie hier in jedem Wort von ihr die Rede ist, obwohl kein einziges sie erwähnt, wie sie in verwickelten Gleichnissen zuerst herabgesetzt, zum Ausstellungs- und Beutestück ihres Mannes, zur Trophäe seines Sieges über sie erniedrigt wird. Wie sich dann aber zeigt, dass ihr all dies nur zum Schein und im Scherz angetan wird, indem gerade die

Herabsetzung in Wahrheit ihre Erhöhung bezweckt und den Zauber dieser Schmeichelei unwiderstehlich macht.

Carlo Antonio Marin und seine Gemahlin haben im Laufe der Jahre eine Form für ihr Leben gefunden, die beiden nicht unangenehm ist. Für Isabella bildet die Geselligkeit ihres Salons, der Umgang mit weltoffenen, an Kunst, Literatur und Reisen interessierten, den Ideen der Aufklärung zuneigenden Leuten den Mittelpunkt ihres Lebens.

Dieser Salon scheint um das Jahr 1787 seine Form und eine gewisse Regelmäßigkeit gefunden zu haben. Die Liste derer, die im Laufe der Jahrzehnte ihre Gäste gewesen sein sollen, ist lang und glanzvoll* – Patrizier und Adelige, etwa Angelo und Lauro Querini, Constantino Zacco, Graf Tommaso Mocenigo Soranzo und Giuseppe Albrizzi; Schriftsteller, Dichter, Gelehrte, Künstler wie Ippolito Pindemonte, Melchiorre Cesarotti, Vittorio Alfieri, Ugo Foscolo, Antonio Canova; und immer wieder auch namhafte Ausländer, die sich für kürzere oder längere Zeit in Venedig aufhalten: Chateaubriand, Madame de Staël, Walter Scott – auch Lord Byron, der Isabella im Jahre 1816 die «de Staël von Venedig» genannt hat und ihre liebenswürdige, natürliche Art im Umgang mit Neulingen in ihrem Salon rühmt.*

Carlo Marin, ihr Mann, hingegen schätzt die Zurückgezogenheit seines Landhauses in Gardigiano, unweit des «Terraglio», der Straße von Mestre nach Treviso, an der die Villen der sehr reichen venezianischen Familien liegen. Auch außerhalb der *villeggiatura* verbringt er dort viel Zeit über der Arbeit an seiner «Politischen und zivilen Geschichte des venezianischen Handels», die dann Jahre später, lange nachdem Isabella sich von ihm getrennt hat, auch tatsächlich in acht Bänden erscheint.*

Denon ist nicht Isabellas erster Geliebter, aber der erste, den sie wirklich liebt und mit dem sie sich für lange Zeit verbindet. Neben dem Stadthaus, das sie mit ihrem Mann bewohnt, verfügt sie in Venedig auch über ein *casino*, ein kleines Haus, das sie ganz für sich hat und in dem sie ihren Salon versammelt. Dort und vielleicht auch in der Locanda, wo Denon sich zunächst eingemietet hat, können sie sich treffen. Der späte Nachmittag ist ihre Zeit. Abends sind sie dann oft in größerer Gesellschaft noch einmal zusammen.

Um die Geheimhaltung ihrer Beziehung scheinen sie sich mit der Zeit immer weniger zu bemühen. In Venedig gibt es sogar Wörter für das, was Denon für Isabella zu sein scheint: ihr *cavalier servente* oder *cicisbeo* – ihr «Kavalier» oder «Hausfreund». Anfangs bezeichnete das Wort *cicisbeo* denjenigen, den der Ehemann selbst im Falle seiner Abwesenheit zum Begleiter und Beschützer seiner Frau bestimmte. Inzwischen kann sich die Frau einen solchen *cicisbeo* auch selbst wählen, so dass der Name reichlich Raum für Deutungen bietet, hinter denen sich manches vermuten, aber auch halbwegs und damit hinreichend verbergen lässt.

*

Gewisse Einzelheiten — Dreimal schreibt Denon an Isabella, während er auf ihre Rückkehr in die Stadt wartet. In einem vierten Brief, den er ihr nach diesem Wiedersehen schickt, erwägt er die Möglichkeit einer nächsten Begegnung. Darauf folgt eine lange Unterbrechung – keine Briefe während der nächsten vier Monate. Den Winter 1788/89 über sind sie in Venedig einander nah. Da braucht er ihr nicht zu schreiben. Erst viel später kommt er in seinen Briefen auf gewisse Einzelheiten aus der ersten Zeit ihrer Liebe zurück.

In einem Brief aus Danzig, bei dessen Belagerung im Frühjahr 1807 Denon viel gefroren hat, fällt ihm jener erste, besonders kalte Winter in Venedig wieder ein und das Zimmer, in dem er zum ersten Mal mit ihr zusammen war.

Da bin ich nun am 54. Breitengrad; aber zum Glück ist der Winter vorbei, und ich habe fünf Monate schönes Wetter vor mir, denn das Einzige, wovor ich mich fürchte, ist die Kälte. Erinnerst Du

Dich, liebe Freundin, wie ich mir in der Kammer, wo ich Dich zum ersten Mal sah, die Füße unter den Hintern und mich selbst unter meinen Mantel schob und nicht mehr unter ihm hervorzukommen wagte.*

Und wiederum Jahre später fragt er Isabella noch einmal:

Weißt Du noch, wie wir in dieser trostlosen Kammer waren, zu der man über eine scheußliche Treppe hinaufsteigen musste, wo es so kalt war und wo wir so glücklich waren, so lustig? Weil wir uns einer am anderen so sehr gefreut haben …*

In einem anderen Brief erinnert er Isabella an die Begegnungen auf dem Land und daran, wie sie sich gegenseitig täuschten, wenn sie Abschied nehmen mussten, um auf diese Weise noch ein wenig mehr Zeit für sich zu gewinnen –

… und diese Viertelstunde wurde in zwanzig Küssen gezählt, sehr guten, sehr langen, jeder kostbarer, zärtlicher, heißer ersehnt als der vorige. Mir scheint, nie haben sich Liebende so viel geküsst. Erinnerst Du Dich, wie Du das vorausgesehen hast, als Du mir den ersten gabst? Ich höre Deine Stimme noch ganz deutlich in mir: Ach, wie viele werde ich Dir noch geben!*

Mehrmals besinnt sich Denon in seinen Briefen auf die Nachmittage, zu denen sie sich nun immer regelmäßiger verabreden können. «Nie höre ich es fünf Uhr schlagen ohne Bedauern und Beklemmung. Was tust Du jetzt gerade …?»* Als er in einem Brief aus dem Frühjahr 1810 Isabellas eben erschienenes Buch über Antonio Canova, den Bildhauer, nicht nur lobt, sondern auch ziemlich entschieden kritisiert, da mildert er sein Urteil ab, indem er sich und sie an die bevorzugte Zeit ihres Zusammenseins erinnert:

Liebe Bettine, mir scheint, jetzt habe ich mit Dir gesprochen wie an diesen guten Nachmittagen, wo wir erst lange miteinander debattiert und sogar gestritten und uns dann so sehr geliebt haben. *

*

Zum Reisen genötigt — Erst im Frühjahr 1789 schreibt Denon wieder an Isabella Teotochi Marin. Da besinnt er sich auf das, was ihn nach Italien zurückgelockt hat – auf die Kunst und sein Vorhaben, sie in Abbildern zu sammeln, in Kopien zu dokumentieren. Aber irgendetwas zwingt oder drängt ihn auch, Venedig und damit Isabella eine Zeitlang zu verlassen. Ein Auftrag? Eine Verabredung? Anscheinend gibt es in Frankreich Leute, die sich und ihn mit immer mehr Nachdruck fragen, warum er so lange in Venedig verweilt. Da er aber den wahren Grund nicht nennen kann und nicht nennen will, gehen ihm allmählich die plausiblen Erklärungen aus, und schließlich, so scheint es, bleibt ihm einfach nichts anderes mehr übrig, als wieder auf Reisen zu gehen – nicht aus Neigung und Neugier, nicht in erster Linie um der Kunst willen, sondern vor allem, um endlich wieder einmal einen anderen Absendeort als Venedig auf die Rückseite seiner Briefe setzen zu können und sich die für ihn bestimmten Sendungen an die Poststationen anderer Städte zu bestellen. Als Erstes nach Ferrara.

Man fragt mich in allen Briefen, die man mir schreibt, warum ich Venedig nicht verlassen kann. Wenn Sie mich fragen würden, warum ich es verlassen habe, wäre ich um eine Antwort noch verlegener. Es ging mir dort so gut, den Tag über war ich so beschäftigt, am Abend so vergnügt, so interessiert. Immer nahm ich mir für den nächsten Tag etwas vor. Wie anders nun hier! Heute Morgen kam ich an und bin schon fertig mit Ferrara. Einen guten Maler habe ich gefunden, aber nur mit Mühe einen zweiten. Diese beiden werde ich nun die ganze Woche über sehen und dann nach Bologna fahren, um mir dort ein ganzes Dutzend zu suchen, denn Bilder braucht es *nun einmal, wenn man Ersatz für liebenswürdige Gesellschaft finden will. Da aber liebenswürdige Gesellschaft so selten ist, werde ich nur nach Bildern suchen. Ich werde hier niemanden sehen, was immer die Leute, an die ich empfohlen bin, mir bieten mögen. In Bologna werde ich mich placken wie ein Arbeiter, und um mich zu vergnügen, werde ich oft an Sie schreiben, aber nur, wenn Sie mir auch antworten, denn sonst wäre es bloß das halbe Vergnügen.**

*

Ist Hinsehen Arbeit? — Denon besucht die großen Städte Nord- und Mittelitaliens, die er noch nicht gesehen hat. Fast sieben Monate wird er unterwegs sein. Drei davon verbringt er in Bologna, einen in Modena, zwei in Florenz.

Sich «placken wie ein Arbeiter...», so lautet Denons Vorsatz für seinen Aufenthalt in Bologna. Doch als er dann dort ist, berichtet er Isabella: «Ich tue nichts als sehen, und ich habe erst wenig gesehen, gemessen an dem, was es zu sehen gibt.»* Aber ist Sehen ein Tun? Ist Hinsehen Arbeit? Für Denon scheint es so gewesen zu sein, auch wenn er dies nur ungern zugibt und manchmal sogar ausdrücklich bestritten hat.

Dreißig Jahre später, nachdem er von seinem Posten als Direktor des Louvre zurückgetreten ist, besucht ihn eine irische Reisende, die ein Buch über Frankreich schreibt, in dem er vorkommen soll. Vom Umfang seiner privaten Sammlung so beeindruckt wie von der Fülle seiner Kenntnisse, fragt ihn diese Lady Morgan, wie es ihm gelungen sei, ein solches Wissen anzuhäufen, und fügt hinzu, er müsse viel und fleißig studiert haben.

«Im Gegenteil, Mylady», erwidert Denon, «ich habe nichts studiert – es hätte mich gelangweilt. Aber ich habe viel beobachtet, denn das machte mir Vergnügen. Und so kam es, dass mein Leben erfüllt war und ich Vieles genossen habe.»*

Denon erweckt gern den Anschein, als fiele ihm alles, womit er sich beschäftigt und was er sich vornimmt, leicht. Aber mit dem

Beobachten, dem Anhäufen von Wissen durch Hinsehen, kann es so leicht denn doch nicht gewesen sein. Denn wo es um Blicke geht, da ist auf das menschliche Gedächtnis kein Verlass.

Wörter, auch zahlreiche, kann sich der Mensch recht gut einprägen. Aber beim Festhalten dessen, was er sieht, gerät sein Gedächtnis im Nu an Grenzen. Auch ein geübter Zeichner mit gutem Gedächtnis, der sich nach einer kurzen Wanderung niederlassen wollte, um wenigstens die stärksten Eindrücke des Weges, den er soeben zurückgelegt hat, aus der Erinnerung in seinem Zeichenbuch festzuhalten, brächte, wenn überhaupt, nur ärmliche, ungenaue Skizzen zustande.

Für die Fülle der Einzelheiten, die das Auge mühelos erfasst, ist das Gedächtnis nicht geschaffen. Es prägt sich ein, *dass* die Augen etwas Erstaunliches gesehen haben – eine interessante Landschaft in dramatischem Licht, das unverwechselbare Gesicht eines besonderen Menschen. Aber es ist nicht imstande, die Hand des Zeichners so zu lenken, dass er von dem, was seine Augen gesehen haben, nachträglich noch ein Abbild schaffen könnte, das diesen Namen verdient.

Mit dieser Sorge, so scheint es, geht Denon durch die Welt: dass alles Gesehene jederzeit und unmittelbar vom Verschwinden bedroht ist. Daher sein besonderes Verhältnis zu den Blicken. Nichtgezeichnete Blicke sind in seinen Augen für immer verloren – lauter nicht zustande gekommene Bilder. Mit dem Sehen und Hinsehen ist es eben nicht getan. Damit ihm das Sehen zu etwas nütze sein kann, muss der Zeichner das, was er sieht, auch festhalten. *Jetzt oder nie* – so lautet das unerbittliche Gesetz. Die Hand muss sich direkt mit dem sehenden Auge verbinden und Strich für Strich, Zug um Zug das, was dieses Auge in den Blick genommen hat, zu Papier bringen – unter vielmaligem Hinsehen, in so vielen Einzelheiten wie möglich oder nötig. Denn *alle* Einzelheiten, auch alle sichtbaren, bekommt der Zeichner nie zu fassen, auch der sorgfältigste nicht. Dieses Wunder vollbringt erst die Fotografie.

Mit dem Zeichnen kommt nun aber selbst für Denon, auch

wenn er es nicht wahrhaben will, die Arbeit ins Spiel. Ihr Lohn besteht darin, dass die Blicke haltbar werden. Mehr noch: Das Zeichnen sorgt dafür, dass Blicke tragbar, wegtragbar, transportabel werden, dass sie sich anhäufen, sammeln, ordnen lassen. Etwa in Modena, wo Herzog Herkules III. von Este ihn seine Schätze sehen lässt. An Isabella schreibt Denon von dort:

Ich habe eine Sammlung erstaunlich schöner Zeichnungen gefunden. Man hat mir erlaubt, zu kopieren, zu radieren – kurz, mich in Gedanken für den Herrn von alledem zu halten. Ich genieße dies alles und verlängere meine Illusion, so sehr ich kann.*

Denon untertreibt auch hier. Er gibt sich keiner «Illusion» hin. Er macht sich nicht nur in Gedanken zum «Herrn von alledem», sondern auch mit den Augen und dem Stift oder der Radiernadel in seiner Hand. Zwar nimmt er beim Kopieren jener Zeichnungen zuletzt nichts anderes aus der herzoglichen Sammlung mit fort als seine eigenen, von ihm selbst festgehaltenen Blicke, und doch greift er nach fremdem Gut – nach dem Besitz dessen, der dieses Werk erworben hat, und nach dem Werk selbst, das ein anderer geschaffen hat. Äußerlich bleibt das Original unbeschädigt. Und doch eignet sich der Kopist etwas von ihm an und nimmt es mit. Schon der Blick gleicht ja in vieler Beziehung einem Griff. Das Auge erfasst, was es sieht – es fasst zu. Der Zeichner, der seinen Blick in einer Zeichnung festhält, bringt das, was er sieht, in seinen Besitz – nicht den Gegenstand selbst, nicht das Original, aber doch einen wesentlichen Teil von ihm: sein Abbild, seinen Anblick.

*

Neuigkeiten aus Frankreich — Erste Nachrichten von der Umwälzung, die sein Vaterland erfasst hat, erreichen Denon gegen Ende dieses Juli 1789. «Die Nachrichten aus Frankreich machen mich schaudern», schreibt er aus Bologna an Isabella. «Man weiß nicht mehr, worauf man zählen kann. Und bisher nicht eine Zeile über meine privaten Verhältnisse.»* Er fürchtet um das Vermögen, das ihm seine Unabhängigkeit in Italien bisher garantiert hat. Er wartet auf Briefe mit Einzelheiten, vor allem von seinem Schwager in Chalon-sur-Saône, der ihn, seit er sich in Venedig aufhält, über einen Bankier in Paris und dessen venezianischen Partner regelmäßig mit Geld versorgt hat. Nun sieht es plötzlich so aus, als könnte diese Verbindung unterbrochen werden oder gar abreißen.

*Ich soll nach Florenz kommen und dort einen unserer Gesandten oder Konsuln aufsuchen, um zu beweisen, dass ich lebe – que je suis vivant –, damit mir weiter die Mittel geschickt werden können, die ich zum Leben brauche. Immer noch keiner der Briefe, auf die ich warte, stattdessen ziemlich unerfreuliche Nachrichten. Mir scheint, mit jedem Tag wird es schwieriger, all dem ein Ende zu machen. ... Immerhin verlangt man nicht, dass ich heimkehre, und das ist für mich die Hauptsache. Würde der Bürgerkrieg ausbrechen, wäre ich mehr als halb ruiniert und müsste noch laufen, um den Rest zu retten.**

Denon will ohnehin nach Florenz, auch ohne Vorladung. Aber die Unruhe wird von nun an zur ständigen Begleiterin und die eigene Arbeit zum willkommenen Mittel, sich abzulenken. In den Uffizien radiert er eine Serie von Bildnissen berühmter Maler und einer Malerin nach deren dort ausgestellten Selbstporträts.*

*Was ich bisher von Florenz gesehen habe, hat mir sehr gefallen. Was waren das doch für Leute, diese Medici! Je mehr man sich ihrer Grablege nähert, desto großartiger die Vorstellung, die man sich von ihnen macht. Manche Privatleute sind zu Fürsten geboren, und manche mächtige Fürsten sind einfach nur sehr kleine Leute. All die Tyrannen ..., von denen es in Italien dreihundert Jahre lang viel zu viele gab – wie klein sind sie im Vergleich zu diesen! Unsterblich machen in Wirklichkeit nur die Wissenschaften, die Literatur und die Kunst.**

Am meisten Sorge bereitet Denon und Isabella der Gedanke, irgendjemand oder irgendetwas könnte ihn zwingen, in sein verwirrtes Vaterland zurückzukehren. Tatsächlich scheint es so, als würde aus Frankreich in diesem Sinne Druck auf ihn ausgeübt. Von wem und wie massiv, das bleibt unklar. Aber seiner Geliebten gesteht er dies erst, als er auch ein Mittel gefunden hat, diesem Druck zu widerstehen.

Meine liebenswürdige Freundin, den Winter werde ich mit Ihnen verbringen, und nur der Augenblick meiner Ankunft kann köstlicher sein als der jetzige, in dem ich Ihnen dies schreibe. – Ich habe Briefe erhalten. Soweit sie sich auf die politischen Verhältnisse beziehen, sagen sie mir, dass es in diesem Augenblick kaum darauf ankommt, was man selbst tut oder nicht tut ... Was meine privaten Verhältnisse angeht, so sind die Nachrichten weniger beruhigend. Man schreibt mir, meine Pensionen und Renten würden erst wieder ausgezahlt, wenn ich im Land wäre; aber ich habe jemanden gefunden, der mir so viel leiht, dass ich nicht reisen muss. Reich werde ich nicht sein, aber sehr glücklich.*

Denons vertrauter Reisegefährte jedoch, von dem er in seinen Briefen Isabella immer wieder herzliche Grüße ausrichtet, mag nicht länger in Italien bleiben. Die Sorge um seine Frau in diesen unsicheren Zeiten treibt ihn zurück nach Paris.

Ich muss Ihnen sagen, dass mich meine Rückkehr nach Venedig Aubourg kosten wird. ... Ich trenne mich nicht ohne großes Bedauern von ihm. Es ist das erste Mal seit zehn Jahren, und ich bin ihm sehr verbunden. Aber es hätte dieses Opfers nicht bedurft, um mich spüren zu lassen, wie stark der Zauber ist, der mich zu dem Entschluss bringt, den ich gefasst habe.*

Je bedrohlicher die Lage in Frankreich Denon zu sein scheint, desto entschlossener verfolgt er den Gedanken, sich in Italien festzusetzen. Die Briefe, die er erhalte, machten ihm sein eigenes Land in diesem Moment nicht begehrenswert, gesteht er Isabella – «und so wird denn Venedig zum Vaterland meiner Wahl».* Er schmiedet Pläne für ein neues Leben dort, ein Leben mit ihr, in ihrer Nähe, das weniger provisorisch sein soll als bisher. Schon den kommenden Winter will er nicht mehr in seiner *locanda* verbringen, sondern sich umsehen nach einer kleinen Wohnung in «unserem Viertel» – dem Quartier San Salvador, ungefähr auf halbem Wege zwischen der Rialto-Brücke und der Basilica San Marco. Doch bevor er sich auf den Weg nach Venedig macht, begleitet er Aubourg nach Livorno, wo dieser sich nach Frankreich einschiffen will. Eine fast euphorische Zuversicht scheint Denon gepackt zu haben, als er Isabella, in seinem letzten Brief vor dem langersehnten Wiedersehen, aus Pisa schreibt:

Der erste Schritt zurück zu Ihnen ist getan. Aber das Sprichwort «Der erste Schritt ist immer der schwerste» trifft hier nun einmal gar nicht zu. Als ich heute Morgen von Livorno aufbrach, habe ich deutlich gespürt, dass ich jetzt endlich meiner natürlichen Neigung nachgebe. ... Diese Reise ist die erste ganz meinem freien Willen entsprungene Handlung meines Lebens, und es kommt mir vor, als sei ich der freieste Franzose von allen, vielleicht sogar der einzige freie. *

*

Alltag und Liebe nach den Akten der Inquisition — Denon geht nach Venedig zurück. Den Plan, die Stadt zur Heimat seiner Wahl zu machen und eine gewisse Regelmäßigkeit in sein Leben dort und den Umgang mit Isabella zu bringen, verfolgt er weiter und bewirkt damit um ein Haar das genaue Gegenteil, seine unwiderrufliche Vertreibung.

Nicht weit von dem großen Haus der Marins in der Calle delle Ballotte, am Ponte dei Barettieri, findet er im Sommer 1790 zwei

Zimmer, so dass er sich nun auch ein Atelier einrichten kann. Seine Vermieterin tut, wozu sie verpflichtet ist. Sie meldet Denon, da er Ausländer ist, bei der Inquisition an – der Aufsichtsbehörde, die in Venedig außer für Ausländer auch für die Botschafter fremder Staaten, für Hochverrat, Falschmünzerei, Verbrechen von Adeligen und Homosexualität zuständig ist.

Der Sekretär notiert sich: «Den Franzosen bei Madama Carlina überprüfen» – und wenige Tage später wird Denon ein Ausweisungsbefehl zugestellt. Er soll Venedig binnen vierundzwanzig Stunden verlassen und das venezianische Staatsgebiet innerhalb von drei Tagen.

Denon hat die Ausweisung durch seinen Umzug in gewisser Weise selbst ausgelöst. Solange er in seiner *locanda* wohnte, galt er – auch noch nach einem Aufenthalt von annähernd zwei Jahren – als Durchreisender. Mit der Anmietung einer Wohnung jedoch gibt er zu erkennen, dass er sich in Venedig ansiedeln will, und zieht verschärfte Aufmerksamkeit auf sich – zumal als Franzose, von dem man nicht weiß, wie er über die Ereignisse in seiner Heimat denkt.

Die Entscheidungen und Befehle der Inquisition ergehen ohne Angabe von Gründen, und sie sind unwiderruflich. Denon erhebt trotzdem Einspruch gegen seine Ausweisung und bekommt tatsächlich die Chance, sich zu äußern, bei einem Verhör am 12. August 1790 – ein äußerst seltener Fall und ein erstes Anzeichen dafür, dass er über starke Protektion verfügt.*

Venedig ist schon seit dem Mittelalter, was Frankreich eben erst werden will – eine Republik. Durch Ausgleich der Kräfte und ihre wechselseitige Kontrolle sollte das Gefüge der politischen Institutionen den Aufstieg einer einzigen Familie und deren dauerhafte Alleinherrschaft verhindern, wie sie sich in vielen italienischen Stadtstaaten herausgebildet hatte. Doch inzwischen hat sich dieses System in Gestalt des «Rats der Zehn» mit den ihm zugeordneten Staatsinquisitoren selbst zu einem monolithischen Machtapparat entwickelt, der mit seinem ausgedehnten Polizei- und Spitzelsystem weitgehend im Geheimen operiert und eine eigene Form von administrativem Despotismus angenommen hat.

Die Akten, die dieser Apparat hervorgebracht hat, haben sich großenteils bis heute erhalten – die Notiz des Sekretärs, bei dem Madama Carlina ihren neuen Mieter angemeldet hat, ebenso wie das Protokoll des Verhörs, zu dem dieser dann erscheinen musste – oder richtiger: erscheinen durfte. Auch für die interessierte Nachwelt erweist sich die Sorgfalt der venezianischen Archivare als ein Glücksfall. Denn dieses Protokoll liefert nicht nur Informationen über Denons bisherigen Lebensweg, seine Vermögensverhältnisse, seine Reisen, die schon aus anderen Quellen bekannt sind. Es ist auch reich an Auskünften über sein Leben und seinen Alltag in Venedig, von dem in seinen Briefen schon deshalb kaum die Rede ist, weil Isabella diesen Alltag über weite Strecken ja mit ihm erlebt. So erklärt Denon den Inquisitoren:

Ich wäre längst in mein Vaterland zurückgekehrt, hätte ich nicht die schmerzlichen Nachrichten von den Umwälzungen erhalten, die sich in Frankreich ereignet haben. Sie haben mich, da sie meinem Verlangen nach einem ruhigen Leben vollkommen entgegengesetzt sind, zu dem Entschluss gebracht, das Ende dieser Unruhen in Venedig abzuwarten, zumal ich über diesen äußerst geruhsamen Aufenthalt und den höflichen Empfang hocherfreut war, der mir hier vielerorts zuteilwurde. So konnte ich verschiedene freundschaftliche Beziehungen selbst zu Persönlichkeiten ersten Ranges knüpfen, etwa zu Seiner Eminenz, dem Prokurator Memmo, zu Cavaliere Angelo Querini, zu Cavaliere Lauro Constantino Querini, derzeit Mitglied des Rates, zu Cavaliere Carlo-Antonio Marin, zu Cavaliere Francesco-Maria Soranzo, zu Cavaliere Costantino Zacco und einigen mehr, an deren Namen ich mich gerade nicht erinnere, mit denen ich meine Tage verbringe. ... Sie alle empfangen mich voller Wohlwollen, wenn ich sie besuche; oft haben sie mich auch mit ihrem Besuch in meinem Haus beehrt, wohl wissend, dass sie mich dort antreffen, weil ich dort zu meinem Vergnügen zeichne und radiere.

Oft kommen diese Herren und sehen mir bei der Arbeit zu, der ich all meine Vormittage bis zu einer vorgerückten Stunde widme, so dass – nach einer leichten Mahlzeit und einem Augenblick der Ruhe – bei Sonnenuntergang die Zeit kommt, auszugehen. In der Regel verbringe ich meine Abende im Haus des schon erwähnten venezianischen Edelmannes, des Herrn Marin, in der Calle delle Ballotte, wo die Zeit im Gespräch mit ihm und seinen Freunden vergeht; man unterhält sich über Literatur, die mir sehr am Herzen liegt, und nach Mitternacht begibt sich die ganze Gesellschaft schließlich noch für eine Stunde in das Café Alle Rive. Ich füge hinzu, dass ich oft auch bei den drei hier residierenden Botschaftern aus Frankreich, Spanien und Wien diniere, manchmal auch beim russischen Gesandten und denen anderer Höfe. So viel zu dem, was es über meine Reisen, meinen Aufenthalt in Venedig und den Plan für mein weiteres Leben, den ich genauestens befolge, zu berichten gibt.

Frage: Ist er verheiratet?

Antwort: Nein. Ich habe nie geheiratet und lebe zufrieden mit meiner Freiheit.*

Denon äußert sich hier, soweit sich dies beurteilen lässt, offen und wahrheitsgemäß – wenn man einmal davon absieht, dass er jene Person, die den Mittelpunkt seines Lebens und all seiner Pläne bildet, unerwähnt lässt. Der Prokurator Andrea Memmo, den er als ersten in der Reihe seiner venezianischen Bekannten nennt, ist auch der einflussreichste von ihnen. Wahrscheinlich hat er Denon die Chance zu diesem Verhör verschafft.*

Mehrmals betont Denon gegenüber den Inquisitoren, wie sehr ihm an der Ruhe gelegen sei, die der Aufenthalt in Venedig ihm biete, und vergisst auch nicht, seine Liebe zur Kunst und die Uneigennützigkeit, mit der er sich ihr überlässt, hervorzuheben.

Meine Zeichnungen und meine Drucke verschenke ich, denn dank besagter Einkünfte, die es mir auch leicht gemacht haben, die schon *erwähnten Reisen zu unternehmen, bin ich auf Gewinn aus meiner Arbeit nicht angewiesen. Ich liebe den Frieden und das Studium der Künste so sehr, dass ich zwei junge Leute kostenlos im Radieren unterrichte, Francesco Novelli und Constantino Cumano, die hierbei mit schönem Erfolg zu Werke gehen.**

Offenbar gelingt es Denon im Verlauf der Befragung, den Verdacht, der ihm die Ausweisung eingebracht hat, zu zerstreuen oder zu dämpfen. Ganz ausräumen kann er ihn nicht. Die Inquisitoren nehmen ihren Ausweisungsbefehl nicht zurück. Sie lassen nur nichts mehr von sich hören. Stattdessen lassen sie Denon von nun an überwachen.

Der Informant oder *confidente*, der diese Aufgabe übernimmt, bewegt sich schon seit längerem in den Kreisen, in denen auch Denon verkehrt. Bartolomeo Benincasa ist der Sekretär und Liebhaber von Giustiniana de Wynne, Gräfin von Rosemberg, die in Isabellas Salon häufig zu Gast ist und auch selbst einen Salon führt, in dem Denon verkehrt und den er bei Gelegenheit sogar gezeichnet hat.*

Auch Benincasas Spitzelberichte haben sich in den venezianischen Archiven erhalten. Er hat seine Dienste der Inquisition freiwillig angeboten und ist ein kluger Beobachter. Denon betrachtet ihn als einen Freund, und tatsächlich lassen die Berichte Benincasas wiederum so viel Sachlichkeit und Sympathie für Denon erkennen, dass man nicht recht weiß, ob man ihn für einen Denunzianten oder einen Fürsprecher halten soll. «Seine Art, die Dinge zu betrachten», notiert Benincasa einmal über Denon, «ist erhellend, dank seines Scharfsinns und einer gewissen Geistesfreiheit, die aus seiner Unabhängigkeit erwächst.»*

Auch darüber, wie Denon seine Tage verbringt, hat Benincasa mancherlei mitzuteilen. Vieles von dem, was Denon in seinem Verhör selbst zu Protokoll gegeben hat, bestätigt oder präzisiert er. In einem Punkt allerdings könnten die Inquisitoren aufgehorcht haben. Denon hatte erklärt, er verbringe seine Abende re-

gelmäßig bei dem ehrenwerten Venezianer Marin. Benincasa
weiß es besser.

*Gewöhnlich schläft er bis gegen zehn Uhr; jeden Tag kommen drei
Personen zu ihm, um sich bei ihm im Zeichnen zu üben, Constantino
Cumano, Francesco Novelli und Giuseppe Sardi; falls er vormittags
einmal ausgeht, dann spät; er spaziert auf der Piazza herum oder
besucht die vornehme Frau Marini, von der ich schon berichtet
habe; manchmal bleibt er auch stehen und unterhält sich mit Franzosen; nach dem Mittagessen kehren dieselben Personen noch einmal zu ihrer Arbeit zurück, aber nur für kurze Zeit; jeden Tag gegen
sieben kommt der Perruquier und frisiert ihn, und um acht Uhr geht
er für gewöhnlich aus, nach San Marco, manchmal auch zu jener
Dame. Er grüßt viele Patrizier; einmal abends, in der Frezzeria, hat
er eine Weile mit dem Prokurator Memmo geplaudert. Er ist regelmäßig zu Gast im Café Alle Rive.**

Die Erwähnung der Schüler – seit Denons Verhör ist ein dritter
hinzugekommen – hat nun zur Folge, dass auch sie an den nächsten Tagen einer nach dem anderen vorgeladen und verhört werden. Und noch einmal bestätigt und vervollständigt sich das Bild
von Denon, das sich den Inquisitoren und uns bietet.

*Novelli: Ich weiß, dass er viel mit Madame E. Teotochi verkehrt, der
Frau unseres Carlo Antonio Marin, die in der Frezzeria wohnt, und
ich weiß, dass er abends ins Café Alle Rive geht. … Er hat Umgang
mit Madame Marin wie mit einer «Virtuosin», wohlgemerkt im
Zeichnen, und zeigt ihr alle seine Arbeiten und die unseren eben-
falls.** – Cumano: Regelmäßig ist er zu Besuch bei Madame Teotochi
Marin, zeigt ihr seine Arbeiten wie einer Kritikerin und schenkt sie
ihr.** – Sardi: Er lebt sparsam, hat für seinen Haushalt nur eine alte
Frau, die ihm manchmal etwas kocht, manchmal etwas aus einer
Trattoria besorgt; das meiste Geld gibt er für Drucke aus.**

*

75

Das Kabinett des Antonio Zanetti — Auch diese letzte Aussage trifft zu. Gleich zu Beginn seines um 1820 verfassten Fragments über die Entstehung und Zusammensetzung seines Kabinetts berichtet Denon über den größten und vermutlich kostspieligsten Kunstkauf für seine eigene Sammlung, auf den er sich je eingelassen hat.

Stets habe ich nur das eine Ziel verfolgt, meinen Kunstsinn zufriedenzustellen, und Sparsamkeit bestand für mich allein darin, nur vorzügliche Sachen zu kaufen. Ich war immer der Meinung, es sei der Erwerb mittelmäßiger Sachen, wodurch sich der Käufer ruiniert.

Ich kam nach Venedig. Das berühmte Kabinett Zanettis war ungeteilt geblieben, und unter all seinen Nachkommen fand sich kein Erbe von seinem Talent und seinem Kunstverstand. Ich konnte nicht alles auf einmal kaufen; aber vierzig Zeichnungen von Parmigianino und sechzig von Guercino waren in meinen Augen ein Schatz. Ich bot einen Betrag, mit dem ich mir die halbe Sammlung sicherte. Nachher hielten mich die Leute für verrückt, schleppten alles herbei, was an kleineren Schätzen dieser Art in Venedig noch vorhanden war, und boten es mir zum Kauf an. Ich floh aus Venedig, um nicht mehr auszugeben, als mir zur Verfügung stand.

Nach einem Jahr kehrte ich zurück und brachte neue Kostbarkeiten mit. Die Erben Zanettis machten mir Vorwürfe, ich hätte ihr Kabinett seiner schönsten Blüte beraubt. Zum Beweis des Gegenteils bot ich ihnen einen Betrag, für den sie mir auch das Übrige ließen. Aufgebaut hatte diese Sammlung ein großer Kenner, ein wahrhaft sorgsamer, echter Liebhaber. … Er war Kupferstecher und zugleich Bankier gewesen, was ihn in die Lage versetzt hatte, in ganz Europa alles Bemerkenswerte, das angeboten wurde, für sich kaufen lassen zu können, um nachher das, was ihm genehm war, zu behalten und den Rest wieder zu veräußern.*

Zu dem «Übrigen», das mit dem zweiten Teil der Sammlung Zanetti in Denons Besitz gelangte, gehörten neben vielem anderen ein

Konvolut von 133 Kupferstichen des Italieners Marcantonio Raimondi, der als Erster den Kupferstich im großen Stil zur Reproduktion anderer Kunstwerke eingesetzt hatte; sodann 238 Blätter von Lucas van Leyden, dem bedeutendsten niederländischen Kupferstecher in der ersten Hälfte des 16. Jahrhunderts; außerdem das gesamte Werk des französischen Radierers Jacques Callot, der unter anderem die Greuel des Dreißigjährigen Krieges in seiner Heimat Lothringen dargestellt hatte, 1574 Stücke in drei großen Alben; und schließlich sämtliche Radierungen Rembrandts mit zahlreichen Zustandsdrucken, schon zu dessen Lebzeiten gesammelt von einem mit ihm befreundeten Kunsthändler, Jan Pieter Zoomer, alles in allem 428 Blätter.*

Das Mittelmaß hat Denon mit diesem Kauf gewiss vermieden. Dem eigenen Ruin ist er aber möglicherweise nur knapp entgangen. Mit der einjährigen Abwesenheit von Venedig, die seinem Bericht zufolge zwischen dem Erwerb der ersten und dem Kauf der zweiten Hälfte der Sammlung Zanetti lag, kann eigentlich nur seine Kunstreise in Mittelitalien gemeint sein, auch wenn diese nur gut sieben Monate dauerte. Demnach hätte Denon den ersten Teil der Sammlung zu Beginn des Jahres 1789 gekauft, bevor er wieder auf Reisen ging, oder auch in der zweiten Maihälfte, als er noch einmal für zwei oder drei Wochen aus Bologna nach Venedig zurückkehrte.* Der zweite Teil der Transaktion jedoch findet offenbar erst Ende 1789 oder im Jahr 1790 statt, zu einem Zeitpunkt, als Denon die unliebsamen Auswirkungen der Revolution auf seine finanziellen Verhältnisse schon zu spüren bekommen hat.

Dennoch – er scheint gewusst zu haben, was er tut. Die Gelegenheit, all dies und vieles mehr auf einen Schlag zu erwerben und eine Sammlung von Kupferstichen und Radierungen gleichsam «von oben» – mit dem Erwerb des Wertvollsten – zu beginnen, muss ihm als eine ungeheure, einmalige Chance erschienen sein, und nichts, so scheint es, konnte ihn davon abhalten, sie zu ergreifen.

*

Goethe wartet — Drei Vorkommnisse unterbrechen im Laufe der folgenden Jahre das Gleichmaß von Denons venezianischem Alltag und dürfen nicht unerwähnt bleiben, auch wenn es über zwei von ihnen nicht viel zu berichten gibt. Am wenigsten über das erste.

Im Frühjahr 1790 macht Denon die Bekanntschaft Goethes. Damit ist allerdings auch schon fast alles gesagt, was man über dieses wundersame Zusammentreffen weiß. Denon soll bei dieser Gelegenheit auch ein Porträt des deutschen Dichters angefertigt haben. Aber schon das ist nicht mehr sicher, und über den Verbleib dieser Zeichnung ist nichts bekannt.

Man weiß, warum sich Goethe – nach einem ersten Besuch während seiner großen italienischen Reise – nun zum zweiten Mal in Venedig aufhält und warum ihm die Stadt diesmal viel weniger gut gefällt als im Herbst 1786. Er ist im Auftrag des Herzogs von Weimar unterwegs – soll dessen Mutter, die sich fast zwei Jahre in Rom und Neapel aufgehalten und amüsiert hat, entgegenfahren, um sie dann auf ihrem weiteren Heimweg zu begleiten. Dabei wäre Goethe gerade in dieser Zeit viel lieber daheimgeblieben, bei seinem kaum drei oder vier Monate alten Sohn August und dessen Mutter, Christiane Vulpius. Man weiß auch, dass Goethe in Venedig wochenlang auf die Herzogin Anna Amalia warten musste und wie er sich diese Zeit vertrieb: nicht nur mit der Niederschrift seiner «Venezianischen Epigramme», nicht nur mit ausgiebigen Kirchenbesichtigungen in Begleitung seines gleichfalls missmutigen Dieners Götze, sondern auch damit, dass er ein Straßenmädchen, eine junge Gauklerin, umschwärmte, die ihn mit ihrer Schönheit und Gelenkigkeit in Staunen versetzt hatte.

Das alles weiß man. Denons Begegnung mit Goethe hingegen bleibt ein Ereignis, von dem man nichts weiß, außer dass es stattgefunden hat. Dies wiederum ist allerdings über jeden Zweifel erhaben. Denn viele Jahre später kommt es anderswo und unter ganz anderen, wahrhaft dramatischen Umständen zu einem Wiedersehen der beiden, von dem noch die Rede sein wird. Und anders als diese erste, hat jene zweite Begegnung in Goethes Aufzeichnungen und Briefen deutliche Spuren hinterlassen. Denon tritt dort als «alter Freund» in Erscheinung. «Ich hatte ihn», schreibt Goethe, «in Venedig gekannt.»*

*

Ein Duell — Auch über den Zweikampf wüsste man gern mehr, auf den sich Denon Isabellas wegen eingelassen hat – mit einem Schweizer, der zwanzig Jahre jünger ist als er. Eines sehr frühen Morgens im Februar 1792 findet er auf dem Campo San Geremia in einem der nördlichen Quartiere von Venedig statt, mit Pistolen. Denon bleibt unverletzt. Sein Kontrahent trägt eine leichte Verwundung davon. Der Anlass: anzügliche Bemerkungen über Isabella, die dieser Baron de Marval während einer Probe zu einer Komödie im Casino der «Buoni Amici», der Gesellschaft der auswärtigen Diplomaten, von sich gegeben hat.* Denon fasst sie als Beleidigung auf und fordert den Baron zum Duell.

Wann Isabella von der Sache erfahren hat und wie sie darüber dachte, ist nicht bekannt. Duelle sind in Venedig streng verboten und können mit Tod oder Verbannung bestraft werden. Denon geht gleich nachher zu Benincasa und berichtet ihm von dem Vorfall, wohl in der Hoffnung auf dessen Fürsprache. Auch die Botschafter Österreichs, Spaniens und Frankreichs setzen sich bei dem Abbé Giovanni Cattaneo, dem Sekretär der Inquisition, der die Verbindung zu den Diplomaten in Venedig hält, für Denon ein. Mit Erfolg. Die Angelegenheit wird vertuscht – ein weiteres Indiz dafür, dass Denon in Venedig lange Zeit starke Protektion genießt.*

*

Das Porträt — Besser dokumentiert ist der Besuch der Malerin Elisabeth Vigée-Lebrun in Venedig. Sie selbst hat in ihren «Erinnerungen» geschildert, wie sie im Mai 1792, nur begleitet von ihrer zwölfjährigen Tochter und einer Gouvernante, zufällig am Tag vor Christi Himmelfahrt in der Stadt eintrifft, gerade rechtzeitig, um das prächtigste Fest des Jahres, die symbolische Vermählung Venedigs mit dem Meer, zu erleben. Gleich nach ihrer Ankunft macht ihr Denon einen ersten Besuch. Wenig später erscheint auch Isabella und erklärt ihr von Frau zu Frau, dass sie sich ohne männlichen Begleiter in Venedig nicht bewegen und nirgendwo zeigen könne, wenn sie nicht ihren Ruf gefährden wolle.

«Es muss wenigstens so aussehen, als hätten Sie jemanden. Ich werde Ihnen Monsieur Denon abtreten, damit er Ihnen seinen Arm leiht. Ich nehme inzwischen den Arm von jemand anderem. Die Leute werden glauben, ich hätte mich mit ihm zerstritten. Aber solange Sie hier sind, lassen wir es dabei, denn ohne ami können Sie nicht herumlaufen.» – So sonderbar mir dieses Arrangement erschien, es war mir sehr angenehm, denn so bekam ich einen unserer liebenswürdigsten Landsleute zum Führer – liebenswürdig allerdings nicht, was sein Äußeres anging, denn auch als sehr junger Mann war Monsieur Denon immer ziemlich hässlich, was jedoch, wie man sich erzählt, nicht verhinderte, dass er einer großen Zahl hübscher Frauen sehr gefiel.*

Elisabeth Vigée-Lebrun hatte in der Zeit vor der Revolution mit ihren Porträts der königlichen Familie und anderer hochgestellter Personen und dank der Förderung durch Marie-Antoinette fast den Rang einer Hofmalerin erlangt. Am Ende jenes merkwürdigen 6. Oktober 1789, an dem mit Piken bewaffnete Männer und Frauen aus Paris – später war nur noch von «Fischweibern» die Rede – den König und die Königin aus Versailles in die Stadt geholt hatten, wo sie von nun an unter den wachsamen Augen ihrer Untertanen im Tuilerien-Palast residieren sollten, war Elisabeth Vigée-Lebrun aus Paris geflohen und hatte sich mit ihrer Tochter auf den Weg nach Italien gemacht. Ihren Mann hatte sie zurückgelassen.

Jean-Baptiste-Pierre Lebrun, selbst Maler und Kunsthändler, hatte an ihrem Aufstieg zur gesuchten Malerin mitgewirkt und zugleich ihr Talent und ihren finanziellen Erfolg von Anfang an ziemlich schamlos für sich ausgenutzt. Trotzdem scheint selbst die Scheidung, die er dann betrieb, in heimlichem Einvernehmen der beiden Eheleute erfolgt zu sein – um das Vermögen zumindest für ihn vor der Beschlagnahmung zu retten, die dem Besitz aller Emigranten drohte.

Elisabeth Vigée-Lebrun ging damals für zwölf Jahre in die Emigration – zunächst nach Italien, später nach Österreich, im Jahre 1795 nach Russland und kehrt erst im Januar 1802 nach Frankreich zurück. Bei ihrer Flucht hatte sie nicht mehr als hundert Louis d'Or bei sich. Im Übrigen vertraute sie auf ihr Talent und ihren Ruf als Malerin und war zuversichtlich, dass sie im Ausland unschwer genügend Aufträge erhalten würde, um sich und ihre Tochter zu versorgen. Im Ganzen gesehen, ging diese Rechnung auf – aber nicht in Venedig.

Denon war Madame Vigée-Lebrun nicht nur als Cicisbeo und Cicerone zu Diensten. Er organisierte auch eine kleine Ausstellung für sie – mit einem Bild, das sie in Neapel gemalt hatte und nun als Ausweis ihres Talents überall mit sich führte, eine «Sibylle», zu der Emma Hart, die spätere Lady Hamilton, Modell gestanden hatte. Denon lud eine Menge vornehmer, betuchter Leute aus seiner Bekanntschaft, aber auch Fremde ein, natürlich in der Hoffnung auf neue Aufträge für seine Besucherin. Die Leute kamen auch in Scharen und staunten – zuerst über das Bild und dann über den Preis. Zu einem Auftrag mochte sich aber niemand entschließen. Elisabeth Vigée-Lebrun war den Venezianern zu teuer. So kam es, dass die berühmte Malerin in Venedig nur ein einziges Bild malte und dies wahrscheinlich kostenlos, ein Porträt von Isabella für Denon, zum Dank für die Dienste, die er ihr geleistet hatte (Abb. 1).

Es ist verhältnismäßig klein und schwungvoller ausgeführt, als Elisabeth Vigée-Lebrun sonst meist zu Werke geht, mit mehr Kraft und nicht so metikulös. Auch Isabellas Augen hat sie nicht in der Fasson gemalt, der sie so viel von ihrem Ruhm verdankt, die aber den seltsamen Eindruck erweckt, als stammten die Damen, die Herren und die Kinder auf ihren Bildern allesamt aus ein und derselben Familie besonders lebendig anmutender Puppen. Stattdessen stellt sie Isabella als eine Frau von großer Präsenz dar, die mit gelassenem, offenem, gedankenvollem, ein wenig verwundertem, ein wenig amüsiertem Blick aus dem Rahmen ihres Bildes in ein freundliches Verhältnis zum Betrachter tritt.

Isabellas Bildnis macht in Venedig von sich reden. Im Nu wird es berühmt, eine Attraktion, eine Ikone. Alle wollen es sehen. Ihre Freunde und Bekannten, die Besucher ihres Salons und ihre Verehrer, entwickeln den Plan, zur Feier der Erschaffung dieses Porträts dem Original selbst eine Festschrift zu widmen. «L'Originale e il Ritratto» soll das Büchlein heißen, und es soll alles versammeln, wozu das Bildnis der Madame Teotochi Marin die geistreichsten Köpfe unter ihren Bewunderern inspiriert. Denon steuert als Einleitung einen Brief über die Malerin und ihr Werk bei und außerdem zwei Radierungen, die das Buch illustrieren sollen – zum einen Elisabeth Vigée-Lebrun bei der Arbeit mit einer Palette auf der Hand und zum anderen eine Radierung, die spiegelverkehrt und mit schwarzem Gestrichel auf weißem Grund notgedrungen nur einen vagen Eindruck von dem in kräftigen Farben angelegten Bild geben kann, das sie von Isabella gemalt hat.

Ausgerechnet dieses von Denon radierte Porträt von Isabellas Porträt stiftet, noch bevor es ganz fertig ist, Unfrieden zwischen den beiden Liebenden. Wie die wenigen anderen Streitfälle, die es zwischen ihnen gegeben hat, wird auch dieser bald wieder beigelegt. Aber er ist der heftigste, der in Denons Briefen an Isabella seinen Niederschlag gefunden hat. Plötzlich kommt es Denon vor, als sei alle Liebe zwischen ihm und ihr zur Belanglosigkeit geschrumpft. Isabella ist nicht in seiner Nähe. Sie hält sich in Valdagno auf, ihrer geliebten Sommerfrische am Fuß der Alpen bei Vicenza. Dorthin schreibt er Isabella: Solange er sich von «ein paar flüchtigen Zärtlichkeiten» nicht täuschen lasse, glaube er zu spüren,

dass ich der Liebe nichts verdanke, dass Sie für mich nichts von dem empfinden, was eine Leidenschaft auszeichnet, dass Sie zum Beweis Ihrer Gefühle für mich nur die Eifersucht eines Dummkopfs anführen, auf den eifersüchtig zu sein ich meinerseits guten Grund hätte, da Sie sich ja nicht nur nicht um mich kümmern, sondern auch noch das vergiften, was ich tue. Ich radiere Ihr Porträt, und Ihr erster Gedanke geht dahin, den ersten Abzug für denjenigen zu fordern, der mich gekränkt hat und auf den ich, wie Sie zugeben müssen, allemal eifersüchtig sein könnte. ... Haben Sie mich nicht schon gewarnt, dass Ihr Herz alle Augenblicke zurückfliegt zu ihm? Sie lieben so sehr die Abwesenden!*

Aus den Briefen wird nicht klar, für wen Isabella von Denon den ersten Abzug der Kopie ihres Porträts erbittet. Möglich, dass sie dem Grafen Tommaso Mocenigo Soranzo damit eine Freude machen will. Ihn kennt Isabella schon länger als Denon, seit den frühen Tagen ihres Salons um das Jahr 1786. Auf ihn könnte ihre Wahl gefallen sein, als sie Denon an Elisabeth Vigée-Lebrun abgetreten hatte und sich für die Zeit von deren Aufenthalt in Venedig «den Arm von jemand anderem» suchen musste. Diesem anderen zum Dank für seine Dienste nachher eine Kopie des Porträts zu schenken, das bei dieser Gelegenheit entstanden ist, wäre eine naheliegende Idee. Soranzo ist fünf Jahre jünger als Isabella. Er gehört, wie Vivant Denon und wie später auch Giuseppe Albrizzi, Isabellas zweiter Gemahl, zu den Männern, denen sie sich über weite Strecken ihres Lebens besonders zugetan fühlt. Jahre später sagt sie selbst in einem Brief, was er ihr sei – «Geliebter, Bruder, Freund».*

Denon liebt eine Frau, die von vielen geliebt, bewundert, verehrt wird. Wenn er das nicht von Anfang an wusste, muss es ihm doch sehr bald klar geworden sein. Erstaunlich ist, wie gut es ihm die meiste Zeit über gelingt, sich gegen Anwandlungen von Eifersucht zu wappnen. Denn fast alle Männer in Isabellas Salon fühlen sich nicht nur als deren Anbeter und Bewunderer, sondern gebärden sich auch so. Aber statt ihnen mit Argwohn zu begegnen, macht sich Denon zum Sympathisanten von allen und schließt sie alle in sein Herz. «Ich spüre», schreibt er Isabella einmal, «dass ich Sie mehr liebe, als irgendwer sonst Sie lieben kann. Außerdem bin ich auf niemanden eifersüchtig, sondern ermuntere, so scheint mir, noch all jene, die Sie in Entzücken versetzen.»* Diesmal jedoch versagen plötzlich diese Vorkehrungen gegen die Eifersucht. Und der Auslöser ist ein Bild von ihr, das vervielfältigt und unter die Leute gebracht werden soll – das Bild eines Bildes, das er selbst zu diesem Zweck angefertigt hat.

3. Kapitel

Frankreich von außen betrachtet — Ende Juni 1792 – Isabella weilt noch immer in Valdagno, aber der Streit wegen ihres Porträts ist inzwischen beigelegt – berichtet Denon ihr von einer Nachricht, die ihn aus Frankreich erreicht hat.

Ich habe eine Menge Briefe bekommen, darunter einer, der mir mitteilt, dass man mich meiner Pension beraubt hat. ... Hätten mir diese Leute zugleich auch die Zeit zurückerstattet, die ich damit vertan habe, sie mir zu verdienen, würde ich mich bei ihnen sogar noch bedanken. Aber sei's drum, ich will mich mit meinem Verlust nicht brüsten. Nur zu Ihnen spreche ich dieses eine Mal davon und dann nie wieder. *

Drei Jahre vorher, im Sommer 1789, angesichts der ersten Meldungen über die Revolution in seiner Heimat, hatte schon die bloße Ungewissheit über seine Finanzen Denon in große Unruhe gestürzt. Nun klingt die ironische Gelassenheit, mit der er Isabella über diese wirkliche Einbuße ins Bild setzt, als wolle er die Revolution wegen einer nur ihn als Privatmann betreffenden Unannehmlichkeit nicht allzu streng tadeln. Auch wenn er noch keine Sympathie für diese Revolution hegt, scheint er inzwischen doch einen gewissen Respekt angesichts ihrer Tragweite zu empfinden, und die Aufmerksamkeit, mit der er die Ereignisse verfolgt, wächst weiter.

Denon liest viel in den Zeitungen, die ihm in Venedig unter die Augen kommen. Er trifft regelmäßig die Diplomaten, die im Club der «Buoni Amici» verkehren, und tauscht sich mit ihnen aus. Es ist hier wie überall in Europa. Erst nach und nach werden sich die aufmerksamen Zeitgenossen und die Regierungen der verschiedenen Länder schlüssig, was von den Ereignissen zu halten sei, die Frankreich erschüttern. Anfangs haben nicht wenige Beobachter die offenkundige Schwächung des mächtigsten Staates auf dem Kontinent durchaus begrüßt. Inzwischen jedoch fürchten viele, die Erhebung gegen den König in Frankreich könne zu einer Gefahr auch für andere Monarchien und für das monarchische System als solches werden.

Im April 1792 hat Frankreich, in dem Ludwig XVI. zwar immer noch der König ist, aber nicht mehr über die Macht verfügt, einen Feldzug gegen die Österreichischen Niederlande, das heutige Belgien, begonnen. Im Kampf gegen einen äußeren Feind versuchen die Revolutionäre, ihre Position im Inneren zu festigen. Dabei leitet sie der alte Gedanke, dass ihr Land seine «natürlichen Grenzen» – im Norden und im Nordosten den Rhein – noch immer nicht gefunden habe. Was Ludwig XIV. in all seiner Machtfülle nicht gelang, hoffen nun sie zu erreichen. Sie bauen darauf, dass die breite Masse des Volkes in den Gebieten, die erobert werden sollen, ihr Erscheinen begrüßt und sich auf ihre Seite schlägt – schon wegen der kostbaren Güter, der Ideen von Freiheit und Gleichheit, die sie mitbringen. Erfolge indessen sind ihnen zunächst nicht beschieden. Die Angriffe auf die Festungen von Namur, Mons und Tournay scheitern.

Preußen und Österreich verbünden sich und setzen von Luxemburg eine Armee in Marsch, die «der Gesetzlosigkeit im Inneren Frankreichs ein Ende machen soll». So formuliert es deren Oberbefehlshaber, der in preußischen Diensten stehende Herzog Karl Wilhelm Ferdinand von Braunschweig-Lüneburg am 25. Juli 1792 in einem Manifest und droht zugleich mit «einer beispiellosen und für alle Zeiten denkwürdigen Rache, falls das Schloss der Tuilerien gestürmt oder sonst bedrängt oder die mindeste Beleidigung dem König, der Königin und der ganzen königlichen Familie zugefügt» werden würde.*

Der Aufruf verfehlt sein Ziel. Er schüchtert die Revolutionäre nicht ein, sondern stärkt bei ihnen und einem großen Teil des Volkes den Willen zum Widerstand und bewirkt oder befördert zumindest in kurzer Zeit genau das, was er verhindern sollte: erst den Sturm auf die Tuilerien und die Gefangensetzung der königlichen Familie am 10. August 1792 und dann die Abschaffung des Königtums und die Ausrufung der Republik am 21. September, einen Tag nach der Kanonade von Valmy, deren Ausgang die Koalitionsarmee am weiteren Vordringen in Richtung Paris hindert und zusammen mit dem schlechten Wetter sogar zum Rückzug zwingt.

In den folgenden Wochen wird die französische Armee reformiert. Die Mannschaften werden erneuert und das Offizierskorps verjüngt. Nachher gelingt es ihr, bei einem neuen Vorstoß nach Norden mit einem einzigen Sieg bei Jemappes Anfang November 1792 die Österreichischen Niederlande vollständig unter ihre Kontrolle zu bringen.

Solche Erfolge wecken auch bei Denon Sympathien für die Republik. In den Briefen, die er Isabella wieder im Oktober aus Venedig schreibt, während sie sich zur *villegiatura* in Gardigiano, in der Villa der Marins, aufhält, kommt immer wieder beides zum Ausdruck – ein patriotisches Vergnügen an den Erfolgen der Franzosen im Kampf gegen die Koalition und eine Abneigung gegen die ausländischen Mächte, die zusammen mit den Emigranten gegen Frankreich operieren, und vor allem gegen den Herzog von Braunschweig. Viele Jahre später wird Denons Aversion noch Folgen für das Herzogtum Braunschweig haben. Es wird 1806/07 unter der von ihm organisierten Beschlagnahmung von Kunst- und anderen Kulturgütern noch stärker zu leiden haben als andere deutsche Staaten.

Auch im Osten Frankreichs ist ein General bemüht, die Landesgrenzen an den Rhein zu verlegen. Adam-Philippe de Custine erobert kurz nacheinander Speyer, Worms und Mainz. Und Denon bemerkt dazu in einem Brief an Isabella:

Wer hätte gedacht, dass die Franzosen nach einem so kurzen Feldzug, der obendrein den Untergang Frankreichs zu verheißen schien, nun überall Schrecken verbreiten würden?*

Einen Tag später schildert er mit Genugtuung, wie rasch sich angesichts solcher Erfolge die öffentliche Meinung in Venedig und anderswo wandelt:

Heute heißt es, Genf sei von den Franzosen besetzt worden. ... Ich kann mich für diese Meldung nicht verbürgen, denn im Augenblick lässt man die Franzosen alles Erdenkliche einnehmen. Was Sie aber überraschen wird – seit vier Tagen habe ich kein einziges böses Wort mehr über diese Franzosen gehört. Solche Macht hat der Erfolg über die öffentliche Meinung. ... Man sagt auch, der Großherzog von Toskana werde die französische Republik anerkennen. Sicher ist jedenfalls, dass er dem französischen Geschäftsträger mit ausgesuchter Höflichkeit begegnet und sein Minister ebenso.*

*

Unter Spitzeln und Emigranten — Um die gleiche Zeit, im Oktober 1792, übermittelt Bartolomeo Benincasa den Inquisitoren einen Bericht über Denons politische Ansichten. Auch dieses Papier erweckt den Eindruck, als sei seinem Verfasser nicht an Denunziation, sondern an einem ernsthaften, gerecht abwägenden Urteil über Denon gelegen.

Er zollt der französischen Revolution offen seinen Beifall – nicht aus Übermut oder bösem Willen oder geistiger Verwirrung, sondern aufgrund einer sehr festen Überzeugung, die sich aus seiner theoretischen Stellungnahme gegen das monarchische Regierungssystem, aber mehr noch aus der Vielzahl und Ungeheuerlichkeit der Missstände ergibt, die dieses System verursacht hat. ... Er begrüßt die Revolution, er ist der Meinung, sie werde unausweichlich viele Übel nach sich ziehen, und beklagt schon jetzt deren ungeheure Ausmaße, die Exzesse und die Verfolgung. Er ist aber auch zutiefst überzeugt, dass es kein Mittel gegen die Revolution gibt und dass die Geschäfte der Nation, auch wenn sie auf abstoßende Weise betrieben werden, sich doch nicht in einem solchen Zustand von Verkommenheit und Vernachlässigung befinden, wie die Royalisten behaupten. ... Er verfügt in seinem Innersten über einen echten, originellen Demokratismus. Ich möchte allerdings hinzufügen, dass seine Rede in diesem Kreis [der Diplomaten] nie provoziert, sondern immer bedächtig ist und dass er seine Denkweise nie durch irgendwelche Andeutungen zu erkennen gibt. *

Auf den gleichen Tag wie dieser Bericht ist allerdings auch ein Brief datiert, in dem Denon seinem Schüler Francesco Novelli erklärt, was er auch Isabella schon angedeutet hat: dass er nicht die Absicht habe, nach Paris zurückzukehren. Im Gegenteil. Nachdem er erfahren habe, dass dort beim Sturm auf die Tuilerien zwei seiner besten Freunde umgekommen seien, habe er sich entschlossen, seine Möbel, seine Bilder und sämtliche Druckplatten nach Venedig kommen zu lassen.*

Denon hat sein Land ein Jahr vor dem Beginn der Umwälzungen verlassen. Er ist nicht vor der Revolution geflohen, sondern aus freien Stücken, um der Kunst willen nach Italien gegangen. Er ist also kein «Emigrant» im eigentlichen Sinne. Aber froh darüber, die stürmischen Entwicklungen in Frankreich nicht aus der Nähe beobachten zu müssen, ist er durchaus. Allerdings wird seine Lage als Franzose im Ausland mit der Zeit immer prekärer. Je mehr das revolutionäre Frankreich gegenüber den übrigen Staaten Europas in die Isolation gerät und je mehr sich die Revolution unter dem Druck von außen radikalisiert, desto misstrauischer beäugt man aus den unterschiedlichen Blickwinkeln Leute wie Denon – distanzierte Zauderer, diskrete Sympathisanten. Im Ausland hält man sie für verkappte Jakobiner, in Frankreich für verkappte Feinde der Revolution.

Die diplomatischen Vertreter Frankreichs in Venedig haben in der Zeit seit dem Ausbruch der Revolution mehrmals gewechselt – im Juni 1792 zum dritten Mal. Den scheidenden Botschafter vertritt nun dessen bisheriger Sekretär Félix-Etienne Hénin, der Anfang 1793, wie zehn Jahre zuvor Denon in Neapel, zum *chargé d'affaires* avanciert. Auch Hénin verkehrt im Club der «Buoni Amici», und zweimal stellt er Denon Bescheinigungen aus, mit denen dieser gegenüber den Behörden in seiner Heimatstadt Chalon-sur-Saône nachweisen will, dass er seit 1788 in Venedig lebt und daher kein Revolutionsflüchtling ist.

Im März 1793 hält Hénin die Zeit für reif, eine Initiative zu ergreifen, die das für die französischen Auslandsvertretungen zuständige Marineministerium in Paris schon im vorangegangenen November empfohlen hat: an den Botschaftsgebäuden die königlichen Lilien gegen das Emblem der französischen Republik auszutauschen – die Freiheit in Gestalt einer stehenden Frau, die sich mit einer Hand auf ein Liktorenbündel stützt und mit der anderen eine Lanze hält, über die eine phrygische Mütze gestülpt ist. Alle Beteiligten wissen, dass es sich hierbei um eine äußerst heikle Operation handelt. In Rom hat die gleiche symbolische Umrüstung im Januar 1793, wenige Tage vor der Hinrichtung Ludwigs XVI., unter den Bewohnern der Stadt eine ungeheure Empörung hervorgerufen. Ein wütender Pöbel hat bei diesen Ausschreitungen den französischen Diplomaten und Journalisten Hugou de Bassville umgebracht, und nachher mussten alle Franzosen den Kirchenstaat verlassen.

Auch in Venedig ist die allgemeine Aufregung groß, als das neue Symbol mit Genehmigung des Senats tatsächlich an der französischen Gesandtschaft angebracht wird. Auch hier kursieren Gerüchte über Pläne, sämtliche Franzosen auszuweisen. Wer das neue Wappenschild hergestellt hat, das am 23. März 1793 neben dem Eingang der Botschaft angebracht wird, ist nicht bekannt. Aber man weiß, wer die neuen Siegel der Botschaft entworfen und geschnitten hat – Denon und seine Schüler.*

Am 24. März sucht Denon den Sekretär der Inquisition auf und gibt von sich aus eine Erklärung ab, in der er beteuert,

dass er sich ruhig in Venedig aufhält; dass er die Ursachen des Unheils, welches über sein Vaterland gekommen ist, hasst und verabscheut; dass er sich ganz dem Studium des Zeichnens und der Malerei widmet; dass er, da er das Königreich vor den bekannten Ereignissen verlassen habe, nicht zu den Emigranten zähle; dass er, damit er ihnen auch in Zukunft nicht zugerechnet werde und um die Beschlagnahmung seiner Güter in der Bourgogne zu vermeiden, genötigt sei, dem französischen Gesandten den Hof zu machen, indem er mit ihm Umgang pflegt und ihn bei sich empfängt. *

Gut möglich, dass sich Denon mit dieser Erklärung mehr schadet als nutzt. Die Inquisition wird diese Erklärung jedenfalls nicht für bare Münze genommen, sondern eher den eigenen Informanten getraut haben. Zu diesen gehört der stets so sorgfältig abwägende Benincasa inzwischen nicht mehr. Er ist im Herbst 1792 aus Venedig verschwunden – vor allem, so scheint es, weil er fürchtete, sich gerade in dem Kreis um Isabella verdächtig gemacht zu haben.* Stattdessen berichten nun andere Spitzel über Denon, denen an einem ausgewogenen Urteil nichts liegt.

Der Abbé Giovanni Cattaneo etwa, *confidente* oder Vertrauensmann der Inquisitoren gegenüber den ausländischen Botschaftern und Gesandten in Venedig, teilt seinen Vorgesetzten mit, was ihm französische Emigranten über Denon erzählen. Ein gewisser Vicomte de Milleville zum Beispiel habe Denon in Verdacht,

im geheimen Einvernehmen mit den aufrührerischen Franzosen zu stehen, eine Meinung, zu der er gelangt sei durch dessen vertrauten Umgang mit den französischen Diplomaten; durch den Abstand, den die emigrierten Royalisten gegen ihn wahren, während er sie immerzu besucht; und dadurch, dass alle Franzosen, die wegen irgendwelcher Verdächtigungen oder Vergehen ausgewiesen wur-

den, zu ihm geschickt und an ihn empfohlen werden. Selbst der spanische Botschafter, der ihn als Kunstliebhaber protegiert, habe zu Cattaneo gesagt, dass er für dessen tiefste Überzeugungen nicht bürgen könne, dass Denon sich aber offenbar zur Zurückhaltung im Reden und Handeln genötigt sehe, zumal er in Venedig einen lebhaften Weinhandel betreibe, indem er sich die Erträge des kleinen Gutes, das er in Frankreich besitzt, schicken lässt und durch geschicktes Panschen einen ordentlichen Gewinn erzielt.*

*

Die Ausweisung — Anfang Mai 1793 wird Carlo Marin, Isabellas Gemahl, für zwei Jahre zum *provveditore* oder Verwalter von Kephalonia, einer der zu Venedig gehörenden Ionischen Inseln, gewählt. Er soll sein Amt Anfang November antreten. Isabella erklärt sofort, dass sie ihn dorthin nicht begleiten werde. So wird der Bruch zwischen den Eheleuten offenkundig.

Denon seinerseits gerät – ob willentlich oder unfreiwillig, das ist nicht klar – in die Vorgänge um einen erneuten Wechsel auf dem Posten des französischen Gesandten in Venedig. Hénin wird an die Hohe Pforte nach Konstantinopel versetzt und verlässt Venedig Anfang Juni. Sein Nachfolger, Jean-François O'Neill, genannt Noël, ein Freund und Anhänger Dantons, gilt als zwielichtiger Unruhestifter, soll nun aber wieder, anders als Hénin vor ihm, ein vollwertiger Botschafter in Venedig werden. Der Senat verzögert seine Akkreditierung. Der spanische Botschafter, eine Krankheit vorschützend, verlässt Venedig. Auch die Diplomaten der anderen Staaten sind wenig erbaut über die sich abzeichnende Aufwertung der französischen Republik. Noël insistiert. Er bereitet ein neues Gesuch um Akkreditierung vor, und dabei ist ihm anscheinend nicht nur sein Sekretär behilflich, sondern auch Denon.

Am 8. Juli 1793 berichtet der Abbé Cattaneo den Inquisitoren, Noël sowie sein Sekretär Jacob und ein unbekannter Dritter hätten «im kleinen Kreis über ihr weiteres Vorgehen beraten, und zwar, wie mir scheint, in der Wohnung des Monsieur Denon, der mit all diesen aufrührerischen Franzosen im Bunde ist und der ihnen durch seine Beziehungen zu einer gewissen Dame und mehreren Patriziern mit Rat und Tat ... bei der Vorbereitung eines neuen Gesuchs zur Annahme der Akkreditierung sehr nützlich sein kann.»*

Mit diesem Bericht, so scheint es, ist das weitere Schicksal Denons in Venedig besiegelt. Im Morgengrauen des 14. Juli 1793 wird ihm durch einen Boten der Inquisition der Ausweisungsbefehl zugestellt. Der Eintrag im Journal der Staatsinquisitoren dazu lautet so:

Der Franzose Denon, seit fünf Jahren wohnhaft in der Hauptstadt, schon immer verdächtig, vor allem aber in letzter Zeit, seit bekannt wurde, dass er enge Beziehungen zu den Vertretern Frankreichs unterhielt, sie besuchte und bei sich empfing; dass er sich nicht ohne Anmaßung bemühte, Auskünfte über öffentliche Angelegenheiten an die französischen Gesandten weiterzugeben; dass in seinem Haus geheime Gespräche zwischen diesen und einem gewissen Edelmann stattfanden und dass er das Oberhaupt einer Freimaurerloge war, wurde angewiesen, Venedig bis zum 14. und das Staatsgebiet binnen drei Tagen zu verlassen.*

Der Befehl, Venedig von heute auf morgen zu verlassen, trifft Denon tatsächlich aus heiterstem Himmel. Noch im Juni hatte er einige Tage mit Isabella in Valdagno verbracht – zum ersten Mal, so scheint es, gemeinsam mit ihr und sehr glücklich. Er fühlt sich in Venedig offenbar sicher. Trotz allem, was in den Monaten zuvor geschehen ist, scheint er eine erneute Ausweisung nicht befürchtet zu haben.

An diesem unseligen Sonntagmorgen nun stürzt er zu Isabella und fürchtet, während er darauf wartet, dass sie erwacht, die schlimme Nachricht werde sie umbringen. Er kann das Ausmaß des Unglücks, das da über ihn und sie hereinbricht, noch gar nicht fassen, und als Isabella ihn ungläubig ansieht und grundlos zuversichtlich sagt: «Du wirst nicht weggehen» – da glaubt er ihr.* Doch diesmal lässt sich die Inquisition nicht umstimmen. Denon sucht an seinem letzten Tag in Venedig noch einmal den Abbé Cattaneo auf und bittet ihn um Beistand. Er ahnt nicht, dass dessen jüngster Bericht seine Verbannung wahrscheinlich sogar ausgelöst hat. Am nächsten Tag, schon von dem Boot, das ihn aus Venedig ans Festland bringt, schreibt er wieder an Isabella, und hier, während er sich von ihr ins Ungewisse entfernt, geschieht es, dass er sie auch in seinen Briefen mit Du anzureden beginnt.

Ich öffne die Augen und finde mich in der Lagune. … Ich will Dir schreiben und kann keinen Gedanken festhalten, keinen ganz zu Ende denken. Vorgestern alles, heute nichts … Aber was rede ich?! Nehme ich denn nicht Deine Liebe mit? Sie lässt mein Blut kreisen, ohne sie stünde es still. … Versuche, meine Schrift zu entziffern. Die Ruderschläge verwischen ihre Spur. *

Denon hat eigens einen Mann mitgenommen, der gleich von der ersten Anlegestelle bei Mira in die Stadt zurückkehren und Isabella seinen Brief überbringen soll, während er selbst seinen Weg notgedrungen fortsetzt, über Padua, das noch zu Venedig gehört, über Ferrara und Bologna, die auf dem Gebiet des Kirchenstaats liegen, bis nach Florenz. In jeder Stadt gibt er einen Brief an Isabella auf die Post.

In Florenz sind Franzosen noch willkommen und werden mit weniger Argwohn angesehen als anderswo in Italien. Das Großherzogtum Toskana unter Ferdinand III. ist der erste Staat gewesen, der die französische Republik anerkannt hat, schon im Herbst 1792, kurz nach ihrer Ausrufung. Nun verhält es sich gegenüber Frankreich neutral und ist nicht bereit, sämtliche Franzosen auszuweisen, wie der englische Gesandte es neuerdings fordert. Das Herzogtum Toskana bietet ihnen sogar Zuflucht. Im Januar 1793 sind eine ganze Anzahl französischer Künstler nach Florenz gekommen. Auch sie hatten nach den antifranzösischen Unruhen, die zur Ermordung von Hugou de Bassville führten, und nach der Hinrichtung Ludwigs XVI. an Heftigkeit noch zunahmen, Rom und den Kirchenstaat verlassen müssen. Wohlhabende Florentiner stellten ihnen in ihren Häusern Räume zur Verfügung, wo sie nun bleiben und weiterarbeiten können.* Auch Denon findet hier Unterkunft, in einem Hotel in der Nähe der Uffizien, der großen Gemäldegalerie. Denn festsetzen will er sich nicht. Lieber nimmt er die höheren Kosten für eine Bleibe in Kauf, die er von heute auf morgen verlassen kann.*

Er hat die Hoffnung auf eine baldige Rückkehr zu Isabella noch nicht aufgegeben. In zahlreichen Briefen bemüht er sich um einflussreiche Verbündete, die ihm behilflich sein und die venezianische Inquisition von seiner Harmlosigkeit überzeugen könnten. Auch an den Abbé Cattaneo schreibt er noch einmal. Große Hoffnung setzt er auf die Botschafter Spaniens und Österreichs in Venedig, Las Casas und Breuner, mit denen er seit langem befreundet ist, und noch größere auf die Verbindungen, über die ein guter Freund Isabellas verfügt, Giuseppe Albrizzi. Auch Denon versteht sich gut mit ihm. In seinen Briefen an Isabella nennt er ihn immer wieder liebevoll le Doux, den «Sanften». Albrizzi gehört zum inneren Zirkel von Isabellas Salon, schon seit dessen Anfängen. Im Jahr zuvor – 1792 – war er außerdem einer der drei Staatsinquisitoren von Venedig, die als eine Behörde für die innere Sicherheit dem Rat der Zehn zugeordnet sind. Doch auch er vermag nichts auszurichten. So ergeht es Denon mit allen Vorstößen, die er unternimmt. Die Briefwege sind lang, und solange die Antworten auf sich warten lassen, erhalten sie immerhin die Hoffnung aufrecht. Aber Erfolg ist all diesen zeit- und kraftraubenden Initiativen nicht beschieden.

Schon auf dem Weg nach Florenz hatte es Denon eilig, in die Uffizien zu kommen. Von der Arbeit dort versprach er sich zumindest Ablenkung. Ohne Beschäftigung werde er den Verstand verlieren.* Doch als er dann in Florenz ist und beginnen will, findet er nicht die Kraft und die innere Ruhe, die dazu nötig wären. Erst drei Wochen nach seiner Ankunft macht er sich zum ersten Mal an eine größere Radierung – die Kopie einer «Fröhlichen Tischgesellschaft» von Gerard van Honthorst, die ihm mit ihren Helldunkel-Effekten vorzüglich gelingt.*

Denon ist nicht arm. Seine Mittel, so rechnet er sich aus, würden es ihm erlauben, achtzehn Monate so zu leben, wie er in Florenz jetzt lebt.* Dennoch ist Vorsicht geboten. Seine Ausgaben steigen, und die Einnahmen gehen zurück. Also bittet er Isabella, falls sich Möglichkeiten ergeben, etwas aus dem Vorrat seiner Radierungen zu verkaufen.* Auch soll sie ihm ein Paket mit je zwei Exemplaren von jedem seiner Drucke und außerdem Proben von den Arbeiten seiner Schüler schicken lassen. Er will sich in Florenz nebenher auch als Kunsthändler betätigen, glaubt allerdings, die Drucke der Schüler zu verkaufen, werde ihm leichter fallen, als seine eigenen Werke unter die Leute zu bringen. Er lässt einen Katalog seiner Radierungen drucken, der mehr als zweihundert Arbeiten verzeichnet. Als ihm aber Isabella in einem ihrer Briefe rät, den Verkauf von Teilen der Zanetti-Sammlung zu erwägen, da lehnt er entschieden ab und deutet zugleich an, was er sich von diesem Schatz für die Zukunft verspricht:

*Das ist ein schlechter Rat, den Du mir da gibst. … Wenn ich auch nur einen geringen Teil davon hier anböte, würde man glauben, ich sei in Not. Man würde vorschlagen, ich solle mir alles von Dir schicken lassen. Man würde auswählen und den Preis bestimmen wollen. … Wer eines der Alben gekauft hätte, würde sagen, er hätte das Beste von dem, was ich besitze; aber noch viel wichtiger ist dies: Was ich besitze, soll mir, da es mit Sachverstand zusammengetragen wurde, für den Rest meines Lebens zur Freude und Belehrung und uns beiden zum Nutzen gereichen. Ich sage uns, weil mir nur das, was uns betrifft, noch Freude macht.**

Auch die große Sammlung ist bei Isabella geblieben. Aber deshalb macht sich Denon keine Sorgen. Im Gegenteil – es beruhigt ihn.

Denn auch sie ist etwas, das ihn mit ihr verbindet. Die wichtigste Verbindung aber sind die Briefe. Es scheint, als lebte Denon in dieser Zeit vor allem in den Briefen, die er mit Isabella wechselt. Ihr zu schreiben ist für ihn wie ein Zusammensein mit ihr.

*Jedes Mal, wenn ich aufhöre, Dir zu schreiben, ist das eine neue Trennung, ein neuer Tod.**

*

Haftende Blicke — Es ist ein Leben von Posttag zu Posttag. Genauer gesagt, es findet nur mittwochs statt, immerhin aber für beide gleichzeitig. Denn an diesem Tag kommt sowohl in Florenz die Post aus Venedig an als auch in Venedig diejenige aus Florenz.

*Wenn ich bedenke, dass all mein Glück bis nächsten Mittwoch zu Ende ist und dass das, was ich Dir vor vier Tagen geschrieben habe, Dich erst in acht Tagen erreichen wird – wie wenig Leben ist das und was für ein armseliges Leben!**

Denon sucht dieses schmale gemeinsame Leben mit allerlei phantastischen Notbehelfen zu bereichern. Immer mehr Elemente einer privaten Brief-, Bild- und Blickmagie geraten ihm mit ins Spiel.

*Wie fromme Leute ihre Gebete mit dem Kreuzzeichen beginnen, küsse ich das Papier, das Dir meine Empfindungen überbringen soll – dieses Papier, das erst nach vielen Tagen in Deinen Händen sein wird, aber doch so viel früher als ich selbst.**

Am liebsten würde er sich in seinen Briefen schlafen legen, um ihr einen Abdruck seiner ganzen Person zu schicken.* Er möchte auf dem, was von ihm zu ihr gelangt, mehr als nur Schriftspuren hinterlassen. Schon dem Boten, der seinen ersten, noch auf dem Boot in der Lagune geschriebenen Brief so schnell wie möglich zu ihr bringen sollte, hatte er mehr mitgegeben als ein von schwer lesbarem Gekritzel bedecktes Blatt Papier.

Bevor ich ihn gehen lasse, werde ich ihn gründlich ansehen. Nimm all diese Blicke an Dich, von deren Zauber er nichts ahnt. Wann werde ich wieder jemanden sehen, der Dich gesehen hat?*

Denon heftet seinem nichts ahnenden Boten Blicke an, die die Bescheid wissende Empfängerin dann von ihm abpflücken kann – mit ihren eigenen Augen.

Einen Tag später kommt Denon auf das Bild zu sprechen, das Elisabeth Vigée-Lebrun von Isabella gemalt hat und das er genauso wenig wie seine Sammlung von Stichen und Radierungen mitnehmen konnte. Bisher hing es in seiner Wohnung. Nun ist es bei ihr.

Ich hatte nichts über Dein Porträt gesagt, aber da es nun den Platz aufgeben musste, den es nie mehr hätte verlassen sollen, so sieh es oft an. Ich habe es so oft angesehen, dass unsere Blicke auf ihm noch immer miteinander verschmelzen werden.*

An seinem eigenen Kummer darüber, dass er ihr Bildnis nicht bei sich hat, ermisst Denon die Freude, die ein Porträt von ihm Isabella bereiten würde. Deshalb sucht er in Florenz nach einem Bildhauer, der sich bereit erklärt, gegen ein moderates Honorar eine Porträtbüste von ihm in Ton zu modellieren.* Barthélémy Corneille ist einer jener französischen Künstler, die im Januar 1793 Rom verlassen mussten und Zuflucht in Florenz gefunden haben.* Was Isabella geantwortet hat, als Denon ihr erstmals von seinem Projekt berichtete, lässt sich aus einem seiner folgenden Briefe erschließen:

Ich würde Dir mein Porträt gern schon schicken, damit Du von ihm so Gebrauch machen kannst, wie Du es mir versprichst. Ich glaube,

Deine Freude daran werde ich bis hierher spüren, und am Ende wird die Büste unter all Deinen Küssen noch zum Leben erwachen. Ich verspreche Dir, dass ich auch eine von Dir machen werde, sobald wir wieder zusammen sind. Und schon bei der Arbeit wird das Genießen beginnen, denn Deine Züge modellieren ist ja nichts anderes, als sie liebkosen. Ich freue mich, zu sehen, wie ich wieder in Deinen Armen bin. (Abb. 6) Würde meine Bettine mich nicht so umschlingen? Würde sie mich nicht so mit ihrem Mantel bedecken und ihren Kopf melancholisch an die Figur ihres unglücklichen, abwesenden Freundes lehnen? Ich schicke Dir die Vorzeichnung des Sockels mit der Maßangabe, damit der Kopf die richtige Höhe für Deinen bekommt, und falls das Unglück es will, dass ich ihn Dir schicken muss, so flehe ich zu Amor, dass Dir die Büste nie hart oder kalt erscheinen möge. Ihre Lippen werde ich dann mit Küssen bedecken, damit Du sie Dir dort holen kannst. Aber möge der Himmel zulassen, dass ich selbst Dir die Büste bringe und wir sie dann gar nicht mehr brauchen.*

Anfang September erfährt Denon von Isabella, dass ihr Mann Venedig verlassen hat, um sich nach Kephalonia zu begeben, wo er im November sein neues Amt antreten soll. Auf seinem Weg nach Süditalien, von wo er auf die Insel übersetzen will, kommt Carlo Marin auch durch Florenz und macht Denon einen Höflichkeitsbesuch. Nachher beschreibt Denon seiner Geliebten, wie es ihm über seine Befangenheit hinweggeholfen habe, dass sich ihr Mann voller Erbitterung über sie bei ihm beklagte.* Ihm ist klar, wie sehr ihr Marins Abreise das Leben erleichtert und wie seine Abwesenheit auch ihnen beiden mehr Freiheit ließe, wenn sie denn wieder zusammenkommen könnten. Aber er verhehlt auch nicht den Verdacht, den nicht nur er hegt: «Es gibt viele, die glauben, er sei die eigentliche Ursache all unseres Unglücks.»*

Denon sieht sich und Isabella als Opfer von Verleumdungen, die die venezianischen Behörden ungeprüft für bare Münze genommen haben. Einmal wünscht er sich sogar, sie hätten ihn gründlicher überwacht, hätten nicht nur einige wenige, sondern alle seine Briefe geöffnet und gelesen: «Hätten sie sich besser informiert, so wären sie weniger ungerecht gewesen, und ich wäre nicht unglücklich.»*

Er sieht aber auch, dass die große Geschichte ihren Anteil an seinem und Isabellas Unglück hat. Zwei Vorgänge machen ihm in dieser Zeit die allergrößten Sorgen. Schon Mitte August erfährt er, dass in Paris nun auch ein Prozess gegen die einstige Königin Marie-Antoinette vorbereitet wird. «Gebe der Himmel, dass sich daraus keine unheilvollen Folgen ergeben – weder für sie noch für uns.»* Anfang September folgt dann die Nachricht, dass die seit einiger Zeit im Mittelmeer operierende englische Flotte den französischen Kriegshafen Toulon eingenommen hat – mit unberechenbaren Folgen für Frankreich und alles, was dort vor sich geht. Einen Moment lang sieht es gar so aus, als könnte die Konterrevolution die Oberhand gewinnen. Ohnehin kämpfen die republikanischen Armeen ja nicht nur an den Landesgrenzen und im Ausland gegen die Koalition von Österreich und Preußen, der sich nach der Hinrichtung Ludwigs XVI. Großbritannien, Spanien und das Königreich Neapel noch angeschlossen haben. Auch im Inneren des Landes bekommt es die Revolution mit dem erbitterten Widerstand der Bewohner verschiedener Städte und Landschaften zu tun – in Lyon, Marseille, Bordeaux, Caen, in der Vendée, der Bretagne, der Normandie. Auch die Stadt Toulon hat sich aus Unzufriedenheit mit der Herrschaft der Jakobiner in Paris den Engländern ergeben.

Wenn es zur Gegenrevolution und zum Staatsbankrott kommt, wie man es nach Lage der Dinge wohl annehmen muss, würde ich die Hälfte meiner Rente verlieren und wieder ein gentilhomme *werden.**

In jedem Fall aber erlangt England mit der Einnahme von Toulon noch mehr Macht im Mittelmeerraum und kann den Druck auf das

Großherzogtum Toskana erhöhen, seine wohlwollende Neutralität gegenüber der französischen Republik aufzugeben.

So kommt es denn auch. Nach einigem Zögern ordnet die Regierung der Toskana an, alle Franzosen müssten das Staatsgebiet bis zum 15. Oktober 1793 verlassen, und zwar auf dem Weg über Livorno, wo sie sich nach Frankreich einschiffen sollen. Denon indessen will auf keinen Fall zurück in sein Vaterland. Die Alpen werde er nicht überqueren, sondern schlimmstenfalls in der Schweiz bleiben. So hat er es Isabella schon früher versprochen. Er verschafft sich einen Pass, mit dem er die Toskana auf demselben Landweg verlassen kann, auf dem er auch gekommen ist. Er will sich dem venezianischen Gebiet wieder nähern – schöpft sogar Hoffnung, dass ihm dank irgendeiner Fügung zuletzt doch erlaubt werden könnte, in die Stadt zu Isabella zurückzukehren. Und wenn nicht? «Mir fällt wirklich nichts ein», antwortet er sich selbst. «Ich sehe keinen anderen Ausweg, als mich irgendwo ins Gefängnis stecken zu lassen.»*

Er zögert die Abreise noch etwas hinaus, möchte dann aber doch nicht mehr in Florenz sein, wenn die Nachricht von der Hinrichtung Marie-Antoinettes dort eintrifft. So schreibt er es Isabella am 21. Oktober 1793 in seinem letzten Brief aus Florenz. Eine Woche später – und gleichzeitig mit der befürchteten Neuigkeit – kommt er in Bologna an und fühlt sich als Franzose dort auf der Straße nicht mehr sicher: «Meine liebe Freundin, die Verfolgung hat begonnen. Man erlaubt mir nur ein paar Stunden hier in Bologna.»*

Unter falschem Namen kehrt er auf venezianisches Gebiet zurück. Nach Venedig geht er nicht – dort wäre die Gefahr zu groß, dass man ihn erkennt. Stattdessen bleibt er in Mira, wo er am Tag seiner Ausweisung zum ersten Mal Halt gemacht hatte, südlich von Mestre, wenige Kilometer landeinwärts von der Lagune gelegen. Von hier teilt er Isabella mit, wie nah er ihr ist und dass er sich in der «Osteria de la Mira» einquartiert hat und auf Nachricht von ihr wartet. Er wagt kaum, es zu hoffen, aber am nächsten Morgen kommt sie zu ihm. An diesem letzten Oktobertag des Jahres 1793 sind sie einander noch einmal nah, für zwölf Jahre zum letzten Mal.

*

Rückkehr ins Vaterland — Inkognito macht sich Denon auf den Weg zurück nach Paris, teils zu Pferd, teils zu Fuß. Er darf nicht dort sein, wohin ihn sein Verlangen zieht. Er will nicht dort sein, wohin ihn der einzige ihm offenstehende Weg führt. Warum, so fragt er sich, hat er es da so eilig, von Venedig und Isabella fortzukommen? – und gibt sich selbst die Antwort:

Sie wollte es so! Und ich fragte mich noch einmal: Aber warum wollte sie es so? Damit sie wieder einen Brief bekommt, aus dem nächsten Ort, wo ich Halt machen werde. Also bin ich weiter- und weitergelaufen …

Noch hat das Briefewechseln den ersten Platz der Wichtigkeit in Denons und vermutlich auch in Isabellas Leben nicht verloren. Indem er sich von ihr entfernt, nähert er sich immerhin der nächsten Poststation, von wo aus er ihr schreiben kann. Bevor er die Alpen vollends überquert, wartet er einmal volle zehn Tage auf Post von Isabella – sieben Briefe, alle nach ihrem letzten Zusammensein geschrieben, die ihm von Ort zu Ort nachgeschickt wurden und ihn nun gleichzeitig erreichen.*

Mailändisches Territorium will Denon unbedingt meiden, nachdem ihm ein von dort kommender Reisender berichtet hat, die Empörung über die Hinrichtung Marie-Antoinettes habe auch dort Ausmaße angenommen, die verdächtig aussehenden Franzosen den Aufenthalt gefährlich machen könnten. Obendrein sollen Truppen der französischen Republik in das Herzogtum Mailand eingedrungen sein: «Denkbar schlechte Empfehlungen für einen Reisenden!»*

So kommt für Denon nur der Weg durch die Schweiz in Frage. Aber schon die bequeme Straße, die von Lecco am Comer See entlang nach Norden führt, liegt auf mailändischem Gebiet. Deshalb muss er von Bergamo einen halsbrecherischen Weg über den schon Anfang November vereisten Pass San Marco in das damals noch zur Schweiz gehörende Veltlin nehmen und dann seinen Weg über den Splügen-Pass nach Chur fortsetzen. Von dort über Zürich und Baden nach Basel reist er im Wagen, teils auch mit dem Schiff. Und noch bevor er französischen Boden betritt, begegnet er zum ersten Mal der revolutionären Begeisterung, die bald auch ihn ein erstaunliches Stück weit mit sich fortreißen wird.

*Liebe Freundin, da bin ich nun direkt an der Grenze! Ich habe schon Franzosen von echtem Schrot und Korn getroffen und mit ihnen gegessen. Holla, geliebte Freundin, wie seltsam! Die Deutschen haben recht, wenn sie sagen, die Franzosen seien auf dem Schlachtfeld wie im Rausch. Sie sind immerzu wie im Rausch, und ihre Begeisterung übersteigt alle Begriffe. Es gibt kein Alter mehr. Heute habe ich zwei alte Männer gesehen, die mit dem größten Vergnügen jeder einen großen Säbel mit sich herumschleppten und verkündeten, wenn sie für das Vaterland sterben würden, wäre das für sie eine größere Ehre, als sie bei ihrer Gebrechlichkeit je noch zu erringen gehofft hätten. Ich habe verdiente Leute sagen hören: In diesen zwei Jahren haben wir mehr Großartiges erlebt als sonst in einem ganzen Jahrhundert.**

4. Kapitel

Die sicherste Stadt Europas — Vivant Denon ist sechsundvierzig Jahre alt, ein freier Mann, der wohlhabend war, als er Frankreich verließ, um die Kunst Italiens zu studieren. Die Revolution nahm ihm dann Vieles, womit er bis dahin hatte rechnen können. Trotzdem wuchs seine Sympathie für ihre Bestrebungen mit der Zeit weiter. Für sich genommen, hätte diese Sympathie ihn aber dennoch nicht zur Rückkehr in sein Vaterland bewegen können – genauso wenig wie die Angst um das, was er in Frankreich noch immer besitzt. Er hatte sich mit weiteren Verlusten ja schon so gut wie abgefunden. Reich würde er nicht mehr sein, aber sehr glücklich, so hatte er Isabella im September 1789 geschrieben, als er den Plan fasste, sich in Italien festzusetzen. In Isabellas Nähe bleiben und die Ereignisse in Frankreich weiter aus der Ferne verfolgen – so wäre es ihm lieb gewesen. Am Ende jedoch hat er keine Wahl. Plötzlich liegt das gute Leben hinter ihm. Venedig hat ihn verstoßen. Wie sein Vaterland ihn aufnehmen wird und ob überhaupt, ist nicht gewiss.

Man hat ihn dort auf die Liste der Emigranten gesetzt, die ihr Land verraten haben. Ihr Besitz soll eingezogen werden, sofern sie nicht zurückkehren. Und wenn sie zurückkehren? Was wird dann aus ihrem Vermögen? Und aus ihnen selbst? Elisabeth Vigée-Lebrun, die ebenfalls auf dieser ominösen Liste steht, hat es schließlich vorgezogen, nicht heimzukehren, sondern nach Wien zu gehen, und wird sich später noch jahrelang in Sankt Petersburg aufhalten.

Wird Denon den Leuten, die in Paris jetzt das Sagen haben, glaubhaft machen können, dass er nicht vor der Revolution geflohen ist? Dass die Revolution längst seine Zustimmung gefunden und sogar patriotische Regungen bei ihm geweckt hat? Dass es vor allem sein «Demokratismus» war, der die venezianischen Behörden zuerst Verdacht schöpfen ließ und dann bewogen hat, ihn von heute auf morgen zu vertreiben?

Eines ist ihm wohl schon klar geworden, während er noch unter falschem Namen durch Italien reiste: dass es ratsam sei und sogar lebenswichtig werden könnte, jene kleine Veränderung an seinem richtigen Namen, die ihm einst so nützlich erschien, wieder rückgängig zu machen. Nachdem er dessen beide Silben in der alten Zeit mit einigem Effekt auseinandergerückt hatte, zieht er sie nun wieder zusammen.

Aber kehrt er tatsächlich ohne Beklommenheit nach Paris zurück, wo der Konvent die Schreckensherrschaft inzwischen zum Gebot der Stunde erhoben hat? Oder erweckt er in seinen Briefen an Isabella nur den Anschein, es wäre so?

*Liebe Freundin, da bin ich nun in Paris ohne einen einzigen Tag mit schlechtem Wetter und ohne die geringste Unannehmlichkeit. – Einen Teil meiner Habe fand ich unter Zwangsverwaltung gestellt, aber das wird bald geregelt sein. In ein paar Tagen kann ich dann wieder meinen Lieblingsbeschäftigungen nachgehen und Ihnen mehr schreiben. Jetzt bleibt mir nur die Zeit, Sie zu küssen und Ihnen zu sagen, dass ich Sie liebe, mein Leben lang.**

Es scheint, dass Denon sich in Paris wirklich leichter zurechtfindet, als er erwartet hat. Zwei Wochen später, in seinem zweiten Brief, berichtet er:

*Ich bin in meinem Viertel schon besser bekannt, als ich es unter dem anderen Regime je war, und habe in den fünfzehn Tagen, seit ich hier bin, mit so vielen Leuten Bekanntschaft geschlossen wie früher in fünfzehn Jahren nicht. Mit ein bisschen Freundlichkeit wird einem jede erdenkliche Hilfe zuteil.**

Aus lauter Erleichterung, so scheint es, lässt er sich auch – und sogar gern – auf manches ein, was ihm unter anderen Umständen wohl eher zuwider oder zumindest lästig gewesen wäre, etwa auf den Wachdienst, den die wehrfähigen Männer in regelmäßigen Abständen einen Tag und eine Nacht lang bei der «Garde nationale» in ihrem Stadtviertel verrichten müssen.

Schon dreimal habe ich Wache gehalten. Aubourg und ich haben zwei der schönsten Piken dieser Republik. Wenn Du mich «Qui vive? – Wer da?» rufen hörtest, hättest Du bestimmt nichts mehr gegen einen so kriegerischen Freund. Nachts auf der Wache zeichne ich Porträts von meinen Kameraden, deshalb drängen inzwischen alle darauf, mit mir zusammen Dienst tun zu dürfen.*

So kann Denon noch früher als gedacht wieder einer seiner Lieblingsbeschäftigungen nachgehen und sich mit ihr sogar allgemein beliebt machen. Denn anscheinend hat er die meisten dieser Zeichnungen nachher verschenkt. Aber bleibt hinter solchen Anekdoten und so viel Unbeschwertheit das Wesentliche nicht ungesagt? Schon aus dem fernen Italien hatte er die Vorgänge in Frankreich aufmerksam verfolgt. Sollte ihm da, nachdem er ins Zentrum des Geschehens gelangt ist, entgehen, dass die Revolution längst begonnen hat, ihre eigenen Kinder zu fressen? Die Partei der «Feuillants», die eine konstitutionelle Monarchie anstrebten, ist schon beseitigt, ebenso die Girondisten, die sich nach der Hinrichtung des Königs für ein Ende der Gewalt einsetzten. Und die Radikalisierung schreitet fort. Nun beginnen die verschiedenen Fraktionen innerhalb der radikalen Bergpartei, der «Montagnards», einander zu bekämpfen. Und die Zahl der sogenannten Feinde der Revolution und der bloß Verdächtigen, mit denen die Revolutionstribunale immer kürzeren Prozess machen, wächst und wächst.

In Denons Briefen an Isabella ist von alledem wochenlang mit keinem Wort die Rede. Unruhe lässt sich Denon nicht anmerken –

es sei denn, man nähme die Häufigkeit der Bemerkungen, mit denen er seiner geliebten Freundin Paris als friedliches Idyll schildert, selbst als ein Indiz dafür, dass er nicht nur sie, sondern auch sich selbst beruhigen will. Paris sei «die sicherste Stadt Europas». Alles, was sie höre, sei dummes Geschwätz.

Es ist, wie ich es vorausgesehen habe. In Wirklichkeit fühlen sich hier nur die Unruhestifter nicht wohl, aber mit denen wird man bald fertig.* – Sei ganz unbesorgt. Nie waren brave Bürger und ehrbare Leute in größerer Sicherheit als hier und jetzt.*

*

Vom Verschwinden der Perücken und anderen Neuerungen — Während der ersten Wochen ist Denon bei Aubourg untergekommen, dem Freund und Reisegefährten, den es gleich nach dem Ausbruch der Revolution von Italien nach Paris zu seiner Frau zurückgezogen hatte. Die Wohnung der Aubourgs ist für drei Personen eigentlich zu klein. Aber sie liegt im Zentrum der Stadt, in der Nähe des Getreidemarkts, der «Halle aux blés», der heutigen «Bourse de Commerce», wenige Minuten vom Louvre entfernt. Anfang Februar 1794 bezieht Denon – zusammen mit den Aubourgs – eine neue, geräumigere, angenehm helle Wohnung im Hôtel Bullion, einem Palais, das mit seinem Auktionssaal und den zugehörigen Geschäftsräumen in dieser Zeit ein Zentrum des Pariser Kunsthandels ist.

Ich wohne in der Mitte von Paris in einem Haus, wo jeden Tag für drei- bis sechstausend Zechinen Bücher, Bilder, Skulpturen, Möbel, Schmuckstücke, naturkundliche Objekte und Kuriositäten aller Art verkauft werden. Das alles wird rund um die Uhr herbeigeschafft, verkauft, bezahlt, davongeschleppt. Du kannst Dir vorstellen, was für ein Andrang, was für ein Betrieb und ein Hin und Her bei diesem ständigen Ab- und Aufladen herrscht. Trotzdem finden sich eine ge-

*wisse Ordnung und eine so prachtvolle Fülle von Sehenswertem,
dass sich ein höchst interessantes Schauspiel ergibt, zumal für Leute
wie mich mit einer Vorliebe für so Vieles von dem, was hier umgesetzt wird. Und ich versichere Dir, binnen kurzem werde ich mich
mit den Preisen der Bilder so gut auskennen wie schon jetzt mit ihrem wirklichen Wert.**

Auch in Paris will sich Denon, wie vorher in Venedig und Florenz,
bei Gelegenheit im Kunsthandel betätigen. Groß wird der Vorrat an
eigenen Drucken, den er auf die Reise nach Frankreich mitgenommen hat, nicht gewesen sein. In Paris geht er jedenfalls bald zur
Neige – ein Indiz dafür, dass ihm auch auf diesem Feld so manches
gelingt.* Schon in Basel hatte ihm ein Händler eine ganze «Sammlung» von Drucken, ohne lange zu feilschen, abgekauft und obendrein eine Vorbestellung auf künftige Arbeiten abgegeben.* Möglich, dass es sich dabei um Blätter aus Denons «Oeuvre priapique»
handelte. Sie hält er, wie es scheint, für besonders gut verkäuflich
und hofft, sie mit Hilfe von Aubourg auch in Paris unter die Leute
zu bringen. Zwar ist die christliche Religion hier inzwischen abge-
schafft, aber ein Höchstes Wesen und die Tugend selbst sind an
ihre Stelle getreten, und nun gilt alles, was als moralisch verderb-
lich angesehen wird, auch als konterrevolutionär. Denon wird
rasch erkannt haben, dass er unter diesen Umständen seine lizen-
ziösen Radierungen besser für sich behält.*
    Er geht viel spazieren – in Gedanken nie ohne Isabella. Er sieht
sich um, berichtet ihr in seinen Briefen von allem, was für jemanden, der fünfeinhalb Jahre abwesend war, neu ist und nicht zu der
Sorte von Neuigkeiten gehört, die Isabella in Unruhe versetzen
könnten. In den alten Vierteln habe man begonnen, die engen
Straßen zu verbreitern und zu begradigen. Fast alle Leute seien
von einer Lebensfreude erfüllt, wie man sie früher nicht gekannt
habe – tagsüber, wenn sie arbeiten, genauso wie abends, wenn sie
ins Theater oder in die Oper gehen.* Selbst die Musik habe einen
neuen Charakter angenommen – und für jene musikalischen Gat-

tungen, die im Dienst der Nation stehen, sei eigens eine Hochschule eingerichtet worden.*

Auch das Verschwinden der Perücken zählt Denon zu den Errungenschaften der Revolution. Verboten sind sie nicht, aber eben außer Gebrauch geraten und der Lächerlichkeit preisgegeben – ein Mehr an Bequemlichkeit und vor allem ein wertvoller Gewinn an Zeit, die Denon nun dem Genuss einer anderen Errungenschaft der Revolution zugutekommen lassen kann – der größten von allen, was ihn betrifft.

*Mir fehlen die Worte, Dir zu erklären, wie froh ich bin, fünf Minuten nach dem Aufstehen für den Tag fertig angezogen und obendrein immer gut frisiert zu sein. Warum ich all die Zeit, die ich dabei einspare, nicht Dir widme? Seit die Tage wieder lang sind, gehe ich jeden Nachmittag ins Museum. Um diese Zeit bin ich an diesem herrlichen Ort fast allein und spaziere dort mit Dir herum. Könnte ich eines Tages dort Deinen Arm nehmen, so hätte ich alles beisammen, was ich auf der Welt liebe.**

Schon kurz nach seiner Ankunft in Paris hatte er Isabella von seinem ersten Besuch dort berichtet:

*Aubourg hat in seiner Begeisterung für das Museum nicht übertrieben. Es ist ein unendliches Ding, das von Tag zu Tag größer wird, denn man trägt dort alles zusammen, was man Tag für Tag bei den Emigranten und in den Kirchen findet. Ich fühlte mich sehr geschmeichelt, als ich dort auch eine Sammlung all meiner Radierungen in schönen Passepartouts fand.**

Das «Muséum central des arts» ist vier Monate vor Denons Rückkehr aus Italien, am ersten Jahrestag des Sturms auf die Tuilerien, dem 10. August 1793, in einem Teil des Louvre eröffnet worden. Ludwig XIV. hatte das Pariser Schloss schon mehr als hundert Jahre zuvor verlassen und Versailles zu seiner Residenz gemacht.

Nachher ließ sich dann kein Zweck finden, der groß und bedeutend genug gewesen wäre, den schon damals riesenhaften Gebäudekomplex in gebührender Weise zu füllen. Die «Académie française» und die «Académie royale de peinture et de sculpture» nutzten ihn. Andere Akademien kamen im Laufe der Zeit hinzu. Auch Künstlern wurden hier Wohnungen und Ateliers zur Verfügung gestellt, und schließlich tauchte um die Mitte des 18. Jahrhunderts der Plan auf, die Kunstsammlung des Königs hier unterzubringen. Verwirklicht wurde er jedoch erst während der Revolution.

Der Louvre sah damals ganz anders aus als heute. Der gesamte Nordflügel, der sich heute entlang der Rue de Rivoli nach Westen erstreckt, existierte noch nicht. Vielmehr reichte von dieser Seite das Labyrinth enger Straßen und verwinkelter Gässchen bis weit in das Areal des heutigen Grand Louvre herein. Andererseits erstreckte sich westlich des Alten Louvre und quer zur heutigen «historischen Achse» ein zweites Schloss, die «Tuilerien». Der parallel zur Seine verlaufende südliche Flügel des Louvre war vorhanden. Aber diese «Grande Galerie» war eigentlich kein Teil des Louvre-Schlosses, sondern bloß ein – allerdings aufwendiger, fast fünfhundert Meter langer – Gang, der die Südwestecke des Alten Louvre mit dem südlichen Ende des Tuilerien-Palastes verband. Die heute so planvoll anmutende, charakteristische Symmetrie des Louvre kam erst mit der Errichtung des Nordflügels um die Mitte des 19. Jahrhunderts zustande. Das «Château des Tuileries» schloss die weiträumige Anlage einige Jahrzehnte lang nach Westen ab, bis es im Mai 1871 von Anhängern der Pariser Kommune niedergebrannt und nachher nicht wieder aufgebaut wurde. Nur sein Park, der von der Rückseite des Schlosses bis an die Place de la Concorde reichende Jardin des Tuileries, ist geblieben.

Das Kunstmuseum der Revolutionszeit nahm zunächst nur einige Säle an der Südwestecke des alten Louvre und einen rasch wachsenden Teil der von dort zu den Tuilerien führenden Grande Galerie ein. Sie sollte im Laufe der Zeit den größten Teil der Gemäldesammlung aufnehmen und zur Hauptattraktion des Museums werden. Sie vor allem war es, die Denon und anderen Zeitgenossen diese Sammlung von Anfang an als ein «unendliches Ding» erscheinen ließ.

Das neue Museum ist eine öffentliche, der Allgemeinheit zugängliche Einrichtung. An sieben Tagen der von der Revolution eingeführten zehntägigen Woche, der «Dekade», bleibt es allerdings den studierenden Künstlern, den Kopisten und ausländischen Besuchern vorbehalten, an zwei Tagen ist es für das breite Publikum geöffnet, und an einem Tag bleibt es für Reinigungsarbeiten geschlossen.

Denon zieht es in dieses Museum. Er baut darauf, hier demnächst wieder ernsthaft studieren, zeichnen, radieren zu können – sobald er es nicht mehr mit seinen «Angelegenheiten», sondern nur noch mit seiner «Arbeit» zu tun hat.* Eine weitere Errungenschaft der neuen Zeit bestärkt ihn in dieser Hoffnung. Bei der Besorgung von Rechtsgeschäften ist man nicht mehr auf Anwälte angewiesen. Der eigene Verstand genügt.

*Jeder, der weiß, was er will, vertritt seine Sache selbst: und ich selbst bin der beste Beweis dafür, denn ich schreibe an alle Ämter und Behörden von daheim, und so geht es mit meinen Angelegenheiten zwanzigmal schneller und besser voran, als wenn ich früher zwanzig Advokaten eingestellt hätte. Und weil man für die Gerechtigkeit nicht mehr zahlen muss, hat auch niemand mehr ein Interesse daran, irgendwen auf sie warten zu lassen.**

Wirklich von der Liste der Emigranten wieder gestrichen zu werden, ist dennoch schwieriger als erwartet. Und so geht es auch mit der Freigabe von Denons beschlagnahmtem Besitz in Paris und Burgund zunächst nicht recht voran. Gute Beziehungen und Protektion erweisen sich allen Fortschritten im Justizwesen zum Trotz immer noch als hilfreich.

*

Ein guter Freund — Denon hatte während seiner Zeit in Neapel die Bekanntschaft des Malers Jacques-Louis David gemacht. Nun begegnen sich die beiden in Paris wieder. David ist im September 1792 als Deputierter in den Nationalkonvent gewählt worden. Er hat im Januar 1793 für die Hinrichtung Ludwigs XVI. gestimmt. Er kümmert sich um die Künste, um die Ausgestaltung revolutionärer Feierlichkeiten, um die Propaganda. Er hat im Juli 1793 die Begräbniszeremonie für den von Charlotte Corday erstochenen Marat organisiert und nachher die Ikone dieses Schmerzensmannes der Revolution in seiner Badewanne gemalt. Als Präsident des Clubs der Jakobiner, als Sekretär des Konvents, als Mitglied des Ausschusses für die öffentliche Sicherheit beteiligt sich David aktiv an der Organisation der Schreckensherrschaft und steht in enger Verbindung mit Robespierre und den übrigen Mitgliedern des «Comité du Salut publique». Sein Wort hat Gewicht, und er setzt sich für Denon ein, verschafft ihm Arbeit, bedient sich seiner Fertigkeiten als Radierer und Kopist.

Möglich, dass die unerwartete Begegnung mit Denon und der Wunsch, ihm zu helfen, David überhaupt erst auf den Gedanken brachten, ein altes, schon einmal gescheitertes und inzwischen nicht mehr recht in die Zeit passendes Projekt doch noch einmal aufzugreifen. Im Jahre 1790 hatte er sich daran gemacht, eines der großen Ereignisse aus der Frühzeit der Revolution im Bild festzuhalten – den «Schwur im Ballhaus», bei dem sich am 20. Juni 1789 die Vertreter des Dritten Standes in Versailles gegen den Willen des Königs vereinigt und feierlich gelobt hatten, nicht wieder auseinanderzugehen, solange Frankreich keine Verfassung bekommen habe. Schließlich hatte sich der König gezwungen gesehen, die Abgeordneten des Dritten Standes, denen sich inzwischen auch Vertreter des Klerus und des Adels beigesellt hatten, als verfassunggebende Nationalversammlung anzuerkennen.

Die Größe von Davids Gemälde sollte der Bedeutung des historischen Augenblicks entsprechen – sieben Meter hoch und mehr als zehn Meter breit, ein ungeheures Format und eine ungeheure

Aufgabe, sechshundert Männer, die in einer Art Tennishalle unfern des Schlosses von Versailles ihre rechten Arme zum Eid hochrecken. Durch den Verkauf eines Kupferstichs des Entwurfs sollte das Geld für die Ausführung zusammengebracht werden. Doch das misslang, und die Revolution hatte seither einen Verlauf genommen, in dem sie sich von dem einmütigen Enthusiasmus der im «Jeu de Paume» versammelten Volksvertreter weit entfernt hatte. Nicht wenige der damals Beteiligten, deren Gesichtszüge sich schon auf dem Entwurf erkennen ließen, waren seither bei den immer radikaler sich gebärdenden Revolutionären in Ungnade gefallen. Eine der auffälligsten Figuren im Vordergrund von Davids Komposition war Jean Sylvain Bailly. Im «Jeu de Paume» hatte er, auf einem Tisch stehend, als Erster seinen Arm zum Schwur ausgestreckt, und wenig später hatte man ihn zum Bürgermeister von Paris ernannt. Im November 1793 jedoch, wenige Monate bevor sich Denon an die Arbeit machte, war er geköpft worden.

Es bleibt rätselhaft, woher David seinen Optimismus nahm, als er dieses längst aufgegebene Projekt Anfang 1794 wieder hervorzog und Denon eine Radierung des Entwurfs anfertigen ließ. Noch einmal scheint sein Plan gewesen zu sein, das große Werk mit dem Erlös aus dem Verkauf von Drucken zu finanzieren. Seinem Freund Denon bot diese Arbeit immerhin die Aussicht auf ein gutes Honorar und obendrein die Gelegenheit, sich als rechtschaffener Bürger und treuer Republikaner zu erweisen. David war auch bereit, für ihn zu bürgen. Im Frühjahr 1794 wendet sich Denon an den damaligen Außenminister Philibert Buchot mit der Bitte, ihn in seinem Bemühen um die Auszahlung zurückgehaltener Rentenbeträge zu unterstützen, die sich aus seiner früheren Tätigkeit als Diplomat ergäben – und David fügt seinem Brief diese Erklärung hinzu:

Ich versichere, Bürger Minister, dass ich den Bürger Denon in Italien kennengelernt habe, dass ich gesehen habe, wie er sich dort mit Er-

folg künstlerisch betätigte, und dass er immer nur in neutralen Ländern gelebt hat. Wir arbeiten zurzeit gemeinsam an der Radierung meines Gemäldes «Der Schwur im Ballhaus». Er hat die Arbeit des Radierens übernommen. Er hätte es nicht getan, wenn er kein guter Patriot wäre.

*David, Deputierter.**

Die Schwierigkeiten, mit denen Denon bei diesem Projekt zu kämpfen hat, sind enorm. Schon die Größe der Platte – 48,5 x 75 cm – erweist sich als technisches Problem. Denon nimmt sich vor, wenn schon nicht sechshundert, so doch wenigstens vierhundert Personen darauf unterzubringen. Anfang April entleiht er aus den Beständen der Nationalbibliothek Porträts der wichtigsten Gestalten, um sie im Vordergrund erkennbar darstellen zu können. Für den Hintergrund verwendet er Gesichter von allen möglichen Leuten aus seiner Umgebung als Vorlage. «Wären damals Frauen im Saal gewesen», schreibt er an Isabella, «so hätte ich auch Dein Porträt in der Menge untergebracht und mich neben Dir.»* Aber dann kommt ihm – beim Weiterschreiben, so scheint es – noch eine ganz andere gute Idee. David habe ihm versprochen, sich auf diese oder jene Art für seine Mitarbeit bei ihm zu revanchieren. Er, Denon, werde also David, «den bedeutendsten Maler Europas», um den Gefallen bitten, ein Porträt von ihm zu malen – in der Größe des Bildes, das Elisabeth Lebrun von Isabella geschaffen habe. Auf diese Weise hätten sie dann voneinander die schönsten Porträts dieses Zeitalters. Eine wunderbare Idee. Doch leider ist am Ende nichts aus ihr geworden – genauso wenig wie aus Davids Riesengemälde und aus Denons Radierung davon.

*

Robespierre erschrickt selbst — Zunächst sieht es allerdings so aus, als müsste er diese Arbeit nur für einige Zeit unterbrechen, um eine andere, offenbar dringlichere Aufgabe in Angriff zu nehmen, wiederum für Jacques-Louis David. Dem hat der Wohlfahrts-ausschuss nämlich einen bedeutenden Auftrag anvertraut. Er soll die Bekleidung der Nation «den republikanischen Sitten und dem Charakter der Revolution anpassen».* Keine zwei Wochen später legt David seine Entwürfe hierzu vor und erhält im Handumdre-hen die Genehmigung, sie radieren, drucken und kolorieren zu lassen – in hoher Auflage. Darum soll sich nun wiederum Denon kümmern. Ihn hatte der Wohlfahrtsausschuss schon vorher, als er noch über seiner Reproduktion von Davids «Schwur im Ballhaus» saß, als *graveur national* zum Dienst verpflichtet. Ende Juni 1794 wird sein Name dann auch endgültig von der Liste der Emigranten gestrichen, und er erhält alles zurück, was man von ihm beschlag-nahmt hatte.*

Nie wird meinem Talent ein schmeichelhafterer Preis zuteilwerden. Nie habe ich ein so heftiges Verlangen verspürt, meine Sache gut zu machen. Erst heute komme ich mir vor wie ein wirklicher Künstler und zittere zugleich bei dem Gedanken, das, was ich tue, könnte des Vertrauens, das die Nation in mich setzt, nicht würdig sein. *

Nun soll Denon sein Talent an Davids Entwürfen für eine neue «Nationaltracht» unter Beweis stellen. Es geht fürs Erste – die Frauen sind hier, wie auch im Wahlrecht, noch gar nicht berück-sichtigt – um acht Männerkostüme: «Der Gesetzgeber im Dienst», «Der Volksvertreter im Dienst», «Der Volksvertreter bei den Ar-meen», «Das Zivilgewand des französischen Bürgers» (Abb. 10), «Das Gewand des französischen Bürgers daheim», «Der Militär», «Der Richter», «Der städtische Beamte mit Schärpe».* Hosen tragen alle diese Gestalten in Davids Entwürfen nicht – selbstverständlich nicht die *culottes* oder Kniehosen, die als Abzeichen des Adels gel-ten, aber auch keine langen Hosen oder *pantalons*, die durchaus zum Habit der *Sans-Culotten* oder «Ohnehosen» gehörten. Fast alle treten vielmehr mit nackten Waden in Erscheinung.

Denon sieht eine ungeheure Arbeit auf sich zukommen. Von

jedem dieser Entwürfe sollen sechstausend Exemplare gedruckt werden, um sie landesweit zu verteilen, vom «Zivilgewand des französischen Bürgers» sogar zwanzigtausend – alles in allem 62 000 Drucke, die obendrein von Hand koloriert werden sollen.

Man hat mich wegen meiner Schnelligkeit beim Gravieren ausgesucht. Einige Platten sind schon fertig. Inzwischen arbeiten zwanzig Leute für mich, und in der nächsten Woche wird sich ihre Zahl verdreifachen. *

In dieser letzten Phase der Schreckensherrschaft, in der sich die Ereignisse nicht nur in Denons Werkstatt, sondern auch auf der Bühne der großen Geschichte zu überstürzen beginnen, widerfährt dem *Graveur national* im Tuilerien-Schloss ein Erlebnis, das ein Freund von ihm dreißig Jahre später in seinem Nachruf ausführlich schildert. Mehrmals, so schreibt Pierre-André Coupin, habe er Denon dieses Abenteuer erzählen gehört:

Der Wohlfahrtsausschuss lud ihn ein, über den Stand seiner Arbeit zu berichten; das Treffen sollte um Mitternacht stattfinden. Er war pünktlich; aber der Ausschuss, so sagte man ihm, habe sich zurückgezogen, um schwerwiegende Angelegenheiten zu besprechen, und Denon musste warten. Zwei Stunden verstreichen, in denen er immer wieder Gelächter hört, das in einem merkwürdigen Gegensatz zum Wesen der Angelegenheiten stand, mit denen sich der Ausschuss für gewöhnlich befasste, und bewies, dass die Gespräche bei weitem nicht so ernst waren, wie man behauptet hatte. Endlich kommt Robespierre heraus und betritt nichts ahnend den Raum, in dem sich Denon aufhält. Als er einen Fremden bemerkt, verzerrt sich das Gesicht des menschenscheuen Volkstribuns und bezeigt einen Schrecken, in den sich der Zorn mischt. In einem Ton, der den armen Künstler erstarren lässt, fragt er ihn, wer er sei und was er um diese Zeit hier tue. Schon glaubte Denon, er sei verloren. Er nannte seinen Namen, erklärte, er sei gekommen, weil man ihn bestellt habe, und

warte darauf, dass man ihn hereinrufe. Sofort wurde Robespierre
freundlicher, ließ Denon den Sitzungssaal betreten und verbrachte
einen Teil der restlichen Nacht im Gespräch mit ihm, wobei er sich
die ganze Zeit Mühe gab, ihm zu beweisen, dass er die Kunst liebte
und dass er ein angenehmer Gesellschafter mit gutem Geschmack
und guten Manieren sei. Denon erzählte auch, in der Erinnerung
komme ihm dieses Erlebnis inzwischen wie ein Traum vor.*

Von dieser nächtlichen Begegnung ist in Denons Briefen an Isabella mit keinem Wort die Rede. Nur einmal seit seiner Rückkehr
nach Paris hat er ihr gegenüber ein wenig von der monströsen Dra-
matik durchblicken lassen, in die sich die Revolution inzwischen
verirrt hat. Und auch hier sieht es so aus, als komme er nur notgedrungen darauf zu sprechen – nur, weil er annehmen muss, dass
seine verharmlosenden Berichte durch die Zeitungsmeldungen,
die Isabella in Venedig selbst lesen kann, Lügen gestraft würden.
An diesem 24. März geht es um die Anhänger Héberts (Abb. 9), in
deren Augen der Wohlfahrtsausschuss im Kampf gegen die Feinde
der Revolution noch längst nicht radikal genug vorgeht. Robespierre fühlt sich von ihnen bedroht, erklärt sie selbst zu Feinden
der Revolution und lässt die maßgeblichen Mitglieder der Gruppe
nach einem summarischen Prozess guillotinieren.

Heute ist ein bedeutender Tag für die Republik, 18 Verräter sind Op-
fer ihrer eigenen Niedertracht geworden. Ihre ebenso verbrecheri-
schen wie schlecht vorbereiteten Pläne wurden vereitelt, und so wie
ihnen wird es allen von ihrer Sorte ergehen. An Deinen Befürchtun-
gen sehe ich, dass man im Ausland genauso gut informiert war wie
bei uns, aber sei nur ruhig, Paris erfreut sich heute der gleichen Ruhe
wie Venedig, und die braven Bürger genießen hier wie dort den glei-
chen Seelenfrieden. Ich selbst bin der beste Beweis dafür. Ich arbeite
genauso fleißig wie immer, und der Wachdienst ist die einzige Ab-
lenkung.*

Die Hinrichtung Dantons (Abb. 8) und seiner Anhänger knapp zwei Wochen später lässt Denon unerwähnt. Kein Wort auch über die Hinrichtung seines Freundes und einstigen Förderers Jean-Benjamin de Laborde am 22. Juli 1794 kurz vor dem Ende des Terrors.* Erst die Nachricht vom Ende Robespierres selbst sechs Tage später ist wieder so beschaffen, dass Denon sie nicht übergehen kann. Mit kühler Knappheit wie über die Hébertisten, ebenso beiläufig und ebenso zustimmend berichtet Denon auch über die Hinrichtung des Mannes, für den er und mehr noch sein Freund David monatelang gearbeitet haben. Und auch diesen Bericht umgibt er mit allerlei beruhigendem Beiwerk.

*Nichts hat sich an dem, womit ich beschäftigt bin, verändert, nichts ist geruhsamer als mein Leben hier. Den Nachrichten wirst Du entnommen haben, dass wir soeben das abscheulichste aller Ungeheuer vernichtet haben. Bei seinem Untergang sind andere zum Vorschein gekommen, die ebenfalls untergehen werden. Solche Stürze verheißen der alarmierten Tugend ihr Glück und den braven Bürgern ihre Ruhe. Wir sind wie der in Gärung befindliche Wein, der alles Unreine ausstößt.**

Denons Freund David, seinerseits mit Robespierre eng verbunden, hatte noch zwei Tage vor der Hinrichtung des «Unbestechlichen» öffentlich beteuert, er werde ihm überallhin folgen, auch in den Tod: «Robespierre, wenn du den Schierlingsbecher nimmst, dann trinke ich ihn mit dir.»* Aber an den Tagen von dessen Sturz und Hinrichtung hält David sich versteckt – liegt krank zu Hause, nachdem er nicht den Schierlingsbecher genommen, sondern sich ein Brechmittel verabfolgt hat. Gut möglich, dass man in diesem Augenblick auch ihn zusammen mit anderen Anhängern Robespierres auf das Schafott geschickt hätte. Als er später wieder auftaucht, begnügt man sich damit, ihn in Haft zu nehmen, und lässt ihm sogar das Werkzeug zum Malen. Aber von der Vollendung des großen Gemäldes kann nun keine Rede mehr sein. In seinem Gefängnis kann er auch Denon nicht porträtieren, sondern nur sich selbst – als nachdenklichen Mann. Dies allerdings ist ihm vorzüglich gelungen.*

*

Neuzugänge im Zentralmuseum — «Die Kostüme sind vertagt», schreibt Denon im August 1794 an Isabella.* Ob er Davids Entwürfe je wirklich ernst genommen hat? Jedenfalls waren sie für ihn ein einträgliches Geschäft und eine Gelegenheit, sich selbst und andere von seinem Talent beim Organisieren komplizierter künstlerischer Kooperationen zu überzeugen. Zu Ende gebracht hat er seinen Auftrag zwar nicht, liefert im Oktober 1794 aber immerhin 27 809 kolorierte und 20 160 nicht kolorierte Radierungen ab, mit denen nun niemand mehr etwas anfangen kann. Für seine Bemühungen zahlt ihm der inzwischen neu zusammengesetzte, in seinen Machtbefugnissen stark eingeschränkte Wohlfahrtsausschuss 18 000 Livres* – wobei die Livre ungefähr dem Wert des wenige Monate später eingeführten Franc entspricht.

Man weiß nicht, wie viel Denon für die melancholische Gebirgslandschaft mit See und Sturzbach von Jacob van Ruisdael gezahlt hat, die er im November 1794 kaufte und bis an sein Lebensende bei sich behielt.* Aber ohne das Honorar, das ihm seine Beteiligung an den Verirrungen der revolutionären Schreckensherrschaft ins Lächerliche einbrachte, hätte er sich das Bild wohl nicht geleistet.

Er nimmt die Arbeit an der Radierung von Davids «Schwur im Ballhaus» wieder auf, die er im Frühjahr wegen der Kostüme beiseitelegen musste. Vielleicht glaubt er, nach dem Ende des Terrors werde diese von der anfänglichen Einigkeit der Revolutionäre zeugende Szene nun wieder mehr Anklang finden als zuvor. Doch auch sie bleibt unvollendet – in beiderlei Gestalt. David hat auf der vorbereiteten Riesenleinwand nur ein paar Köpfe ausgeführt. Der sehr viel kleinere Entwurf seines Bildes, der Denon als Vorlage diente, hängt heute im Louvre, und von Denons Radierung haben sich nicht mehr als ein paar Zustandsdrucke erhalten. Denn als er mit ihr fast fertig war, kam die Tücke des Materials ins Spiel und machte seiner großen Platte ein jähes Ende.* Am 22. September 1794 berichtet er Isabella:

Heute hat mir die Ätzflüssigkeit den übelsten Streich gespielt, den ich je mit ihr erlebt habe. Sie hat mir ein ungeheures Werk zerstört, von dem ich wohl einige Ehre erhoffen durfte. Ich habe danach sofort an Dich gedacht, habe Dich gleichsam zwischen mich und meinen Verdruss geschoben. Das ist ein heimlicher Trick von mir, er gibt mir ein Ansehen von innerer Stärke, die ich zu meiner Freude noch immer Dir zu verdanken habe.*

Etwas anderes wird Denon ebenfalls geholfen haben, über dieses Scheitern hinwegzukommen. Nun endlich eröffnet sich ihm die Aussicht, das zu tun, was er sich schon kurz nach seiner Ankunft in Paris vorgenommen hatte. Er macht das Museum zu seinem Atelier. Und der weitere Gang der Dinge bringt es mit sich, dass er Zeuge davon wird, wie das Zentrale Kunstmuseum um eben diese Zeit einen Zustrom ungeheurer Schätze aus ganz neuen Quellen erlebt. Im Dezember 1793 hatte er Isabella noch berichtet, wie dessen Sammlung Tag für Tag durch das bereichert wird, was sich in den Kirchen und den Häusern der Emigranten findet. Jetzt gelangen zum ersten Mal auch Gemälde aus dem Ausland nach Paris. Ein erster Transport ist am 19. September 1794 aus Antwerpen eingetroffen – vier Rubens-Gemälde, von denen drei schon wenige Tage später im Museum besichtigt werden können.* Seiner Freundin schreibt Denon:

Es war schon die schönste Sammlung, die es auf der Welt gibt, und nun treffen dort Tag für Tag die Meisterwerke Flanderns ein. Inmitten von all dem radiere ich sieben Stunden am Tag.*

Die «Kreuzabnahme», die «Kreuzerrichtung» und «Der Lanzenstoß», die damals wie heute zu den am meisten bewunderten Gemälden von Rubens gehören, bilden gleichsam nur die Vorhut, eine erste, besonders spektakuläre Lieferung, der in den folgenden Wochen noch viel Großartiges folgt – an die vierzig weitere Werke von Rubens, außerdem Gemälde von Anthonis van Dyck, Gaspar de Crayer, Jacob Jordaens und eine Madonnenskulptur in Marmor von Michelangelo.* Anfang Dezember schreibt Denon, die Sammlung des Museums sei «soeben verdoppelt worden durch alles, was die flämische Schule an Schönem und Großartigem hervorgebracht hat. Diese Woche sind dreihundert Gemälde aus Belgien eingetroffen, eines erstaunlicher als das andere.»*

Neu eintreffende Bilder werden in der Regel zunächst im «Salon carré» ausgestellt, jenem «Salon», von dem auch die regelmäßig – früher alle zwei Jahre, bald jährlich – stattfindende wichtigste Pariser Ausstellung von Gegenwartskunst ihren Namen hat. Hinter dem großen Saal, dessen Wände bei diesen Gelegenheiten über und über mit Bildern bedeckt sind, beginnt die Grande Galerie, ihren Dimensionen nach – zumindest auf den ersten Blick – ein idealer Platz für die Präsentation einer großen, stetig wachsenden Zahl von Gemälden.

Bei näherem Hinsehen jedoch erweist sich die ungegliederte, scheinbar ins Unendliche gehende Erstreckung des gewölbten Ganges als Nachteil. Auch gewährt seine geringe Breite dem Betrachter vor sehr großen oder hoch oben hängenden Gemälden nicht immer genügend Abstand. Besonders problematisch aber sind die Lichtverhältnisse: große Fenster auf beiden Seiten, durch die bei Sonnenschein zu viel Licht hereinfällt und oft auch noch direkt auf die Bilder, oder eben – je nach Wetterlage, Tages- und Jahreszeit – zu wenig, so dass die Bilder an den Wänden zwischen den Fenstern im Halbdunkel hängen.

Der Maler Hubert Robert, der zu dieser Zeit auch als Kurator des neuen Museums tätig ist, hat die Grande Galerie mehrfach gemalt, in ihren mit der Zeit wechselnden, wirklichen Zuständen, aber auch als antik-phantastische Ruinenlandschaft und – besonders wirkungsvoll – als lichterfülltes Zukunftsprojekt, das in seinen Grundzügen schließlich auch realisiert wurde und bis heute Bestand hat – mit einer Beleuchtung von oben durch große Oberlichter und einer Gliederung in der Länge durch regelmäßige Doppelbögen über vorspringenden Säulenpaaren.

Die Verwaltung des Museums hat Denon einen Platz in der Nähe eines Fensters zugewiesen, wo er bequem arbeiten kann – an den Tagen, die für die Künstler reserviert sind, bis drei oder vier Uhr nachmittags.

Diese Zeit verbringe ich höchst angenehm mit meiner Arbeit, und die Augenblicke der Entspannung zwischendurch, indem ich inmitten der Wunderwerke aus allen Gattungen der Kunst mit mehr oder weniger sachverständigen Leuten herumspaziere, die ihren Vormittag lieber hier als anderswo zubringen.*

Als Denon dies schreibt, dient der alte Louvre seit fast zweieinhalb Jahren als «Muséum central des arts». Anfangs sind dort 537 Gemälde und außerdem 124 Skulpturen und andere Kunstobjekte wie Vasen und Marmortische zu sehen. Ein erster Katalog* – wohlgemerkt ohne irgendwelche Abbildungen – listet sie auf: Name des Malers, Bildtitel, Format – in der Abfolge, in der sie auf den Wandabschnitten der Großen Galerie, jeweils in mehreren Reihen übereinander, verteilt sind; siebzehn Felder auf der rechten Seite und neun weitere, die der Besucher auf dem Rückweg an der linken Seite betrachten kann. Etwa drei Viertel der anfangs ausgestellten Bilder stammen aus den königlichen Sammlungen, ein Viertel aus Kirchen- und Adelsbesitz. Zahlreich vertreten sind schon in dieser durch Zugänge aus dem Ausland noch nicht bereicherten Sammlung Rubens, Rembrandt und Anthonis van Dyck, Guido Reni, Tizian und Raffael und bei den Franzosen Nicolas Poussin, Claude Lorrain, Eustache Le Sueur und einige andere. Kein Bild allerdings von Chardin und keines von Watteau.

Mit der Aufhebung des Königtums nach dem Sturm auf die Tuilerien am 10. August 1792 ist der königliche Kunstbesitz auf die Republik übergegangen, was aber nicht verhinderte, dass es kurz darauf in der Frage, wie mit diesem Besitz umzugehen sei, zu einem Konflikt zwischen der Zentralregierung in Paris und dem Magistrat der Stadt Versailles kam. Einen Monat nach der Ausrufung der Republik hatte der girondistische Innenminister Jean-Marie Roland de La Platière für das neu zu errichtende Museum 125 Bilder aus dem Versailler Schloss nach Paris schaffen lassen. Die Bürger von Versailles, die nach dem Ende des Königtums den Glanz und die Bedeutung ihrer Stadt mehr und mehr schwinden sahen, wurden auf diese Weise auch noch zu Opfern der ersten Kunstentführung, die im Namen der jungen Republik organisiert wurde, und sie protestierten heftig. Die Rückgabe der schon entwendeten Kunstwerke erreichten sie auf diese Weise zwar nicht, verhinderten aber fürs Erste weitere Transporte, die schon geplant waren. So gelangte Leonardos «Mona Lisa» erst 1797 nach Paris. Zu dem Kompromiss mit der Zentralregierung gehörte auch, dass Versailles Ende des Jahres 1793 die Genehmigung erhielt, ein Museum speziell für die französische Malerei einzurichten.

Auch aus einer anderen Sammlung hätte sich das neue Museum zusätzlichen Glanz verschaffen können, wenn sie denn noch erreichbar gewesen wäre. Ludwig XIV. hatte viel gebaut, aber wenig gesammelt. In der langen Phase der Regentschaft nach seinem Tod aber, bevor Ludwig XV. den Thron bestieg, hatte der Herzog Philippe von Orléans (1674–1723) eine große Sammlung erlesener Werke zusammengebracht und damit Teile des Palais Royal in der Nähe des Louvre, wo er residierte, gefüllt. Für interessierte Besucher scheint diese Sammlung fast nach Art eines Museums einigermaßen leicht zugänglich gewesen zu sein. Doch ein anderer Herzog von Orléans, ein Urenkel des Sammlers, der sich aus Sympathie für die Revolution auch «Philippe Egalité» nannte, zugleich aber zwischen allen möglichen Luxusspekulationen ständig in

Geldnot war, hatte sie 1792, ein Jahr vor der Eröffnung des neuen Museums, nach England schaffen und dort versteigern lassen. Nicht wegen dieses Frevels am kulturellen Reichtum seines Landes, sondern wegen des Verdachts, ein doppeltes Spiel zwischen Konvent und Adelspartei zu spielen, geriet Philippe Egalité im November 1793 unter das Fallbeil.

*

Kompliziert genug — Seit seiner Rückkehr nach Paris hat Denon in fast jedem seiner Briefe an Isabella nicht nur die Ruhe und die Sicherheit geschildert, in der er lebt. Er hat ihr auch immer wieder seine Liebe, seine Treue, seine Enthaltsamkeit beteuert. Dennoch scheint die ferne Geliebte gelegentlich Zweifel an der Kraft seiner Zuneigung anzudeuten, die er dann wiederum freundlich, aber entschieden zurückweist.

*Meine alten Bekannten wundern sich darüber, wie ich jetzt lebe. Sie können nicht begreifen, dass ich nur noch die Kunst liebe. Dieser Vivant! Aber ich sage ihnen, ich sei jetzt alt. Dabei ist meine Seele nicht älter als zwanzig.**

In den Monaten nach dem Ende der Schreckensherrschaft sucht Vivant Denon nach Wegen, ein Wiedersehen mit Isabella in Italien zu arrangieren. Er hofft darauf, dass man die Veränderungen in Frankreich, die Abkehr vom Terror und das Abflauen des Radikalismus, auch in Venedig als eine Zäsur wahrnimmt, und fragt bei den dortigen Behörden nach, ob ihm ein Besuch in der Stadt nun wieder genehmigt werden würde. Nach langem Warten erhält er Anfang Juli 1795 vom Tribunal der Inquisition die Mitteilung, das Einreiseverbot für ihn bestehe fort – wegen früherer Verbindungen zu verdächtigen Personen und wegen seiner obszönen Radierungen.

Dass sein «Oeuvre priapique» in den Erwägungen der venezianischen Polizei eine Rolle spielt und wahrscheinlich auch schon zu seiner Ausweisung beigetragen hat, überrascht und empört Denon. Spät wird ihm klar, dass ein «komischer, kleiner Maler», der ihn eines Tages in Venedig aufsuchte und sich als Künstlerkollege für seine anstößigen Radierungen interessierte, ein Spitzel gewesen sein muss.*

Denon entwickelt neue Pläne, bringt andere Städte ins Spiel, wo er und Isabella sich treffen könnten – Rom oder Florenz zum Beispiel. Vor allem aber bittet er sie, ihm einen großen Teil der Sachen, die er bei seiner plötzlichen Ausweisung in Venedig zurücklassen musste, nun nach Paris zu schicken, wo er sie für seine Arbeit und seine Geschäfte immer dringender benötigt. An erster Stelle die Druckplatten seiner Radierungen, damit er weitere Abzüge herstellen kann, denn seine Vorräte sind erschöpft, und eine Nachfrage ist offenbar vorhanden. Sodann seine Zeichnungen, die ihm als Vorlagen für neue Radierungen dienen sollen. Außerdem aus seiner Sammlung die Alben mit den Radierungen von Marcantonio Raimondi und Rembrandt – nicht, um sie zu verkaufen, sondern um sie bei sich zu haben, genauso wie er Elisabeth Vigée-Lebruns Porträt von Isabella bei sich haben möchte. Vielleicht hat er bisher gehofft, sich bei einem Wiedersehen in Venedig selbst um den Versand all dieser Kostbarkeiten kümmern zu können. Nun jedoch muss er sie bitten, zusammen mit seinem einstigen Schüler Francesco Novelli die Sachen auf den Weg zu bringen – sorgfältig verpackt in Kisten von nicht mehr als zweihundertfünfzig Pfund Gewicht.*

Für Isabella ist dieser Sommer 1795 auch ohne solche Umstände schon kompliziert genug. Anfang Juli, gerade als ihr Denon genaue Anweisungen für seinen privaten Kunsttransport übermittelt, geschieht, was sie seit zwei Jahren – seit der erzwungenen Trennung von ihrem Geliebten – ersehnt und betrieben hat. Ihre Ehe mit Carlo Antonio Marin wird am 6. Juli 1795 für ungültig erklärt.

Eine Ehescheidung gibt es in der katholischen Kirche nicht.

Nach deren Lehre ist der Bund fürs Leben unauflöslich, ausgenommen jene seltenen Fälle, in denen sich nachträglich erweist, dass er von Anfang an nicht gültig war, weil er aufgrund falscher Voraussetzungen geschlossen wurde. In Isabellas Fall scheint allerdings weniger die Beweiskraft irgendwelcher Tatsachen ausschlaggebend gewesen zu sein, als vielmehr das Gewicht der Beziehungen zu einflussreichen Freunden und Bekannten, die jeder der beiden Ehepartner für die eigene Sache zu mobilisieren vermag. Hierbei ist Isabella letztlich erfolgreicher als Carlo Marin. Nachdem der Bischof von Kephalonia die Annullierung ihrer Ehe abgelehnt hat, gelingt es ihr vor allem mit Hilfe von Giuseppe Albrizzi, der inzwischen Inquisitor und Mitglied im Rat der Zehn geworden ist, den Papst für ihren Fall zu interessieren. Pius VI. sorgt schließlich dafür, dass die Akten noch einmal geöffnet und die Dinge in ihrem Sinne entschieden werden.*

Albrizzi, seit langen Jahren regelmäßiger Gast in Isabellas Salon und inzwischen ein guter Freund, ist im Übrigen auch einer der beiden Kandidaten, die Isabella ernsthaft in Erwägung zieht, wenn sie an eine zweite Ehe denkt. Der zweite ist nicht etwa Vivant Denon, sondern Graf Tommaso Mocenigo Soranzo. Zwar geht es Isabella bei ihren Überlegungen wohl mehr als zu ihrer Zeit und in ihren Kreisen üblich auch um Zuneigung und Liebe, an denen es in ihrer ersten, von den Eltern arrangierten Ehe von Anfang an so sehr gefehlt hatte. Dennoch wird auch ihr der andere Gesichtspunkt wichtiger gewesen sein – ihre materielle Absicherung und ihre gesellschaftliche Stellung.

Denon weiß selbst am besten, dass er seiner Geliebten in dieser Beziehung nichts bieten kann. Unvorstellbar der Gedanke – nicht nur für sie, sondern auch für ihn –, sie könnte ihr bisheriges Leben in Italien einfach aufgeben und, ihrer Liebe folgend, bei ihm Zuflucht suchen. Unvorstellbar nicht nur, weil Paris ihr als ein unsicherer Ort erscheint und weil Denon in Venedig nach wie vor nicht geduldet wird. Er ist vor allem nicht reich genug, Isabella ein Leben zu ermöglichen, wie sie und auch er es für angemessen hielten. Er besitzt zwar eine überkomplette Sammlung von Rembrandts Radierungen und etliche andere Kunstschätze von Wert, und doch hat er zeitweise nicht einmal die Mittel für eine Reise nach Italien.*

Auf eine abenteuerliche Liebe lässt sich Isabella in diesem Sommer aber dennoch ein. Das Lieben in die Ferne fällt ihr anscheinend noch schwerer als Denon, der ihr aus Paris immer wieder versichert, dass er gar nicht anders könne, als ihr ganz und gar verbunden zu bleiben. Isabella hingegen hat ihm, als sie in Italien noch zusammen waren, mehr als einmal gestanden, sie halte sich für unfähig, einen Abwesenden zu lieben.* So kommt es im August 1795, wenige Wochen nach der Annullierung ihrer ersten Ehe, zu einer kurzen, heftigen Affäre mit einem jungen Mann, einem angehenden Dichter, den einer der regelmäßigen Besucher ihres Salons bei ihr eingeführt hat.

Ugo Foscolo ist siebzehn Jahre alt. Eigentlich haben ihn seine Eltern auf den Namen Niccoló taufen lassen. Den Vornamen Ugo hat er selbst gewählt – wahrscheinlich im Gedanken an Hugou de Bassville, den französischen Republikaner, der nach seiner Ermordung in Rom Anfang 1793, in den Tagen vor der Hinrichtung Ludwigs XVI., zu einem Märtyrer der Revolution geworden ist.

Ugo Foscolo hat seine Initiation in die Mysterien der Liebe einige Jahre später selbst geschildert – in einem von den Werken Laurence Sternes inspirierten Prosa-Fragment mit dem Titel «Il sesto tomo dell'io», also etwa «Band sechs meines Ich». In der Temira, die im Zentrum dieses kurzen Textes steht, glaubte die Nachwelt Isabella Teotochi Marin zu erkennen.

Dieser Priesterin der Venus habe ich die ersten Früchte meiner Jugend zum Opfer gebracht. Sie schätzte die edlen Eigenschaften der Frauen und mied ihre Laster, aber ohne über sie zu lästern ... Sie lebte und ließ andere leben. Ein Geheimnis öffnete mir die Vorhänge ihres Bettes und schloss sie wieder. Ein Geheimnis, verstehst du? Fünf Tage war sie mir Geliebte, aber Freundin ein Leben lang.

Es war im Sommer, eine Stunde nach Mittag. Nackt lag sie auf ihrem Bett, den Ellbogen in die Kissen, den Kopf in die Hand gestützt. Ich lag noch nah bei ihr, schwer atmend, und hatte mich kaum aus den dunklen Mysterien gelöst, in die mich die Göttin eingeweiht hatte…

Meine Hand glitt sanft über ihre schneeweißen, von zartem Rosa überhauchten Glieder. Ich wagte mich bis an einen feinen, blond schimmernden Flaum –

– Du Schelm, sagte Temira und küsste mich, über meine Arglosigkeit lächelnd. Liebst du mich denn?

Ich sah sie an.

Wahrhaftig? erwiderte Temira. Sie hatte die ganze Beredsamkeit meines Blicks empfunden.*

Denon ahnt nichts von dieser Verbindung und hat vielleicht auch später nie etwas von ihr erfahren. Er beschränkt sich, während Isabella über ihr künftiges Leben nachdenkt, auf die Rolle des fast unparteiischen Ratgebers. Von dem Grafen Soranzo rät er ihr nicht ausdrücklich ab, sondern beschränkt sich darauf, Albrizzi in seinen Briefen immer wieder als den wohlhabenderen, in höherem Ansehen stehenden und obendrein liebenswürdigeren Patrizier hervorzuheben. Albrizzi sei der einzige Mann, dem er Isabella von ganzem Herzen gönne, so versichert er ihr immer wieder und kommt doch ebenso regelmäßig ein paar Zeilen später auf die Dauerhaftigkeit und Einzigartigkeit der Liebe zurück, die ihn selbst mit Isabella verbindet und die einer ganz anderen Dimension von ihrer beider Leben anzugehören scheint, zu der nur er und sie Zugang haben. Er empfindet für den «Sanften» eine wirkliche, tiefe Sympathie und betrachtet ihn doch, nach seinen Briefen zu urteilen, nicht als einen Rivalen im Wettbewerb um Isabellas Liebe. Isabella ihrerseits scheint anzudeuten, dass sie sich in dem Dreieck der künftigen Beziehungen zwischen ihr, Albrizzi und Denon ein nicht alltägliches Maß an Offenheit durchaus vorstellen kann. Denon jedenfalls antwortet ihr darauf:

Ich wage es nicht, Dir zu sagen und mir einzugestehen, wie sehr mich Dein letzter Brief gefreut hat. ... Ach, unvollkommene Natur, Dir liegt also gar nicht an unbedingten Tugenden, deren Reinheit durch nichts befleckt würde? ... Meine liebe, liebe Bettine, schreib mir besonnener ...*

*

Kaufen und verkaufen — Denon radiert und kopiert wie gewohnt im Museum, betätigt sich aber in dieser Zeit notgedrungen auch immer mehr im Handel mit Kunst – seiner eigenen und fremder. Hierbei unterstützt ihn sein Freund Aubourg, ebenfalls ein Kunstkenner mit scharfem Auge. «Indem ich», so schreibt Denon an Isabella, «Tag für Tag verkaufe, was ich bei meiner Ankunft erworben habe, vermeide ich den vollständigen Ruin.»* Er investiert sogar – und mit Erfolg – einen Teil seines Vermögens in Kunst, um es vor der Inflation des Papiergelds zu retten.

Schelte mich nicht, weil ich Drucke und Bilder kaufe oder vielmehr früher gekauft habe. Auf diese Weise haben die wenigen Assignaten, die ich bekommen konnte, ihren Wert behalten und sind nicht auf ein Zweihundertstel dieses Wertes gefallen – sonst hätte ich schon seit sechs Monaten nichts mehr zu beißen ... So habe ich seit längerem nicht mehr aus Neigung gekauft, sondern in der Absicht, die Sachen wieder zu veräußern – zwischendurch erfreue ich mich aber immer auch ein bisschen an ihnen. Im Übrigen war ich stets der Meinung, man sollte nur Dinge kaufen und verkaufen, von denen man etwas versteht, wenn man nicht Gefahr laufen will, betrogen zu werden oder plötzlich selbst wie ein Betrüger dazustehen. Deshalb habe ich mich für diesen Handel entschieden ...*

Weil er auf diesen Handel nun geradezu angewiesen ist, wartet Denon voller Ungeduld auf seine Druckplatten und seine Sammlung, deren Transport viel länger dauert als erwartet. Erst im April

1796 treffen die Sachen schließlich in Paris ein, aber entgegen allen Befürchtungen völlig unversehrt, «als hätte man sie nur von einem Zimmer ins andere geräumt».*

Im März haben Isabella und Giuseppe Albrizzi geheiratet. Nun schwankt Denon in den Briefen an seine geliebte Freundin eine Zeitlang zwischen «Sie» und «Du», bevor er zum «Du» zurückkehrt. Im Juni 1796 schreibt er ihr von dem Bild, dessen Ankunft er so sehr herbeigesehnt hatte:

Ihr Porträt ist mein Glück. Es vergeht keine Stunde am Tag, in der ich ihm nicht huldige. Es ist das Erste, was ich sehe, wenn ich aufwache. Tagsüber leistet es mir Gesellschaft, und abends ist es an seinem Platz in ein Licht getaucht wie gewisse Madonnen in Venedig in den Läden, wo sie wundersam lebendig wirken. Ich sage zu ihm die ausgefallensten Sachen und habe obendrein noch das Vergnügen, Ihr Antlitz ständig loben zu hören, selbst von Frauen. *

Auch wenn er tagsüber fleißig arbeitet, empfängt er am späteren Nachmittag doch häufig Besuch bei sich und ist abends viel in Paris unterwegs. Meistens, so gesteht er Isabella, kehre er erst gegen ein Uhr morgens nach Hause zurück. Er sei nämlich ein wenig *à la mode*, obwohl er alles getan habe, um dies zu vermeiden. In dieser Beziehung kommt er sich inzwischen selbst wie ein Sammelobjekt vor. Gerade weil er immer versucht habe, sich rarzumachen, sei er mit der Zeit ein besonders gesuchter Gast geworden und gelte offenbar «ohne weitere Prüfung» für liebenswürdig und begehrenswert.*

*

Joséphine — Im Herbst 1795 hat sich Denon mit vier Radierungen am «Salon» beteiligt – unter ihnen besonders eindrucksvoll die Kopie eines Gemäldes von Rembrandt, das aus der Sammlung der französischen Könige stammt und schon seit 1793 im Zentralmuseum, dem früheren Louvre, hängt: «Der Erzengel Gabriel verlässt die Familie des Tobias». Unter das Bild hat Denon, wie auch bei den anderen von ihm eingereichten Radierungen, die Bezugsquelle gesetzt: «Erhältlich bei N. C. Aubourg, rue J.-J. Rousseau, Hôtel Bullion».*

Wenig später veranstaltet er in seiner Wohnung im Hôtel Bullion eine kleine Ausstellung mit einigen Gemälden des David-Schülers François Gérard, darunter auch dessen «Bélisaire», der schon im «Salon» zu sehen war. Unter den Besuchern ist Marie-Josèphe Rose Tascher de la Pagerie, die Witwe des Vicomte de Beauharnais. Auch sie erlebt Denon als einen liebenswürdigen und vor allem kundigen Berater in Fragen der Kunst und lässt die Verbindung zu ihm nicht mehr abreißen. Sein Hinweis auf den Maler Gérard ist ihr wertvoll. Von Gérard lässt sie sich und ihre beiden Kinder Eugène und Hortense in den folgenden Jahren mehrfach porträtieren. Ihr selbst und sogar auch ihren Kindern steht nämlich eine große Zukunft bevor – Eugène wird einige Jahre später Vizekönig von Italien und Großherzog von Frankfurt sein, Hortense Königin von Holland und Rose selbst Kaiserin der Franzosen.

Ihr erster Mann, der Vater dieser Kinder, Alexandre de Beauharnais, ist am 23. Juli 1794 unter der Guillotine gestorben – fünf Tage bevor der Terror mit der Hinrichtung Robespierres endete. Auch seine Frau, die schon seit 1785 von ihrem Mann getrennt lebte, war zu dieser Zeit in Haft und ist dem Schicksal ihres Mannes nur knapp entgangen. Bald nach ihrer Freilassung gehört sie dann zu den «Merveilleuses», jenen extravaganten Frauen und lustigen Witwen der Zeit des «Directoire», die ihrer Lebensfreude nach dem Ende der Tugendherrschaft freien Lauf lassen. Sie hat mehrere Liebhaber. Einer von ihnen ist Paul Barras, der führende Kopf unter den Direktoren des Direktoriums.

Im Oktober 1795 bringt Barras sie mit einem jungen, noch wenig bekannten General der Artillerie zusammen, der erst kürzlich einen royalistischen Aufstand gegen das Direktorium mitten in Paris niederkartätscht und zwei Jahre zuvor bei der Rückeroberung des von den Briten besetzten Kriegshafens Toulon schon einmal seine strategische Intelligenz unter Beweis gestellt hat. Kaum dass dieser tatkräftige junge Mann die schöne Witwe de Beauharnais kennengelernt hat, da erfindet er für sie auch schon den Kosenamen, unter dem die Welt sie seither kennt – Joséphine.*

Sie allerdings liebt den von Gestalt eher kleinen General um diese Zeit längst nicht so heftig wie er sie. Manches an ihm imponiert ihr jedoch, und vielleicht ahnt sie etwas von der großen Zukunft, die ihm bevorsteht. Jedenfalls lässt sie sich mit ihm ein. Sie heiratet ihn sogar, weil er darauf besteht – im März 1796, wenige Tage bevor er zu jenem Feldzug nach Italien aufbricht, dem er seinen ersten und glänzendsten, bald in ganz Europa sich verbreitenden Ruhm und die Basis seiner rasch wachsenden politischen Macht verdankt.

Denon nennt Joséphine dort, wo er sie später in seinen Briefen an Isabella erwähnt, «Madame de Buonaparte».* Es gibt auch eine Legende, der zufolge er seine Bekanntschaft mit Joséphines Gemahl nicht ihr verdankt, sondern selbst geknüpft habe. Bei einem Empfang im Hause Talleyrands habe er sich das letzte Glas Limonade vom Tablett eines Bediensteten genommen, habe in diesem Moment einen etwas verloren herumstehenden Uniformierten erblickt und ihm mit einem freundlichen Lächeln sein Glas überlassen. Der junge Soldat, so endet die Legende, habe ihm diese Freundlichkeit nie vergessen und eines Tages sogar großmütig vergolten.*

Wahrscheinlicher ist jedoch die Annahme, dass es Joséphine war, die drei Jahre nach ihrem Besuch im Hôtel Bullion dafür sorgte, dass Denons Name und sein sehnlicher Wunsch, Ägypten zu sehen, Napoleon Bonaparte im richtigen Augenblick zu Ohren kamen.

*

Die Mitte der Welt wird an die Seine verlegt — Denon arbeitet im Winter 1795/96 an der Reproduktion eines Gemäldes, das erst seit kurzem im Zentralmuseum hängt. Im Sommer ist es mit einem Kunstkonvoi aus Holland nach Paris gekommen und stößt hier mit all seiner Drastik auf große Bewunderung – trotz oder vielleicht gerade wegen des Kontrasts zu den zahlreichen majestätischen Rubens-Bildern, die im Museum die Abteilung der niederländischen Malerei dominieren. Ein junger Stier mit einem Kuhfladen im Vorder- und einer holländischen Flachlandschaft im Hintergrund, von Paulus Potter in gewaltigen Dimensionen angelegt, fast zweieinhalb Meter hoch und dreieinhalb Meter breit. Auch Denons Radierung* ist mit ihren 48 x 69 Zentimetern außergewöhnlich groß – «die größte, die ich je gemacht habe, die größte, die sich, glaube ich, überhaupt machen lässt».* Sie hat beinahe die Ausmaße seiner Kopie von Davids «Schwur im Ballhaus», nur dass Denon mit diesem neuen großformatigen Blatt nicht scheitert. Im Herbst 1796, beim zweiten «Salon», an dem er teilnimmt, stellt er es aus.*

Um diese Zeit ist Napoleon Bonaparte in Italien weit vorangekommen. Sein Feldzug ist das letzte Kapitel in der verwickelten Abfolge von Geschehnissen, die die Historiker später, als ein gewisser Abstand gewonnen war, unter dem Begriff «Erster Koalitionskrieg» zusammenfassten. Begonnen hatte dieser Krieg noch zu Lebzeiten Ludwigs XVI., im Jahre 1792, aber gegen dessen Willen – indem das mehr und mehr sich revolutionierende Frankreich sowohl Österreich als auch Preußen und einigen kleineren deutschen Staaten den Krieg erklärte. Die Koalition, die diese Staaten daraufhin gegen Frankreich bildeten, geriet bald ins Hintertreffen – zum ersten Mal bei Valmy – und erwies sich auf längere Sicht als wenig erfolgreich. Der Beitritt Großbritanniens, der Niederlande, Spaniens und des Heiligen Römischen Reiches nach der Hinrichtung des französischen Königs änderte daran nicht viel, und das Ausscheiden von Preußen und Spanien aus der Koalition im Jahre 1795 war erst recht nicht dazu angetan, Frankreich an der Verfolgung seiner Kriegsziele zu hindern.

Die französischen Ambitionen, durch unerwartete Erfolge befeuert, scheinen eine Zeitlang über die Eroberung der österreichischen Niederlande und die Sicherung der natürlichen Grenze am Rhein weit hinauszugehen. Ein doppelter Vormarsch nach Osten auf die österreichische Hauptstadt, sowohl nördlich der Alpen durch Süddeutschland als auch südlich der Alpen durch Oberitalien, scheint möglich. Im Norden allerdings verhindern die Österreicher unter der Führung ihres Erzherzogs Karl, dass die Franzosen sich dauerhaft auf rechtsrheinischem Gebiet festsetzen und tiefer ins Land vordringen. Im Süden hingegen dringen die französischen Armeen unter Bonaparte immer weiter nach Osten vor und erobern schließlich ganz Oberitalien.

Von Paris aus betrachtet, wird sich dieser Feldzug für Denon und die meisten seiner Zeitgenossen wie eine lange Kette glorreicher Siege ausgenommen haben – zuerst gegen die Truppen des Königreichs Sardinien und Piemont, dann gegen die Österreicher, an lauter Orten mit wohlklingenden Namen: Montenotte, Millesimo, Dego, Mondovi, Lodi, Castiglione, Rovereto, Bassano, zuletzt dann noch Arcole und Rivoli. Stattlich ist auch die Liste der von den Franzosen eingenommenen Städte – Mailand, Ferrara, Modena, Parma, Bologna, Verona, Mantua, Florenz, Rom. Jede von ihnen wird mit hohen Abgaben in Form von Gold, Geld und Kunstwerken belegt.

Wie Frankreich selbst leiden um diese Zeit auch die Armeen der Republik unter permanenter Finanznot. Ihre Befehlshaber sind angewiesen, sich überall aus den Gebieten, in denen sie operieren, zu versorgen und zugleich möglichst hohe Kriegssteuern einzutreiben. Kunstwerke allerdings werden bei diesen Feldzügen nicht wegen ihres materiellen Wertes beschlagnahmt – nicht um sie zu versilbern. Sie werden als Trophäen der ans Wunderbare grenzenden Leistungen ihres siegreichen Oberkommandierenden weggeführt. Napoleon Bonaparte hat kein sonderlich inniges Verhältnis zur Kunst. Aber er weiß um ihren propagandistischen Wert. Ihm ist klar, dass sich mit den Bildern großer Maler und mehr noch mit den Skulpturen griechischer und römischer Bildhauer der Anspruch, aus Paris ein neues Rom zu machen, überzeugender erheben und erfüllen lässt als mit irgendetwas sonst.

Deshalb ist jeder Aufwand an Kosten und Mühen, an Sorgfalt und Sachkunde gerechtfertigt. Wie schon bei den Feldzügen der Jahre 1794/95 in Belgien, Holland und im Rheinland folgt den vorrückenden Armeen eine Gruppe von Kunstkommissaren, die sich oft anhand vorbereiteter Listen um die Auswahl der zu beschlagnahmenden Werke und nachher um deren sachgemäße Verpackung und den Abtransport kümmern.

Den einzelnen Städten und Staaten wird, sobald sie eingenommen sind, die Höhe der Abgaben mitgeteilt, die sie entrichten sollen – ein bestimmter Geldbetrag und eine bestimmte Zahl von Kunstwerken, allerdings oft ohne Rücksicht darauf, was die Sammlungen des jeweiligen Fürsten eigentlich zu bieten haben.

In Modena bei Ercole III d'Este, der im Jahre 1789 Denon seine Grafiksammlung so großzügig zum Zeichnen geöffnet hatte, hatte die Gemäldesammlung schon Jahrzehnte zuvor viel von ihrem einstigen Glanz verloren. Ein Vorfahr des Herzogs hatte die hundert besten Bilder seiner Galerie 1745 an August den Starken von Sachsen nach Dresden verkauft. So fiel es den französischen Kommissaren in Modena schwer, die vorbestimmte Zahl von zwanzig Gemälden, die ihren Ansprüchen genügten, überhaupt zusammenzubringen.*

Im Rom dagegen war es gerade umgekehrt. Schon nachdem im Juni 1796 Bologna, das zum Kirchenstaat gehörte, erobert worden war, wurde dort mit den Abgesandten des Papstes ein Waffenstillstandsabkommen geschlossen, in dem sich der Vatikan zur Zahlung von 21 Millionen Livres und zur Herausgabe von 500 Handschriften und 100 Kunstwerken – nach Auswahl der französischen Kommissare – verpflichten musste. Schon bald reisten einige von ihnen nach Rom, um eine Liste zu erstellen. Aber von Anfang an wird ihnen klar gewesen sein, dass die Qual der Wahl, mit der sie es zu tun bekommen sollten, ungeheure Ausmaße annehmen würde.*

Sie konzentrierten sich dann auf das, woran ihnen und ihrem Oberbefehlshaber am meisten lag – auf die Werke der antiken Bildhauerkunst, die in Norditalien kaum zu finden waren. Ihr Verzeichnis führte schließlich nur 17 Gemälde, aber 83 griechische und römische Skulpturen auf – ungeachtet der enormen Transportprobleme, die sie sich und ihren Helfern damit schufen. Aber es gelang ihnen tatsächlich, so gut wie alle antiken Skulpturen, die zu ihrer Zeit für die bedeutendsten gehalten wurden, nach Paris zu schaffen, ohne dass etwas Nennenswertes zu Bruch ging. Die Angelegenheit zog sich allerdings in die Länge. Im September 1796 erklärte der Papst den Waffenstillstand und damit auch die Vereinbarung über die Kunstkontributionen für nichtig. Erst im Februar 1797, nachdem die Position der Franzosen in Norditalien gefestigt war, konnte Napoleon Truppen nach Rom entsenden, die den Friedensvertrag von Tolentino mit dem Kirchenstaat erzwangen und die Erfüllung der Vereinbarungen aus dem Vorjahr durchsetzten.

Ein erster Konvoi mit Kunstbeute aus der Lombardei war schon Mitte September 1796 in Tortona bei Alessandria zusammengestellt worden – eine Karawane von Ochsenwagen, die sich über Turin und den Mont Cenis auf den Weg nach Frankreich machte und Anfang November in Paris eintraf. Die beiden anderen Konvois, die in den Jahren 1797 und 1798 noch folgten, nutzten dann so weit wie möglich Wasserwege. Aus Mittelitalien und Rom gingen die Transporte über Land nach Livorno, von dort zu Schiff nach Marseille, dann weiter in kleineren Wasserfahrzeugen auf der Rhône und der Saône nach Norden, bis Chalon, von dort über einen Kanal zur Loire und flussabwärts bis Briare und über einen weiteren Kanal, der bei Fontainebleau, nur noch sechzig Kilometer von Paris entfernt, in die Seine mündete.*

*

Venedig gibt die Schlüssel ab — Mit der «reichen Ernte», die Napoleon Bonaparte dem Direktorium aus seinem Feldlager in

Tolentino ankündigt*, hat Denon nichts zu tun – außer, dass er Mitte August 1796, gerade als die Kunstkommissare in Rom ihr Verzeichnis der dort zur Beschlagnahmung vorgesehenen Gemälde und Skulpturen fertigstellen, mit anderen Künstlern und Kunstfreunden jenes schon erwähnte Gesuch an das Direktorium unterzeichnet, in dem Quatremère de Quincy ernstliche Bedenken gegen die Versetzung von Kunstwerken aus ihrer angestammten in eine fremde Umgebung formuliert hatte.* Allerdings hat Denon, auch wenn er hier unterschreibt, in diesem Punkt keine gefestigte Meinung. Im Herbst 1794 hatte er ja auch das Erscheinen der ersten Meisterwerke aus Flandern in Paris voller Enthusiasmus begrüßt. Und wenige Wochen bevor er sich der Eingabe von Quatremère de Quincy anschließt, hat er Isabella eingeladen, eines Tages nach Paris zu kommen und die Anhäufung von Kunst, die sich dort mit jedem siegreichen Feldzug höher türmt, zu bewundern.

Sie müssen einmal hierherkommen und sich an dem erfreuen, was wir hier mit unerhörtem Glanz zusammentragen. Wenn Rom uns noch einige Werke der Bildhauerei schenkt, fehlt uns gar nichts mehr.

Dass Rom und ganz Italien bei dem, was seine Landsleute dort gerade anrichten, bleibenden Schaden nehmen könnte, scheint Denon wenig Sorge zu bereiten, und seiner wachsenden Bewunderung für Napoleon Bonaparte kann dieser Gedanke offenbar nichts anhaben. Isabella allerdings teilt die Bewunderung ihres Geliebten für den jungen Helden nicht. Ob sich der sonderbare Satz am Schluss eines von Denons Briefen aus dieser Zeit mit ihrer Abneigung erklären lässt? Da schreibt ihr Denon: «Wenn Du mich nicht lieben würdest, wäre ich gern Buonaparte.»* Heißt dies wirklich, dass allein die Liebe, die ihn mit ihr verbindet, noch über den Gefühlen steht, die er für Napoleon hegt? Dass nur diese Liebe ihn davon abhält, sich vollständig mit Napoleon zu identifizieren?

In Denons ausufernde Bewunderung für den siegreichen Feldherrn platzt eines Tages im Mai 1797 die Nachricht, dass Napoleon nun auch Venedig ins Visier genommen hat. Eine große Angst um Isabella überkommt Denon angesichts der Unmöglichkeit, etwas von ihr oder wenigstens über sie zu erfahren.

Lange Zeit gehörte Venedig nicht zu den Kriegszielen Napoleon Bonapartes. Er ist mit seiner Armee durch venezianisches Gebiet weiter nach Osten vormarschiert – von Friaul auf österreichisches Gebiet, durch das Herzogtum Kärnten in die Steiermark bis nach Leoben, und steht mit seiner Armee plötzlich wenig mehr als hundert Kilometer vor Wien. Österreich ist gezwungen, sich im «Vorfrieden von Leoben» auf Vereinbarungen einzulassen, die dann auch zu den wesentlichen Elementen des endgültigen Friedens von Campo Formio gehören: Frankreich erhält die österreichischen Niederlande, das linke Rheinufer von Basel bis hinauf nach Holland und obendrein die Lombardei, um dort eine «Cisalpinische Republik» zu gründen. Österreich soll dafür mit venezianischen Gebieten entschädigt werden. Im Bewusstsein seiner wachsenden Macht agiert Napoleon schon bei diesen Verhandlungen selbständig und unterzeichnet das Abkommen am 18. April 1797, ohne die unmittelbar bevorstehende Ankunft eines offiziellen Vertreters der Pariser Direktoren-Regierung abzuwarten.

Am Tag zuvor, dem zweiten Osterfeiertag des Jahres 1797, ist es im Rücken der französischen Hauptarmee, in Venetien, vor allem in Verona, zu einem Aufstand gegen die französische Besatzung gekommen. Unter dem Namen «Veronesische Ostern» ist er in die französische und italienische Geschichtsschreibung eingegangen – in Frankreich als hinterhältiges Massaker an Hunderten wehrloser Franzosen, vor allem an Verwundeten in einem Militärlazarett, in Italien als denkwürdiges, wenn auch in einer Niederlage endendes Ereignis im Kampf um die Unabhängigkeit und die nationale Einheit des Landes.

Der Aufstand wird von den Franzosen binnen einer Woche niedergeschlagen. Seine Anführer werden erschossen. Napoleon beschuldigt die Republik Venedig, die Erhebung angezettelt zu haben, und erklärt ihr am 2. Mai 1797 den Krieg. Am 12. Mai löst der Große Rat der Stadt die Republik auf. Zwei Tage später wird Venedig von den französischen Truppen besetzt.

Als Vergeltung für den Aufstand werden besonders hohe Kontributionen gefordert – sechs Millionen Golddukaten oder Zechinen in bar, dazu zwanzig Gemälde, fünfhundert Handschriften, das Wahrzeichen der Stadt, der Bronzelöwe vom Markusplatz, und außerdem jene vier antiken Bronzepferde aus der Fassade des Doms, die Denon kaum zehn Jahre zuvor, in einem seiner ersten Briefe an Isabella zu einem komplizierten, aber besonders schmeichelhaften Kompliment inspiriert hatten.*

Am 23. Mai 1797 schreibt er ihr aus Paris in äußerster Sorge wegen der «großen Ereignisse, über die wir hier nur sehr verschwommen unterrichtet sind». Der letzte Brief, den er von ihr erhalten hat, ist inzwischen vier Wochen alt. Er stammt noch aus der Zeit vor der Kriegserklärung.

*Das Nachtgespenst ist riesengroß, denn in der Zukunft und der Ferne herrscht ja immer Nacht. Deshalb habe ich Angst, trotz allem, was ich mir immer wieder sage. Jeden, den ich sehe, frage ich nach Neuigkeiten aus Venedig und kehre jeden Moment nach Hause zurück, um nachzusehen, ob nicht ein Brief von Dir gekommen ist. Immerzu möchte ich Deinem Gemahl sagen, er möge Dich hierher schicken, ich würde Dich dann zurückbringen, sobald alles wieder geregelt ist. Ich bin überzeugt, dass Paris in diesem Augenblick der friedlichste Ort Europas ist.** *

Schließlich treffen gleichzeitig zwei Briefe von Isabella ein, voll «schrecklicher Einzelheiten» – aber für ihn doch vor allem eine Beruhigung und ein Grund zur Freude. Plötzlich begreift er auch, dass nun möglich wäre, was er und Isabella während der vergangenen Jahre so sehr herbeigesehnt haben. Die Macht, die ihm so lange und unerbittlich den Zutritt nach Venedig verweigert hat, existiert nicht mehr.

Vor dem Augenblick, da dieses alte Gebäude einstürzen würde, hat es mich immer geschaudert. Du hast recht, liebe Freundin, die Inquisition hat die Schlüssel Venedigs denjenigen ausgehändigt, die sie ausgeschlossen hatte. Ich bekam Herzklopfen, als ich Deinen Brief las, und in Gedanken machte ich mich gleich auf den Weg zu Dir.

Aber wenn Du wüsstest, wie unmöglich mir das ist, wie sehr ich auf all meine Mittel angewiesen bin, selbst auf die, die noch in Deinen Händen sind – sofern uns der Friede im nächsten Jahr nicht einen Teil unserer Renten zurückgibt; wenn Du wüsstest, dass ich Angehörige habe, Neffen, die mich und meinen Beistand, meine Anwesenheit brauchen! In meinem Alter gäbe ich ein lächerliches Bild ab, wenn ich hier alles im Stich ließe, ohne dem, was in Wirklichkeit ja tatsächlich bloß eine ganz und gar ehrenwerte Gefühlsregung wäre, auch nur den geringsten Anstrich von Weisheit geben zu können. Denn Freundschaft und Gefühl wären für mich doch der einzige Beweggrund zu der entzückendsten Reise, die ich je machen könnte und die mir um so angenehmer wäre, als ich überzeugt bin, dass mir Madame de Buonaparte durch ihren Gemahl die erforderlichen Mittel gern zukommen ließe. Übrigens, vorgestern habe ich Monsieur de Beauharnais, dem Sohn von Madame Buonaparte, ein Schreiben an Dich mitgegeben. Ich brauche ihn Dir nicht zu empfehlen. Ich bin mir sicher, Du wirst ihn auf das Freundlichste empfangen. Er ist sehr jung und sehr sanft. Mit seinem Vater war ich gut befreundet. Er begleitet den General [Bonaparte] auf Reisen und kann Dir bei Gelegenheit nützlich sein.

Du hast dir also Deine hübsche, kleine Brust gequetscht, Du Arme. Ich sehe sie noch vor mir und habe sie von ganzem Herzen bedauert. Schreib mir, wie es ihr geht – aber wann werde ich das lesen, wo doch ein Brief vierzig Tage braucht?*

Isabella scheint an den Gründen, die Denon für seine Unabkömmlichkeit in Paris anführt, zu zweifeln. Sie vermutet, es sei eine andere Frau im Spiel, die ihn am Reisen hindere. Er bestreitet das – und macht ihr zugleich ein Geständnis.

Du glaubst, mich hielten Fesseln hier zurück. Ich will mich nicht meiner Keuschheit rühmen, aber ich versichere Dir, es gibt nichts, was mein Verlangen aufhalten könnte, dem heiligen Empfinden, das ich Dir bewahre, Genüge zu tun und den einen Kuss zu empfangen, den Iseppo [Giuseppe Albrizzi] uns gestattet und den ich von ihm mit einer Dankbarkeit entgegennehme, die ebenso groß ist wie der Taumel, in den ich geraten werde, wenn Du ihn mir gibst. Ich danke Dir sehr für das Gedeck, das Du an Deinem Tisch für mich bereithältst. Mein Herz nimmt dort Platz und labt sich.*

Denons Briefe an Isabella werden nun seltener. Einen schreibt er ihr noch im Oktober, den nächsten erst im März 1798, und in den beiden, die schließlich Ende April und Anfang Juni 1798 folgen, nimmt er Abschied von ihr – für unbestimmte, längere Zeit.

Es wird Dich gewiss überraschen, liebe Freundin, dass ich verreise – ich weiß nicht wohin. Meine Verbindungen zu General Bonaparte haben es möglich gemacht, dass ich an der Expedition teilnehme, die er unternehmen wird. Ich werde dem Generalstab beigeordnet sein. Meine Abwesenheit wird nur so lange währen wie die seine…
In Ägypten hat Dich noch nie jemand geliebt – nun denn, vielleicht werde ich Deinen Namen bald in die Pyramiden ritzen.*

Ich versichere Dir, ich werde Dich überall lieben, auch in den sandigen Weiten Afrikas, falls mich Bonaparte dorthin führt, denn ich bin entschlossen, ihm überallhin zu folgen und mit ihm zurückzukehren.*

Zehn Tage nachdem er dies geschrieben hat, am 14. Mai 1798, geht Denon, begleitet von dem älteren seiner beiden Neffen, dem späteren General Vivant-Jean Brunet, in Toulon an Bord der Fregatte «La Junon». So verpasst er – wie Bonaparte selbst – den Triumphzug nach altrömischem Vorbild, mit dem Ende Juli, am vierten Jahrestag von Robespierres Sturz, das Eintreffen des dritten und größten

Konvois mit Trophäen aus Italien auf den Straßen von Paris gefeiert wird. Was allerdings die Kunst selbst angeht, so verpasst Denon nicht allzu viel. Denn die Gemälde und Skulpturen bleiben während dieses Umzugs – und noch auf Jahre hinaus – größtenteils in ihren Kisten verpackt. Eine der wenigen Ausnahmen bilden die antiken Bronzepferde aus Venedig (Abb. 12).

5. Kapitel

Bis an den ersten Katarakt des Nil — Am 19. Mai 1798 setzt sich der Hauptteil der französischen Flotte von Toulon aus in Bewegung. Von Genua, Ajaccio auf Korsika und Civitavecchia kommend, schließen sich ihr in den folgenden Tagen weitere Verbände an – alles in allem eine Streitmacht von etwa zwanzig Kriegs- und vierhundert Transportschiffen mit 40000 Soldaten und 10000 Seeleuten an Bord.

Bonaparte hat sich viel Großes vorgenommen. Er will den Briten die Vorherrschaft im Mittelmeer nehmen und ihnen die kürzeste Verbindung nach ihren Besitzungen in Indien versperren. Er will die Levante – also Syrien, den Libanon und Palästina – für den französischen Handel erschließen, und aus Ägypten in seiner geographischen Schlüssellage will er eine französische Provinz oder Kolonie machen. Dies aber nicht durch Unterjochung, sondern indem er der dortigen Bevölkerung – bei sorgfältigem Respekt für ihre Religion und ihre Gebräuche – die Freiheit und den Fortschritt bringt.

Neben hundert Feld- und Belagerungsgeschützen hat seine Flotte auch die Ausrüstung für eine komplette Druckerei an Bord, samt den Matrizen für lateinische, griechische und arabische Schriftzeichen. Sie stammen aus der Abteilung für die Verbreitung des Glaubens im Vatikan und sind im Frühjahr 1797 zusammen mit den für Paris bestimmten Skulpturen, Gemälden und Büchern in Rom beschlagnahmt worden.

Bonaparte will in Ägypten auch erkunden, ob sich womöglich jener Kanal wiederherstellen lässt, der schon in der Antike das Mittelmeer über den östlichen Arm des Nil mit dem Roten Meer verband. Seine Expedition ist also keine bloß militärische Unternehmung. Sie soll auch der Erforschung Ägyptens und seiner Modernisierung dienen. Deshalb hat er eine ansehnliche Gruppe von Spezialisten – etwa 150 sollen es gewesen sein – aus ganz unterschiedlichen Fachgebieten mitgenommen: Architekten, Bauingenieure, Mathematiker, Geographen, Astronomen, Botaniker, Zoologen, Orientalisten, Dolmetscher, Archäologen, Kunstsachverständige, auch eine größere Zahl von Druckern und schließlich sogar einige Literaten, unter ihnen Vivant Denon.

Für sich selbst strebt Bonaparte – dem Rezept folgend, das schon in Italien erfolgreich war – nach mehr Macht durch mehr Ruhm und zu diesem Zweck nach mehr Siegen und mehr Siegestrophäen. Er selbst hat sich Ägypten zum Ziel gewählt. Aber das Direktorium, das Bonapartes zunehmenden Ehrgeiz und seine sich häufenden Eigenmächtigkeiten seit dem Italienfeldzug mit einiger Besorgnis registriert, hat gegen dieses Projekt nichts einzuwenden. Mit seinem Zug an den Nil, so erwartet man in Paris, werde er sich, wenn schon nicht ins Abseits, so doch in eine Ferne versetzen, in der ihm viel von seinem so rasch gewachsenen Einfluss wieder abhandenkommen muss. Es dauert eine Weile, bis sich dieses Kalkül als Irrtum erweist. Doch auch für Bonaparte kommt es in Ägypten ganz anders, als er gehofft und erwartet hat.

Formell gehört das Land am Nil zum Osmanischen Reich. Tatsächlich jedoch wird es von den Mameluken beherrscht, Nachfahren von Militärsklaven der osmanischen Herrscher, die ihre Macht seit dem frühen Mittelalter zur Errichtung eigener Herrschaftsgebiete genutzt haben, vor allem in Indien und Ägypten. Durch ihre Vertreibung will sich Bonaparte der ägyptischen Bevölkerung als Befreier empfehlen. Tatsächlich bringt ihm schon seine erste Schlacht bei den Pyramiden von Gizeh, kurz nach der Landung in Alexandria, gegen ein Mameluken-Heer unter der Führung von Murad Bey einen glanzvoll anmutenden Sieg. Keine zwei Wochen später jedoch taucht die britische Kriegsflotte unter dem Kommando von Admiral Horatio Nelson vor Abukir in der Nähe von Alexandria auf und vernichtet in der Nacht vom 1. auf den 2. August 1798 fast die gesamte dort ankernde französische Kriegsflotte. Denon kann das Geschehen von der Küste aus beobachten und weiß doch lange nicht, welche Seite den Sieg errungen hat.

Ich blieb Tag und Nacht auf dem Turm von Abu-Mandur. Ich zählte fünfundzwanzig Schiffe, die zur Hälfte nur noch verstümmelte Leichen, zur anderen Hälfte manövrierunfähig waren. Drei Tage blieben wir in quälender Ungewissheit. Mit dem Fernglas in der Hand hatte ich das Unheil gezeichnet, um am nächsten Tag prüfen zu können, ob sich etwas verändert hätte. Lange wollten wir das Offenkundige nicht wahrhaben. Doch als der Küstenweg nicht mehr passierbar und die Verbindung nach Alexandria unterbrochen war, erkannten wir, dass unsere Lage sich vollkommen verändert hatte, dass wir vom Mutterland abgeschnitten und nun eine Kolonie waren und bis zu einem Friedensschluss ganz auf uns selbst gestellt sein würden.*

Dass die Franzosen überhaupt in Ägypten gelandet sind, ist gleichwohl ein Erfolg. Nelson hatte gerade dies verhindern wollen, und er hatte die französische Flotte bei der Annäherung an die ägyptische Küste tatsächlich nur knapp verfehlt. Der Rückzug ist Bonapartes Armee nun zwar versperrt. Sie sitzt auf ägyptischem Boden wie in einer Falle. Aber dank der Fruchtbarkeit des Landes braucht sich Bonaparte um die Verpflegung seiner Soldaten keine Sorgen zu machen und muss auch die Briten fürs Erste nicht fürchten. Nelson hat keine Truppen zur Verfügung, mit denen er den Franzosen nachsetzen und auf dem Festland entgegentreten könnte. Er begnügt sich damit, eine Seeblockade zu errichten, die die Verbindung zwischen der französischen Armee und dem Mutterland allerdings fast vollständig unterbricht. Auch Briefe und Nachrichten werden abgefangen.

In seinem Reisebericht hat Denon die Schlacht bei den Pyramiden nicht nur ausführlich beschrieben, sondern in einer dramatischen Zeichnung auch bildlich festgehalten. Fast scheint es, als habe er den Eindruck erwecken wollen, er sei auch hier am Ort des Geschehens gewesen, so wie er dann Augenzeuge der Seeschlacht von Abukir wurde. Aber das stimmt nicht.* Er bleibt während der ersten Wochen nach der Landung in Alexandria, um die Stadt und ihre Umgebung zu erkunden.

Bonaparte hingegen begibt sich sehr rasch nach Kairo, um mit der Erneuerung Ägyptens zu beginnen. Er reformiert die Verwaltung und richtet einen «Diwan» ein – einen Rat, in dem Vertreter der französischen Besatzungsarmee und ägyptische Würdenträger miteinander verhandeln sollen. Er schärft seinen Soldaten Respekt gegenüber den einheimischen Frauen und dem Islam ein. Er stellt die Pilger, die nach Mekka ziehen, unter seinen besonderen Schutz und begeht den Geburtstag des Propheten mit einer Militärparade. Drei Wochen nach der Katastrophe von Abukir gründet er – nach dem Modell des «Institut» in Paris – das «Institut d'Egypte», ein Zentrum, wo die ihn begleitenden Experten und Gelehrten sich austauschen und dem Geist der Aufklärung auch am Nil zur Ausbreitung verhelfen sollen.

Wirkliches Vertrauen in der Bevölkerung gewinnt Bonaparte mit diesen Initiativen nicht. Der Aufstand, der eine Woche nach der Gründung des Instituts in Kairo und seiner Umgebung ausbricht, zeigt deutlich, dass die Ägypter in den Franzosen keine Befreier erblicken. Napoleon lässt ihn blutig niederschlagen. Inzwischen ist auch Denon in die Hauptstadt gekommen und erlebt die stürmischen Tage mit. In seinem Reisebericht stellt er nüchtern fest: «Jetzt erst eroberten wir Kairo, das sich beim ersten Mal bloß dem Sieger über die Mameluken ergeben hatte.»*

Ende Dezember 1798 unternimmt Bonaparte einen Ausflug nach Suez. Dort lässt er sich die Spuren des Kanals der Pharaonen zeigen, der schon im alten Ägypten eine Verbindung vom Roten Meer zum Nil und zum Mittelmeer gebildet hatte. Zwar ist dieser Kanal im Laufe der Zeit immer wieder versandet. Aber die alten Ägypter, die Griechen, die Römer und noch die ersten Anhänger Mohammeds im 7. Jahrhundert haben ihn auch immer wieder ausgeschachtet und instand gesetzt. Denon hätte den «Général en chef» auf dieser Tour vermutlich begleitet, wäre er nicht schon einen Monat vorher zu einer sehr viel längeren, riskanteren, anstrengenderen Reise aufgebrochen – nicht nach Osten, sondern in den Süden, nach Oberägypten. «Ich habe mich in Kairo sehr wohl gefühlt», schreibt er in dem Buch über seine Reise. «Aber ich hatte Paris nicht verlassen, um mich in Kairo wohl zu fühlen.»*

Denon erhält die Erlaubnis, sich der Division des Generals Desaix anzuschließen, die Murad Bey und seine Armee auf ihrem Rückzug den Nil aufwärts verfolgen soll. Für ihn beginnt erst jetzt der «bedeutende Teil meiner eigentlichen Expedition».* Der Fluss gibt im Wesentlichen den Weg vor – sowohl für die fliehenden Mameluken als auch für ihre französischen Verfolger, die es noch weniger als ihre Feinde wagen dürfen, sich allzu weit vom Wasser zu entfernen. Und Denon kann sich auf diese Weise fast sicher sein, alle Orte, die ihn interessieren, auch wirklich zu sehen – jedenfalls so lange, wie die militärische Expedition ihren Fortgang nimmt. Sein Erfolg bei der Erkundung der von Europäern bisher nur selten besuchten bedeutenden Stätten des pharaonischen Oberägypten hängt geradezu davon ab, dass seinen Landsleuten ihr Erfolg bei der Jagd nach Murad Bey so lange wie möglich versagt bleibt.

Ich gebe zu, ich habe tausendmal gezittert, Murad Bey könnte sich, der Flucht überdrüssig, ergeben oder sein Glück in einer weiteren Schlacht suchen. Ich glaubte schon, diejenige bei Samanhout würde die entscheidende Wende in diesem großen Drama bringen. Da fiel ihm mitten im Gefecht ein, die Wüste könnte uns tödlicher sein als seine Waffen. Und noch einmal musste Desaix erleben, wie die Gelegenheit, ihn zu vernichten, erst zum Greifen nahe schien und dann doch wieder verschwand, während in mir von neuem die Hoffnung *aufkeimte, dass wir ihm bis über den Wendekreis hinaus nacheilen müssten.**

So gelangt Denon tatsächlich in den tiefen Süden Ägyptens – zwar nicht über den Nördlichen Wendekreis hinaus, aber doch bis an den ersten Katarakt des Nil, 700 Kilometer südlich von Kairo, bei Syene, dem heutigen Assuan. Neun Monate ist Denon mit der Division des Generals Desaix unterwegs. Die Orte, die ihm als die bedeutendsten erscheinen – Dendera, Theben, das Tal der Könige, Luxor, Esna und Edfu – sieht er sogar mehrmals, auf dem Hinweg oft kürzer, als ihm lieb ist, während ihm auf dem Rückweg mitunter mehr Zeit bleibt. Den südlichsten Punkt erreicht die Expedition im Februar 1799.

*

Zeichnen im Ausnahmezustand — Es gibt eine Zeichnung, auf der sich Denon selbst mit ins Bild gebracht hat, während er die armseligen Ruinen von Hierakonpolis etwa auf halbem Weg zwischen Theben und Assuan im Stehen zeichnet (Abb. 11). Wenn die Darstellung nicht trügt, trägt auch er während dieser Kampagne Uniform.* Mit den Soldaten, die er ständig um sich hat, versteht er sich gut, und mit ihrem Kommandeur freundet er sich an.

In General Desaix fand ich einen Gelehrten, einen Wissbegierigen, einen Freund der Kunst; so wurden mir alle Gefälligkeiten zuteil, die er mir unter den obwaltenden Umständen gewähren konnte.*

Die Angehörigen der Truppe wundern sich zwar darüber, dass ein Mann von einundfünfzig Jahren aus freien Stücken an ihrer strapaziösen Unternehmung teilnimmt. Aber sie sind ihm bei seiner speziellen Arbeit auch gern behilflich.

Wenn die Liebe zum Altertum mich oft zum Soldaten gemacht hat,
so hat die Sympathie der Soldaten für meine Forschungen aus ihnen
doch oft auch Altertumsforscher gemacht.*

Der Adjutant des Generals Desaix, Anne Jean Marie René Savary,
der spätere Duc de Rovigo, hat beobachtet, mit welcher Leidenschaft Denon in Ägypten seiner Arbeit nachging.

Sein Eifer beim Vermessen von Gebäuden und bei der Suche nach
Münzen und anderen Altertümern brachte unsere Soldaten immer
wieder zum Staunen, vor allem wenn man sah, wie er in seinem Alter
der Erschöpfung, der Sonne und oft auch der Gefahr trotzte, um
Hieroglyphen oder die Reste eines Bauwerks zu zeichnen; denn mir
scheint, er ließ sich keinen einzigen Stein entgehen. Oft habe ich ihn
auf seinen Ausflügen begleitet; über der Schulter trug er eine Mappe,
die mit Papier und Stiften gefüllt war, und am Unterarm einen klei-
nen Beutel, in dem er sein Schreibzeug und etwas zu essen verwahrte. –
Uns alle stellte er an, um Entfernungen und die Größe von Bauwer-
ken zu messen, die er währenddessen zeichnete. Als er nach Kairo
zurückkam, hatte er eine ganze Kamelladung von Zeichnungen aller
Art bei sich.*

Denon seinerseits lebt ständig in dem Gefühl, ihm entgehe das al-
lermeiste, was er sehen könnte – und er fürchtet, selbst von dem,
was er sieht, nur einen Bruchteil mitnehmen zu können. So bei seinem ersten Besuch in Dendera:

Der Morgen hatte mich in die Nähe der Bauten dieser Stadt geführt,
der Abend riss mich eher stürmisch erregt als befriedigt von ihnen
wieder los. Hundert Dinge hatte ich gesehen, tausend waren mir ent-
gangen.*

Denn so zuverlässig, wie ihn der Lauf des Nil zu den Plätzen führt,
die ihn interessieren, so ungewiss bleibt oft, wie lange er an ihnen

verweilen kann und ob überhaupt. Ablauf und Geschwindigkeit des Vormarschs der Armee richten sich selbstverständlich nicht nach den Bedürfnissen eines sie begleitenden Zeichners. So muss Denon immer wieder tage- und wochenlang an mehr oder minder uninteressanten Orten ausharren und nachher – fast ohne Aufenthalt – an dem Großartigen vorübereilen, das er eigentlich sehen wollte.*

Er zeichnet unter diesen Umständen so, dass man seinem Bericht bisweilen anzumerken glaubt, wie sehr ihm die Fotografie schon fehlt, die erst ein Jahr nach seinem Tod erfunden wird – von Nicéphore Nièpce, einem anderen Bürger seiner Heimatstadt Chalon-sur-Saône. Denon denkt bei seinem notgedrungen schnellen Zeichnen an eine Versachlichung des Abbildungsvorgangs. Wo der Zeichner in einen Konflikt zwischen seinem optischen Mitteilungsdrang und seinem Kunstwollen gerät, solle er dem Ersteren den Vorrang einräumen.

*Mir scheint, ein Künstler auf Reisen sollte allen Künstlerstolz ablegen; sollte sich nicht darum kümmern, was ihm eine schöne Zeichnung bescheren könnte und was nicht; er sollte sich vielmehr an das halten, was den Anblick des Ortes, den er sich vorgenommen hat, im Allgemeinen und für andere interessant macht.**

Er selbst, so fährt er fort, sei tatsächlich schon ausgiebig dafür entschädigt worden, dass er diesen Künstlerstolz preisgegeben habe – vor allem durch die wohlwollende Neugier, die man seither seinen Zeichnungen entgegengebracht habe, die «ich meistens auf den Knien angefertigt habe oder im Stehen oder gar aus dem Sattel. Keine einzige konnte ich beenden, wann ich es wollte.»*

Aber wo die Annäherung an die Kunst besonders schwierig wird, da packt den Zeichner Denon immer wieder auch die größte Leidenschaft und treibt ihn dazu, fast Unmögliches zu vollbringen. Etwa in Karnak:

Es war so heiß gewesen, dass die Sonne mir die Füße durch die Schuhe verbrannt hatte; ich hatte mich zum Zeichnen nur niederlassen können, indem ich meinen Diener zwischen der Sonne und mir hin und her laufen und mir von seinem Körper ein wenig Schatten machen ließ.*

Oder bei einem späteren Besuch in Dendera, wo er an der Decke einer kleinen Kammer des großen Tempels eine Himmelskarte, einen astronomischen Tierkreis, entdeckt:

Der Gedanke, den Gelehrten meines Landes das Abbild eines ägyptischen Flachreliefs von so großer Bedeutung mitzubringen, machte es mir zur Pflicht, den steifen Hals geduldig in Kauf zu nehmen, den ich mir beim Zeichnen unweigerlich holte.*

Und schließlich im Tal der Könige, wo er in einer Grabkammer auf Wandbilder stößt, die eine unerwartete Fülle von Gebrauchsgegenständen und Szenen aus dem Alltag des alten Ägypten darstellen:

Wie hätte man derart kostbare Merkwürdigkeiten hinter sich lassen können, ohne sie zu zeichnen! Wie heimkehren, ohne sie nachher zeigen zu können! Lautstark verlangte ich nach einer Viertelstunde; man gewährte mir – mit der Uhr in der Hand – zwanzig Minuten. Jemand beleuchtete mir das Papier, während ein anderer eine Kerze an jedem Gegenstand vorbeiwandern ließ, den ich ihm bezeichnete.*

*

Der Fuß der Mumie — Wie Jahre zuvor in Italien sammelt Denon auch in Ägypten Blicke und Ansichten, indem er sie zeichnet. Der Bericht über seine Reise lässt aber auch erkennen, wie er gelegentlich die Perspektive des Sammlers einnimmt und die Dinge, die ihm begegnen, unter dem Aspekt betrachtet, ob sie womöglich transportabel seien. Er hat ja – wenn auch aus der Ferne – mitbekommen, wie Bonaparte durch seine Kunstkommissare die Meisterwerke Italiens und des alten Rom als Trophäen nach Paris schaffen ließ. Da liegt es nahe, dass er in Ägypten nun ebenfalls nach Trophäen Ausschau hält, auch wenn die Schwierigkeiten, die bei ihrer Wegnahme bewältigt werden müssten, noch viel größer sind. Denn die Kunst des Pharaonenreiches tritt dem Reisenden fast immer nur in ungeheuren Dimensionen entgegen. Tafelbilder und andere bewegliche Gemälde gibt es nicht. Die besonders eindrucksvollen Skulpturen haben oft das Format von Kolossen. Ihre wahre Blüte erreicht die ägyptische Kunst vor allem in riesigen Bauwerken. Außerdem sind die Transportwege noch viel weiter, und nach dem Verlust der gesamten Flotte schwebt selbst die bloße Rückkehr der Armee nach Frankreich im Ungewissen. Trotzdem sieht sich Denon hier und da schon wie ein Sammler in höherem Auftrag um, der er in der Zeit seines Aufenthalts am Nil noch gar nicht ist.

Kurz nach der Landung in Ägypten hat er im Hof einer Moschee in Alexandria eine über und über mit Hieroglyphen bedeckte steinerne Wanne von unvergleichlicher Schönheit entdeckt. Ursprünglich scheint sie als Sarkophag gedient zu haben. Nun notiert Denon, sie solle «als eine der größten Kostbarkeiten des Altertums zu den ersten Beutestücken aus Ägypten gehören, mit denen wir eines unserer Museen bereichern könnten».*

Ebenfalls in der Umgebung von Alexandria erblickt er zwei Obelisken, der eine aufrecht stehend, der andere umgestürzt, die von alters her mit der Königin Kleopatra in Verbindung gebracht worden sind. Leicht könnte man sie nach Frankreich verschiffen und dort eine charakteristische Trophäe der Eroberung Ägyptens aus ihnen machen, notiert er.* Einer dieser Obelisken steht seit 1878 am Ufer der Themse mitten in London, der andere seit 1881 im New Yorker Central Park. «Cleopatra's Needle» heißen sie beide.

Denon hat in Ägypten auch jenen Obelisken gesehen und gezeichnet, der heute auf der Place de la Concorde steht und das älteste Element der «historischen Achse» von Paris bildet. Für sein

Erscheinen in der französischen Hauptstadt hat er allerdings nichts getan – es sei denn, die Erwähnung und die Abbildung dieses Monolithen in seinem Bericht hätten diejenigen, die nach ihm kamen und tätig wurden, auf die beiden Obelisken von Luxor aufmerksam gemacht – «die größten und am besten erhaltenen, die man kennt».* Einer von ihnen gelangte 1836 nach Paris – als Geschenk des Sultans Muhammad Ali an den französischen König Louis Philippe, der sich dafür mit einer Turmuhr für eine Moschee in Kairo bedankte.

Am äußersten Ende seiner Reise, auf der Nil-Insel Philae südlich von Assuan, entdeckt Denon sogar einen Tempel, von dem er glaubt, er würde sich als Trophäe eignen.

*Wollte man jemals einen Tempel aus Afrika nach Europa versetzen, sollte man diesen wählen. Mit seinen verhältnismäßig geringen Ausmaßen böte er hierzu alle Möglichkeiten und lieferte obendrein ein greifbares Zeugnis der edlen Einfalt der ägyptischen Architektur und ein verblüffendes Beispiel dafür, dass die Majestät eines Bauwerks nicht von seiner Größe, sondern von seinem Charakter bestimmt wird.**

In den siebziger Jahren des 20. Jahrhunderts ist dieser Tempel mit anderen altägyptischen Gebäuden tatsächlich versetzt worden – aber nicht nach Europa oder auf irgendeinen anderen Kontinent, sondern auf eine künstlich erhöhte Nachbarinsel im Nil, wo er nicht von den Fluten des Assuan-Stausees bedroht wird.

Eine viel weniger gewichtige und – zumindest auf den ersten Blick – auch leichter zu transportierende Beute, die Denon auf seiner Nilreise ins Auge fasst, hat es ebenfalls nicht bis Paris geschafft – jenes lebendig gefangene Krokodil, dessen vorzeitigen Tod er in seinem Bericht so ausführlich bedauert:

Es wäre interessant gewesen herauszufinden, wie dieses Amphibium frisst, was es frisst, ob es dabei kauen muss und wie es dies mit lau-

155

ter Schneidezähnen zuwege bringt, welche Aufgabe dabei seine Kehle übernimmt, die ihm als Zunge dient, ob es sich mittels seiner Gefräßigkeit zähmen ließe oder ob man es, ohne seine Wesensart zu verändern, lebendig nach Paris hätte bringen können, um es dort den Beobachtungen der Naturforscher und der Neugier der Pariser zu überlassen und schließlich mit ihm – als einer Trophäe von der Eroberung des Nils – der ganzen Nation zu huldigen.*

Neben gezeichneten Blicken und imaginären Trophäen sammelt Denon auch kleine, handliche Dinge, auf die er bei seinen Exkursionen stößt: Amulette, kleine Figuren, Gebrauchsgegenstände oder Bruchstücke von ihnen. Wegen ihrer geringen Größe kommen sie als Trophäen nicht in Frage, wohl aber als Reliquien – zumal jener Fuß einer Mumie, den er zusammen mit anderen Merkwürdigkeiten in einer Grabkammer im Tal der Könige bei Theben findet:

Ich betrachtete alles, worauf ich stieß, sehr genau, und alle tragbaren Bruchstücke, die ich fand, steckte ich ein. In der Liste, die ich inzwischen angelegt habe, finde ich ein bezauberndes Opferschälchen aus Terracotta, ein Stück, das jeder Nation in der Zeit der höchsten Blüte ihrer Künste würdig gewesen wäre; Götterfiguren aus Sykomorenholz, mit ungewöhnlichem Freimut geschnitzt; feines, glattes, blondes Haar; den kleinen Fuß einer Mumie, welcher der Natur so zur Ehre gereicht, wie die anderen Stücke der Kunst zur Ehre gereichen. Ohne Zweifel handelte es sich um den Fuß einer jungen Frau, einer Prinzessin, eines bezaubernden Geschöpfs. Nie war die Gestalt dieses Fußes durch Schuhwerk entstellt worden. Seine Formen wirkten vollkommen. Mir war, als würde mir mit meinem verliebten Diebstahl an der Nachkommenschaft der Pharaonen eine besondere Gunst zuteil. Zuletzt entriss man mich diesen Gräbern, wo ich drei Stunden zugebracht hatte, in denen ich mir aber ebenso gut drei Tage hätte zu schaffen machen können.*

*

Wovon diese Steine sprechen — Zu einer Zeit, in der die griechische Antike für die Baukunst noch als das Maß aller Dinge galt, gelangt Denon im Laufe seiner Reise zu der Einsicht, dass die ägyptische Kultur nicht nur älter ist als die griechische, sondern in ihren Hervorbringungen auch ganz und gar eigenständig. Er erkennt in ihr einen Stil, der für ebenso vorbildlich angesehen werden kann wie die griechischen Stilformen. Inmitten der Ruinen von Dendera, so schreibt Denon, seien ihm die Ägypter wie Riesen erschienen.*

Dendera lehrte mich, dass man die Schönheit der Architektur nicht bloß in der dorischen, ionischen und korinthischen Säulenordnung suchen muss; dass vielmehr überall dort, wo eine Harmonie der Teile besteht, auch Schönheit ist. ... Wissenschaften und Künste, durch guten Geschmack vereint, schmücken hier den Tempel der Isis: Astronomie, Sittlichkeit, Metaphysik haben hier Formen angenommen, und diese Formen schmücken die Decken, die Friese, die Sockel ebenso geschmackvoll und anmutig, wie die gefälligen, bedeutungsleeren Ornamente unsere Boudoirs verzieren. *

Denon verkennt aber auch nicht den Despotismus, der in den ägyptischen Kolossalbauten zum Ausdruck kommt – den Größenwahn, der jahrelang Tausende von Arbeitern mit der Errichtung einer einzigen unverletzlichen Begräbnisstätte beschäftigte.

Wenn man erwägt, zu welchem Zweck die Pyramiden erbaut wurden, dann scheint das Ausmaß des Hochmuts, der sie in Angriff nahm, ihre physischen Ausmaße noch weit zu übertreffen. Und plötzlich weiß man nicht mehr, worüber man mehr staunen soll – über den tyrannischen Irrsinn, der es wagte, ihre Errichtung zu befehlen, oder über den dumpfen Gehorsam des Volkes, das bereit war, seine Kraft für solche Bauten herzugeben. *

In den Ruinen von Karnak überkommt ihn nach gründlicher Betrachtung und nachdem er sie mit den Bauten im benachbarten

Theben oder Luxor verglichen hat, sogar ein Grauen. Der Geist, der zwischen diesen Gemäuern weht, kommt ihm aus jüngst vergangenen Zeiten nur zu bekannt vor.

Welche Eintönigkeit! Welch triste Weisheit! Welche Sittenschwere! ... Die Gottheit im Priestergewand hält in der einen Hand einen Haken und in der anderen eine Peitsche – jenen zweifellos, um zu bestimmen, und diese, um zu strafen. ... Das Zeichen der Zeugung, schamlos im Allerheiligsten der Tempel angebracht, sagt mir, dass sie, um die Wollust abzutöten, eine Pflicht aus ihr machten. Kein Zirkus, keine Arena, kein Theater! Stattdessen Tempel, Mysterien, Riten, Priester, Opfer! Das Vergnügen besteht in Zeremonien! Der Luxus in Gräbern! Es muss die Seele eines ägyptischen Priesters gewesen sein, die Frankreichs böser Genius heraufbeschwor, als er jenem Ungeheuer Leben einhauchte, das auf den Gedanken verfiel, uns das Glück zu bringen, indem es uns so traurig und trübsinnig machte, wie es selbst war.*

Er sei, schreibt Denon, stets daran interessiert, mit welchen Mitteln Menschen die öffentliche Meinung zu lenken versuchen.* Dabei scheint er vor allem an den Ruhm der Helden und Herrscher zu denken und an die Frage, wie dieser Ruhm sich über die Jahre und Jahrhunderte hinweg haltbar machen lässt. Viel hängt davon ab, durch welches Medium er überliefert wird. Denon misstraut der Sprache auch in dieser Beziehung. Besonders vergänglich ist sie auf Papier. Von Beginn an bietet sie Anlass zu Missverständnissen und fortgesetztem Deutungsstreit. Und im Laufe der Zeit wird sie sogar unverständlich. Sehr viel besser hält sie sich in Stein gemeißelt oder in Erz gegossen – auf Bauwerken, Denkmälern und in Gestalt von Münzen. Am Nil wird Denon klar, dass die Bauwerke selbst – auch wenn sich der Sinn der Inschriften, mit denen sie bedeckt sind, allenfalls erahnen lässt – am allerbesten vom Ruhm derer künden, die sie errichten ließen.

... in der Tat, der Ruhm der Könige durchdringt die Nacht der Zeiten nur als Inschrift auf den Denkmälern, die von den Künsten errichtet werden. Ohne ihre Pracht bleiben manche Jahrhunderte taub und stumm, verschlingen gleichsam, was sich in ihnen zugetragen hat, und lassen nur ein paar trübe Namen laut werden, mit denen sich das Gedächtnis nicht belasten mag und die von der Geschichtsschreibung vergebens wiederholt werden. Was wäre Achilles ohne die Dichtung Homers, die ebenfalls ein Denkmal ist? Sesostris kennt man durch die Bauten, die er errichtet hat, und jeden Tag wiederholen uns die Künste den Namen Perikles ..., wohingegen man nach denen eines Geiserich, eines Attila, eines Tamerlan vergeblich sucht, diesen Sturmwinden, diesen Geißeln der Erde, die nur umstürzen, verwüsten und vorübereilen, um sich in den Staubwolken zu verlieren, die sie selbst aufgewirbelt haben. *

Über die prachtvolle Säulenhalle von Hermopolis sagt Denon:

... die Ausmaße ihrer Überreste lieferten mir zum ersten Mal ein Bild von der Pracht der kolossalen Architektur der Ägypter: Auf jedem Block, aus dem dieses Gebäude besteht, schienen mir die Wörter «Nachwelt» und «Ewigkeit» eingemeißelt. *

Den Portikus von Hermopolis, der Denon so beeindruckte, gibt es heute nicht mehr. Man hat ihn, wie es scheint, schon etwa 1830 abgerissen, um aus den Steinblöcken Kalk für neue Bauvorhaben zu gewinnen. Stein und Metall sind eben doch nicht alles, wenn es um Dauerhaftigkeit geht – auch für Denon nicht. Inzwischen trägt er sich mit dem Gedanken, selbst ein Denkmal zu errichten, ein Denkmal für den Helden, dem er die Möglichkeit, Ägypten zu sehen, verdankt, ein vielblättriges Monument aus bedrucktem Papier.

*

Pest und Propaganda — Nach einem längeren Aufenthalt in der Gegend von Theben, Dendera und Luxor zieht es Denon Anfang Juli 1799 plötzlich zurück nach Unterägypten. Schlechte Nachrichten aus Syrien und Palästina bringen ihn auf den Gedanken, Bonaparte könnte bald nach Frankreich zurückkehren wollen. In Kene findet er ein Schiff, das ihn nach Kairo mitnimmt.

Im Februar 1799 hat auch das Osmanische Reich, auf Drängen der Briten, Frankreich den Krieg erklärt. Bonaparte ist daraufhin mit seiner Armee entlang der Mittelmeerküste nach Norden gezogen, hat Gaza erobert und Jaffa, das heute ein Teil von Tel Aviv ist, erfolgreich belagert, wobei er an 3000 Verteidigern der Stadt und weiteren tausend Gefangenen, denen er die Freilassung schon versprochen hatte, ein Massaker anrichten ließ.

Das stark befestigte Akkon jedoch vermag er nicht einzunehmen. Als eine britische Flotte den osmanischen Kämpfern, die dort die Stellung halten, Nachschub und zusätzliche Unterstützung bringt, gibt Bonaparte die Belagerung nach sechzig Tagen auf. Die Pest hat seiner Armee schon auf dem Hinweg zu schaffen gemacht. Auf dem Rückzug verschlimmert sie die Lage der Franzosen dramatisch. Bis heute wird über die Frage gestritten, wie viele der nicht transportfähigen Pestkranken unter seinen Soldaten Bonaparte mit einer Überdosis Opium vergiften ließ, damit sie nicht den nach Rache für das Massaker von Jaffa verlangenden Türken in die Hände fielen.

Der Maler Antoine-Jean Gros hat sich einige Jahre später bemüht, diesen heiklen Punkt in der Biographie des angehenden Kaisers auf anschauliche Weise zu klären – mit einem mehr als fünf mal sieben Meter großen Gemälde, «Bonaparte besucht die Pestkranken von Jaffa». Und bei den Gutgläubigen unter seinen Landsleuten scheint ihm das auch gelungen zu sein. Am 11. März 1799 soll dieser Besuch stattgefunden haben. Von Vivant Denon beraten, stellt Gros im Jahre 1804 den Général en Chef dar, wie er die Pestbeule in der Armbeuge eines vor ihm stehenden Kranken mit bloßer Hand berührt – Bonaparte als wundertätiger Christus oder Wiedergänger der französischen Könige, denen man bis in die Zeit Ludwigs XIV. die Fähigkeit zuschrieb, durch Handauflegen die Skrofulose zu heilen.

Wie auch immer Denon den Maler beraten haben mag – ein Augenzeuge der Szene, sofern sie sich denn überhaupt zugetragen hat, war er jedenfalls nicht. Er kehrt erst im Laufe des Juli 1799 aus Oberägypten nach Kairo zurück, und es schmeichelt ihm, wie neugierig die Gelehrtenkollegen auf einen Bericht über seine Reise sind. Er verspricht ihnen einen Vortrag am Ägyptischen Institut und macht sich auch an dessen Ausarbeitung. Später jedoch stellt er diesen Text seinem großen Buch als Einleitung voran. Denn er kommt nicht mehr dazu, ihn in Kairo vorzutragen. So sehr beschleunigt sich plötzlich der Gang der Ereignisse.

*

Der Held entfernt sich von der Truppe — Eine türkische Flotte erscheint an der Küste in der Nähe von Alexandria, und kaum sind die Kampfverbände von Bord gegangen, da liefert ihnen Bonaparte eine Schlacht – eine zweite Schlacht bei Abukir, diesmal zu Lande, in der er seinen letzten Sieg in Ägypten erringt, einen von so vielen, die die Franzosen dort errungen haben. Eigentlich haben sie in Afrika fast nur gesiegt – und standen doch von Anfang an, seit der Vernichtung ihrer Flotte bei Abukir, auf verlorenem Posten.

Während des Austauschs von Gefangenen nach dem Ende der Kämpfe kommt es auch zu Kontakten zwischen Franzosen und Angehörigen der britischen Marine, die nach wie vor die ägyptische Küste blockiert. Aus Zeitungen, die ihm zugespielt werden, erfährt Bonaparte, dass die Österreicher und eine russische Armee dabei sind, seine Eroberungen der Jahre 1796 und 1797 in Norditalien rückgängig zu machen. Ihm wird klar, dass er Gefahr läuft, alles zu verlieren – die Aura des unbezwinglichen Helden und die Macht, die ihm aus seinem Ruhm erwachsen ist –, wenn er auf ägyptischem Boden in die Kapitulation verwickelt würde, die er, allen Zwischenerfolgen zum Trotz, letztlich für unabwendbar hält. Der Sieg über die Türken bei Abukir ist aus diesem Blickwinkel für ihn genau der richtige Zeitpunkt, sich dieser aussichtslosen Lage zu entziehen. In einer knappen Erklärung gibt er den Oberbefehl über die Armee an General Kléber weiter und versichert seinen Soldaten, er verlasse sie nur für den Augenblick. Sie würden bald wieder von ihm hören.*

Bonaparte hat zwei Fregatten und zwei Begleitschiffe bereithalten lassen und geht in der Nacht vom 22. auf den 23. August heimlich mit wenigen Vertrauten an Bord. Er hält das Versprechen, das er Denon gegeben hat. Er nimmt ihn und einige andere mit, vor allem ältere Mitglieder aus dem Kreis der Experten. Denon erweckt in seinem Bericht den Anschein, er sei während der Überfahrt nach Frankreich an Bord von Bonapartes Fregatte «Muiron» gewesen. In Wirklichkeit ist er auf der zweiten Fregatte, der «Carrère», unterwegs.*

Unbemerkt von den Briten erreicht die kleine Flotte, nach einem einwöchigen Zwischenhalt in Ajaccio, am 8. Oktober 1799 das französische Festland bei Fréjus.

Kaum hatte man die Flagge des Oberkommandierenden gemeldet, da bedeckte sich das Ufer mit Leuten, die nach Bonaparte verlangten. ... Welch erhabene Aufwallung! Frankreich selbst schien dem entgegenzustürmen, der dem Land seinen Glanz zurückgeben sollte, und schon an seinen Grenzen forderte es von ihm den 18. Brumaire. Unser Held wurde nach Fréjus geleitet. Eine Stunde später stand ein Wagen bereit, und im Nu war er auf und davon.

So schildert Denon Bonapartes Ankunft in Frankreich. Sein Reisebericht ist kein Tagebuch. Er hat das große Buch erst nach der Rückkehr geschrieben, gestützt auf Notizen, die er sich in Ägypten gemacht hat, aber auch im Wissen um das, was sich in der Zeit nach seiner Rückkehr ereignet hat. So kann er den Jubel der Bürger von Fréjus als Aufforderung zu dem deuten, was Bonaparte erst vier Wochen später, am 18. Brumaire, bewerkstelligt. Er putscht an diesem 9. November 1799 gegen das Direktorium und installiert sich als Erster Konsul – anfangs für eine Regierungszeit von zehn Jahren, die er im August 1802 auf seine Lebenszeit verlängern lässt. Die beiden anderen Konsuln, die die neue Verfassung vorsieht, haben nur beratende Funktion. Bonaparte ist Alleinherrscher über Frankreich. Er ist wie ein Sieger aus Ägypten zurückgekehrt, und es gelingt ihm tatsächlich, der Kapitulation der französischen Truppen in Ägypten Ende August 1801 durch neue Siege in Europa zuvorzukommen. Den glänzendsten von ihnen erringt er bei Marengo gegen die Österreicher und gewinnt damit die Kontrolle über Oberitalien zurück. Den Ruhm muss er sich allerdings mit General Desaix teilen, der mit seinen Reservetruppen das Wunder vollbringt, die für die Franzosen fast schon verlorene Schlacht in eine desaströse Niederlage der Österreicher zu verwandeln. Desaix selbst erlebt seinen Ruhm nicht mehr. Er wird an diesem 14. Juni 1800 von einer Kugel getroffen und stirbt auf dem Schlachtfeld. Auch dies weiß Denon, als er den Bericht über seine Reise ausarbeitet und die Schilderung seines freundschaftlichen Umgangs mit Desaix in Ägypten in einigen melancholischen Andeutungen ausklingen lässt:

*Was für interessante Bemerkungen würde sein erstaunliches Erinnerungsvermögen mir heute liefern! Wie nützlich wäre es mir, wenn ich ihn noch befragen könnte! Mit welchem Interesse hätte er mein Werk betrachtet, wie sehr hätte er es als sein eigenes angesehen.**

Die Konjunktive genügen. Denon braucht auf Desaix' Schicksal nicht weiter einzugehen. Seine Leser wissen Bescheid. Aber selbst Denon, während er dies schreibt, ahnt nicht, dass er eines Tages noch das Begräbnis seines Freundes ausrichten wird – in allerhöchstem Auftrag, aber erst fünf Jahre nach dessen Tod.

*

Ein dickes Buch — Militärisch war Bonapartes Ägyptische Expedition ein kompletter Misserfolg. Wirklich erfolgreich waren in Ägypten nur die Gelehrten, die er mitgenommen hatte. Sie brachten aus Afrika zwar keinen Sieg, kein neues Reich, keine Kolonie mit zurück, aber immerhin doch etwas, das fast genauso strahlend glänzte – eine neue Mode, die Ägyptomanie, und eine neue Wissenschaft, die Ägyptologie.

Tatsächlich ging Napoleon Bonapartes gescheiterte Kampagne schließlich doch als ein ruhmreiches Unterfangen in die Geschichte ein – dank der faszinierenden Kunde, die die Ägyptologen von den halb im Wüstensand versunkenen Wunderbauten des alten Ägypten mit nach Hause brachten. Es war ein bemerkenswerter propagandistischer Erfolg: Das eklatante Scheitern bei der Eroberung eines strategisch bedeutsamen, realen Raumes in der Gegenwart wurde in der öffentlichen Wahrnehmung – nicht nur Frankreichs, sondern ganz Europas – überdeckt und gleichsam wettgemacht von der Wiederentdeckung und wissenschaftlichen Erschließung einer alle Welt faszinierenden Kulturepoche in der fernen Vergangenheit.

Zwar nahmen die Briten den Franzosen zuletzt auch noch einen großen Teil der von ihnen gesammelten Kunstschätze weg – darunter der «Stein von Rosette», der mit seiner dreisprachigen Inschrift wesentlich zur Entzifferung der ägyptischen Hieroglyphen beitrug und heute im Britischen Museum in London zu besichtigen ist. Was die französischen Forscher aus Ägypten nach Hause brachten, war jedoch immer noch imposant genug – vor allem die Masse der Pläne und Zeichnungen, der Karten, Skizzen, Grund- und Aufrisse, die eine Gelehrtenkommission dann in einer monumentalen, 23 Bände umfassenden «Description de l'Egypte», einer Beschreibung Ägyptens, publizierte. Die ersten Bände erschienen allerdings erst zehn Jahre nach der Rückkehr vom Nil, die letzten im Jahre 1829.

Denon war schneller.

Ende Oktober 1799, kaum zurück in Paris, beginnt er mit den Vorbereitungen für die Veröffentlichung seines Reiseberichts.

Nach einer Unterbrechung von fast anderthalb Jahren schreibt er nun wieder an Isabella. Er habe in Ägypten alles gesehen und alles getan, was er sich vorgenommen hatte. Für die Mappe mit Zeichnungen, die er mit zurückgebracht habe, interessiere sich alle Welt. Nun gelte es nur noch, seine Reise in Kupfer zu stechen oder stechen zu lassen.*

Nachdem er erfahren hat, dass Isabella und ihr zweiter Mann im Sommer 1799 einen Sohn bekommen haben, heißt es in seinem zweiten Brief an sie:

Wir haben beide das Beste getan, was wir tun konnten. Aber wir sind noch nicht fertig: Du musst Deinen Sohn aufziehen, und ich muss meine Reise zur Welt bringen. ... Wie gern würde ich Dir all meine Zeichnungen zeigen! Sie sind ungekünstelt und wahr, und ich könnte Dich auf eine Reise von Paris bis hinter die Katarakte des Nil mitnehmen. Es sind mehr als dreihundert – Ansichten von Landschaften, Baudenkmälern, Altertümern, bis hin zu den Gesichtszügen der verschiedenen Völker, die Ägypten heute bewohnen.

Die neun Briefe, die Denon nach seiner Rückkehr und bis zum Ende des Jahres 1802 an Isabella schreibt, haben, von Alltagsdingen und Nebensächlichkeiten abgesehen, nur ein Thema – die Arbeit an seinem großen Buch. Es soll bei dem bekannten Pariser Drucker und Verleger Pierre Didot erscheinen, dessen Werkstätten und Geschäftsräume sich damals im Louvre befinden. Die Kosten für die Herstellung bestreitet Denon allerdings größtenteils aus eigener Tasche:

9. Oktober 1800: Mein Werk ist weit fortgeschritten. Bald wird es angekündigt. ... Es muss sich unbedingt gut verkaufen, denn es ruiniert mich. Ich besitze nur noch Kupferplatten, aber keine Hemden mehr.

3. März 1801: Du fragst mich, wie es mit meinem Werk steht. Es geht dem Ende entgegen. Bald schicke ich Dir den Prospekt, und Du *sorgst dann bitte dafür, dass es in Venedig alle kaufen, die noch hundert Taler übrig haben.**

2. Oktober 1801: Wenn ich Dir von mir berichten soll – das ist schnell getan. Während zwei Dritteln des Tages ärgere ich mich über dreißig Leute, die für mich arbeiten. In der übrigen Zeit schreibe ich und bin mit mir genauso unzufrieden wie mit ihnen. Außerdem bin ich ruiniert, falls mein Buch keinen Erfolg hat, und es wird heißen: Ein Foliant hat ihn ins Armenhaus gebracht. Ich kaufe Geld zu einem irrsinnig hohen Preis, um die Sache zu vollenden. ... Wenn der Winter vorbei ist, werde ich fertig sein. Danach gibt es dann, glaube ich, nichts mehr für mich zu tun auf dieser Welt.*

26. Dezember 1801: Ich bin in einer fürchterlichen Krise. Ich habe doch immer nur zum Vergnügen geschrieben. Ich kann Dir gar nicht sagen, wie es ist, einen Folianten zu schreiben, von dem man sich nichts weiter wünscht, als dass er die Leute nicht zum Gähnen bringt. Zurzeit stehen achtzehn Druckpressen in meinen Diensten, sowohl für die Stiche als auch für meinen Text.*

Denon untertreibt allerdings, wenn er von *einem* Folianten spricht. In Wirklichkeit sind es *zwei* – einer für den Text und einer für die Tafeln mit den zugehörigen ausführlichen Erläuterungen. Beide haben ein Format, das als *folio atlantique* bezeichnet wird: 70 mal 53 Zentimeter. Und sie wiegen zusammen 55 Pfund – so viel wie dreizehn oder vierzehn korpulente Lexikonbände von der Art, die heute außer Gebrauch zu geraten droht. Also nichts, was man aus einer Buchhandlung einfach so nach Hause trägt. Außerdem gibt es zwei Ausgaben – eine Vorzugsausgabe auf Velinpapier zum Preis von 720 Livres und eine Ausgabe auf gewöhnlichem Papier für 360 Livres. Ende Mai 1802 gelangen sie – zusammen wahrscheinlich etwa 500 Exemplare – zum Verkauf und sind in kurzer Zeit vergriffen. Denon plant eine zweite Ausgabe mit einem Tafelband in der ursprünglichen Größe und einem verkleinerten Textband, die jetzt nur noch 30 Pfund wiegen und 200 Livres kosten sollen. Inzwischen zeigt sich, dass seine Kalkulation wahrscheinlich aufgehen wird. Der Erlös aus der ersten Ausgabe deckt nicht nur deren Herstellungskosten, sondern auch die Kosten für die zweite Ausgabe, so dass die Einnahmen aus deren Verkauf reiner Gewinn sein werden. «Was für ein Glück», schreibt Denon an Isabella, «wenn man den Zeitgeschmack trifft und mit ihm auf Reisen geht.»*

In den beiden Ausgaben, die am Beginn des Erfolgs von Denons dickem Buch stehen, werden die Subskribenten der Folio-Ausgabe und die Zahl der Exemplare, die sie bestellt haben, aufgeführt. Den Anfang macht der Erste Konsul, Bonaparte, mit 26 Exemplaren der Velin-Ausgabe und 20 Exemplaren der Ausgabe auf gewöhnlichem Papier. Es folgen der Zweite und der Dritte Konsul und verschiedene Minister, unter ihnen der Außenminister Talleyrand und der Polizeiminister Fouché. Sodann etliche kaiserliche und königliche Majestäten und Hoheiten aus ganz Europa – der deutsche Kaiser Franz II., der russische Zar Alexander I., der König von Spanien, Königin Luise von Preußen und auch Maria Carolina, die Königin von Neapel, die zwanzig Jahre zuvor Denon das Leben in ihrer Stadt so schwer gemacht hat. Und schließlich in alphabetischer Reihenfolge die anderen Bezieher, unter ihnen eine Anzahl von Buchhändlern aus Frankreich, Deutschland, Österreich, vor allem aber aus England. So wird aus diesem kräftezehrenden Großprojekt, dieser riskanten Spekulation, in kurzer Zeit ein Erfolg von europäischen Ausmaßen.

Übersetzungen ins Englische, ins Deutsche, ins Italienische, ins Holländische und Dänische folgen in kurzer Zeit. Und dies alles lange bevor die übrigen Gelehrten ihre «Description de l'Egypte» herausbringen. Ein Erfolg nicht nur für Denon, sondern auch für den Ersten Konsul, dem Denon zu Beginn seines Buches diese Huldigung darbringt:

An Bonaparte. Ihren strahlenden Namen und die Pracht der Monumente Ägyptens zusammenbringen, heißt die ruhmreichen Glücks-

tage unseres Zeitalters mit den fabelhaften Zeiten der Geschichte verknüpfen; heißt die sterblichen Überreste eines Sesostris und eines Menes zu neuem Leben erwecken – beide Eroberer wie Sie, beide Wohltäter wie Sie.

Europa wird mein Werk mit eifrigem Interesse aufnehmen, wenn es erfährt, dass ich Sie bei einer Ihrer denkwürdigsten Expeditionen begleiten durfte. Ich habe mich nach Kräften bemüht, dass es des Helden würdig werde, dem ich es darbieten wollte. Vivant Denon*

Nachdem die Arbeit an seinem Buch getan ist, scheinen sich auch Denons persönliche Beziehungen zu Bonaparte und vor allem zu dessen Frau Joséphine neu zu beleben, die er nun immer wieder auf ihrem Schloss bei Paris besucht. An Isabella schreibt er:

Ich fahre oft nach Malmaison. Aber ohne großes Theater. Davon bin ich abgekommen. Ich habe mich zur Ruhe gesetzt und lebe von meinem guten Ruf.*

Dieser gute Ruf könnte Denon auch die Einladung zu einem Abend im Haus des damaligen Außenministers Talleyrand beschert haben, bei dem sich dann eine Szene abgespielt haben soll, die nachher in ganz Europa herumerzählt wurde. Elisabeth Vigée-Lebrun schildert sie in ihren «Erinnerungen». Talleyrand habe seiner Frau am Tag vor dem festlichen Abend empfohlen, einen Blick in das Buch des berühmten Reisenden zu werfen, damit sie ihm ein paar freundliche Worte darüber sagen könne. Es liege auf seinem Schreibtisch. Madame de Talleyrand versuchte auch, den Rat ihres Mannes zu befolgen, geriet aber aus irgendeinem Grund an das falsche Buch und vertiefte sich darin für längere Zeit. Bei Tisch wandte sie sich dann an Denon und sagte: «Ah, Monsieur, ich habe Ihre Reise mit solchem Vergnügen gelesen! Wie interessant das alles ist – vor allem da, wo Sie dem armen Freitag begegnen!»* Madame de Talleyrand hatte Denon mit Defoe verwechselt.

6. Kapitel

Ämterhäufung — Ob Denon tatsächlich geglaubt hat, dass es, nachdem sein großes Buch erschienen ist, für ihn auf dieser Welt nichts mehr zu tun gebe? Dass er an einen Punkt gelangt sei, wo ein für alle Mal so gut wie alles hinter ihm liege? Wenn ja, so hat er sich gründlich getäuscht. Der Ruhestand, in den er sich versetzt zu haben glaubt, bleibt ein Zwischenspiel. Zwar ist er inzwischen fünfundfünfzig Jahre alt, aber zum Herrn über seine Zeit wird er noch lange nicht. Denn erst jetzt beginnt der arbeitsreichste, anstrengendste, aufregendste Abschnitt seines Lebens, aber wohl auch der beglückendste, wenn man von den Jahren mit Isabella in Venedig absieht. Das Buch ist kaum fertig und dessen Erfolg noch längst nicht ausgekostet, da wird Denon im November 1802 von Bonaparte zum «Generaldirektor der Museen» berufen.

Seit längerem hegt der Erste Konsul den Plan, die Verwaltung der Museen und anderer Einrichtungen in und um Paris, die auf diese oder jene Weise im Dienst der Kunst stehen, zu zentralisieren. Neben dem «Musée central de l'Art» soll eine «Generaldirektion der Künste» ebenfalls im Louvre angesiedelt werden, und ihr Direktor soll zugleich Direktor des dortigen Museums werden, das bisher von einem aus mehreren Experten bestehenden Verwaltungsrat geleitet worden ist.*

Anfangs hält es Bonaparte für eine gute Idee, den neuen Posten des Generaldirektors mit einem namhaften Künstler zu besetzen, und denkt dabei an Jacques-Louis David, in dem alle Welt den bedeutendsten Maler der Zeit erblickt. Der jedoch lehnt ab – aus Sorge, seine Kunst könnte unter der Last von Amt und Würde verkümmern. Also lässt Bonaparte einen zweiten Künstler, den nach allgemeinem Urteil bedeutendsten Bildhauer der Zeit, aus Italien nach Paris rufen, um ihm seinen Vorschlag zu unterbreiten. Erst als auch Antonio Canova das ehrenvolle Angebot nicht annehmen mag, besinnt sich der Erste Konsul auf Denon und trifft damit eine glückliche Wahl. Auch unter einer größeren Anzahl von Kandidaten hätte er so leicht keinen gefunden, der für den neuen Posten besser geeignet gewesen wäre.

Denon ist Künstler wie die beiden anderen, kein sehr bedeutender zwar, aber doch ein vielseitiger, ein *graveur de divers talents*, was ihm schon 1787 die damals noch königliche Akademie für Malerei und Bildhauerei in Paris bestätigt hat. Er kann radieren, zeichnen, kopieren, porträtieren, karikieren. Im Laufe der Zeit hat sich gezeigt, dass er außerdem über eine Anzahl anderer Talente verfügt – Talente, die weniger sein eigenes Künstlertum als vielmehr sein Geschick im Umgang mit der bildenden Kunst auszeichnen.

Er hat viel gesehen und verglichen, hat seinen Blick geschult und dabei große Sachkenntnis erworben und ein gediegenes, selbständiges Urteil entwickelt. Außerdem erfüllt ihn ein ausgeprägter optischer Mitteilungsdrang. Er zeigt gern etwas vor – nicht nur und nicht in erster Linie Eigenes, sondern auch Fremdes, Gesehenes, Gefundenes, Entdecktes, Gesammeltes. Er weiß sich auszudrücken, er kann erzählen, er kann auch schreiben, wenngleich ihm die geschriebene Sprache bisweilen nicht ganz geheuer ist. Er ist umgänglich und kann verhandeln, ein Diplomat, der dort, wo es ihm erforderlich scheint, auch hartnäckig zu sein vermag. Hart und schonungslos ist er, wenn es darauf ankommt, aber auch gegen sich selbst. Er schätzt die schönen Seiten des Lebens und weiß sie zu genießen. Aber Strapazen und Gefahren schrecken ihn nicht, wenn das Ziel die Mühen wert ist.

Er verfügt über ein beträchtliches Organisationstalent, das er schon bei der Reise durch Süditalien im Auftrag des Abbé Saint-Non und später bei der Vervielfältigung von Davids revolutionären Kostümentwürfen und der Herstellung seines eigenen Ägypten-Buches unter Beweis gestellt hat. Auch in schwierigen Situationen behält er den Überblick. Er kann verwalten und Aufgaben delegieren – zumindest *gewisse* Aufgaben.

Nein, Denon will durchaus nicht *alles* selber machen. Doch in diesem Punkt gerät sein Talent an eine Grenze. Bei Vielem, was ein anderer Verwalter an seiner Stelle einem Untergebenen überlassen würde, verlangt es ihn, sich selbst an Ort und Stelle zu begeben und selbst Hand anzulegen – nämlich bei all dem, was ihm wirklich wichtig ist und wo er *con amore* zu Werke geht. Die Liebe, die hier ins Spiel kommt, ist nichts, was ihn zerstreut oder ablenkt. Im Gegenteil. Sie steigert nicht nur die Freude und die Leidenschaft, mit der er bei der Sache ist, sondern auch seinen Ernst, seine Konzentration, seine Behutsamkeit. Und sie lässt sich – ihrer Natur und seinem Gefühl nach – nicht delegieren, genauso wenig wie die Liebe zu Isabella oder einer anderen Frau, falls es eine geben sollte, die er so liebt wie sie. Deshalb wird es in Zukunft dort, wo eine Auswahl zu treffen ist, keine Kommissionen und keine Kunstkommissare mehr geben. Der Direktor selbst wird dorthin reisen, wo sich ein neuer Zugang zur Kunst aufgetan hat, und er wird selbst für sein Museum auswählen.

In diesem Punkt gleicht Denon in gewisser Weise dem Ersten Konsul. Auch der will das, worauf er sich am besten versteht, nicht delegieren. Selbst noch, nachdem er sich zum Kaiser erhoben hat, lässt Bonaparte die entscheidenden Schlachten nicht von seinen Generälen schlagen. Er zieht es vor, selbst zu siegen, und gerät dabei in eine Sackgasse. Da er Größe und Ruhm vor allem seinen militärischen Erfolgen verdankt, bedarf es immer neuer Siege und immer neuer Kriege, um sich diese Größe zu bewahren.

Gut möglich, dass Vivant Denon erst nach und nach die Ausmaße des Bereichs klar werden, über den sich seine Verantwortung erstreckt und die Aufgaben verteilen, mit denen er es von nun an zu tun hat. Neben dem «Musée central» mit seiner Antikensammlung und der Gemäldegalerie soll er auch die ebenfalls im Louvre angesiedelte «Monnaie des Médailles», die Prägeanstalt für Gedenkmünzen, und die sogenannte «Chalcographie» leiten, das

Kupferstichkabinett mit seiner Druckwerkstatt und einem Laden, wo Drucke zum Verkauf angeboten werden.

In einem weiteren Sinne gehören noch zwei andere Museen in seine Zuständigkeit, das von Alexandre Lenoir 1795 gegründete und seither von ihm geführte «Musée des monuments français» für die Geschichte Frankreichs im ehemaligen Kloster der Petits Augustins; und das «Museum für französische Kunst», das den Bürgern von Versailles im Jahre 1793 als Entschädigung für den Verlust an Bildern und Beachtung zugebilligt wurde, der ihnen im Verlauf der Revolution durch den Abtransport von Kunstwerken aus ihrem Schloss nach Paris entstanden ist.

In einem noch weiteren Sinne muss Denon auch ein Auge auf jene fünfzehn Museen haben, die Bonaparte mit einem Erlass vom 1. September 1800 auf Vorschlag des Innenministers Chaptal in anderen Städten Frankreichs gegründet hat – in Lyon, Bordeaux, Straßburg, Brüssel, Marseille, Rouen, Nantes, Dijon, Toulouse, Genf, Caen, Lille, Mainz, Rennes und Nancy. Auf diese Weise soll auch die französische Provinz an der Fülle künstlerischen Reichtums teilhaben, den sich das Land anzueignen begonnen hat. Schon jetzt ist es unmöglich, im Zentralmuseum alles zu zeigen, was aus den eroberten Städten und Staaten nach Paris gelangt. Aber auch die Depots quellen inzwischen über. So sind in einem ersten Schritt 846 Gemälde aus dem Louvre und dem Museum für französische Kunst in Versailles an die Museen in der Provinz verteilt worden, und weitere werden folgen.*

Zudem soll sich der «Generaldirektor der Museen» auch um die Porzellanmanufaktur in Sèvres bei Paris und die beiden Manufakturen für Wandteppiche kümmern, die «Manufacture des Gobelins» in Paris und die Manufaktur von Beauvais. Im Verhältnis zu ihnen und den Museen für französische Kunst und französische Geschichte übt er jedoch nur eine Art ministerieller Oberaufsicht aus und berät deren Direktoren in Verwaltungsangelegenheiten und künstlerischen Fragen.*

Im Mittelpunkt von Denons vielfältigen Aktivitäten aber steht das «Musée central des arts», und bald verlagert sich auch der größte Teil seines privaten Lebens in den Louvre. Wenige Monate nach seiner Ernennung kann er eine der Wohnungen beziehen, die dort für verdiente Künstler zur Verfügung stehen – die größte von allen. Sie liegt im Erdgeschoss unterhalb der Grande Galerie, ungefähr in Höhe des heutigen Pont du Carrousel. Die Maler Fragonard und Hubert Robert zählen dort zu Denons Nachbarn.*

*

Mitarbeiter und Gegenspieler — Denons wichtigste Mitarbeiter sind schon seit Jahren im Museum beschäftigt, ohne dass es einen Direktor gegeben hätte. Trotzdem kommen sie mit ihrem neuen Vorgesetzten offenbar gut aus – und er mit ihnen. Athanase Lavallée behält seinen Posten als Sekretär. Er wird bald zu einem engen Vertrauten Denons und vertritt ihn, wenn er, wie es mit der Zeit immer häufiger vorkommt, für längere Zeit auf Reisen ist. Der bisherige Administrator, Léon Dufourny, konzentriert sich auf seine Tätigkeit als Konservator der Gemäldesammlung. Morel d'Arleux wird Konservator der «Chalcographie».

Die Leitung der Antikenabteilung bleibt dem Archäologen Ennio Quirino Visconti erhalten, der schon als junger Mann in Rom seinen Vater bei der Umgestaltung des vatikanischen Antikenmuseums, des Museo Pio-Clementino, unterstützte und nach dessen Tod zum Leiter des Kapitolinischen Museums bestellt wurde. Visconti ist ein politischer Emigrant. Als die Franzosen Anfang 1798 den Kirchenstaat eroberten, engagierte er sich für die von ihnen neu gegründete Römische Republik, bis im November 1799 eine Armee des Königreichs Neapel die Franzosen aus Rom wieder vertrieb. Visconti fühlte sich bedroht und suchte Zuflucht in Frankreich, wo man ihm wenig später die Obhut über die antiken Skulpturen anvertraute, zu denen auch etliche gute Bekannte gehörten, die kurze Zeit vor ihm aus Italien eingetroffen waren.

Visconti gilt als der bedeutendste Altertumsforscher seiner Zeit und wäre wohl selbst ein würdiger Kandidat für den Posten des «Directeur général des musées» gewesen. Trotzdem scheint er sich mit Denon gut verstanden zu haben. Einem hochgestellten Besucher, der ihn gegen seinen neuen, weniger gelehrten, weniger sachkundigen Vorgesetzten aufbringen will, soll er sein Verhältnis zu Denon einmal so erklärt haben:

Gewiss, ich habe mehr gelesen und mehr studiert als er. Aber während ich die Dinge erforschte, ging er hin und hat sie sich angesehen. Kurzum, wir brauchen einander und ergänzen uns gegenseitig. Und wenn ich schließlich alles gesagt habe, was ich weiß, errät dieser Teufelskerl noch den Rest.*

So viel Einvernehmen und Respekt herrscht zwischen Denon und den beiden Architekten nicht, die Anfang 1804, ein gutes Jahr nach seinem Amtsantritt, die Leitung der Renovierungs- und Umbauarbeiten am Louvre-Palast und damit auch im Museum übernehmen. Pierre-François-Léonard Fontaine und Charles Percier sind von Bonaparte drei Jahre zuvor zu «Regierungsarchitekten» ernannt worden. Sie arbeiten selbständig, lassen es dabei aber – zumindest aus dem Blickwinkel Denons – immer wieder in unverantwortlicher Weise an Umsicht fehlen. So beginnen sie, ohne Rücksicht auf den laufenden Museumsbetrieb, sämtliche Latrinen gleichzeitig zu erneuern, was Denon zu einem extrem höflichen und dennoch deutlichen Hinweis an Fontaine veranlasst:

Ich habe die Ehre, Sie darauf aufmerksam zu machen, dass das Museum ohne derartige Örtlichkeiten sowohl für das Publikum wie für das Personal nicht auskommen kann. Ich möchte deshalb, Monsieur, dringend darum bitten, Anweisung zu erteilen, dass sie so schnell wie möglich wiederhergestellt werden, damit kein Unflat in den Höfen, den Treppenhäusern und womöglich gar in der Galerie des Museums auftaucht, was unweigerlich geschehen würde, wenn die Bediensteten, die für die Aufsicht und die Sauberkeit dieses histo-

rischen Gebäudes zuständig sind, den von ihrer Notdurft Bedräng-
ten keinen entsprechenden Ort anzeigen könnten.*

Als die Umbauarbeiten in der Grande Galerie kein Ende nehmen
wollen, beklagt sich Denon zuerst bei Fontaine und dann auch höheren Orts voller Erbitterung:

Was ich vorausgesehen habe, geschieht nun; die eine Hälfte des Mu-
seums wird zum Ausweichdepot für die andere. Ich bin genötigt, die
Grande Galerie in ihrer Gesamtheit zu schließen, und sehe mich
dem Unwillen des Publikums ausgesetzt ...*

Fontaine jedoch nimmt Denons Beschwerden gelassen hin. Statt
ihm zu antworten, notiert er in seinem privaten Tagebuch:

Monsieur Denon ist eine dieser lästigen Fliegen, die sich nicht ver-
scheuchen lassen und mit denen man einfach Geduld haben muss.*

Dabei geht es hier um die aufwendigsten und langwierigsten bau-
lichen Veränderungen des Louvre überhaupt, die von den beiden
Architekten zudem nach einem Plan ausgeführt werden, der den
Vorstellungen Denons ganz und gar nicht entspricht. Denon
schwebt eine durchgehende Beleuchtung der Grande Galerie
durch Oberlichter und die Schließung aller Seitenfenster vor, so
wie Hubert Robert dies in seiner Vision der erneuerten Galerie vorgesehen hatte. Fontaine und Percier jedoch übernehmen von dessen Konzept nur die Gliederung der Galerie durch Säulenpaare
und Sockel und bestehen im Übrigen auf einer Beleuchtung, die
von Abschnitt zu Abschnitt zwischen Oberlichtern und Seitenfens-
tern abwechselt. Erst lange nach Denons Tod wird, wie er es immer
gefordert hatte, die Decke der Grande Galerie durchgehend geöffnet. Einige, immerhin verhängte Fenster zur Seine sind aber auch
heute noch vorhanden.*

*

Verklärungen — Er habe einen «großartigen Posten», schreibt Denon einige Wochen nach seiner Ernennung an Isabella: «Er entreißt mich nicht dem, was mir am Herzen liegt. Er belohnt mich reichlich für den Einsatz, den er mir abverlangt. Und an meinem Leben, wie ich es gewohnt bin, verändert er gar nichts.»* Doch schon in seinem nächsten Brief muss er zugeben, wie sehr die neue Stelle sein Dasein umwälzt.

Du sagst mir, ich solle nicht zu viel radieren. Ich komme überhaupt nicht mehr zum Radieren. Ich habe keinen Augenblick mehr für mich. Aber mir ist die ständige Eile schon zur Gewohnheit geworden. Sie verschafft dem Alter eine gewisse Rüstigkeit, die einen Zeit und Vergänglichkeit vergessen lässt. *

Denon hat die ersten Wochen als Generaldirektor der Künste genutzt, sich in den Räumen des Museums, das er seit fast zehn Jahren sehr gut kennt, mit neuen Augen umzusehen. Er hat auch inzwischen einen dem Werk Raffaels gewidmeten Wandabschnitt in der Grande Galerie neu hängen lassen – mit dessen aus dem Vatikan stammender und soeben restaurierter «Verklärung Christi» im Zentrum. Er berichtet Bonaparte in einem Brief vom 1. Januar 1803 hierüber und fügt hinzu:

Ich verbringe meine Tage damit, das näher kennenzulernen, was Sie mir anvertraut haben, und mich zum Herrn von alledem zu machen, so dass ich in Zukunft vielleicht der Meinung gerecht werde, die in Ihrer Wahl zum Ausdruck kommt; und jedes Mal wenn ich eine mögliche Verbesserung entdecke, widme ich sie Ihnen und bekunde Ihnen meinen Dank dafür, dass Sie mich erwählt haben, um sie zu bewerkstelligen. *

Eine weitere solche Verbesserung kommt Denon in den Sinn, als er über dem Eingang des Museums eine leere Stelle erblickt, auf die er Bonaparte sogleich aufmerksam macht.

Über der Tür befindet sich ein Fries, das auf eine Inschrift wartet. Mir scheint, «Musée Napoléon» ist die einzig angemessene. Man hat einem Museum den Namen Clementinum gegeben, das der Papst Canganelli [Clemens XIV.] bloß zusammentragen ließ. Sie hingegen haben das hiesige gestaltet, errungen und gestiftet – wie sollte da Ihr Name nicht mit einer solchen Wohltat, einem solchen Ruhm für die Nation verknüpft werden? Ich wollte die Inschrift nicht anbringen lassen, ohne Sie vorher davon in Kenntnis zu setzen, aber ich habe die Lettern auf meine Verantwortung schon in Bronze gießen lassen und hoffe, dass die Konsuln mir den Auftrag erteilen, dafür zu sorgen, dass sie während Ihrer Abwesenheit angebracht werden.*

Das geschieht zu Bonapartes vierunddreißigstem Geburtstag am 15. August 1803, und so wird denn bei dieser Umbenennung des Museums der Vorname Bonapartes wahrscheinlich zum ersten Mal auf royale oder imperiale Art wie ein Herrschername verwendet.* Zum offiziellen Namen des Kaisers der Franzosen wird er erst bei der Proklamation des Kaiserreiches im Mai 1804 erhoben.

Mit diesem Geburtstag Bonapartes lässt sich auch die Eröffnung der nach jahrelangen Vorbereitungen endlich vollendeten Galerie der Antiken glücklich verbinden. Seit die in Italien beschlagnahmten Skulpturen 1798 nach Frankreich gelangt waren, hatte man sie – mit Ausnahme der Laokoon-Gruppe – aus Mangel an geeigneten Räumen zunächst gar nicht und später nur provisorisch ausgestellt. Schon die Eröffnung dieser vorläufigen Präsentation hatte an einem symbolisch bedeutsamen Tag stattgefunden, am ersten Jahrestag von Bonapartes Staatsstreich, dem 9. November 1800. Damals waren die Meisterwerke, die den Glanz der Antikengalerie ausmachten, größtenteils schon in Paris versammelt gewesen. Drei Jahre später – eben noch rechtzeitig zu Bonapartes Festtag – ist nun auch das letzte großartige Stück eingetroffen, das in Paris noch fehlte, die Venus Medici. Sie sei «ohne Zweifel die schönste Hervorbringung der Kunst überhaupt», schreibt Denon an Bonaparte.* Und Visconti erklärt in dem soeben aktualisierten

Katalog seiner Antikengalerie, die Venus stehe, was ihre Erhabenheit und die Erlesenheit der Ausführung angehe, nach Meinung
ganz Europas gleichrangig neben dem Apoll des Belvedere. Zur
Herkunft der beiden Figuren teilt er in diesem Katalog hingegen
nur mit:

*Den «Apoll» verdankt Frankreich Bonapartes Siegen während seines
ersten Italienfeldzugs; es war die Bewunderung für seine Person, die
dann den Künsten dieses zweite Meisterwerk verschaffte.**

Der «Apoll des Belvedere» gehörte zu den hundert Kunstwerken,
deren sich Frankreich nach den Vereinbarungen des Friedens von
Tolentino in den Sammlungen von Rom bemächtigt hatte. Aber was
steckt hinter Viscontis Andeutung über das Auftauchen der «Venus
Medici» in Paris? Napoleon Bonaparte hatte sie 1796 in den Uffizien
zu Florenz gesehen und bewundert, und er hatte dem Direktor der
Galerie, Tommaso Puccini, zu verstehen gegeben, falls das Herzogtum Toskana Frankreich jemals den Krieg erklären sollte, würde
er diese Skulptur nach Paris holen lassen. Als dann im Jahre 1800
tatsächlich eine französische Invasion drohte, erinnerte sich Puccini an die Worte Bonapartes und ließ die Venus zusammen mit
anderen Kunstschätzen nach Palermo bringen, das zum Königreich
Neapel gehörte. Im Großen und Ganzen war diese Maßnahme ein
Erfolg. Nur dem wertvollsten Stück, das in Sicherheit gebracht werden sollte, bekam sie nicht. Die Venus Medici war am Ende das
einzige bedeutende Werk aus den Uffizien, das nach Paris gelangte
– nicht aus Bewunderung für die Person Napoleons, wie Visconti in
seinem Katalog schrieb, sondern weil Ferdinand IV. von Neapel
dem Druck der französischen Diplomaten und ihren Überredungs-
künsten nicht standzuhalten vermochte. Im September 1802 ließ er
ihnen die begehrte Statue aushändigen.*

*

An der Schwelle zur Lebendigkeit — Die Venus Medici und mit ihr der Ruhm Napoleons stehen auch im Zentrum eines Vortrags, den Denon im Herbst 1803 gehalten hat, während einer Führung durch die Antikengalerie für die Mitglieder des «Institut de France», dem er selbst seit kurzem angehört.

Hundert Kisten sind geöffnet worden, und kein Unfall, kein einziger Bruch hat unser Glück beim Erwerb so erlesener Schätze getrübt. Ein Stern, welcher der unsere geworden ist, waltete über allen Ereignissen, die mit diesen Sendungen zusammenhängen ...

Gleichzeitig mit allen erdenklichen Arten von Ruhm befasst, hat der Held unserer Zeit inmitten der Wirren des Krieges von unseren Feinden die Trophäen des Friedens gefordert und über ihre Erhaltung gewacht.

Tausende Schriften, auf seinen Befehl übersandt, haben unsere Bibliotheken bereichert; Gemälde ohne Zahl, Reliefs, seltene, kostbare Porträts, Vasen, Säulen, Grabmäler, Kolosse, ganze Felsen, denen der Mensch eine Form verliehen hat, haben feindliche Länder und Meere durchquert, haben Gebirge überwunden, sind unsere Flüsse und Kanäle aufwärtsgewandert und bis in unsere Säle gelangt, eine reiche Beute, die sich nun dort zu ewigen Denkmälern türmt.*

Der einzige Feind, der diesen Denkmälern noch gefährlich werden und die Dauerhaftigkeit des Ruhms, von dem sie zeugen, bedrohen könnte, ist nach Denons Meinung das Wetter. Wie sehr Trockenheit und Wärme die Haltbarkeit der Monumente und der von ihnen übermittelten Botschaften begünstigen, hat er in den Sandweiten Ägyptens gesehen. Ganz anders in Europa.

Luft und Wasser, die Hauptkräfte aller Entwicklung und damit auch aller Zerstörung, haben sich in unserem Klima mit dem Frost und dem Tau verbündet, um Krieg zu führen gegen die Denkmäler.*

Denon hält hier eine praktische Anregung für die Mitglieder des Instituts bereit. Vielleicht sei es der Mühe wert, einmal zu untersuchen, ob die Enkaustik, die sehr alte, sehr feuchtigkeitsbeständige Technik des Malens mit erhitzten Wachsfarben, sich nicht auch zum Schutz von Skulpturen einsetzen ließe, vor allem solcher, die unter freiem Himmel auf öffentlichen Plätzen stehen.

Dann wird der Rundgang durch die Antikengalerie fortgesetzt und endet bei jener Statue, die als letzte in Paris eingetroffen ist, der einzigen von allerhöchstem Rang, die während Denons noch kurzer Amtszeit die Sammlung des Museums bereichert hat.

Wenden wir uns nun der Venus zu. Endlich besitzen wir – und ganz unversehrt – diesen so begehrten Schatz, den man jahrelang durch die Ungewissheiten des Weltgeschehens und die Fährnisse des Krieges geschleppt hat …

Wenn man über sie sprechen soll, fühlt man sich so sehr ergriffen, wie man verwirrt wäre, wenn ihr Modell plötzlich lebendig vor einem stände, und wagt nur unter Zittern, einige Worte über ihre Vollkommenheit vorzubringen.

Winckelmann hat gesagt, nie habe jemand den Apoll betrachtet, ohne dass er «selbst einen erhabenen Stand» angenommen habe, um ihn «mit Würdigkeit anzuschauen». Ich glaube, man kann auch sagen, nie hat jemand über die Venus gesprochen, ohne ihrem Namen ein zärtliches Beiwort mitzugeben.*

Denon erblickt in der Venus Medici eine Skulptur, die bis an die Schwelle zur Lebendigkeit vorgedrungen ist. Unmöglich, dass er, während er über ihren Fuß spricht, nicht auch im Stillen an den mumifizierten Fuß der ägyptischen Prinzessin in seiner eigenen Sammlung denkt.

Ob sie nun vom Himmel herab- oder aus dem Meer heraufgestiegen ist – bisher hat sich nur die Luft an ihre fließenden Umrisse gedrängt; soeben hat ihr jungfräulicher Fuß zum ersten Mal die Erde berührt; zum ersten Mal biegt sich der zarteste, feinste aller Füße unter dem Gewicht des geschmeidigsten, regsamsten aller Körper. Er ist der erste Teil dieses Körpers, welcher der Natur einen Tribut zollt. Dieser Fuß ist so vollkommen, dass er, wenn man nur ihn gefunden hätte, allein schon ein Denkmal wäre ...

Der Held, der in unserem Zeitalter alles, was Bewunderung verdient, so sehr zu schätzen weiß, hat inmitten schwierigster Arbeiten mit großer Umsicht alles unternommen, um in den Besitz dieses Meisterwerks zu gelangen.

Das Geschenk, das er hiermit dem Museum überlässt, hat dessen erstaunliche Sammlung nun vollständig gemacht – diese Frucht unerhörter Umstände, Ergebnis der Vervollkommnung der Künste aller Zeiten, dieses Denkmal aus Denkmälern, diese größte aller Trophäen, errichtet zum allerhöchsten Ruhm, der je zu erringen war.*

Es ist ein befremdliches Schauspiel, das Denon hier bietet. Das Versammeln, Anhäufen und Auftürmen von Meisterwerken im Museum findet seine rhetorische Fortsetzung im exaltierten Herbeiziehen von lauter Superlativen, die sich in ihren allzu großen Schuhen gegenseitig auf die kleinen Füße treten. In seinem Vortrag – vielleicht auch in seinem Leben und in seinem Wirken als Generaldirektor der Künste – gerät Denon an einen Punkt, wo er nicht mehr zu wissen scheint, was ihm wirklich wichtig ist – die Kunst und die Nähe zu ihr oder die Nähe zur Macht, die Meisterwerke selbst oder der Glanz, den sie auf den Alleinherrscher werfen. Wo es um den Général en chef, den Konsul auf Lebenszeit und schließlich den Kaiser geht, ist Denon zu fast allem bereit und für fast alles zu haben.

*

Ein ruchloser Plan — Um diese Zeit bereitet Bonaparte sich und seine Armee und die Franzosen insgesamt auf nichts Geringeres vor als die Landung in Großbritannien und dessen Eroberung.

Der Friede von Amiens im März 1802 hatte für eine gewisse Entspannung in den Beziehungen zwischen Frankreich und Großbritannien gesorgt. Er hatte sogar zahlreiche Besucher – 16 000 sollen es gewesen sein – aus England nach Paris gelockt, nicht zuletzt auch in das Zentralmuseum der Künste. Doch dieser Friede hält nicht lange. Besorgt über die bedrohlich wachsende Macht Bonapartes und das Schwinden des eigenen Einflusses auf dem Kontinent, erklärt das Britische Königreich im Mai 1803 Frankreich erneut den Krieg, woraufhin Bonaparte unverzüglich mit den Vorbereitungen zu einer Invasion der Britischen Inseln beginnt. In drei Lagern entlang der Kanalküste – bei Brügge, bei Boulogne-sur-Mer und bei Etaples – zieht er im Lauf der nächsten zwei Jahre mehr als 200 000 Soldaten zusammen, lässt die Küste befestigen, den Hafen von Boulogne vergrößern und Hunderte von flachen Booten für das Übersetzen der Truppen und des Kriegsgeräts bauen.

Vivant Denon bekommt in diesem Zusammenhang den Auftrag, sich nach Darstellungen früherer Landungen auf den Britischen Inseln und nach Porträts der verschiedenen Eroberer umzusehen, die geeignet sein könnten, diesem neuesten Unterfangen zusätzlichen Schub oder Schwung aus den Reservoiren der historischen Imagination zu verschaffen.

Mitte Juli 1803 teilt Denon Bonaparte mit, er habe Bildnisse von vier der fünf Feldherren ausfindig gemacht, die eine Landung in England bewerkstelligt haben – von Cäsar, Septimus Severus, Wilhelm dem Eroberer und Richemont*, keines hingegen von Agricola.

Mitte November berichtet er dann über einen weiteren Fund, den er bei seinen Recherchen gemacht habe. In Bayeux gebe es ein 80 Fuß langes Stoffband, das Königin Mathilde, die Gemahlin Wilhelm des Eroberers, mit Szenen aus dem Feldzug ihres Mannes in England bestickt habe. Er habe den Präfekten des Departements Calvados angewiesen, ihm diesen Teppich nach Paris schicken zu lassen. Er werde dann dort gezeigt und «gewiss auf lebhaftes Interesse bei den Freunden des nationalen Ruhms stoßen».* Die Ausstellung findet vom 10. Dezember 1803 bis 15. Februar 1804 in der Galerie d'Apollon des Museums statt. Kaum ist sie eröffnet, da kommt Denon wieder ein neuer, noch besserer Einfall.

Bonaparte hat sich in Paris einen Platz gewünscht, der nach Wilhelm dem Eroberer benannt werden könnte, und Denon hat bei der Abtei Saint-Germain einen Platz gefunden, der noch keinen Namen hat. Doch eine bloße Namensverleihung genügt ihm nicht. Ihm schwebt ein Ereignis vor, das Aufsehen erregt, das sich dem Gedächtnis der Leute einprägt und einen wirklichen Anlass für die Benennung jenes Platzes bilden könnte – etwa die Auffindung einer uralten Skulptur Wilhelms, die zu dessen Lebzeiten irgendwo in der Normandie aufgestellt worden wäre. In einer Aktennotiz teilt Denon Bonaparte die Einzelheiten seines Plans mit.

Im Keller des «Musée des monuments français» gebe es eine passende steinerne Skulptur mit zorniger Miene in einem Gewand des 11. Jahrhunderts und außerdem ein Piedestal und eine Steinplatte, die dieser Statue als Untersatz dienen könnten. Auf der Steinplatte ließe sich ohne weiteres eine Inschrift mit folgendem Wortlaut anbringen: «Avon Willelmo erexit anno 1068 – Avon hat dies (diese Figur) im Jahr 1068 für Wilhelm errichtet». Avon sei Bischof von Bayeux gewesen, ein Onkel Wilhelms des Eroberers, schreibt Denon an Bonaparte und fährt dann fort:

Diese Statue würde im Keller des Museums verpackt und nachher von anderen Arbeitern auf einem Fuhrwerk zwei Meilen weit aus Paris herausgeschafft, am Ufer der Seine auf ein Schiff umgeladen und bis vor das Museum zurückgebracht, dort mit Pomp und vielem Aufwand ausgeladen und in die Restaurierung geleitet …

Das Publikum wird sich Gedanken machen. Es wird die Statue sehen und wissen wollen, was es mit ihr auf sich hat. Der Präfekt, dem man nur mitteilt, was er wissen soll – nämlich, dass man diese

Statue tatsächlich in der Normandie gefunden habe und dass sie nun nach Paris gekommen sei –, wird mich bitten, sie ihm zu überlassen, und es wird ihm eine Freude sein, sie aufzustellen und Sie damit zu überraschen – und sogar für mich, wie für ganz Paris, wird die Illusion und das Entzücken über diesen Fund so vollkommen sein, dass auch ich, selbst wenn ich wollte, die Sache nicht mehr anzweifeln könnte. *

Napoleon Bonaparte jedoch verfolgt die Sache nicht weiter. Er sorgt dafür, dass Denons schändlicher Plan über das Stadium eines heimlichen Gedankenspiels nicht hinauskommt. Auch das Projekt einer Landung in England muss er schließlich aufgeben. Zur See ist Bonaparte den Briten selbst auf kurze Distanz nicht gewachsen – und sei es nur für einen winzigen historischen Augenblick. «Lasst uns sechs Stunden lang Herren über den Kanal werden – und wir werden Herren über die ganze Welt sein», soll er gesagt haben. Doch dazu kommt es nicht, obwohl seine so zahlreichen Soldaten reichlich Zeit zu Manövern und Exerzierübungen haben. Nach mehr als zwei Jahren der Vorbereitung bricht Bonaparte das Unternehmen Ende August 1805 ab. Die «Armée des côtes de l'Océan» wird umbenannt in «Grande Armée» und erringt – schlagkräftig, wie sie im Grunde ja doch ist – ihre nächsten Siege einige Monate später tief im Inneren des Kontinents, bei Ulm und Austerlitz.

Eine Gedenkmünze in Gold mit der Inschrift «Landung in England» gibt es aber doch, auch wenn das zugehörige Ereignis nie stattgefunden hat. Denon hat sie in seiner Eigenschaft als Direktor der «Monnaie des Médailles» entwerfen lassen. Auf ihr sieht man einen Herkules im Kampf mit dem Riesen Antäos, den seine ungeheure Kraft nur verlässt, wenn er keinen Kontakt mehr mit dem mütterlichen Erdboden hat.

Denon war bei alledem so sehr von Siegeszuversicht erfüllt, dass er sich voreilig nicht nur auf den Ausgang des Kampfes festlegte, sondern auch auf die Zeit und sogar den Ort, an dem seine Münze endgültig geprägt werden würde: *Frappée à Londres en*

1804 – «Geprägt in London 1804» – liest man unterhalb der beiden Ringer.*

Seine einzige Untreue — Seit jeher ist Denon mit einer «entschiedenen Liebe» bei der Sache, wenn es um die Kunst geht.* Inzwischen erstreckt sich diese Liebe auch auf denjenigen, der ihm großzügiger, als irgendjemand sonst es je vermocht hätte, neue Wege in die Nähe der Kunst gebahnt hat – zuerst nach Ägypten und dann in jenes Museum, dessen Sammlungen infolge «unerhörter Umstände» so reich, so prächtig, so umfassend geworden sind oder doch bald sein werden, dass sie auf der Welt nicht ihresgleichen haben. Die Leidenschaft für Bonaparte nimmt Denon so sehr in Anspruch, dass Isabella offenbar Zweifel an seiner Liebe zu ihr kommen, woraufhin ihm wiederum klar wird, dass er ihr einiges Grundsätzliche erklären muss.

Du sagst mir, ich soll Dich lieben. Ich versichere Dir, das tue ich jeden Tag. Und genauso oft würde ich es Dir gern sagen, aber, meine liebe Freundin, ich habe keinen Augenblick mehr für mich. Über all meine Augenblicke verfügt nun Bonaparte, indem er mir einen Posten gab, den ich liebe, und mir nun jeden Augenblick irgendwelche Kleinigkeiten aufträgt, die ich unverzüglich erledigen muss. Er missbraucht mich nicht, aber täte er es, so wäre es mir trotzdem recht. Sehr große Männer kann man selten innig lieben, aber ich versichere Dir, je mehr ich diesen sehe, desto mehr liebe ich ihn. Es ist für mich ein großes Glück, dass der letzte Abschnitt meines Lebens einem so ausgezeichneten Menschen gewidmet sein soll. Er ist ein glühender Stern, der meine Seele entzückt. Es macht mich sehr stolz, ihn zu hören und bisweilen von ihm gehört zu werden. Das ist die einzige Untreue, die ich Dir angetan habe ...

Das Bild, das Elisabeth Vigée-Lebrun von Isabella gemalt hat, bleibt für ihn ein Kultgegenstand, der Mittelpunkt seiner neuen Wohnung im Louvre. Kurz nach dem Einzug schreibt er ihr:

Nun habe ich Dein Porträt aus einer hässlichen Kammer in einen kleinen Tempel gebracht, meinen Salon. ... Ich liebe meine Bleibe umso mehr, als sie eine Wohnung und kein Palast ist, nämlich diejenige von Denon und nicht die des Generaldirektors, und weil die Kunst hier Atem schöpfen kann, ohne Pomp, aber mit Eleganz.*

Doch schon ein paar Monate später heißt es:

Wenn Du wüsstest, wie hübsch meine kleine Wohnung ist und was für ein schönes Kabinett ich habe! Aber, ach – nie bleibt mir Zeit, dort zu sitzen. Eigentlich habe ich gar nichts davon, weil ich zu nichts Zeit habe. Man hat mich zum Vorsitzenden meiner Klasse des Instituts gemacht. Aber ich bin der schlechteste Vorsitzende, den es je gab. Jedes Mal wenn ich mich auf meine Würde besinne, bringe ich keinen einzigen Satz heraus, und jedes Mal wenn ich sie vergesse, sage ich etwas, das ich nun gerade nicht sagen sollte. Aber wenn Du, meine liebe Bettine, mich wiedersiehst, wirst Du feststellen, dass ich noch immer der Gleiche bin, abgesehen von meinem Gesicht mit seinen erschreckenden Falten. Aber das Herz, das Dich immer geliebt hat, ist so jung und so zärtlich geblieben, wie Du es immer erlebt hast.*

Zu eigenen Arbeiten, wie er sie 1795 und 1796 in den ersten Salons nach dem Ende der Schreckensherrschaft noch ausgestellt hatte, kommt er nun nicht mehr. Stattdessen werden in den Salons, die ab 1802 wieder alle zwei Jahre stattfinden, ziemlich regelmäßig Bilder und Büsten mit seinem Porträt ausgestellt. Er gewinnt an Ansehen und ist als Direktor des Museums und mehr noch als einer, der bei der Vergabe von Kunstaufträgen mehr als nur ein Wörtchen mitzureden hat, für die Künstler ein gefragter Mann.

Aber wenn er auch die eigene Kunst lange Jahre hindurch kaum pflegen kann, kümmert er sich mitunter doch um seine eigene, private Sammlung. So soll er im Jahr 1804 den berühmten «Gilles», das große Gemälde von Antoine Watteau, gleichsam im Vorübergehen gekauft haben – an der Place du Carrousel, wenige Schritte vom Louvre entfernt, bei einem Trödler. Der hatte das Bild als Reklameschild vor seinen Laden gestellt und noch mit Kreide darüber geschrieben: «*Que Pierrot serait content, s'il avait l'art de vous plaire.* – Ach, wie froh wär Pierrot, hätt' er die Kunst, euch zu vergnügen.» Immer wieder war Denon an dieser Bude vorbeigekommen und hatte das Bild gesehen. Watteau stand damals nicht hoch im Kurs – und dieses Bild mit dem rätselhaften Personal zu Füßen des großen Clowns noch viel weniger als seine höfischen Szenen. Der unheroische Watteau verkörperte alles, was David an der Kunst des Ancien Régime zutiefst verachtete. Denon kauft den «Gilles» trotzdem, zu einem Spottpreis von 300 Francs.*

*

Besucherandrang — Von den zahlreichen Briten, die die kurze Phase der Entspannung nach dem Frieden von Amiens im März 1802 für eine Reise nach Paris nutzten, war schon die Rede. Diese Fremden bestaunten nicht nur die ungeheure Pracht und die Reichhaltigkeit der Sammlungen, die ihre feindlichen Nachbarn inzwischen aufgetürmt hatten. Sie stellten auch mit einiger Verwunderung fest, dass das Zentralmuseum der Künste den Einheimischen, der Allgemeinheit, der breiten Masse nicht nur – gemäß dem revolutionären Ideal der Gleichheit – im Prinzip zugänglich war, sondern von den einfachen Leuten auch tatsächlich besucht und geschätzt wurde.

So notiert ein gewisser Henry Yorke in seinem Reisetagebuch von 1802: «Das Museum befindet sich in einem vorzüglichen Zustand, und mir fiel das gute Betragen der Besucher auf, obgleich unterschiedslos alle Einlass finden.»* Auch Charles James Fox, ein englischer Liberaler, der mit der Revolution in Frankreich sympathisiert hatte, besucht damals Paris und schreibt in seinen Erinnerungen:

Diese erstaunliche Sammlung von Gemälden, Statuen und Büsten war für das breite Publikum bei freiem Eintritt allgemein zugänglich: Man sah viele arme Einwohner von Paris, die dort schicklich gekleidet umherwandelten und sich an der Pracht der ausgestellten Kunst erfreuten.*

Aus Deutschland strömen um diese Zeit ebenfalls viele Neugierige nach Frankreich. Sulpiz Boisserée, der wenig später als Kunstsammler bedeutenden Anteil an der Wiederentdeckung der alten deutschen und niederländischen Malerei hatte, kommt im Herbst 1803 nach Paris. In seinem «Fragment einer Selbstbiographie» schreibt er:

Es entstand eine große Bewegung, alle Zeitungen sprachen von dem Vorteil und der Bequemlichkeit, jetzt in Paris die berühmtesten Kunstwerke der alten und christlichen Zeit vereinigt zu finden, die man sonst auf einer weiten Reise in verschiedenen Ländern und Städten hatte aufsuchen müssen; und so wanderten scharenweise Künstler, Kunstfreunde und Neugierige zu diesem Zweck nach der französischen Hauptstadt.*

Für Boisserée wird der Aufenthalt zu einer prägenden Erfahrung – zum einen wegen der «ungeheuren Stadt» und ihres Museums, «wo uns die Bildwerke der Alten, die Malereien von Raffael und seiner Zeitgenossen, sowie seiner Vorgänger, der Italiener und Deutschen, am meisten anzogen».* Zum anderen wegen der Bekanntschaften, die er in Paris macht – etwa die von Friedrich Schlegel, der nicht eigentlich als Kunstfreund in die französische Hauptstadt gekommen ist, sondern um dort Sanskrit zu studieren.

Sulpiz Boisserée hat sich den Vorteil der im Museum so bequem

arrangierten Kunstwerke aus den verschiedensten Ländern anscheinend einigermaßen unbefangen zunutze gemacht. Anderen
Besuchern fiel dies schwerer – etwa Friedrich Johann Lorenz
Meyer, einem Domherrn aus Hamburg und frühen Anhänger der
Französischen Revolution. Er hatte die klassischen Antiken mit
eigenen Augen schon in Rom gesehen und schildert, wie vor dem
Wiedersehen mit ihnen bei einem Aufenthalt in Paris im Jahre 1802
eine «unruhige Spannung» über ihn gekommen sei. Später habe er
sich, «weil ich muss, … an diesen Anblick in Paris gewöhnt».[*]

Angesichts der italienischen Gemälde bekennt er sogar, er
habe sich mit ihrer Versetzung nach Paris täglich mehr versöhnt –
«wegen der Sorgsamkeit, womit sie hier behandelt werden, wegen
des durch den erleichterten Zugang beförderten Studiums der
Künstler und der Kunstliebhaber, und des eben dadurch immer
mehr gebildeten Geschmacks des Publikums, das dem Museum an
den öffentlichen Tagen immer mehr zuströmt».[*]

Heinrich von Kleist hingegen, der schon 1801 Paris besucht hat,
versöhnt sich mit dem dortigen Museum ganz und gar nicht. Je
öfter er hingeht, desto mehr empört es ihn, und über die Götter
und Heroen in der Antikenabteilung schreibt er an Adolfine von
Werdeck:

Recht traurig ist der Anblick dieser Gestalten, die an diesem Orte wie
Emigrierte aussehen – Der Himmel von Frankreich scheint schwer
auf ihnen zu liegen, sie scheinen sich nach ihrem Vaterlande, nach
dem klassischen Boden zu sehnen, der sie erzeugte …[*]

Ähnliche Eindrücke verdrießen Karl August Varnhagen von Ense,
der das Museum während eines Aufenthalts im Jahre 1810 mehrmals besucht:

Auch sind mir die Antiken nie so fremd gewesen, als gerade in Pa-
ris … Vor dieser Fülle göttlichen Lebens … musste ich hier so unfreu-
dig, leidend, sinnarm und nüchtern dastehen, mit der strafenden

Mahnung, dass es nicht an den Götterbildern, sondern nur an mir liege, wenn sie mich nicht begeistern. Ich kam mir selbst wie einer der Barbaren vor, die mich so sehr empörten.*

Die allgemeine Zugänglichkeit des Museums gefiel Varnhagen von Ense nicht wirklich. Er bedenkt sie in seinen Aufzeichnungen mit einem sehr kleinen «Ja», gefolgt von einem riesengroßen «Aber».

Dass jedermann freien Zutritt in diese Säle hat, ist wohl schön und löblich; allein wenn Mittwochs und Sonnabends ganze Scharen Pöbels, Fischweiber, Soldaten, Bauern in Holzschuhen, Sackträger, mit dem Hut auf dem Kopf und die Tabakspfeife in der Hand, unter gemeinen Scherzen und rohem Lachen, auch wohl unter Stoßen und Drängen, zwischen den Geniuswerken sich herumtreiben, dann überfällt uns doch ein schmerzlicher Jammer, und wir erkennen die Wahrheit des Dichterwortes: «Werke des Geistes und der Kunst sind für den Pöbel nicht da.»*

Eine junge Deutsche hingegen, die sich 1801, im Alter von achtzehn Jahren, als eine Art von Kulturkorrespondentin in Paris angesiedelt hat, sympathisiert sogar ausdrücklich mit einer Gruppe regelmäßiger Besucher, die sich entschieden nicht an die im Museum geltenden Regeln halten, nämlich mit den Veteranen –

... die in ihrem gewöhnlichen Kostüm um die Öfen her saßen und mit unbeschreiblicher Lust die Kunstwerke betrachteten. Sie verstanden sie nicht, die guten Alten, aber mehrere von ihnen hatten eine Freude daran; denn manche waren dabei gewesen, wie die Städte erobert wurden, wo sie ehemals geprangt. Diese hielten sich für Miteigentümer der Bilder, und die alte Inschrift, die noch aus den Zeiten der Republik daran klebte, störte sie nicht in der Freude des Genusses. Sie hieß: «Bürger, genießt, aber rührt nichts an!» Es ist nicht zu leugnen, dass diese Menschenmasse Staub aufwühlte, auch wohl verstohlen Tabak rauchte. Wenn das ein Aufseher bemerkte

und die kleine Pfeife konfiszieren wollte, fand er Gegenwehr. «Ohne uns wären die hübschen Bilderchen nicht da!», hieß es dann. Die Vernünftigen unter den Aufsehern stellten den Opponenten vor, dass die schönen Sachen, welche man ihrer Tapferkeit dankte, auch schön erhalten werden müssten! Die braven Veteranen sahen das ein, und man schüttelte sich die Hände.*

Helmina von Hastfer, geboren 1783, mit sechzehn Jahren zum ersten Mal verheiratet, mit siebzehn wieder geschieden, schreibt für deutsche Verlage und Zeitschriften Berichte über das Leben und die Kunst in der französischen Hauptstadt. Einige Jahre später heiratet sie in Paris zum zweiten Mal – den bekannten französischen Orientalisten Antoine-Léonard de Chézy. Wir werden sie aber schon hier mit ihrem späteren Namen nennen. Auch diese Ehe hält nicht sehr lange. Im Jahre 1810 trennt sie sich von ihrem zweiten Mann und kehrt nach Deutschland zurück.

Sulpiz Boisserée begegnet ihr 1803 in der «kleinen deutschen Kolonie», die Friedrich Schlegel in seiner Wohnung an der Rue de Clichy um sich versammelt hat.* Aber von Anfang an findet sich die junge Frau mit ihrem fließenden Französisch auch in der Pariser Gesellschaft gut zurecht und versteht es, neue Bekanntschaften anzuknüpfen, eines Tages – dank einem befreundeten Künstler – auch mit Vivant Denon.

Es ist die Zeit, in der Bonaparte an der Kanalküste mit den Vorbereitungen für eine Landung in England beschäftigt ist und Denon seinerseits mit dem künstlerisch-propagandistischen Begleitprogramm. Helmina von Chézys Künstlerfreund, Lorenzo Bartolini, ist ebenfalls an diesen Vorbereitungen beteiligt.

Freund Bartolini schlug uns eines Morgens vor, sein Atelier im Louvre zu besuchen; wir gingen hin, um seinen Entwurf zur Rückseite der Medaille zu betrachten, welche Napoleon für die Eroberung von England schlagen lassen wollte, wiewohl England noch unerobert war. ...

Napoleons Kopf, von Bartolini gemodelt, war des großen Künst-
lers würdig; auf keiner Medaille habe ich ihn so schön gesehen. Die
Kehrseite stellte Herkules vor, der das dreiköpfige Ungeheuer er-
würgt. Sie war von klassischer Schönheit. Uns, die wir sie bewun-
derten, ahnte es gleichwohl, dass die Siegesmedaille etwas zu früh
entworfen wurde ...
   Indem wir uns seiner Entwürfe freuten, trat unvermutet Denon
in das Atelier. Bartolini hatte ihm gesagt, dass wir ihn heute besu-
chen wollten; er war ungeduldig, uns kennenzulernen. Nach den
ersten gewöhnlichen Höflichkeitsformeln der Begrüßung lud uns
Denon ein, ihn in seine Wohnung zu begleiten, die auch im Louvre
befindlich war. Er bat uns dort zu einem auserlesenen Frühstück,
welches sogleich aufgetragen wurde. Grüne Austern, noch aus dem
Geschlecht der Urwelt, wurden schüsselweise aufgetragen. Den Be-
schluss machte schwarzer Kaffee, auf arabische Weise bereitet und
aus Ägypten mitgebracht. Nachher zeigte uns Denon einen Teil der
merkwürdigen Dinge, die seine Sammlung schmückten. Ein Ge-
danke nur von einem Fuß, dunkelbraun und wunderzierlich gestal-
tet, lud unsere Blicke ein: er war aus den Pyramiden und hatte einer
Tochter des Pharao gehört, vielleicht derselben, die sich den kleinen
Moses vom Ufer des Nil herbringen ließ; er war einbalsamiert, wie
man leicht denken kann.*

Die Berichte und Schilderungen aus ihrer Zeit in Frankreich hat
Helmina von Chézy in zwei Bänden gesammelt, die 1805 und 1807
in Weimar erschienen sind: «Leben und Kunst in Paris seit Napoleon I.» In einem Text, den sie dem Abschnitt «Sentimentale Phan-
tasien» ihrer Sammlung zugeordnet hat, gedenkt sie einer Besucherin des Museums, die noch viel weniger bereit war, sich an die
Hausordnung des Louvre zu halten, als die Veteranen bei den Öfen.
Helmina von Chézy ist nicht die Einzige, die über die «Provenzalin
vor dem Vatikanischen Apollo im Nationalmuseum 1798» geschrieben hat. Unklar bleibt jedoch, was an dieser Geschichte wahre Be-
gebenheit und was Legende oder Kolportage ist. Irritierend ist

schon die Jahreszahl im Titel ihrer Erzählung. Im Jahre 1798 traf der Apoll von Belvedere zusammen mit anderen griechischen und römischen Skulpturen aus Italien in Paris ein. Für Besucher der Antikengalerie des Museums waren diese Werke aber erst seit dem November 1800 zugänglich, und Helmina von Chézy selbst kam erst Anfang Juni 1801 nach Paris. Es ist also wohl ein anderes, ein literarisches Ich, das hier miterlebt, wie eine Provenzalin im Louvre dem vatikanischen Apoll begegnet, der, zeitgenössischen Darstellungen zufolge, damals noch ohne Feigenblatt gezeigt wurde (Abb. 13).

Ich sahe sie in den Saal des Apollo treten, hoch und schlank, im Glanz der ersten Jugendblüte. Allen ihren Bewegungen folgten meine Blicke, unwillkürlich angezogen von ihrem Reiz. Sie erbebte, als sie den Apollo erblickte, und blieb stehen, wie vom Blitz getroffen. *

Die Erzählerin sieht mit an, wie die Besucherin von der Liebe zur Figur des Gottes überwältigt wird, verlässt allerdings noch am gleichen Tag Paris und kehrt erst gegen Ende des Herbstes zurück. Sie hat die Provenzalin nicht vergessen und ist sich, als sie das Museum bald wieder aufsucht, fast sicher, ihr dort vor dem Apollo zu begegnen. Doch sie hat sich geirrt. Schließlich erkundigt sie sich bei einem Wächter nach ihr.

Das arme Mädchen! sagte der Greis; es wäre ihr besser gewesen, nie die Statue zu sehen. Täglich kam sie her, setzte sich dort hin, und schaute still mit gefalteten Händen den Apollo an. Sie weinte, wenn ihre Verwandten sie endlich zum Fortgehen bewegten.
Kaum wurden des Morgens die Pforten der Galerie geöffnet, so war sie da und eilte zum Apollo hin, und wenn sie niemand im Saale sah, so sank sie auf ihre Knie und weinte …
Eines Morgens frühe, wo sie sich, ich kann nicht begreifen wie, eingeschlichen hatte, fanden wir sie innerhalb des Gitters auf den Stufen, erschöpft vom Weinen, halb in Ohnmacht. Der ganze Saal

duftete von Tuberosen, Nelken und Reseda, ein weißer, großer Schleier von indischem Musselin mit Goldranken war zierlich um die Statue gezogen.

Wir ehrten den beklagenswerten Zustand des schönen Mädchens, und ließen niemand in die Galerie, bis ihre Verwandten kamen, sie aufzusuchen. Unter heftigem Sträuben wurde sie fortgebracht. Sie erklärte in ihrem Wahne: der Gott habe sie in dieser Nacht zu seiner Priesterin geweiht und sie müsse ihm hier dienen.

Seit jenem Morgen haben wir sie nicht wieder gesehen ...

Soviel wir erfahren können, ist ihr ein Schlaftrunk eingegeben worden, und man hat sie aus Paris geschafft. –

Ich hatte nun Spuren von dem Mädchen, und konnte mich nach ihrem ferneren Schicksal erkundigen. Die Unglückselige! Sie ist in Wahnsinn gestorben!*

Denon war in der ersten Zeit nach der Eröffnung der Antikengalerie mit seinem dicken Buch über Ägypten beschäftigt. Aber wenn sich diese Geschichte tatsächlich so oder ähnlich zugetragen hat, wird auch er früher oder später davon erfahren haben. Ausdrücklich erwähnt hat er sie anscheinend nirgendwo. Eine Anspielung könnte man allenfalls in einer Bemerkung erblicken, die er in dem erwähnten Vortrag über die Antiken aus Italien macht – dort, wo er den Mitgliedern des Instituts während des Rundgangs durch die Skulpturengalerie begreiflich zu machen versucht, wie nah manche Meisterwerke der antiken Bildhauerkunst dem Punkt kommen, an dem es so aussieht, als wollten sie sich regen: «Lebendig würde der Apollo auch die kühnste Frau beklommen machen.»*

*

Generaldirektor der Künste — Ein Emigrant aus Deutschland, Gustav Graf von Schlabrendorf, der sich schon vor 1789 in Paris niedergelassen hatte, ein kluger Beobachter der französischen Verhältnisse während der Revolution und vor allem in der Zeit, als

Bonaparte immer mehr Macht anhäuft, schildert dessen Herrschaftssystem mit bissigem Witz. In seiner Schrift «Napoleon Bonaparte und das französische Volk unter seinem Konsulate», anonym erschienen in «Germanien im Jahr 1804», beschreibt er, wie parteiisch Bonaparte nicht nur Angehörige der eigenen Familie, sondern auch Vertraute und Gefährten aus seinen Kriegszügen unter Missachtung besser geeigneter Kandidaten begünstigt und in Ämter hebt, die um Vieles zu groß für sie sind oder zu sein scheinen – so auch Denon, in dem Schlabrendorf einen «angenehmen Litterator und lustigen Reisebeschreiber der ägyptischen Wundertaten» erblickt.

Wer einen Begriff hat von der Größe und Wichtigkeit der französischen Museen, Antiken- und Medaillen-Kabinette, und von der Münze selbst, die darunter mit einbegriffen ist, der wird sich vielleicht ... über den Mut eines Denons, eine solche Stelle im Angesichte von Visconti und anderen anzunehmen, ebenso sehr wundern als über die blinde Protektionssucht des Gebers.*

Schlabrendorf zählt dann alle weiter oben erwähnten Ämter Denons auf und fügt dieser Liste auch den «Ankauf und Transport aller Kunstwerke und manche andre weniger namhafte Dinge» hinzu. Er ahnt, dass es Denon auch jenseits seiner zahlreichen Zuständigkeiten noch mit einer Vielfalt weniger klar umrissener Aufgaben auf dem Feld der Kunst und in der Welt der Künstler zu tun hat. Aber er kennt ihn nicht so genau, dass er wissen oder ahnen könnte, wie unvorhersehbar gut ein wechselvolles Leben diesen entschiedenen Liebhaber der Künste auf die vielfältigen, verwickelten Amtsgeschäfte seiner späten Jahre mit all ihren Pflichten und Zumutungen, all ihren Erfolgen und Lustbarkeiten vorbereitet hat.

«Bonaparte selbst», so bemerkt Schlabrendorf, «beschäftigt die Künstler nur mit seinem Porträt.»* Und Denon ist es, der diese eindimensionale, schon bald auf Erstarrung und Auszehrung hinauslaufende Befassung der bildenden Künste mit dem Ersten Konsul organisiert und in Gang hält. Er entwickelt in Absprache mit Bonaparte und anderen Ministern Ideen für Bilder und Skulpturen, macht daraus Aufgaben für die Künstler, erteilt ihnen Aufträge und wacht über deren zuverlässige Ausführung. Vor der Vergabe bedeutender Projekte veranstaltet er Wettbewerbe, zu denen er Künstler einlädt, die ihm besonders geeignet erscheinen. Er entwirft Bildprogramme für ganze Reihen von Gemälden und teilt deren Verwirklichung zwischen den verfügbaren Talenten auf. Oft muss er großen Aufwand treiben, wenn es darum geht, die Maler mit den Informationen zu versorgen, die sie benötigen, um siegreiche Schlachten und andere bedeutsame Ereignisse in wirklichkeitsnaher Umgebung und mit dem richtigen Personal darstellen zu können. Um sich eine gewisse Planungssicherheit zu bewahren, versucht Denon von Anfang an, die Honorare der Künstler so weit wie möglich zu vereinheitlichen.

Auf diese Weise bekommt die staatliche Initiative mit ihren Aufträgen und Vorgaben immer mehr Gewicht. Sie gewinnt wohl gar die Oberhand über die «Republik der Künste». In einer solchen Republik würden sich die Künstler ihre Aufgaben selbst suchen und könnten sie mit einem gewissen Maß an Unabhängigkeit erfüllen. In einer solchen Welt, würden sie auch untereinander selbst aushandeln, welches ihre Ideale oder die Ideale ihrer Kunst sind und wer in ihrem Kreis diesen Idealen am ehesten gerecht wird.* Stattdessen führt die staatliche Verwaltung als wichtigster Auftraggeber auf dem Feld der freien Künste in ähnlicher Weise Regie, wie sie es auf dem der Baukunst seit jeher tut. Neben den ausführenden Künstler tritt der künstlerische Leiter – oft in der Gestalt des «Directeur général des arts» Denon.

Nachdem er schon zu Beginn seiner Amtszeit jenen auf eine passende Inschrift wartenden Türsturz über dem Eingang des Museums entdeckt hat, fällt Denon zwei Jahre später der Bogen auf, der sich über diesem Türsturz wölbt, und vor allem der leere Raum unter diesem Bogen – Platz genug für eine monumentale

Büste, für die, wie sich von selbst versteht, kein anderer in Frage kommt als der inzwischen zum Kaiser der Franzosen gekrönte Namengeber des Museums. Wieder an einem Geburtstag Napoleons, am 15. August 1805, wird dort sein mit Lorbeer bekränzter Kopf in Bronze platziert, mehr als anderthalb Meter hoch und fast einen Meter breit.* Vorn auf dem Sockel der Büste prangt selbstverständlich der Name des Kaisers. Aber seitlich sind vier weitere Namen verzeichnet – der des Bildhauers Lorenzo Bartolini, der die Bekanntschaft zwischen Helmina von Chézy und Denon gestiftet hat, außerdem die Namen des Bronzegießers, des Ziseleurs und nicht zuletzt, sondern an zweiter Stelle, gleich hinter dem Künstler, auch derjenige des künstlerischen Leiters: *Denon direxit ...*

Auch Feierlichkeiten und Zeremonien fallen bisweilen in den Aufgabenbereich des Kunstdirektors Denon. Die Entfaltung von Pracht wird für die Selbstdarstellung Napoleon Bonapartes im Laufe der Jahre immer wichtiger. Da liegt es nicht fern, wenn auch der Verantwortliche für die schönen Künste mitwirkt, dem Staatsgeschehen Glanz zu verleihen. Auch dazu fällt Denon immer wieder etwas ein, und er ist gern bereit, seine Ideen überall beizusteuern, wo sie Bonapartes Ruhm und seiner Ehre zur Zierde gereichen.

Der Beitrag, mit dem er dessen Krönung zum Kaiser der Franzosen am 2. Dezember 1804 in der Kathedrale Notre-Dame von Paris bereichert, ist zwar vergleichsweise klein, aber doch charakteristisch, und auf Jacques-Louis Davids großem Bild des «Sacre de Napoléon» ist er deutlich zu erkennen – es handelt sich um die «Hand der Gerechtigkeit», vorne rechts. Sie gehört neben dem Schwert, dem Zepter und der Krone selbst zu den traditionellen Krönungsinsignien der ersten französischen Könige und symbolisiert deren Macht, Recht zu sprechen.

Um dieses Symbol zu beschaffen, setzt Denon nun in die Tat um, was er ein Jahr zuvor nur in Erwägung gezogen hatte. Er nutzt den Fundus von Alexandre Lenoirs «Musée des monuments français» im ehemaligen Kloster der Petits-Augustins als Requisitenkammer für die Inszenierung von Napoleons Machterweiterung – diesmal nicht, um die Auffindung eines falschen Wilhelm zu fingieren, sondern um dem neu kreierten Kaiser bei seiner Inthronisation das Gefühl zu verschaffen, er bekomme hier etwas in die Hand gelegt, das womöglich schon Karl der Große in der seinen hielt. Auch dazu bedarf es allerdings wieder eines frommen Betrugs. Denn das goldene Zepter aus den Beständen des Museums, das Denon zur «Hand der Gerechtigkeit» umarbeiten lässt, ist zwar alt, aber nicht alt genug. Es trägt eine Inschrift, die auf das Jahr 1394 verweist. Denon zögert nicht, sie verschwinden zu lassen. Von den Handwerkern, die sich dieser Aufgabe annehmen, verlangt er Stillschweigen, so dass in diesem Falle auch der Kaiser selbst betrogen wird. Nur so kann sein Generaldirektor der Künste ihm, der Kaiserin Joséphine, dem aus Rom angereisten Papst Pius VII. und den übrigen Anwesenden einen Augenblick tief empfundener Verbundenheit mit den Tiefenschichten der europäischen Geschichte stiften.*

*

Spätes Begräbnis — Nachdem Napoleon aus seinem Land ein Kaiserreich gemacht hat, können auch die unter französischer Kontrolle stehenden Teile Italiens nicht länger Republiken bleiben. Piemont, Parma und Genua sind schon 1802 dem französischen Staatsgebiet angegliedert worden. Die Lombardei und die Romagna, die zuerst eine Cisalpinische und dann eine Italienische Republik bildeten, werden zum Königreich Italien, als sich Napoleon Ende Mai 1805 im Dom zu Mailand mit der Eisernen Krone der Langobarden zum König von Italien krönen lässt. Wenig später macht er seinen Stiefsohn, Eugène de Beauharnais, Joséphines Sohn aus ihrer ersten Ehe, zum Vizekönig von Italien und zu seinem Nachfolger auf dem italienischen Thron.

Napoleon hat auch Denon nach Italien eingeladen. Er soll Gelegenheit haben, an der Krönung in Mailand teilzunehmen. Vor allem aber soll er sich in Italien um eine lange vernachlässigte Angelegenheit kümmern, zu deren Erledigung sich kurz nach den Krönungsfeierlichkeiten eine günstige Gelegenheit bietet. Die Schlacht von Marengo jährt sich dann zum fünften Mal und damit auch der Tag, an dem Denons Freund und Förderer während der Zeit in Ägypten, der General Desaix, bei Marengo den Heldentod starb. Und doch hat man den verdienten Mann noch immer nicht zur ewigen Ruhe gebettet. Gleich nach der Schlacht hatte Bonaparte befohlen, ihn fürs Erste einzubalsamieren. Auf diese Weise sollte Zeit gewonnen werden für die Errichtung einer monumentalen Grabstätte, wo Desaix dann im großen Stil bestattet werden würde. Die Sache ist jedoch nicht nur nicht vorangekommen, sondern mit der Zeit sogar in Vergessenheit geraten. Und nun, da das Begräbnis endlich unter der künstlerischen Leitung von Denon in einem würdigen, feierlichen Rahmen stattfinden soll, stellt sich heraus, dass inzwischen sogar der einbalsamierte Leichnam verloren gegangen ist. Denon hört sich in Mailand um, aber niemand kann ihm sagen, wo die sterblichen Überreste des Generals zu finden sein könnten.

Weitere Komplikationen ergeben sich aus der Lage des Ortes, an dem die Zeremonie stattfinden soll. Bonaparte hat ihn seit langem festgelegt – die Passhöhe des Großen Sankt Bernhard auf 2460 Meter, die Napoleon mit einer Armee von 40 000 Soldaten auf seinem Marsch nach Oberitalien vier Wochen vor der Schlacht von Marengo überwunden hat. David hat den Feldherren auf feurig sich aufbäumendem Ross zwischen Himmel und Abgrund mit einigen Soldaten und einem Geschütz im Hintergrund gemalt, wie er über einen Felsblock hinwegsetzt, auf dem die Namen Hannibal, Karolus Magnus und auch schon Bonaparte eingemeißelt sind. Dass der Karthager mit seinen Elefanten oder Karl der Große auf diesem Weg nach Italien gelangt sind, wird heute bezweifelt, und von Desaix weiß man, dass er nie dort oben war. Aus Ägypten zurückkehrend, ist er über Genua in die Poebene gelangt, um sich der Armee Bonapartes so rasch wie möglich anzuschließen. Aber

Desaix soll auf dem Großen Sankt Bernhard ja nicht nur zu seiner eigenen Ehre, sondern auch zu derjenigen Bonapartes beigesetzt werden. Und Denon hat dafür zu sorgen, dass dies nun ohne weitere Verzögerung geschieht.

Zu Hilfe kommt ihm schließlich Anne Jean Marie René Savary, der spätere Duc de Rovigo. Er ist in Ägypten und in der Zeit danach Desaix' Adjutant gewesen. Er hat dessen Leichnam aus der Schlacht in ein sicheres Gewahrsam bringen lassen und ist inzwischen Adjutant und enger Vertrauter Napoleons geworden. In seinen «Erinnerungen» erzählt Savary, wie er von Denons vergeblicher Suche erfährt, wie er ihn in ein inzwischen säkularisiertes Kloster führt und wie dort der letzte noch anwesende Mönch ihnen eine Sakristei zeigt, wo sie den Leichnam des Generals tatsächlich finden:

... an derselben Stelle und in dem gleichen Zustand, in dem ich ihn einige Jahre vorher zurückgelassen hatte, nachdem ich dafür gesorgt hatte, dass er einbalsamiert und dann in einen Bleisarg gebettet wurde. Dieser wurde in einen Sarg aus Kupfer gefügt und beide zusammen wiederum in einen Sarg aus Holz. Monsieur Denon war sehr froh über diese Entdeckung. Er hatte schon befürchtet, er müsse die Zeremonie ohne die sterblichen Überreste des berühmten Generals abhalten, dem sie galt.*

Auch das wäre Denon sicherlich gelungen. Aber ein ordentliches Begräbnis ist ihm natürlich lieber. Auch an Napoleons Anwesenheit liegt ihm sehr. In einem ausführlichen Brief verheißt er ihm, es werde sowohl Trauer- als auch Militärmusik erklingen. Er erinnert Napoleon auch an die bis heute unvergessene Rede des Perikles auf die Gefallenen im Peloponnesischen Krieg. «Eine Lobrede in zwölf Sätzen, von Ihrer Majestät selbst gehalten, würde den Eindruck vollkommen machen.»* Die anwesenden Generäle und Soldaten könnten nachher dann jeder einen Lorbeerzweig auf das Grab Desaix' legen. Und zum Abschluss könnte man nach antikem

Vorbild, soweit es das Gelände zulässt, «Begräbnisspiele» veranstalten: «Unter Ihrem Vorsitz würden sie an diejenigen des Achilles nach dem Tod des Patroklos erinnern.»*

Das verspätete Begräbnis findet schließlich, wie geplant, am 14. Juni 1805, dem Jahrestag der Schlacht bei Marengo statt – allerdings ohne Napoleon. Fünf Tage später schreibt Denon ihm immer noch vom Großen Sankt Bernhard:

Sire, die Begräbniszeremonie für Desaix war würdevoll, ergreifend und von der Strenge, die Sie sich für sie gewünscht hatten; sie hatte den Erfolg, der all Ihren Entwürfen beschieden ist. Es fehlte Ihre Majestät, aber Ihr Wollen war allen Anwesenden gegenwärtig und erfüllte die Gemüter.

Ich werde nun, Sire, den Urlaub wahrnehmen, den Sie mir freundlicherweise gewährt haben, und meine Reise fortsetzen. Wenn Ihre Majestät mir während dieser Reise irgendwelche Weisungen zukommen lassen will, so sollte Sie mir diese am besten durch Monsieur Maret übermitteln; alles ist so eingerichtet, dass sich deren Ausführung nur um sehr wenige Tage verzögern würde.

*

Wiedersehen am Terraglio — Denon beteuert hier permanente Einsatzbereitschaft. Aber wahrnehmen will er seinen Urlaub vor allem, um endlich Isabella wiederzusehen. Nach zwölf Jahren. Kaum von der Trauerfeier in den Hochalpen nach Mailand zurückgekehrt, macht er sich auf den Weg nach Venedig. Er trifft Isabella in der Villa Albrizzi am Terraglio, auf dem festen Land gegenüber der Stadt. Achtzehn Tage dauert sein Besuch bei ihr, vom 16. Juli bis zum 2. August. In dieser Zeit wechseln die beiden keine Briefe, und die wenigen Anspielungen auf dieses Zusammensein in Denons späteren Briefen lassen darauf schließen, dass sie sich mit Gesprächen und Küssen nicht begnügt haben: «Sich lieben – wie gut das ist! Etwas Besseres gibt es nicht.»*

In Isabellas Leben gibt es außer Giuseppe Albrizzi, ihrem zweiten Ehemann, auch den alten Vater, der 1791 von Korfu nach Venedig gekommen ist und sich dort niedergelassen hat. Außerdem
gibt es noch ihre beiden Söhne. Giambattista Marin aus ihrer ersten Ehe ist achtundzwanzig Jahre alt und führt inzwischen, wie es
scheint, sein eigenes Leben. Giuseppino, ihr Sohn aus der Ehe mit
Giuseppe Albrizzi, ist sechs Jahre alt. Ihn porträtiert Denon während der Zeit bei Isabella in einer Radierung. Ihn und seinen Vater
und auch den Vater von Isabella bedenkt Denon in den Briefen,
die er nach den Tagen am Terraglio schreibt, mit fast ebenso herz-
lichen Grüßen wie Isabella selbst, und nicht selten nennt er nicht
nur ihren Sohn bei seinem Kosenamen *Pippi*, sondern auch ihren
Ehemann – *Peppo.*

Giuseppe Albrizzi ist Isabella vermutlich erst wirklich nahege-
kommen, nachdem Denon Venedig hatte verlassen müssen. Aber
ihr Freund und Vertrauter und ein häufiger Gast in ihrem Salon
war er schon lange, bevor Denon in Treviso an einem Abend im
Herbst 1788 Isabella zum ersten Mal begegnete. Es ist schwer vor-
stellbar, dass Giuseppe Albrizzi nicht wusste oder wenigstens
ahnte, wie sehr Vivant Denon und Isabella sich miteinander verbunden hatten. Nach Denons Ausweisung hatten beide ihn ja
auch gebeten, seinen Einfluss bei den venezianischen Behörden
zu ihren Gunsten geltend zu machen. Später hatte Denon wiederum Isabella zur Ehe mit Giuseppe Albrizzi geraten, und Isabella
ihrerseits hatte dem Kuss, den ihr zweiter Gemahl dem einstigen
Liebhaber seiner Frau wohl gestatten musste, schon vor der Ehe-
schließung eine so weit gefasste Deutung gegeben, dass dieser
Liebhaber sich seine Freude hierüber kaum einzugestehen wagte.
Sanftmut, Duldsamkeit und Nachsicht scheinen ein wesentliches
Elixier in diesem Dreieck gewesen zu sein. Möglich, dass sich
Giuseppe Albrizzi Isabellas großzügige Auslegung dessen, was ein
statthafter Kuss sei, selbst zu eigen gemacht hat. Gut möglich
auch, dass Denon nicht der Einzige war, für den Isabella die Geduld ihres Gatten in Anspruch nahm. Nicht nur die Zahl der

Briefe, die sie mit Tommaso Mocenigo Soranzo wechselt, nimmt im Laufe des Jahres 1806 deutlich zu, sondern auch die Leidenschaft, die sich in ihnen Ausdruck verschafft – und dies für lange Zeit.*

*

Wien, Straßburg und der Zeichner Zix — Im August 1805, nach dem Zusammensein mit Isabella, reist Denon nach Wien. Es ist nicht klar, ob ihm die Anweisung hierzu schon mit in den Urlaub gegeben oder erst später nachgesandt wurde. Er soll sich in den Sammlungen der österreichischen Hauptstadt nach Werken der Kunst und anderen Schätzen umsehen, und zwar, so scheint es, unter dem Aspekt, ob sie als Trophäen taugen könnten – Trophäen zur Feier von Siegen, die noch gar nicht errungen sind, in einem Krieg, der noch kaum begonnen hat. Ungefähr zwei Wochen bleibt Denon in Wien. Bevor er wieder abreist, schreibt er an Isabella:

*Ich hatte großes Glück, man hat mich sehr freundlich behandelt, und ich habe hier viel mehr Interessantes gefunden, als ich geglaubt hatte; von sieben Uhr morgens bis neun Uhr [abends?] habe ich mich überall umgesehen, so dass ich sehr zufrieden von meiner Reise zurückkehre. ... In acht Tagen werden wir uns küssen.**

Um die gleiche Zeit, Ende August 1805, setzt sich die «Armee der Ozeanküste», die Napoleon Bonaparte am Ärmelkanal zusammengezogen hatte, unter dem neuen Namen «Grande Armée» in Bewegung. Fast 200000 Mann stark und in guter Form, marschiert sie durch Belgien und Nordfrankreich in südöstlicher Richtung an den Oberrhein. Napoleons Pläne für eine Landung in Großbritannien haben sich ein für alle Mal erledigt. Am 22. Juli 1805, während der Tage des Zusammenseins von Denon und Isabella auf dem Terraglio, hat eine französisch-spanische Flotte am Kap Finisterre im äußersten Westen der Bretagne eine empfindliche Niederlage gegen die britische Flotte erlitten. Napoleon weiß, ohne Deckung durch eine schlagkräftige Kriegsflotte ist eine Landung in Großbritannien unmöglich. Und er erkennt, dass, nachdem die Briten ihre Vormacht zur See weiter gefestigt haben, seine Chance darin besteht, die Machtposition Frankreichs auf dem europäischen Kontinent weiter auszubauen, und zwar zuerst gegen Österreich, das mit England, Russland, Schweden und Neapel, aber ohne Preußen, eine neue Koalition gegen Frankreich und dessen deutsche Verbündete – Baden, Württemberg und Bayern – gebildet hat.

Das zweite Treffen, das Denon der geliebten Freundin in seinem Brief aus Wien angekündigt hat, kommt tatsächlich zustande – an zwei oder drei Tagen um den 10. September, in Verona, wenngleich unter Schwierigkeiten, die offenbar mit der Unruhe zusammenhängen, die der bevorstehende Krieg allenthalben auslöst. Er verwirrt die Reisewege Denons auch während der folgenden Wochen. Zu welchem Zweck er von Verona über Mantua und Bologna nach Ancona reist und von dort auch noch einen Ausflug nach Urbino macht, weiß man nicht. In Ancona erreicht ihn Ende September der Befehl, nach Paris zurückzukehren. Aber nachdem er Parma und Turin hinter sich gebracht und auch die Alpen überquert hat, bekommt er in Genf die Anweisung, sich doch nicht nach Paris, sondern nach Straßburg zu begeben. Während der Tage, an denen Denon von Genf nach Straßburg unterwegs ist, in der Zeit vom 16. bis zum 19. Oktober, erringt die «Grande Armée» in der Schlacht bei Ulm ihren ersten großen Sieg in dem neuen Krieg.

Zwei Tage später, am 21. Oktober, kommt es an der Südküste Spaniens, am Kap Trafalgar, zu einer Seeschlacht, in der eine zweite französisch-spanische Flotte von den Briten geschlagen wird. Der britische Oberkommandierende, Admiral Horatio Nelson, verliert dabei zwar sein Leben. Aber die Überlegenheit Großbritanniens als Seemacht hat er in eben dem Augenblick weiter gefestigt, als Napoleon seine Vormacht auf dem Kontinent ausbaut. Der Sieg bei Ulm öffnet der «Grande Armée» den Weg nach

Wien, das am 13. November kampflos eingenommen wird. Er lässt die Franzosen wenig später bis nach Austerlitz gelangen, wo sie am 2. Dezember 1805 einer an Zahl deutlich überlegenen Streitmacht von Österreichern und Russen eine schwere Niederlage bereiten und damit auch den dritten Koalitionskrieg für sich entscheiden.

Denon hält sich während dieser Wochen zunächst in Straßburg auf. Es ist wahrscheinlich ein Zufall, dass er am gleichen Tag, an dem Wien von den Franzosen eingenommen wird, einen Brief an Napoleon schreibt, der sich gleichwohl sehr präzise in das Geschehen dieser Tage fügt – einen Brief, der offenbar ein Resultat seiner Reise nach Wien im vergangenen August ist. Er besteht nämlich aus einer langen Liste von Vorschlägen, was alles sich in Wien und anderswo in österreichischen und deutschen Landen beschlagnahmen ließe:

Sire, es sollte in Frankreich ein Denkmal Ihrer Siege in Deutschland geben, wie man es auch für die in Italien errungenen geschaffen hat. Wenn Ihre Majestät es gestatten, würde ich Sie gern auf mehrere Objekte unterschiedlicher Art hinweisen, aus denen Sie beim Diktat der Verträge ein solches zusammenstellen können ...

Münzen: Im Kloster Sankt Florian in Oberösterreich gibt es eine Münzsammlung, die eine Anzahl von nirgendwo sonst auffindbaren Porträts enthält. Diese Sammlung, die man stets nur unter Schwierigkeiten besichtigen konnte, würde die des kaiserlichen Kabinetts Ihrer Majestät erweitern und viele Stücke für die Porträtsammlung liefern, mit der Monsieur Visconti befasst ist ...

Gemälde: Für die Sammlung Frankreichs wären noch wenigstens vierzig wünschenswert, besonders solche der deutschen Malerei, etwa von Michael Wolgemut, Martin Schongauer, Albrecht Dürer, Holbein und anderen, die im Museum bisher vollkommen fehlen. Unter den Werken der italienischen und der flämischen Malerei könnte man noch ein Dutzend auswählen.

Waffen-Trophäen: In den beiden Waffenkammern von Wien fin-

den sich solche von größter Schönheit und höchstem Interesse wegen
der Personen, denen sie gehört haben, etwa die Rüstungen Gottfrieds
von Bouillon, Rudolfs von Habsburg, Karls V. und anderer. In
Frankreich hat die Revolution Merkwürdigkeiten dieser Art restlos
zerstört. Unter der Obhut Ihrer Majestät hat man begonnen, in Paris
ein Waffenmuseum einzurichten, und solche Rüstungen würden das
Zeitalter Ihrer Majestät dort glorreich verkörpern ...

Mit dem tiefsten Respekt, Sire, bin ich Ihrer Kaiserlichen und Kö-
niglichen Majestät treuester Untertan. Denon.*

Dieser Brief hat zunächst keine praktischen Folgen. Während der
kurzen Besetzung Wiens gegen Ende des Jahres 1805 wird die
Stadt nicht geplündert. Dies geschieht erst vier Jahre später, als
die französische Armee – in Begleitung von Denon – Wien ein
weiteres Mal besetzt. Hiervon wird noch die Rede sein.

In Straßburg lernt Denon den Zeichner Benjamin Zix kennen –
wahrscheinlich durch die Vermittlung der Kaiserin Joséphine, die
dort den Ausgang der militärischen Operationen ihres Gemahls
abwartet. Zix scheint ihr schon Ende September aufgefallen zu
sein, als Napoleon mit seiner Armee auf dem Weg in den Krieg
feierlichen Einzug in Straßburg hielt. Da hatte er mehrere Entwürfe zur Ausschmückung eines aus diesem Anlass errichteten
Triumphbogens beigesteuert und außerdem Joséphine eine Zeichnung geschenkt, die sie im Straßburger Münster betend darstellt.
Denon ist von dem jungen Mann so angetan, dass er ihn auf der
Stelle in seine Dienste nimmt – als Zeichner, der ihn von nun an
auf Reisen begleiten und seine Aktivitäten dokumentieren soll,
und als Dolmetscher. Zix ist Elsässer, und sein Deutsch ist deutlich besser als sein Französisch.*

Im Dezember 1805 nimmt Denon den neuen Gehilfen mit nach
München, wo beide die Rückkehr Napoleons aus Österreich erwarten. Der Friede von Pressburg, mit dem dieser Krieg endet,
sieht vor, dass das bisher österreichische Venetien nun französisch
oder, genauer gesagt, Teil des Königreichs Italien wird. So kann

Denon in seinem ersten Brief des Jahres 1806 aus München an Isabella schreiben:

Es hat sich einiges getan in letzter Zeit, und Du gehörst jetzt zu uns, ganz ohne die Schrecken einer Belagerung. ... Stell Dir vor – dieses Glück, einen Landsmann zu küssen! Jedenfalls ist Venedig jetzt sehr viel näher gerückt, denn nun kann man mit dem Wagen, ohne auszusteigen und ohne Pass, bis Mestre fahren, wir können einander schreiben ohne die Angst, uns verdächtig zu machen, und gehören nun endlich zur gleichen Familie.*

Ende Januar 1806 ist Denon zurück in Paris. Benjamin Zix folgt ihm wenig später von Straßburg zusammen mit seiner Frau. In ausführlichen Briefen schildert er seinen Eltern das neue Leben in der Hauptstadt und die verheißungsvolle Stellung, die er bei Vivant Denon gefunden hat.

Die ersten vierzehn Tage hatte ich überhaupt keine Lust zu arbeiten, aber jetzt geht es wieder sehr gut. Inzwischen habe ich für Monsieur Denon drei Zeichnungen gemacht, mit denen er sehr zufrieden war. ... Ich gehe auch fast jeden Tag ins Museum, um zu zeichnen und die Meisterwerke zu studieren, auch sonst habe ich hier inzwischen viel gelernt, allein schon, indem ich mich umsehe.*

Monsieur Denon ist immer sehr zufrieden mit mir. Mehrmals schon hat er mir in Gegenwart angesehener Leute auf die Schulter geklopft und gesagt, ich sei ein braver Junge und er habe mich sehr gern. Seit ich hier bin, habe ich acht oder neun Zeichnungen für ihn gemacht, unter denen die Schlacht bei Austerlitz ein Meisterstück geworden ist und ihm ganz besonders gefallen hat. Er hat mir auch gesagt, ich sollte mal wieder etwas Neues für die Kaiserin machen. Vor ein paar Tagen hat er mich gefragt, ob ich hier schon viele Bekanntschaften geschlossen hätte. Ich habe ihm ehrlich geantwortet, es sei nicht meine Art, viele Bekanntschaften zu machen, und ich hätte noch *keine einzige. Da hat er gelacht, denn er kennt mich und hatte die Antwort erwartet. Ich finde nicht, dass man viele Bekannte haben muss.* Für mich ist Monsieur Denon die schönste aller Bekanntschaften: er mag mich, und ich habe immer viel für ihn zu tun.*

1. Louise-Elisabeth Vigée-Lebrun: «Porträt Isabella Teotochi Marin». Öl auf Papier und Leinen. Signiert und datiert: «L.E. / Für ihren Freund De Non / Venedig 1792.» Vgl. S. 81 ff., 352 f. – Passim.

2. Porträt eines jungen Mannes, das möglicherweise Vivant Denon darstellt. Eine Inschrift auf der Rückseite des Rahmens – «Gemalt von Vivant Denon» – gilt allerdings manchen als zweifelhaft. Pastell auf Papier. Vgl. S. 39.

3. Pierre-Paul Prud'hon: «Der Baron Dominique Vivant Denon». Öl auf Leinwand.
Fragment eines unvollendeten Porträts in Ganzfigur, nach 1812.

4. «Le Déjeuné de Ferney». Während eines Besuchs bei Voltaire in Ferney am 4. Juli 1775 von Denon gezeichnet, von François-Denis Née und Louis-Joseph Masquelier in Kupfer gestochen. Im Sessel neben dem Bett: Denons Freund und Förderer Jean-Benjamin de Laborde. Vgl. S. 37.

5. Vivant Denon: «Der Kardinal de Bernis und das diplomatische Korps am Hof von Neapel». Radierung, 1784. Vgl. S. 50.

6. Vivant Denon: Illustrierter Brief an Isabella, Florenz, 29.(?) September 1793.
Vgl. S. 99.

7. Vivant Denon: «Die Mitglieder des Revolutionskomitees der Sektion Bonnet-Rouge nach der Verurteilung». Schwarze und braune Tusche, grau und braun laviert, etwa November 1794. Kein Konvoi, der zur Guillotine führt, sondern eine Zurschaustellung von Revolutionären, die nach dem Ende der Vorherrschaft Robespierres wegen Machtmissbrauchs verurteilt wurden.

8.–9. Vivant Denon: «Georges Danton» und «Jacques-René Hébert». Zeichnungen, etwa Anfang 1794. Vgl. S. 118 f.

Habit civil du Citoyen François.

10. Vivant Denon: «Das Zivilgewand des französischen Bürgers», nach Jacques-Louis David. Kolorierte Radierung, etwa Juni 1794. Vgl. S. 116.

11. Vivant Denon: «Denon zeichnet die Ruinen von Hierakonpolis und sich selbst». Etwa Ende 1798, Anfang 1799. Zeichnung in schwarzer Tusche, grau und braun laviert. Ausschnitt. Vgl. S. 150.

12. «Der triumphale Einzug der künstlerischen und wissenschaftlichen Monumente aus Italien am 28. Juli 1798 nach Paris». P. G. Berthault nach A. Girardet: «Collection complète des tableaux de la Révolution française». Im Vordergrund die vier Bronzepferde von San Marco in Venedig. Vgl. S. 23 f.

13. Hubert Robert: «Der Saal des Apoll von Belvedere im Musée Napoléon». Öl auf
Leinwand, August 1803–1804. Ausschnitt. Vgl. S. 193.

14. Benjamin Zix: «Denon in der Kunstkammer des Berliner Stadtschlosses». Lavierte Zeichnung, Feder und braune Tinte, 1807. Links der «Betende Knabe», am rechten Bildrand «Amor und Psyche». Vgl. S. 215.

15. Benjamin Zix: «Die Ankunft der in Berlin konfiszierten Werke beim Musée Napoléon». Feder und braune Tinte, braun laviert, 1807. In der Mitte im Vordergrund «Amor und Psyche» und der «Betende Knabe» (vgl. Abb. 14). Rechts neben dem Eingang zum Museum die Quadriga. Vgl. S. 222.

16. Benjamin Zix: «Ausräumung der Kasseler Gemäldegalerie». Feder und braune
Tinte, braun laviert, 1807. Vorn links Denon kniend. Vgl. S. 230.

17. Robert Lefèvre: «Vivant Denon mit dem Werk Nicolas Poussins, in Kupfer
gestochen von Jean Pesne». Öl auf Leinwand, 1808.

18. Adolphe Roehn: «Vivant Denon legt die sterblichen Überreste des Cid und der Jimena in ihre Gräber zurück». Öl auf Leinwand, 1809. Vgl. S. 255.

19. Anonyme Karikatur: «Saute pour Le Roy», um 1814/15. Vgl. S. 325.

20. Anonyme Karikatur: Der französische Künstler, auf seine Kopie von
Raffaels «Verklärung» gestützt, vergießt Tränen, während aus dem Museum,
über dessen Eingang die Kolossalbüste Napoleons schon entfernt ist, der
Apollo von Belvedere und die Laokoon-Gruppe abtransportiert werden.
Etwa Oktober 1815. Vgl. S. 316 u. 320.

21. Jean-Baptiste Mauzaisse und Honoré-Gabriel Camoin nach René-Théodore Berthon: «Vivant Denon in seinem Kabinett». Lithographie, etwa 1813. Vgl. S. 330.

7. Kapitel

Ein Einquartierungs-Billett auf das goethesche Haus — Nach dem Friedensschluss von Pressburg baut Napoleon das System seiner deutschen Verbündeten weiter aus. Zunächst sind es vier größere Staaten – Bayern, Baden, Württemberg und Hessen-Darmstadt – und zwölf kleinere, die im Juni 1806 den Rheinbund bilden. Mit ihrem Beitritt verpflichten sich die Teilnehmer, das Heilige Römische Reich Deutscher Nation zu verlassen. Daraufhin legt Franz II. im August 1806 die Kaiserkrone ab und beschränkt sich darauf, als Franz I. der erste Kaiser von Österreich zu sein. Das Alte Reich hört auf zu existieren. Das neue Kaiserreich Napoleons geht seiner kurzen Blütezeit entgegen. Im Laufe der folgenden Jahre treten weitere zwanzig deutsche Staaten dem Rheinbund bei. Nur Österreich, Preußen, Braunschweig und das Kurfürstentum Hessen-Kassel halten sich fern. Preußen verbündet sich angesichts der wachsenden Macht Napoleons mit Russland. In grober Überschätzung der eigenen Kräfte fordert König Friedrich Wilhelm III. den Kaiser der Franzosen Ende August 1806 ultimativ auf, seine Truppen hinter den Rhein zurückzuziehen. Napoleon sieht darin eine Kriegserklärung. Er lässt die in Süddeutschland stehenden Einheiten seiner Grande Armée nach Thüringen marschieren, wo sie dem preußisch-sächsischen Heer in zwei Schlachten am gleichen Tag, dem 14. Oktober 1806, bei Jena und Auerstädt, eine katastrophale Niederlage bereiten. Zwei Wochen später wird Napoleon in Berlin einziehen, nachdem der König mit seiner Familie nach Königsberg in Ostpreußen geflohen ist.

Dem Hof zu Weimar ist bei den Kämpfen in der Umgebung der Stadt der Herzog abhandengekommen. Karl August von Sachsen-Weimar steht als Heerführer in preußischen Diensten, und tagelang ist unklar, wohin er sich nach dem verhängnisvollen 14. Oktober mit seiner Truppe gewendet hat. Herzogin Luise tut, was sie kann, um den Zorn des Siegers über ihren Gatten zu besänftigen. Napoleon droht, die Souveränität des Herzogtums zu vernichten, wenn sich Karl August nicht von der preußischen Armee löst und binnen vierundzwanzig Stunden nach Weimar zurückkehrt. Eine unerfüllbare Forderung. Aber die Herzogin vermag ihm eine Verlängerung der Frist abzuringen. Es gelingt ihr sogar, Napoleons Respekt und seine Sympathie zu gewinnen. Nach der Unterredung mit ihr sagt er zu einem seiner Generäle: «Was für eine Frau! Nicht mal unsere zweihundert Kanonen konnten ihr Angst machen!»

Tapferen Beistand leistet der Herzogin ein junger Regierungsrat, Friedrich Müller, der für die Verdienste, die er sich in diesen Tagen der Bedrängnis erwirbt, später geadelt und zum Geheimrat, schließlich sogar zum Kanzler ernannt werden wird. Müller hält engen Kontakt zu Georg Friedrich Dentzel, einem Oberst der französischen Armee, den Napoleon bei seiner Abreise aus Weimar am 17. Oktober zum Stadtkommandanten ernannt hat. Dentzel spricht vorzüglich Deutsch. Er ist deutscher Herkunft – in der Kurpfalz geboren – und scheint willens, nach drei Tagen wüster Plünderung mit der Stadt Weimar nun ein wenig glimpflicher zu verfahren. Er hat sogar ein offenes Ohr für Anregungen und Ratschläge der Einheimischen und sieht es gern, wenn Beamte der örtlichen Behörden in seinem Büro verweilen, etwa jener Friedrich Müller, der in seinen Erinnerungen später hierüber berichtet:

So geschah es, dass ich am 17. Oktober abends gerade gegenwärtig war, als ein kleiner, schwärzlicher Mann im schlichten blauen Oberrocke sich aus der bunten Menge hervordrängte, die den Schreibtisch des Kommandanten umlagerte, und in freundlichem Ton um ein Einquartierungs-Billett auf das goethesche Haus «pour Monsieur Denon» bat. – «Comment, seroit-ce pour le célèbre Denon? Est-il donc

ici? – Wie das, etwa für den berühmten Denon? Ist er denn hier?», rief
ich alsbald mit Lebhaftigkeit aus. Er war es selbst, wie ich sofort
entdeckte, und unsere Bekanntschaft knüpfte sich umso schneller,
als jener unwillkürliche Ausruf mir wohl zu einiger Empfehlung bei
ihm dienen mochte. Es lässt sich denken, dass Denon bei Goethe die
willkommenste Aufnahme fand. Er erzählte, wie er dem kaiserlichen
Hauptquartier überall nachzufolgen angewiesen sei, um nach Maß-
gabe der Ereignisse Zeichnungen zu Denkmünzen aufzunehmen
und sein Urteil über eroberte Kunstschätze und deren Auswahl abzu-
*geben.**

In Weimar allerdings werden keine Kunstschätze erobert. Denon,
der in Begleitung des Zeichners Zix und eines Sekretärs namens
Perne über Frankfurt, Würzburg, Bamberg und Gera angereist ist,
möchte den Aufenthalt nutzen, um Goethe wiederzusehen, dessen
Bekanntschaft er 1790 in Venedig gemacht hat. Und er ist, was ihn
selbst nicht wenig erstaunt haben mag, bei Goethe tatsächlich
sehr willkommen – gerade weil in diesen Tagen alles drunter und
drüber geht. Noch fünfundzwanzig Jahre später erinnert sich
Goethe voller Dankbarkeit an Denons Erscheinen und den um-
sichtigen Stadtkommandanten, dem er diesen Besuch zu verdanken hatte.

General Dentzel war 1806 in den bedenklichen Tagen Kommandant
in Weimar gewesen und hat sich überhaupt, besonders auch gegen
mich sehr gut benommen. Er quartierte Herrn Denon bei mir ein
und machte dadurch die unglücklichen Tage zu frohen Festtagen,
indem auch der Genannte wegen früherer Verhältnisse und einem
herkömmlichen Zutrauen mich das Lästige des Augenblicks nicht
*fühlen ließ.**

Am nächsten Morgen macht Denon der Herzogin Luise seine Aufwartung und leistet nachher selbst einen Beitrag, um den Fortbe-
stand des Herzogtums Sachsen-Weimar zu sichern. Als er nachmit-

tags nach Erfurt fährt, um dort den französischen Gouverneur der Stadt zu treffen und über den Entwurf einer Gedenkmünze anlässlich der Eroberung von Erfurt zu sprechen, lädt er Friedrich Müller ein, mitzukommen, und führt ihn bei dieser Gelegenheit in die für den jungen Regierungsrat ganz fremde Welt der französischen Armeeführung ein. Müller scheint rasch gelernt zu haben, sich auch ohne fremde Hilfe in diesen Kreisen zu bewegen. Er reist dem Kaiser nach und erlangt tatsächlich – einige Tage später in Berlin – dessen Zusicherung, dass Weimar seine Souveränität erhalten bleiben soll, dies jedoch einzig und allein wegen der «hohen Achtung» und der «innigen Freundschaft», die Napoleon für die tapfere Herzogin empfunden habe.*

Als Denon an diesem 19. Oktober 1806 von seinem Besuch in Erfurt gegen Mittag nach Weimar zurückkehrt, hat Goethe – die aufgewühlte Lage nutzend, um Aufsehen zu vermeiden – Christiane Vulpius geheiratet, die Mutter seines inzwischen sechzehn Jahre alten Sohnes August. Den Abend verbringt Goethe wieder mit Denon bei Hofe. Am nächsten Tag will Denon seine Reise fortsetzen. Aber der Morgen bleibt noch, um sich von Goethe dessen Medaillensammlung zeigen zu lassen. Ist es ein seit längerem gehegter Plan oder ein plötzlicher Einfall? Denon möchte Goethe zu Ehren eine Gedenkmünze anfertigen und lässt Zix auch noch rasch ein Porträt des Dichters im Profil zeichnen. Wieland steht in der Kürze der Zeit für ein Bildnis nicht mehr zur Verfügung. Aber Goethe verspricht, auch von ihm eine Zeichnung anfertigen zu lassen und an Denon zu schicken, und übermittelt gleich nach Denons Abreise dem Maler Johann Heinrich Meyer die Bitte um ein Profil Wielands:

*Denon wünscht es zu haben. Der Zweck ist, dass eine Medaille danach geschnitten würde. Es ist nur gut, dass unsre Überwinder wenigstens von einigen Individuen Notiz nehmen, da sie das Ganze nivellieren.**

An einen anderen Freund, Carl Ludwig von Knebel, schreibt Goethe drei Tage später:

Habe ich dir schon geschrieben, dass ich einen Besuch von meinem alten Freund Denon hatte, der sich einige Tage bei uns aufhielt? So muss erst ein Gewitter vorbeiziehen, wenn ein Regenbogen erscheinen soll! Er war äußerst munter und artig. *

*

Was Berlin zu bieten hat — Am 27. Oktober 1806 zieht Napoleon als Sieger über Preußen mit Teilen seiner Grande Armée durch das Brandenburger Tor in Berlin ein. Am gleichen Tag gelangt auch Denon in die preußische Hauptstadt und erhält Quartier in der Leipziger Straße, nicht weit vom Berliner Schloss entfernt. Zum ersten Mal steht er vor der Aufgabe, einen Triumph des Kaisers durch eine der Großartigkeit des Ereignisses entsprechende Auswahl von Kunstgegenständen zu repräsentieren und zu komplettieren. Ihn beschleichen jedoch Zweifel, ob ihm das mit dem, was er in Berlin zu finden erwartet, tatsächlich gelingen wird. Es gibt andere deutsche Städte, in denen er sich seiner Sache sicherer wäre – vor allem Dresden. Aber Berlin? Daher scheint es ihm ratsam, die womöglich allzu hochfliegenden Erwartungen seines Dienstherren vorsichtshalber zu dämpfen. Einen Tag nach ihrer beider Ankunft in Berlin schreibt er an den Kaiser:

Wenn auch Kunstgegenstände unter die Kriegsabgaben aufgenommen werden sollen, wird Preußen in dieser Beziehung nur sehr wenig beisteuern können; Sachsen jedoch könnte wohl fast so viel liefern wie Italien. Es gibt hundert Gemälde ersten Ranges in Dresden ... *

Aber Denon ist nicht in Dresden, sondern in Berlin. Und hier hat er es nicht mit der berühmten Sammlung des sächsischen Kurfürsten im Johanneum zu tun, sondern muss sich Zugang zur Kunstkammer im königlichen Schloss verschaffen. Deren Direktor, Jean Henry, ist kurz vor der Ankunft der Franzosen mit einem Teil der Sammlung geflohen – wohin, das scheint nicht klar zu sein. Denon hat ihn jedenfalls tagsüber in seinen Diensträumen nicht angetroffen. Jean Henrys Tochter Minette hat in ihrem Tagebuch geschildert, was dann am Abend dieses 29. Oktober geschieht, nachdem sie zusammen mit ihrer Mutter bei herrlichstem Wetter einen Spaziergang gemacht und dabei auch den Kaiser gesehen hat.

… sonst brachten wir den Tag ruhig zu Hause zu. Ich darf nicht unbegleitet ausgehen. Abends hatten wir noch einen Schrecken, nein, einen Schrecken, wie ich doch lange keinen gehabt habe. Um ein Viertel auf elf, als Reclams, die bei uns zu Abend gegessen hatten, fortgehen wollten, brachten Mama und ich sie heraus. Im Augenblick, wo ich mich der Türe näherte, um sie zu öffnen, klinkte jemand von außen daran. Wir erschraken. Mama und wir alle riefen wie aus einem Munde: «Wer ist da.» Eine starke Männerstimme antwortete: «Ein Offizier vom Kaiser!» Man stelle sich unsern Schrecken vor! Mama rief: «Macht nicht auf!» Reclam sagte: «Bah, man muss aufmachen. Wenn ein Mann dabei ist, kann man auch aufmachen.» Die Tür ging auf, und drei Herren in französischer Uniform traten ein, der erste, ein alter Herr mit einem liebenswürdigen Gesicht, fragte nach Papa. Mama wurde so weiß wie ihr Plaid und konnte vor Schreck kaum sprechen. Ich bin sonst nicht leicht zu erschrecken, aber da fürchtete ich mich auch, und zitterte wie Espenlaub. Mama konnte noch immer nicht sprechen, aber plötzlich, als sie genauer hinsah, erkannte sie den alten Herrn, es war Herr Denon, mit dem sie in Paris viel verkehrt hatte. Aber das milderte ihre Angst nicht, und sie sagte ihnen, dass Papa mit der Königlichen Kunstkammer abgereist wäre. Sie kamen nun zu uns herein, und Reclams auch. Da es schon eine von Mamas Befürchtungen gewesen war, dass der Kaiser deswegen auf Papa erzürnt sein könnte, sprach sie davon. Aber die Herren wiederholten mehrmals: «Aber nein, er hat ja nur den Befehlen seines Königs gehorcht.»*

Minettes Mutter, Suzette Henry, ist eine Tochter des bekannten Kupferstechers Daniel Chodowiecki – eine Malerin, die mit ihrem Mann 1803 eine Reise nach Paris gemacht hat. Dort hat sie das Musée Napoléon besucht und wohl auch darin gearbeitet und bei dieser Gelegenheit den Direktor des Museums kennengelernt.

Eine Woche nach dem späten Besuch bei den Henrys begibt sich Denon, begleitet von seinen Gehilfen, zum ersten Mal in die Kunstkammer im Berliner Schloss und beginnt dort auszuwählen, was ihm zur Ergänzung der Sammlungen des Museums in Paris geeignet und würdig erscheint. Den nach wie vor flüchtigen Direktor Jean Henry vertritt der Kastellan des Schlosses, Johann Gottfried Rhode. Er wird gegen Ende der mehrtägigen Operation gemeinsam mit Denon und dessen Sekretär das Beschlagnahmungsprotokoll unterschreiben. Inzwischen hat Benjamin Zix die drei Herren bei der Arbeit auch in einer Zeichnung festgehalten (Abb. 14).

Das Verzeichnis der im Berliner Schloss erbeuteten Kunstobjekte umfasst zunächst zehn Seiten.* Der Vollständigkeit halber, vielleicht auch als Gedächtnisstütze für den unwahrscheinlichen Fall, dass sich eines Tages die Chance ergeben könnte, die entführten Schätze zurückzuerlangen, hat Jean Henry ein Jahr später dem bei ihm verbliebenen Exemplar der Liste noch zwei Seiten hinzugefügt, auf denen Dinge verzeichnet sind, die bei Denons Besuchen vermutlich unerwähnt verschwunden sind.

Es ist nicht leicht, sich eine Vorstellung vom Umfang der Verluste zu machen. Stückzahlen sagen noch nicht viel über den Wert und die Qualität der Objekte aus: 204 überwiegend antike Marmor- und Bronzeskulpturen, 538 Gemmen, etwa 12000 historische Münzen, darunter 6773 römische Bronzemünzen und etwa 4000 mittelalterliche Brakteaten, einseitig aus dünnem Silberblech geprägte Münzen, außerdem Elfenbeinschnitzereien, Bernsteinobjekte und kunsthandwerkliche Arbeiten aus Indien und China.

Die Gemälde, die Denon im Berliner Schloss für Paris ausgewählt hat, sind in dem Protokoll vom 5. November 1806 gar nicht erwähnt. Sie werden zusammen mit anderen damals anderswo in Berlin und Potsdam beschlagnahmten Bildern in einer 1814 zusammengestellten Liste aufgeführt – alles in allem 123 Bilder, von denen 51 aus dem Berliner Schloss stammen und 55 aus Schloss Sanssouci.* Dorthin begab sich Denon am 10. November, nachdem er seine Auswahlarbeit in der Berliner Kunstkammer und im Schloss beendet hatte.

Auch Johann Gottlieb Puhlmann, der Direktor der Gemäldesammlung von Sanssouci, hat beim Herannahen der Franzosen Vorsorge zu treffen versucht, indem er die wertvollsten Bilder der ihm anvertrauten Sammlung nach der Festung Küstrin schicken ließ. Die hierbei zwangsläufig entstandenen Lücken an den Wänden hat er teils durch Verschieben der übrig gebliebenen Gemälde, teils durch Einfügen eigener Produktionen zu verdecken versucht. Denn Puhlmann ist auch Maler, und eine Zeitlang scheint er sogar geglaubt zu haben, sein Täuschungsmanöver sei ihm gelungen. Denon jedoch bekommt Wind von seiner Finte. Ende November begibt er sich nach Küstrin, holt die dorthin ausgelagerten Potsdamer Gemälde – etwa fünfzig an der Zahl – zurück und fügt sie seiner Ausbeute hinzu.

Während der Tage von Denons Aufenthalt in Potsdam könnte jener Spaziergang stattgefunden haben, bei dem er mit Napoleon durch die Gemächer von Sanssouci gestreift sein soll – jeder auf der Suche nach einem sinnfälligen Andenken für sich. Möglich, dass diese Geschichte eine der Legenden ist, die man sich später immer wieder über Denon erzählte, zu deren Verbreitung er aber auch selbst gern beigetragen hat. Lady Morgan, die irische Schriftstellerin, die in ihren Büchern mehrmals ausführlich auf Denon zu sprechen kommt, schildert in ihrem «Book of the Boudoir» auch, wie anschaulich er erzählen konnte – etwa über seinen Besuch mit dem Kaiser in Potsdam.

Von dem Besuch in Schloss Sanssouci und dem schmeichlerischen Interesse, mit dem Bonaparte die dortigen Gemächer besichtigte, in denen man seit der Zeit Friedrichs des Großen nichts verändert hatte, erzählte er nicht bloß – er erweckte die Szene zum Leben, indem er sie nachspielte. Und die Plünderung der armoires *[der Schränke] und* secrétaires *wurde geradezu in Räubermanier geboten. Die Beute des Kaisers bestand in Friedrichs Degen; der Fang, den Denon machte, war genauso charakteristisch – ein Manuskript mit poetischen Entwürfen des Königs in dessen eigener Handschrift, versehen mit Korrekturen von Voltaire. Der hatte neben manche Strophen geschrieben «digne des meilleurs poètes français» [der besten französischen Poeten würdig] und neben andere nur ein tadelndes «fi donc!» [pfui]. Voltaire nannte dies «dem König die Wäsche waschen».* *

*

Die Quadriga wird verschickt — Man weiß nicht, wann und wo sich Alexander von Humboldt der langen Reihe von Vivant Denons illustren Bekannten beigesellt hat – wahrscheinlich schon in Paris, wo er sich 1804 und 1805 nach der Rückkehr von seiner fünfjährigen Reise durch Süd- und Mittelamerika aufhielt, aber vielleicht auch erst zu Beginn von Denons Aufenthalt in Berlin. Bekannt ist jedenfalls, dass es Alexander von Humboldt war, der den Direktor des Musée Napoléon Anfang November 1806 bei Johann Gottfried Schadow einführte. Denon soll dem hochangesehenen, viel beschäftigten Bildhauer eine Botschaft des Kaisers überbringen: Man wisse, dass er an einem Denkmal Friedrichs des Großen arbeite, und er solle getrost damit fortfahren, die erforderlichen Geldmittel würden ihm weiterhin angewiesen werden. Auch in dieser Geste scheint sich der Respekt auszudrücken, den Napoleon schon am Grab des preußischen Königs geäußert haben soll: «Wenn du noch lebtest, stände ich nicht hier.» Doch Schadow erklärt dem überraschten Denon, dass die Arbeit an Friedrichs Denkmal seit langem ruhe.* Er berichtet von einem anderen Projekt, mit dessen Planung er beschäftigt sei, einem Denkmal für Nikolaus Kopernikus. Denon ahnt wohl schon, dass er auf seinen Wegen durch Deutschland noch bis nach Ostpreußen gelangen wird. Jedenfalls verspricht er Schadow, ein Porträt von Kopernikus für ihn zu kopieren, das in dessen Geburtsstadt, Frauenburg am Frischen Haff, aufbewahrt werden soll.

Schadow ist erstaunt, wie sehr sich sein französischer Gast für die frühe deutsche Malerei interessiert. Nach altdeutschen Kunsterzeugnissen, so schreibt er an Karl August Böttiger in Dresden, sei Denon «sehr lüstern», und fügt hinzu:

… sollte er dergleichen irgendwo wittern, so wird er solche aus Achtung in Verwahrsam bringen. Er hat einen Kunstblick, der einzig ist, den Wert der Originalität, den Meister und das Zeitalter zu erkennen, er ist viel gelehrter, als man allgemein glaubt.*

Als Schadow dies schreibt, hat er es mit dieser Lüsternheit Denons selbst schon zu tun bekommen. Auch bei ihm hat Denon ein altes deutsches Bild entdeckt und «in Verwahrsam» gebracht – aber gegen Bezahlung und anscheinend mit dem Einverständnis des Besitzers. Jahre später erinnert sich Schadow:

Selbst Geld bedürfend, verkaufte ich ihm ein Gemälde von Martin Schön [Schongauer], was nun zum Königlichen Museum in Paris gehört.*

Heute hängt das Bild «Die Israeliten erhalten das Manna in der Wüste» im Musée de la Chartreuse im nordfranzösischen Douai und wird nicht mehr Martin Schongauer zugeschrieben, sondern aus der Not des Nichtwissens dem «Meister des Manna». Die Quittung über den Empfang von 740 Francs in bar, die Schadow Denon am 21. November 1806 ausgestellt hat, ist im französischen Nationalarchiv erhalten geblieben.*

Aber der eigentliche Grund für Denons Besuch bei dem Berliner Bildhauer ist ein anderer. Es geht ihm um die Quadriga, die Schadow unter Mitwirkung des Kupferschmieds Emanuel Ernst Jury 1793 für das Brandenburger Tor geschaffen hat. In seinen Erinnerungen schreibt Schadow später:

Denon, der sich durch seine Beschreibung von Ägypten einen guten Namen gestiftet hat, den jedoch die französischen Generale «notre voleur à la suite de la Grande Armée – unseren Dieb bei der Großen Armee» nannten, kam, um die Abnahme der Quadriga vom Brandenburger Tor anzuordnen, wozu denn der Kupferschmied Jury von Potsdam herbeigerufen wurde.*

Jurys Mitwirkung bei der Demontage der großen Figurengruppe ist dringend erforderlich. Für seine Arbeit und die seiner Gehilfen werden ihm aus einer französischen Kasse 6000 Francs gezahlt.* Drei Wochen nimmt die komplizierte Operation in Anspruch. Inzwischen dringt die französische Armee schon über Berlin hinaus weiter nach Osten vor. Am 4. November erreicht sie Posen, am 18. November Thorn, am 28. November Warschau. In diesen Tagen schreibt Denon zum ersten Mal von seinem erneuten Aufenthalt in Deutschland an Isabella.

Seit einem Monat bin ich jetzt ein Berliner; morgen werde ich im Bezirk Posen sein, demnächst dann in Warschau und ich weiß nicht wo noch. Adieu, denk an mich, damit ich nicht so friere. Nichts habe ich so gefürchtet wie einen Winterfeldzug, und nach dem letztjährigen ist dies nun schon der zweite. Ich liebe Dich deshalb um nichts weniger. Tausend Grüße an all Deine Lieben.*

Bis in die Provinz Posen reist Denon allerdings zunächst nicht, sondern nur bis Küstrin an der Oder, wo er die Gemälde beschlagnahmt, die der Direktor der Gemäldesammlung von Schloss Sanssouci dort hatte verstecken wollen. Als er wieder in Berlin ist, berichtet er Napoleon, der sich inzwischen ebenfalls weiter nach Osten begeben hat, über den Stand der Dinge bei der Eroberung der für den Kaiser und seine Armee wichtigsten Berliner Trophäe.

Sire, zwei Pferde der Quadriga auf dem Brandenburger Tor sind schon heruntergenommen. Das Übrige wird in drei Tagen erledigt und in acht Tagen verpackt sein. Allerdings habe ich mich mit den Berlinern nun wohl vollends überworfen; doch die Frauen mit ihrem untrüglichen Taktgefühl haben alle gesagt: Die Victoria hätte ich auch mitgenommen! Diese Trophäe ist umso glänzender, als sie keinerlei wirklichen Wert besitzt.*

Dem Generaldirektor der Künste liegt nicht viel an dem Berliner Viergespann. Wäre es nach ihm gegangen – er hätte den Wagen mit der Friedens- oder Siegesgöttin wahrscheinlich nicht nach Paris schaffen lassen. Dabei kennt er sich aus mit politischer Symbolik. Er ahnt wohl auch schon, dass die immer zahlreicher werdenden Siege des Kaisers ihm in absehbarer Zeit auf dem Feld der Planung und Errichtung von Denkmälern reichlich Arbeit bescheren werden. Aber Werke von wahrhaft künstlerischem Wert bedeuten Denon viel mehr als Schadows Quadriga oder der Degen Friedrichs des Großen. Deshalb kommt er auch in diesem Brief noch einmal auf die Gemäldesammlung in Dresden zurück.

Sachsen vollzieht in diesen Tagen – wie viele deutsche Staaten schon früher und etliche später – einen Seitenwechsel. Bisher mit Preußen verbündet und mit 20 000 Soldaten an der Schlacht bei Jena beteiligt, findet sich das Kurfürstentum nun bereit, Napoleons Rheinbund beizutreten. Es wird dabei zum Königreich erhoben, und Kurfürst Friedrich August III. darf sich nach dem Frieden von Posen König August I. nennen. Denon glaubt zu erkennen, dass sich im Augenblick dieses Übergangs eine Chance zur Bereicherung der Sammlungen seines Museums eröffnet, wie sie nie mehr wiederkehren wird. Er weiß, dass von Beschlagnahmung und Beutemachen im Verhältnis zu Sachsen schon nicht mehr die

Rede sein darf. Deshalb versucht er in fast beschwörendem Ton, eine andere Argumentation zu entwickeln:

Ich bin überzeugt, Sire, dass sich dieser Fürst ohne weiteres zur Opferung einiger Stücke entschließen würde, wenn er glaubt, die Kontribution, die er doch zahlen muss, hierdurch verringern zu können. Die vertraglich vereinbarten Geldzahlungen, die ja nie ganz erfüllt werden, ließen sich in diesem Fall durch einige Stücke ergänzen, die zu wirklichen Werten werden würden, da sie ganz und gar in den Schatz Ihres Ruhmes eingehen und dort für immer verbleiben würden. So klein die Zahl der Dinge, die Ihre Majestät fordern würde, auch wäre – es würde sich doch immer um einen großen Wert handeln. Für ein einziges Bild von Raffael in der Dresdener Sammlung [die «Sixtinische Madonna»] hat König August 9000 Louisdor gezahlt, und Ihre Majestät könnte dafür schon den doppelten Wert ansetzen. «Die Nacht» von Correggio ist wenigstens genauso viel wert; zwei andere Correggios und ein Holbein sind von gleichem Rang. Dieser letztgenannte Maler fehlt in Ihrem Museum völlig. – Es geht nicht um Beute, wenn ich Ihrer Majestät vorschlage, vier oder sechs Bilder aus einer Sammlung zu verlangen, die 2000 umfasst, darunter 200 von höchstem Rang, und zu der außerdem Berge von Gold, Diamanten und Perlen gehören; aber ich muss Ihrer Majestät wiederholen, dass sich, auch wenn Sie nun den Rest von Europa erobern, nie wieder eine solche Gelegenheit ergeben wird, wie Sachsen sie Ihnen in diesem Augenblick bietet. Es ist nicht meine Begeisterung, die hier zu Ihnen spricht, Sire, sondern mein Pflichtgefühl. *

Der Brief erreicht Napoleon in Posen während der Verhandlungen mit dem Kurfürsten von Sachsen. Aber ein einflussreicher Landsmann macht Denon einen Strich durch seine Berechnungen. In seinen «Memoiren» erzählt Napoleons Außenminister, Charles-Maurice de Talleyrand:

Damals erhielt Napoleon die Liste der Gemälde, zu deren Beschlag-
nahmung in der Dresdener Galerie Monsieur Denon ihn bewegen
wollte. Er war dabei, sie zu lesen, als ich sein Arbeitszimmer betrat,
und zeigte sie mir. – «Wenn Ihre Majestät einige der Dresdener Bil-
der wegnehmen lassen», sagte ich, «so tun Sie mehr, als sich der Kö-
nig von Sachsen je erlaubt hat, denn er hält sich nicht für befugt,
auch nur eines von ihnen in sein Schloss zu hängen. Er achtet die
Galerie als einen Besitz des ganzen Volkes.» – «Ja», sagte Napoleon,
«das ist ein trefflicher Mann; wir wollen ihm keinen Kummer ma-
chen. Ich werde Befehl geben, nichts anzurühren. Später sehen wir
*weiter.»**

In Berlin hat Denon getan, was er im Gefolge der Großen Armee
tun konnte. Er wartet noch ab, bis die Quadriga ganz zerlegt und in
zwölf Kisten verpackt ist, und macht sich dann am 19. Dezember
auf den Weg in das Herzogtum Braunschweig. Zwei Tage später
verlässt auch die Quadriga Berlin – zu Schiff. Mit einer Anzahl weiterer Kisten voller Kunstbeute nimmt sie einen erstaunlichen Was-
serweg – über Spree, Havel und Elbe nach Hamburg, von dort nach
Rotterdam und über den Rhein und die Mosel bis Metz, dann auf
dem Landweg nach Saint Dizier und weiter auf der Marne, die im
Nordosten von Paris in die Seine mündet. Am 17. Mai 1807 trifft der
Kunsttransport aus Berlin beim Hafen Saint-Nicolas ein (Abb. 15),
der damals am rechten Seine-Ufer gleich neben dem Louvre lag.*

*

Weihnachten in Wolfenbüttel — Sein erster dienstlicher Weg
nach der Ankunft im Herzogtum Braunschweig scheint Denon in
die Wolfenbütteler Herzog-August-Bibliothek geführt zu haben –
am 24. Dezember 1806. Er soll dem Generalintendanten der Gar-
nison Braunschweig, Martial Daru, und dessen Vetter, einem jungen Mann von dreiundzwanzig Jahren, der im Rang eines
Kriegskommissars in Darus Stab arbeitet, hilfreich zur Seite ste-

hen. Es geht darum, der örtlichen Bibliothek, die zu den größten Europas gehört und in der neben vielen anderen schon Gottfried Wilhelm Leibniz und Gotthold Ephraim Lessing als Bibliothekare tätig waren, eine angemessene Zahl ihrer Schätze zu entnehmen. Denon will dort nicht etwa selbst die Auswahl treffen oder auch nur an ihr beteiligt sein. Auf dem Gebiet alter Handschriften, früher Druckwerke und wertvoller Bücher überhaupt fühlt er sich nicht zu Hause. Daher sein Vorschlag, in Wolfenbüttel fürs Erste nur ein einziges Werk zu beschlagnahmen, den Katalog der hier verwahrten Handschriften und Inkunabeln. Den solle man nach Paris schicken, wo dann die kundigen Mitarbeiter der Kaiserlichen Bibliothek ihre Auswahl treffen und eine Wunschliste zusammenstellen können.

Am Ende dieses Tages nehmen Daru und Denon zwar auch einige prächtig verzierte Handschriften mit – aber der Katalog ist doch die Hauptsache. Man weiß, dass Darus Vetter sich am ersten Weihnachtstag des Jahres 1806 auf den Weg nach Frankreich machte, und man vermutet, dass er den Katalog bei sich hatte. Denn im Februar 1807 kehrt er nach Wolfenbüttel zurück und sorgt dafür, dass 318 Handschriften und 37 Bücher aus der Frühzeit des Buchdrucks nach Paris geschickt werden. Man kennt auch den Namen des jungen Mannes – Henri Beyle, der seine eigenen Bücher ab 1817 unter dem Namen Stendhal drucken lassen wird. Beyle und Denon werden sich in den nächsten Jahren noch einige Male begegnen – in Paris, in Wien und noch einmal in Paris. Aber kennengelernt haben sie sich sehr wahrscheinlich hier, zu Weihnachten 1806 in Wolfenbüttel.

Denon besucht an diesem 25. Dezember, zusammen mit Martial Daru, das Schloss Salzdahlum zwischen Wolfenbüttel und Braunschweig. Nun bewegt er sich wieder auf vertrautem Terrain. Denn in Salzdahlum, bisweilen auch Salzthalen genannt, ist die Gemäldesammlung der Herzöge von Braunschweig untergebracht. Ob Denon weiß, was ihn dort erwartet? Oder ob er es erst begreift, als er sich in den Sälen umsieht? Das Herzogtum Braunschweig-Wolfenbüttel verfügt dank seiner Landesfürsten, die seit jeher dem Wissen, dem Studium, der Kultur und der Kunst zugeneigt sind, nicht nur über jene vorzügliche Bibliothek, sondern auch über einige andere Sammlungen, die in ihrer Erlesenheit und ihrem Umfang hinter denen von Berlin und Potsdam nicht zurückstehen, sondern sie vielleicht sogar übertreffen.

So wie Wolfenbüttel seinen Reichtum an Büchern dem Herzog August verdankt, gehen die Gemäldegalerie von Salzdahlum und das Schloss selbst mit seinen weitläufigen Parkanlagen vor allem auf seinen Sohn Anton Ulrich zurück. Dieser hat zeit seines Lebens auch die Bibliothek weiter gefördert. Er hat sich sogar selbst als Schriftsteller betätigt und in dieser Eigenschaft nicht nur Gedichte, Schauspiele und Opernlibretti, sondern auch einige extrem dickleibige Romane verfasst. Als ehrgeiziger Bauherr hat er in Braunschweig zudem ein großes Opernhaus mit fast tausend Plätzen einrichten lassen und schließlich – von 1688 bis 1694 – auch Salzdahlum erbaut, nach dem Vorbild dessen, was sich Ludwig XIV. um die gleiche Zeit in Versailles leistete.

In der norddeutschen Tiefebene allerdings erwies sich das vorgesehene Baugelände als so sumpfig, dass schon die Kosten für dessen Trockenlegung dem Herzog die Grenzen seiner finanziellen Möglichkeiten vor Augen führten. Daher sein Entschluss, das Schloss, statt aus Stein, vor allem aus Holz und in Fachwerkbauweise zu errichten – mit Ausnahme der Fundamente und der Treppen. Wände und Fassaden sollten durch Anstrich und Bemalung einen Steinbau nur vortäuschen. Anfangs und zumal, nachdem der Herzog seine Gemäldesammlung in Salzdahlum untergebracht hatte, wirkte alles recht ansehnlich – sogar bis weit über seinen Tod im Jahre 1714 hinaus. Während der letzten Jahrzehnte des 18. Jahrhunderts jedoch geriet das hölzerne Schloss nach und nach in Verfall. Die Witterung und die unbesiegte Bodenfeuchtigkeit setzten ihm weiter zu. Seit langem gab es die Idee, sämtliche herzoglichen Sammlungen – vor allem die Gemälde aus dem von Schimmel und Fäulnis bedrohten Schloss Salzdahlum – in einem

Museum in der Stadt Braunschweig selbst zusammenzuführen. Aber der hierfür erforderliche Erweiterungsbau war, als Denon auftauchte, über das Stadium der Planung noch nicht hinausgelangt.*

Im Herzogtum Braunschweig scheint Denons Sammeleifer besonders groß gewesen zu sein. Er beschlagnahmt hier 278 Gemälde, mehr als doppelt so viele wie in Berlin und Potsdam zusammen. Schon durch ihre Qualität erweist sich die reiche Sammlung im Schloss Salzdahlum als eine große Verlockung. Aber etwas anderes kommt hinzu – die nach wie vor sehr wache Erinnerung an Karl Wilhelm Ferdinand, jenen Herzog von Braunschweig, der den Franzosen in seinem Manifest mit beispielloser Rache drohte, falls sie dem König und dessen Familie etwas antäten. Er war die treibende Kraft im Krieg der alliierten Mächte und der Emigranten gegen das sich erhebende und erneuernde Frankreich von 1792 gewesen. Dafür hatte ihn Denon schon verachtet, als er das Geschehen in Frankreich noch aus dem fernen Italien verfolgt hatte. An der Feindseligkeit, die der bloße Name Braunschweig seither überall in Frankreich weckt, hat auch die Tatsache nichts geändert, dass der Herzog kaum vier Wochen zuvor auf dänischem Gebiet bei Hamburg gestorben ist – an den Folgen eines Gewehrschusses von der Seite, der ihm bei der Schlacht von Auerstädt beide Augen zerschlagen hat.

Das dritte und letzte herzogliche Institut, auf das sich Denons Interesse richtet, ist das Museum der Stadt Braunschweig selbst. Kaum vier Monate zuvor hat hier Johann Friedrich Ferdinand Emperius die Leitung übernommen und steht nun vor der unerfreulichen Aufgabe, den berühmten und berüchtigten Amtskollegen aus Paris durch die Sammlungen seines Hauses zu führen. Aus einem Abstand, der seinem Urteil über Denon eine gewisse Bedachtsamkeit verliehen haben mag, hat Emperius später einen ausführlichen Bericht über die «Wegführung und Zurückkunft der Braunschweigischen Kunst- und Bücherschätze» verfasst und im Jahre 1816 drucken lassen.

Wäre das Geschäft, das er hier verrichten sollte, nicht so gehässig [feindselig] gewesen, so würde eine nähere Bekanntschaft mit ihm mir sehr erwünscht geschienen haben. Herr Denon war als Künstler, als Kenner von Kunstwerken, als Direktor der größten Sammlung der herrlichsten Werke, die je zusammengebracht war, als Reisender, als Schriftsteller, berühmt und ausgezeichnet. Seine Annehmlichkeit im Umgang und seine in diesem Umgange erworbene Erfahrung und Gewandtheit empfahl ihn nicht weniger als sein gebildeter Geschmack und seine mannigfaltigen, wenn auch nicht immer ganz gründlichen Kenntnisse.*

Emperius schildert, wie Denon sich beim Auswählen anfangs auf einige wenige Dinge beschränken zu wollen scheint, wie dann jedoch im Laufe der Zeit immer mehr Stücke sein Interesse wecken und das «Ausheben» schließlich volle sechs Tage dauert. Einige Teile des Bestandes, etwa die Majolika- und die Emaille-Sammlung, wecken besonders großes Interesse bei ihm. Für sie will er sich in Paris ganz besonders einsetzen:

... er wollte nun einmal alles beisammen behalten und ließ über 900 Stück von dieser Majolika-Sammlung einpacken. ... Mit nicht minderer Begierde bemächtigte er sich der Sammlung von Emaille-Arbeiten aus der Fabrik von Limoges, unter denen in der Tat ungemein schön gezeichnete Sujets vorkommen. Auch diese sollten in Kupfer gestochen werden. Erst dadurch, sagte Herr Denon, würden sie der Welt nützlich. Er meinte, dass der bessere Gebrauch, den man in Paris von solchen Denkmälern der Kunst zu machen wisse, uns für die Aufopferung derselben nicht wenig trösten müsse. Indessen ist dieser angekündigte trostreiche Gebrauch von den beiden Sammlungen nie gemacht worden.*

Gelegentlich lässt sich Denon auch in seinen Entscheidungen umstimmen, etwa wenn Emperius, der das Museum in Paris selbst schon besucht hat, ihn darauf hinweist, dass die dortigen Sammlungen ähnliche oder gar bessere Stücke schon besitzen. Zuletzt gibt der Directeur des Arts sogar Ratschläge, wie man dasjenige, was er nicht anrührt, vor der Begehrlichkeit anderer Franzosen, die nach ihm kommen könnten, schützen möge – indem man es versteckt, wegschließt, nicht darüber spricht.*

Aber zunächst einmal macht Denon im Museum des Direktors Emperius reiche Beute. Fast 250 Handzeichnungen, teils italienischer, teils flämischer, vor allem aber deutscher Herkunft nimmt er weg, beschlagnahmt außerdem sechs antike Büsten und 60 kleinere, meist antike Bronze- und Marmorfiguren – dazu die schon genannten Emaille-Arbeiten aus Limoges und die Majolika-Sammlung, die er als besonders wichtigen Fund ansieht. Zusammen mit zahlreichen elfenbeinernen Kunstsachen, Holzarbeiten, chinesischen Objekten und verschiedenen Merkwürdigkeiten nimmt das alles den Raum von 25 Kisten in Anspruch. Sie werden mit den Gemälden aus Salzdahlum, die 29 Kisten füllen, und einer weiteren Ladung mit ähnlicher Beute aus Berlin im März 1807 auf den Weg nach Paris gebracht.* Denon reist, sobald er seine Arbeit in Braunschweig getan hat, nach Kassel weiter.

*

Soll ich etwa nichts nehmen? — Die Kunstsammlung dort geht auf den Landgrafen Wilhelm VIII. von Hessen-Kassel zurück, zu dessen frühen Erwerbungen schon wichtige Werke von Rubens und Rembrandt gehörten, den zu seiner Zeit am meisten geschätzten Malern. Sein Sohn, Friedrich II., der ihm 1760 nachfolgte, baute diese Sammlung nicht nur aus, er gründete in Kassel auch eine Akademie der bildenden Künste und ließ zwischen 1769 und 1779 das nach ihm benannte Fridericianum errichten, eines der ersten allgemein zugänglichen Museen in Europa.

An Geld mangelte es den Landgrafen von Hessen-Kassel im 18. Jahrhundert nie. Sie gehörten zu den reichsten Fürsten Deutschlands, nicht zuletzt durch ihren schwunghaften Handel mit Soldaten – die Vermietung von angeworbenen oder zum Dienst gepressten Untertanen und durchreisenden Fremden etwa an den englischen König Georg III., der sie in Nordamerika gegen die für ihre Unabhängigkeit kämpfenden Kolonisten einsetzte, unter ihnen das bekannteste Opfer dieser schändlichen Praktiken, der Schriftsteller, Verlagslektor und Korrektor Johann Gottfried Seume. Auch Wilhelm IX., der 1785 Friedrichs Nachfolge antrat, profitierte noch von diesem lukrativen Geschäft.

Beim «Reichsdeputationshauptschluss» im Jahre 1803 – der durch Napoleons Eroberungspolitik ausgelösten Neuordnung von Gebieten und Herrschaften im Heiligen Römischen Reich – wird dem Landgrafen Wilhelm IX. die Kurwürde zuerkannt und damit Sitz und Stimme bei der Wahl des deutschen Kaisers. Der neue Kurfürst nennt sich fortan Wilhelm I., und aus Hessen-Kassel wird «Kurhessen». Doch das alte Reich geht im August 1806 unter, ohne dass noch einmal ein Kaiser zu wählen gewesen wäre.

Kurfürst Wilhelm I. will seinem Land die Neutralität bewahren. Er tritt dem von Napoleon dominierten Rheinbund nicht bei, und als zwischen Preußen und Frankreich der Krieg ausbricht, mobilisiert er einen Teil seiner Truppen, um den Franzosen seine Verteidigungsbereitschaft zu demonstrieren. Die jedoch nehmen seine Geste nach ihrem Sieg bei Jena zum Anlass, Kurhessen in kürzester Zeit ohne Kampf zu besetzen. Am 1. November 1806 erreichen sie Kassel. Der Kurfürst flieht – zuerst auf dänisches Gebiet nach Schleswig, später nach Prag. Einen großen Teil des Staatsschatzes kann er retten – den wertvollsten Teil seiner Kunstschätze nicht. Vieles wird schon entwendet, bevor Vivant Denon überhaupt in Erscheinung getreten ist.

Dabei hatte Wilhelm besonders umsichtig vorgehen wollen. Schon im September 1806, bei den ersten Anzeichen des heraufziehenden neuen Krieges, hatte er 42 Kisten mit dem Kostbarsten aus seinen Schlössern und Sammlungen – Münzen, Silbergerät, Schmucksachen, Kunstgegenstände, Gemälde – einpacken und auf der abgelegenen Sababurg im Reinhardswald nördlich von

Kassel verstecken lassen.* Doch die Auslagerung derart umfängli-
cher Schätze blieb nicht geheim, und so kam es, dass die Kisten
von der Sababurg mit zum Ersten gehörten, was die Franzosen in
Kurhessen beschlagnahmten. Einer ihrer Generäle, Joseph
Lagrange, ließ sie nach Kassel zurückholen und schickte sie dann
weiter nach Mainz, wo Kaiserin Joséphine den Ausgang des Feldzugs abwartete. Zu dieser Sendung gehörten auch 48 Gemälde, die
dem Kurfürsten selbst als besonders wertvoll und besonders schüt-
zenswert gegolten hatten. Zwölf von ihnen gingen schon auf dem
Weg nach Mainz verloren, und als Joséphine fünf Jahre später
einen Katalog ihrer Gemäldesammlung im Schloss Malmaison bei
Paris herausgeben ließ, da befanden sich noch etwa zwanzig Bilder aus dieser ohne Mitwirkung Denons erfolgten Beschlagnahmung in ihrem Besitz. Die übrigen hatte sie inzwischen, so scheint
es, verschenkt, verkauft oder gegen andere getauscht.*

Vivant Denon kommt erst zwei Monate nach der Besetzung von
Kassel in die Stadt, am 3. oder 4. Januar 1807. Bei ihm sind, wie in
Berlin, der Zeichner Benjamin Zix und sein Sekretär Perne. Während der ersten Tage gilt Denons Aufmerksamkeit den Gemälden.
An verschiedenen Orten der Stadt trifft er seine Auswahl – in den
Räumen der Kunstakademie, im Schloss des Kurfürsten, im Palais
des Kurprinzen Wilhelm, der beim Erscheinen der Franzosen mit
seinem Vater aus der Stadt geflohen ist, und vor allem in der Gemäldegalerie an der Frankfurter Straße. Dorthin lässt er auch die
andernorts beschlagnahmten Bilder bringen, und dort wird am
8. Januar das Protokoll aufgenommen.* Es unterzeichnen der Chef
der Militärverwaltung in Hessen, ein gewisser Martellière, und
Denon für die französische Seite, der Hofmarschall Graf von Bohlen und der Direktor der Galerie, Johann Heinrich Tischbein, für
Hessen-Kassel – nicht jener Tischbein, der Goethe in der Cam-
pagna gemalt hat, sondern dessen älterer Bruder. Die Liste führt
263 Gemälde auf und in einem Anhang weitere 36, die eine Woche
später noch in einem zuvor offenbar übersehenen Raum neben
dem Thronsaal in der Residenz des Kurfürsten entdeckt worden

sind. Rembrandt, Rubens, Frans Hals, van Dyck, Wouwerman, Paulus Potter und andere Niederländer und Flamen sind in dieser Liste ebenso verzeichnet wie Albrecht Dürer, Lucas Cranach und – jeweils mit weniger Bildern vertreten – etliche Italiener: Caravaggio, Tizian, Guido Reni, Paolo Veronese, Tintoretto.

Bei der Bewältigung einer solchen Menge nicht selten sehr großer Bilder, die binnen weniger Tage inmitten ungezählter anderer ausgewählt, abgehängt, herumgeschleppt und katalogisiert werden mussten, wird es oft erheblich hektischer zugegangen sein, als es die Zeichnungen ahnen lassen, die Benjamin Zix in Kassel angefertigt hat (Abb. 16).

Am 9. Januar jedenfalls besucht Denon schon das Kasseler Fridericianum, das die Bibliothek der Fürsten von Hessen-Kassel und vor allem die Antikensammlung beherbergt. Hier begrüßt ihn, wenn auch widerstrebend, Ludwig Völkel, der seit 1795 die Oberaufsicht im Fridericianum hat. Einige Jahre bevor er selbst dergleichen miterleben muss, hat Ludwig Völkel selbst schon über Kunstraub geforscht und geschrieben – wohlgemerkt, über den der alten Römer. Aber angeregt hatte ihn dazu die Besetzung Roms durch den französischen General Berthier im Jahre 1798. Noch im gleichen Jahr hatte er seine Schrift «Über die Wegführung der Kunstwerke aus den eroberten Ländern nach Rom» erscheinen lassen. Dass ihm seine Studien beim Umgang mit Vivant Denon eine Hilfe waren, ist nicht wahrscheinlich. Völkel hat es dennoch nicht versäumt, in einem ausführlichen Bericht festzuhalten, wie es ihm mit dem «Hauptrequisitor der Kunstwerke» und all den anderen Franzosen, die sich in den folgenden Jahren in Kassel tummelten, ergangen ist.

«Ich empfing ihn», so schreibt er, «mit der Bemerkung, dass er nichts finden werde, was man nicht schon in Paris besser hätte.»* Denon sieht sich trotzdem um und nimmt, was ihm passend erscheint. Über einen kleinen Schatz von 600 modernen Goldmünzen kann Völkel ihn hinwegtäuschen. Er bringt ihn auch dazu, die geschnittenen Steine und die antiken Münzen nicht anzurühren, indem er erklärt, «beide Sammlungen dienten vorzüglich einer benachbarten Universität zum Unterricht, welche sein Kaiser in besonderen Schutz genommen habe».* Was jedoch die überlebensgroßen Statuen in der Antikengalerie angeht, so hatte Denon von vornherein erklärt, hier

... müsse er grausam sein, denn es sei ausdrücklicher Befehl des Kaisers, dass alle antiken Statuen nach Paris gebracht werden sollten. Wenn ich ihn hier und anderwärts vom Rauben dadurch abzuhalten suchte, dass ich die hiesigen Antiken im Vergleich gegen die Pariser sowohl in Absicht des Kunstwerts als der Erhaltung herabsetzte, so erwiderte er, was freilich wahr ist, es sei kein altes Kunstwerk, was nicht einigen Wert habe. Er wurde sogar heftig: «Was wollen Sie, soll ich etwa nichts nehmen? Nun, so wird ein anderer kommen, der alles abholt.» Welche schreckliche, grauenvolle Zeit war das für mich! Alle Säle wurden nach und nach durchgegangen und allenthalben wurde genommen. Nach geendigter Plünderung nahm Denon das Register der ausgewählten Sachen auf und stellte es mir, unterschrieben vom Grafen von Bohlen und von Martellière, zu. Das Einpacken mochte ich nicht mitansehen. Es geschah ganz öffentlich ...

Dieses zweite Kasseler Protokoll* verzeichnet 153 Objekte, Schnitzereien aus Elfenbein, Bernstein und Holz, kleinere ägyptische und römische Antiquitäten und vor allem jene sieben überlebensgroßen antiken Marmorstatuen sowie eine in Lebensgröße und weitere sieben, die etwas kleiner sind. Ein drittes Protokoll* vom 10. Januar 1807 zeugt von einem weiteren Besuch Denons im Palais des Kurprinzen. Diesmal geht es ihm vor allem um chinesisches Porzellan und Fayence-Geschirr aus dem 15. Jahrhundert, darunter 60 Salatschüsseln und Salatteller in verschiedenen Größen – alles in allem 367 Stücke.

*

Der Krieg rückt näher — Lange bevor er zum Teilnehmer an Napoleons Feldzug gegen Preußen wurde, hatte Denon gegenüber Isabella halb im Scherz, halb im Ernst einmal angedeutet, dass auch er eines Tages in den Krieg verwickelt werden könnte. Bald, so heißt es in einem Brief vom März 1805, werde er dem Kaiser vielleicht «nur noch zu Festen folgen, auf denen man sich die Knochen bricht. Es mag seltsam klingen, aber wenn Du irgendwo Kanonendonner hörst, könnte es sein, dass Du mich aus dem Pulverdampf auftauchen siehst. Ich sage Dir, wenn es so käme, würde mich das über den Krieg hinwegtrösten.»*

Inzwischen hat er erlebt, wie ihm der Krieg immer wieder den Zugang zur Kunst eröffnet. Der Krieg verschafft ihm die Gelegenheit zur Wegnahme einer kaum ermesslichen Masse von Kunstschätzen, und liefert die Begründung oder Rechtfertigung dafür gleich mit – das Anrecht des Siegers auf Trophäen. Insofern erweist sich auch die Liebe zur Kunst immer wieder als eine Kraft, die ihn über den Krieg wohl hinwegzutrösten vermag, zumal Denon der Kunst zunächst nicht dort begegnet, wo der Krieg gerade Unheil und Zerstörung anrichtet und seine wüstesten Spuren hinterlässt. Am Beginn der Kampagne in Deutschland, in Weimar und Berlin war Denon dem Krieg und der Grande Armée noch dicht auf den Fersen. Inzwischen ist er weit hinter den kämpfenden Truppen zurückgeblieben, die nach und nach das damals noch über Warschau hinaus sich erstreckende, östliche Preußen besetzen, bevor sie gegen Ende des Jahres 1806 auf unerwartet starke Verbände des mit Preußen verbündeten Russland treffen.

Denon geht seine eigenen Wege – in von der Armee besetzten Gebieten, wo kaum Kämpfe stattgefunden haben. In Kassel scheint er bis Ende Januar 1807 geblieben zu sein, bevor er nach Braunschweig zurückkehrt, während sein Zeichner Zix sich auf den Heimweg nach Paris macht.* Ende Februar reist Denon weiter – über Hannover und Hamburg nach Lübeck. Dort soll er einen Plan des Geländes aufnehmen, auf dem es Anfang November 1806 zu einer Schlacht zwischen Franzosen und preußischen Truppen kam. Sie endete mit einer ehrenvollen Kapitulation der Preußen unter General von Blücher, die diesen schon damals über die Grenzen von Preußen hinaus berühmt machte.* Die Schlacht bei Lübeck liegt inzwischen vier Monate zurück. Als sie stattfand, war Denon damit beschäftigt, sich in der Kunstkammer des Berliner Schlosses umzusehen.

Ein zweiter Auftrag erreicht Denon in Lübeck oder auf dem Weg dorthin. Er ist komplizierter, heikler und sehr dringlich. Mit ihm rückt der fortdauernde Krieg auf einen Schlag sehr viel dichter an Denon heran – noch nicht räumlich, aber zeitlich. Kaum einen Monat ist es her, da sind am 7. und 8. Februar bei Preußisch Eylau in Ostpreußen die Grande Armée mit etwa 75 000 Soldaten und eine russische Armee mit 67 000 Soldaten in einer Schlacht aufeinandergestoßen, bei der es keinen Sieger, aber ungeheuer viele Tote und Verwundete gab – zwischen 10 000 und 25 000 auf französischer Seite und zwischen 20 000 und 26 000 bei den Russen.

Zum ersten Mal scheint bei Eylau auch Napoleon selbst in Gefahr für Leib und Leben geraten zu sein. Vor allem aber ist bei dieser ergebnislosen und so verlustreichen Schlacht zum ersten Mal sein Ruf als unbesiegbarer Feldherr ins Wanken geraten. Deshalb hat er nachher nichts Eiligeres zu tun, als eine massive Desinformationskampagne in Gang zu bringen. Wider besseres Wissen erklärt er sich zum Sieger der Schlacht und lässt die Angaben über die eigenen Verluste im «Bulletin de la Grande Armée» auf 1900 Tote und 5700 Verwundete reduzieren. Dringlich erscheint allen, die sich am Schauplatz der Katastrophe um deren Beschönigung bemühen, nun aber auch ein repräsentatives Gemälde.

Es soll so groß werden wie jenes andere aus dem Jahre 1804, das Bonaparte zeigt, wie er während seiner Expediton in Ägypten die Pestkranken von Jaffa besucht, also etwa 5,30 Meter hoch und 7,20 Meter breit. Und es soll eine ähnliche Botschaft mitteilen: Angesichts schrecklicher Verluste unter seinen Soldaten zeigt sich der Kaiser inmitten der Leidenden, der Sterbenden, der Toten nicht als Held oder gar als Sieger, sondern christusgleich als ein barmherziger, mitfühlender Wundertäter.

Denon hält im Grunde nichts davon, vor der Vergabe eines solchen Auftrags einen Wettbewerb unter verschiedenen Künstlern zu veranstalten. Ginge es nach ihm, würde er zu einem festen Honorar den Maler beauftragen, der ihm am besten geeignet erscheint – Antoine-Jean Gros, der schon jenes andere Bild von Bonaparte als Heiler und Heilsbringer in Ägypten gemalt hat. Doch der Wettbewerb ist inzwischen beschlossene Sache. Also verfasst Denon eine allgemein gehaltene Einladung zur Teilnahme und fügt für interessierte Künstler eine Skizze mit topografischen Details bei, außerdem auch eine Beschreibung, «die auf dem Schlachtfeld von Eylau am Tag nach der Schlacht angefertigt wurde». Den Aufruf unterzeichnet er mit der Formel «Von der Grande Armée, 7. März 1807, Denon». So erweckt er den Eindruck, er selbst halte sich bei der Armee auf, und legt obendrein, ohne es zu sagen, den Schluss nahe, er sei auch während der Schlacht dort gewesen. Wahrscheinlich jedoch hat er sich bei den Materialien, die der Ausschreibung beigefügt werden, auf Informationen und Skizzen gestützt, die ihm die Armeeführung übermittelt hat. Denons Beschreibung des Schlachtfeldes von Eylau wird ein fester Bestandteil des Bildprogramms dieses Gemäldes, an das sich alle teilnehmenden Historienmaler gehalten haben. Sie gipfelt in einer Szene, die Denons Phantasie aller Wahrscheinlichkeit nach in Lübeck entsprungen ist.*

Die unglücklichen Russen fanden nicht den Tod, auf den sie sich nach dem schaurigen Vorurteil gefasst machten, das man ihnen eingeprägt hatte, sie fanden vielmehr einen großmütigen Sieger. ... Der tröstende Blick des großen Mannes schien die Schrecken des Todes zu lindern und ein sanfteres Licht über dem Schauplatz dieses Gemetzels zu verbreiten. Ein junger litauischer Husar, dem von einer Kanonenkugel das Knie zerschmettert worden war, nahm inmitten der sterbenden Kameraden seinen ganzen Mut zusammen und rich-

tete sich auf, als er den Kaiser erblickte: «Cäsar», rief er ihm zu, «du
willst, dass ich lebe, wohlan denn! man möge mich heilen, und ich
*werde dir so treu dienen, wie ich Zar Alexander gedient habe!»**

Die Jury, die über die eingereichten Entwürfe entscheiden sollte,
bestand aus Mitgliedern der Vierten Klasse des Institut de France,
derjenigen für die Schönen Künste. Denon, immer noch in Deutschland unterwegs, gehörte ihr nicht an, als sie am 13. Juni 1807 zu-
sammentrat und sich einmütig für den Entwurf von Antoine-Jean
Gros entschied. Schon einen Tag später verlor das Projekt allerdings ganz erheblich an Dringlichkeit. Am 14. Juni nämlich errang
Napoleon mit seiner Grande Armée bei Friedland – nur 25 Kilometer von Eylau entfernt – einen klaren Sieg über die Russen. Es war
die letzte Schlacht in diesem Vierten Koalitionskrieg. Ihr folgten
Verhandlungen zwischen Napoleon und Zar Alexander I. bei Tilsit
auf einem Pontonboot in der Mitte der Memel und schließlich ein
weiterer Pakt in der Reihe kurzlebiger Friedensschlüsse, mit denen
Napoleons militärische Unternehmungen zu enden pflegten. In
den Tagen, als dieser Frieden von Tilsit ausgehandelt wurde, erschien dann auch Denon an Ort und Stelle. Davon wird noch zu
berichten sein.

Das fertige Bild «Napoleon auf dem Schlachtfeld von Eylau»
wurde schließlich im Salon des Jahres 1808 ausgestellt und wan-
derte dann zurück in das Atelier seines Schöpfers, wo es blieb, bis
der inzwischen in ein Königliches Museum verwandelte Louvre es
im Jahre 1824 zurückforderte. Es war sogar noch größer ausgefallen als «Napoleon besucht die Pestkranken bei Jaffa» – zwar zehn
Zentimeter weniger hoch, dafür aber fünfundsechzig Zentimeter
breiter.

*

Im fernen Osten von Preußen — Drei Tage nach der Ausferti-
gung seiner Einladung zur Teilnahme am Wettbewerb um «Napo-

leon bei Eylau», am 10. März 1807, hat sich Denon bereits von Lübeck nach Schwerin begeben. Zusammen mit dem Chef der französischen Militärverwaltung für das Herzogtum Mecklenburg-Schwerin unterzeichnet er dort das Protokoll seiner letzten großen Beschlagnahmung während dieses Feldzugs in Deutschland. Von mecklenburgischer Seite hat niemand unterzeichnet. Einen Direktor für die etwa 700 Gemälde umfassende herzogliche Sammlung gibt es dort noch nicht; Herzog Friedrich Franz I. selbst ist mit seiner Familie auf dänisches Gebiet nach Altona bei Hamburg geflohen. Auch er hatte die Neutralität seines Landes wahren wollen und musste dann doch den Durchzug von Truppen der Koalition gestatten, womit er den Franzosen einen Grund oder Vorwand lieferte, Mecklenburg im Dezember 1806 zu besetzen.

So kommt es, dass Denon auch die Sammlung in Schwerin besuchen und noch einmal eine reiche Ernte einbringen kann. Herzog Christian Ludwig II., der Begründer dieser Sammlung, hatte eine Vorliebe für die niederländische Malerei des 17. und 18. Jahrhunderts gehegt. In Denons Liste der 209 Bilder, die er in Schwerin auswählt, fehlen zwar die Namen Rubens und Rembrandt. Dafür sind aber andere, sonst seltener oder gar nicht genannte Meister bisweilen mit zahlreichen Werken vertreten – van der Helst, van der Heyden, van der Werff, Carel Fabritius, Ludolf Backhuisen und der Franzose Jean-Baptiste Oudry, aber auch Paulus Potter, Gerard Douw, Jacob van Ruisdael und Philips Wouwerman. Nach der Aufzählung einiger Emaille-Arbeiten, Miniaturen, einer Reihe wertvoller Gefäße und Kameen schließt das Protokoll mit einer Eintragung, wie sie sich in keinem anderen findet: «Elfenbeinschnitzereien, die für Ihre Majestät die Kaiserin bestimmt sind.»* Denon ist hier also, wie es scheint, nicht nur zur Erweiterung der Bestände des kaiserlichen Museums unterwegs, sondern auch zur Verschönerung von Joséphines Privathaushalt.

Von Schwerin kehrt er noch einmal für zwei Wochen nach Berlin zurück und reist dann weiter nach Osten, dem wirklichen Krieg nun auch räumlich sich nähernd. Aus Thorn an der Weichsel schickt er dem Bildhauer Schadow die versprochene Kopie eines Kopernikus-Porträts, das er dort gefunden hat.* Dann führt ihn sein Weg weiter nach dem ostpreußischen Rittergut Finckenstein, in der Nähe von Marienwerder am Flüsschen Liebe gelegen. Napoleon hat dort von Anfang April bis Anfang Juni sein Hauptquartier eingerichtet. Bei ihm ist – auch für seine nähere Umgebung fast unsichtbar – Maria Walewska, der er in Warschau begegnet ist. Sie gilt als die Frau, die er in seinem Leben am innigsten geliebt hat.*

Denon bleibt zehn Tage in Finckenstein. Dann geht er nach Danzig – anscheinend mit dem Auftrag, sich dort gründlich umzusehen. Schon seit dem 19. März wird die stark befestigte Stadt von den Franzosen unter dem Oberbefehl des Marschalls Lefebvre belagert. Aber die Sache geht nicht voran, und so erlebt Denon die letzten Wochen der Belagerung von Danzig aus der Nähe, bis die Stadt am 24. Mai kapituliert. Dem knappen Bericht an Isabella über diese Zeit schickt er – wie zur nachträglichen Beruhigung – die Bemerkung voran, dass ja auch sie, genau wie er, «die Abenteuer» liebe, und fährt dann fort:

*Ich habe kürzlich dasjenige einer Belagerung erlebt, die sehr erfolgreich verlief. So etwas habe ich noch nie gesehen, dabei ist gerade dies doch der Krieg par excellence. Ich habe ein komplettes Tagebuch in Zeichnungen davon angefertigt. ... Achtundzwanzig Nächte habe ich in einem pelzgefütterten Sack unter Artilleriefeuer verbracht, was durchaus auch seine interessante Seite hat. Wir haben eine Schlacht an der Stelle geschlagen, wo der Bernstein zu Tage gefördert wird.**

Gern wüsste man mehr über jene achtundzwanzig Nächte unter Artilleriefeuer und über die Schlacht, die Denon hier erwähnt – aber auch darüber, in welchem Verhältnis er in seinem Brief an Isabella Unter- und Übertreibung dem scherzhaften Effekt zuliebe mischt. Wieder einmal kann man nur bedauern, dass er kein Tagebuch geführt und seine Erinnerungen nicht aufgeschrieben, sondern nur gelegentlich und in Ausschnitten von ihnen erzählt hat. Dabei ist er in diesem Jahr 1807 sechzig geworden und hat längst ein Alter erreicht, in dem andere ihr Leben hinter sich zu haben glauben und ihre Memoiren in Angriff nehmen.

Ein Zeitgenosse, der ihn gut gekannt zu haben scheint, ein gewisser Tissot, berichtet einige Jahre nach Denons Tod in einer ausführlichen biographischen Notiz, was Denon ihm über seine Erlebnisse im Mai 1807 erzählt hat.

Ungeduldig erwartete Napoleon die Nachricht von der Übergabe Danzigs. ... Der widersprüchlichen Berichte müde, die man ihm zukommen ließ, beauftragte er Denon, sich an Ort und Stelle zu begeben und ihm von dort Zeichnungen mit den Einzelheiten der vom Marschall angeordneten Arbeiten zu schicken. So kommt Denon mit einem Schreiben Napoleons in das dortige Hauptquartier. Ein Adjutant bringt es zum Marschall. «Bestimmt noch so ein Spion, den er mir da schickt!», verkündet dieser im groben Soldatenton, «aber sei's drum, holen Sie ihn herein.» Denon, der die Bemerkung mit angehört hat, stellt sich lächelnd vor. «Sie sind also gekommen, weil Sie sich hier ein bisschen umsehen wollen?» – «Aus keinem anderen Grund.» – «Wenn das so ist, werde ich Sie in den vordersten Laufgraben bringen lassen.» – «Ich danke Ihnen sehr.» Alsbald lässt Lefebvre einen Grenadier rufen und befiehlt ihm, den schaulustigen Besucher so nah wie möglich an die Befestigungsanlagen der Stadt zu führen. Die beiden machen sich auf den Weg. Kaum hat man sie von der Gegenseite bemerkt, da werden von mehreren Batterien die Geschütze auf sie gerichtet. Von überallher hagelt es Kugeln. Als sie im vordersten Graben angekommen sind, setzt sich Denon nieder, nimmt seinen Stift und beginnt zu zeichnen. – «Beabsichtigen Sie, länger hier zu bleiben?», fragt der Grenadier. – «Bis ich meine Arbeit getan habe», antwortet Denon. – «In diesem Fall brauchen Sie mich wohl nicht mehr.» – «Durchaus nicht.» Der Grenadier entfernt sich. Das Geschützfeuer geht weiter. Nach einer Sitzung von einer Dreiviertelstunde tritt der Künstler mit fertiger Skizze den Rückweg an.

Schon als er ihn in der Ferne kommen sieht, breitet der Marschall die Arme aus, und wenig später umarmt er ihn voller Herzlichkeit. «Sie sind ein tapferer Bursche», sagt er. «In Ihnen habe ich mich mächtig getäuscht; jetzt bleiben Sie erst mal hier; Sie werden sich alles ansehen, was wir hier tun, und ich bitte Sie, dem Kaiser davon zu berichten.» Und wirklich, Denon blieb bis zum Ende der Belagerung. Zwischen Marschall und Künstler entstand eine feste Freundschaft, und der Kaiser konnte sich nur gratulieren zu dem Mut und dem Können seines Zeichners, aus dem er im Handumdrehen einen militärischen Beobachter gemacht hatte.*

Doch auch in Danzig verliert Denon die Kunst nicht völlig aus den Augen. Nach der Kapitulation der Stadt beschlagnahmt er immerhin ein bedeutendes Werk – das Altarbild aus der Danziger Marienkirche mit einer Darstellung des «Jüngsten Gerichts» von Hans Memling, das damals Jan van Eyck zugeschrieben wurde. Die Medici-Familie aus Florenz hatte dieses Bild bei dem Maler in Brügge bestellt. Doch 1473 geriet es in den Krieg, den sich die Hanse und England damals lieferten. Das englische Schiff, auf dem es mit anderen wertvollen Gütern nach Italien transportiert werden sollte, wurde kurz nach dem Auslaufen von einem Schiff der Hanse gekapert. Nachher wurde die Beute zwischen verschiedenen Hansestädten geteilt, und Memlings Altarbild gelangte nach Danzig.

Im Osten von Preußen kommt Denon dem wirklichen Krieg so nah wie nirgendwo sonst seit seiner Expedition mit Bonaparte nach Ägypten. In einem Kapitel über französische «Raconteurs» – eigentlich ein falsches Wort für «Erzähler», richtig wäre «Conteurs», aber selbst ihr französischer Verleger lässt es seiner Autorin durchgehen* – erwähnt Lady Morgan eine Geschichte von Denon, die ebenfalls in diese letzte Phase von Napoleons Kampagne in Deutschland gehört, sofern sie denn keine bloße Erfindung ist. Lady Morgan gibt die Geschichte nur unvollständig wieder, als ein weiteres Beispiel für Denons Erzähltalent. Von welcher Schlacht hier die Rede ist, sagt sie nicht – vielleicht von der bei Friedland. Sie wurde, wie schon erwähnt, am 14. Juni 1807 geschlagen, und anders als bei derjenigen von Eylau, war Denon diesmal tatsächlich zumindest in der Nähe.

Über das Mitgefühl, das Napoleon für seine verwundeten Soldaten empfand, und darüber, wie er selbst sich um sie kümmerte, ist viel geschrieben worden. ... Bei einem dieser pietätvollen Besuche war Denon bei ihm, und der grauenhafte Anblick erschütterte ihn so sehr, dass er Alpträume davon bekam. Im Morgengrauen stand er auf und kehrte noch einmal auf das Schlachtfeld zurück – in der Hoffnung, unter den Haufen von Leichen, mit denen es übersät war, vielleicht noch einen Lebenden zu retten. In den Gesichtszügen eines Offiziers glaubte er einen Freund zu erkennen, und als er genauer hinsah, war ihm, als würde er auch noch schwache Lebenszeichen an ihm bemerken. Er versuchte, den Leib unter dem toten Pferd, das auf ihm lag, hervorzuziehen, aber ihm versagten die Kräfte. Jeder Augenblick zählte – er sah sich nach Hilfe um und erblickte zwei Männer, die an ein umgestürztes Geschütz gelehnt den Schauplatz kaltsinnig inspizierten und sich Notizen auf ihren Schreibtafeln machten. Sie waren leicht als deutsche Bestattungskommissare zu erkennen. Er eilte zu ihnen und bat sie um Hilfe, doch beide erwiderten wie aus einem Munde: «Monsir, nous sommes ici pour enterrer les morts. – Wir sind hier, um die Toten zu begraben.» – «Gewiss», sagte Denon, «aber dann werden Sie mir doch erst recht helfen, einen Lebenden zu retten.» Ohne in ihrem betrüblichen Geschäft innezuhalten, erwiderten sie noch einmal: «Nous sommes ici uniquement pour enterrer les morts.» Vergeblich versuchte Denon, sie zu überreden, zu bestechen, ihnen zu drohen; nichts vermochte ihr deutsches Phlegma zu rühren: sie hörten ihn nur geduldig an und wiederholten zum dritten Mal: «Fous êtes ein bon Monsir, mais nous sommes ici pour enterrer les morts.»*

Mit dem Frieden von Tilsit, der am 7. und 9. Juli 1807 geschlossen wurde, mussten sich das Russische Kaiserreich und Preußen zur

Beteiligung an der «Kontinentalsperre», der von Napoleon gegen England verfügten Wirtschaftsblockade, verpflichten. Preußen verlor mehr als die Hälfte seines Territoriums, dabei auch alle Gebiete westlich der Elbe. Aus diesen sowie dem Herzogtum Braunschweig-Wolfenbüttel und Kurhessen schuf Napoleon einen neuen Vasallenstaat, das Königreich Westphalen, als dessen Herrscher er seinen jüngsten Bruder Jerôme installierte. Mit ihm endet die vergleichsweise kurze Geschichte des braunschweigischen Schlosses Salzdahlum. Nachdem schon Denon rund 280 Gemälde von dort nach Paris hatte schaffen lassen, sorgte König Jerôme dafür, dass weitere 200 Bilder aus dem in Verfall geratenen hölzernen Schloss in die Hauptstadt seines Reiches – nach Kassel – gebracht wurden. Die in Salzdahlum zurückgelassenen Bilder und das Inventar wurden auf seine Anordnung versteigert, das Schloss selbst aber zuletzt der Stadt Braunschweig geschenkt. Die jedoch ließ den morschen Prachtbau – anders, als Jerôme es sich vorgestellt hatte – nicht restaurieren, sondern abreißen.

*

Erobert von der Grande Armée — Es fällt schwer, sich vorzustellen, wie es Denon und seinen Mitarbeitern innerhalb von kaum zweieinhalb Monaten gelingen konnte, die aus dem Krieg gegen Preußen stammende Kunstbeute in einer großen Ausstellung dem heimischen Publikum zu präsentieren. Der größte Teil der in Deutschland requirierten Kunstwerke scheint bis zum Mai 1807 in Paris eingetroffen zu sein. Die drei Kisten mit dem «Jüngsten Gericht» aus Danzig hingen aber noch Mitte August in Mainz, der Hauptstadt des französischen Departements Mont-Tonnerre – Donnersberg, beim Zoll fest.* Auch Denon selbst scheint erst um den 10. August 1807 aus Tilsit an seinen Platz im Musée Napoléon zurückgekehrt zu sein.* Und nicht vor Ende September gibt es in seiner amtlichen Korrespondenz den ersten Hinweis darauf, dass er begonnen hat, sich um die geplante Ausstellung zu kümmern.*

Aber auch wenn er, wie es wahrscheinlich ist, schon einige Wochen vorher mit der Auswahl der Werke und ihrer Anordnung begonnen hat, müssen die Vorbereitungen für diese Schau unter ungeheurem Zeitdruck vor sich gegangen sein. Das vom Kaiser für die Eröffnung gewünschte und festgesetzte Gedenk- und Festdatum musste um jeden Preis erreicht werden – der 14. Oktober, der erste Jahrestag seines Sieges bei «Iéna».

Sogar ein Katalog wurde in dieser kurzen Zeit zusammengestellt: «Statuen, Büsten, Reliefs, Bronzen und andere Altertümer, Gemälde, Zeichnungen und andere interessante Objekte, erobert von der Grande Armée in den Jahren 1806 und 1807»* – ein mehr als hundert Seiten füllendes, kommentiertes Verzeichnis der ausgestellten Werke – ohne Abbildungen, wie damals üblich. Es wurde für einen Franc verkauft und führte 710 Objekte auf – darunter etwa 80 Marmorskulpturen und -reliefs, 200 kleinere Figuren und andere antike Objekte aus Bronze, Ton und Marmor, 360 Gemälde und 30 Zeichnungen, außerdem Kameen und andere Preziosen sowie einige wertvolle kunsthandwerkliche Arbeiten.

Die Namen der Maler, die im Museum bisher noch gar nicht vertreten waren, sind in diesem Katalog mit einer Rosette markiert. Zu ihnen gehören Lucas Cranach, von dem nun 13 Bilder zu sehen sind, und Carel Fabritius, der mit drei Bildern (davon zwei falsch zugeschrieben – eines stammt von Rembrandt)* vertreten ist – außerdem: Abraham Hondius, Maarten van Heemskerck, Willem Kalf und andere, übrigens auch der aus Venedig stammende, in Warschau gestorbene Bernardo Bellotto, genannt Canaletto, von dem in Paris vier aus Warschau herbeigeschaffte Bilder mit polnischen Motiven gezeigt werden. Erstmals wird im Museum auch der Name Martin Schön oder Schongauer genannt. Er wird durch das Bild repräsentiert, das Denon in Berlin dem Bildhauer Schadow abgekauft hatte. Die Zuschreibung gilt aber, wie erwähnt, heute als falsch.

Bei den im Musée Napoléon schon vorhandenen Malern verzeichnet der Katalog für Rembrandt 18 Neuzugänge (darunter drei falsche Zuschreibungen; andererseits gelten aber drei damals der Rembrandt-Schule zugeordnete Werke heute als echte Rembrandts). Von Philips Wouwerman stammen sogar 24 neue Eroberungen. Von David Teniers dem Jüngeren werden acht neue Bilder (davon eines falsch zugeschrieben) ausgestellt, von Rubens sieben (ebenfalls eines falsch zugeschrieben), von van Dyck fünf und von Adriaen van der Werff vier (jeweils alle richtig zugeschrieben), von Holbein fünf (alle falsch zugeschrieben), von Paulus Potter ebenfalls fünf (eines falsch zugeschrieben), von Albrecht Dürer vier (ebenfalls alle falsch zugeschrieben).

Die vermutlich von Denon stammende Vorbemerkung zum Katalog lädt das Publikum ein, die eigenen Vorlieben, den eigenen Geschmack zu prüfen und im Blick auf die fremd, unzugänglich oder gar abstoßend wirkende Kunst Flanderns, Hollands und Deutschlands vielleicht auch zu erweitern.

*In dieser ungeheuer großen, durch den Sieg so vielfach und reich erweiterten Sammlung sollen nicht nur Namen, sondern auch unterschiedliche Begabungen glänzen. Ein Kunstgeschmack, der nur sich selbst gelten lässt, ist bei einem einzelnen Künstler, den seine Natur unwiderstehlich in eine bestimmte Richtung zieht, durchaus akzeptabel. Es wäre aber ein schädlicher Irrtum, würde man ihn zum Maßstab für die Ausrichtung des Museums eines großen Reiches machen, in dem doch alles wahrhaft Schöne und Sehenswürdige seinen Platz haben soll, ohne Ansehen von Namen, Epoche, Herkunftsland oder Art und Weise der Ausführung, womit jedoch keineswegs jedes ausgestellte Stück auch zur Nachahmung empfohlen sein soll.**

Die Ausstellung der von der Grande Armée eroberten Kunstwerke fand eine große Resonanz. Sie war etwa sechs Monate lang, bis in den März 1808, zu sehen, und in dieser Zeit wurden anscheinend etwa 12 000 Exemplare des Katalogs verkauft.* Die französische, aber auch die deutsche Presse berichtete ausführlich. Das «Morgenblatt für gebildete Stände» schrieb über die Wirkung der Gemälde Rembrandts: «Die Franzosen sind von der Kühnheit und Kraft des Pinsels ergriffen und gestehen, dass sie bisher noch gar nicht Rembrandt kannten.»* Und über den Eindruck, den Lucas Cranach und andere altdeutsche Maler in Frankreich machten, heißt es: «Die Pariser können nicht aufhören, der Wahrheit und dem Leben zu huldigen, die in diesen Meisterstücken herrschen, selbst in denen, wo die Kindheit der Kunst noch bizarre Ideen und Formen mit einem so eingreifenden Kolorite darstellte.»*

Aber so beeindruckend wirkten die ausgestellten Bilder nicht nur auf das französische Publikum. Auch den Besuchern aus dem Ausland und nicht zuletzt den Deutschen, die nirgendwo in ihrer Heimat eine solche Schau je hätten sehen können, bietet sich hier die einzigartige Gelegenheit, den eigenen Geschmack und den eigenen Blick für die Kunst zu erweitern. So trägt Denons Ausstellung auch ganz erheblich dazu bei, das Interesse sowohl an den Antiken aus deutschen Sammlungen als auch an der altdeutschen Kunst zu steigern. Sie verhilft den ausgestellten Werken zu einer Publizität und einer Sichtbarkeit, wie sie ihnen in ihren ursprünglichen Sammlungen nie hatte zuteilwerden können. Das Pariser Museum verfügt über Mittel zur Reproduktion und Verbreitung von Werken – zur Herstellung von Gipsabgüssen von Skulpturen und von Kupferstichen nach Gemälden –, die in den Sammlungen deutscher Fürsten nicht vorhanden waren.* Den Antiken kam die Ausstellung in Paris noch mehr zugute als den Gemälden. Ein Teil von ihnen blieb auch nach dem Ende der Schau als Gruppe im Museum beisammen, während die Gemälde zum größeren Teil an die Museen in der Provinz weitergegeben oder zur Dekoration von Schlössern und Amtsgebäuden verwendet oder bloß in Magazinen gelagert wurden. Die etwa 360 Gemälde, die Denon ausstellte, waren nur ein Drittel dessen, was er in Deutschland beschlagnahmt hatte, und von diesen 360 Bildern wurden nicht mehr als etwa 160 auf Dauer in die Präsentation des Musée Napoléon integriert.*

*

Isabella porträtiert Vivente De-Non — Im September 1807, als in Paris die Ausstellung der künstlerischen Eroberungen aus Deutschland gerade vorbereitet wird, erscheint in Italien unter dem Titel «Ritratti» ein kleines Buch mit literarischen Porträts, die Isabella Teotochi Albrizzi im Laufe der Jahre von Personen, die ihr nahestehen, von Freunden, Bekannten und Besuchern ihres Salons, angefertigt hat. Man könnte es als eine späte Dankesbezeugung, als ein Gegenstück zu dem Bändchen «L'Originale e il Ritratto» betrachten, mit dem Isabellas Freunde und Bewunderer 1792 die Erschaffung ihres Porträts durch Elisabeth Vigée-Lebrun gefeiert hatten. Jeder Prosaskizze in Isabellas Buch ist ein gestochenes Porträt der beschriebenen Person vorangestellt – den drei Texten, deren Modelle anonym bleiben, eine symbolische Darstellung. Francesco Novelli, einer von Denons venezianischen Schülern, hat sie angefertigt.*

Die «Ritratti» erleben im Laufe der Jahre noch drei weitere Auflagen – 1808, 1816 und 1826. In den späteren Ausgaben kommen einige neue Gestalten hinzu, unter ihnen Antonio Canova und schließlich sogar – wiewohl gegen seinen Wunsch – Lord Byron, der 1816 nach Venedig kommt und eine Zeitlang in Isabellas Salon verkehrt.* Von Anfang an gehören zum Kreis der Porträtierten unter anderen Lauro Querini, Ippolito Pindemonte, der Baron d'Hancarville, Melchiorre Cesarotti, Vittorio Alfieri, außerdem Isabellas zweiter Gemahl, Giuseppe Albrizzi, und ihr Vater, Antonio Teotochi, auch Ugo Foscolo und nicht zuletzt, sondern in der ersten Auflage an zweiter Stelle, gleich hinter Pindemonte, Vivente De-Non. Ohne ihn hätte Isabella ihre Porträts vielleicht nie herausgebracht. In einem ihrer wenigen Briefe an Denon, die sich erhalten haben (dem einzigen?), hat sie ihm schon im Jahr, bevor das Buch erscheint, gestanden:

Erst seit ich Dein Porträt geschrieben habe, habe ich Lust bekommen, sie alle drucken zu lassen. Es ist so köstlich, dem, der einem auf der Welt am allerliebsten ist, öffentlich zu huldigen! Und obwohl an-

dere mir schon hundertmal gesagt haben, ich solle sie drucken las-
sen, hat erst Dein Wunsch, dass es geschehen möge, mich dazu ver-
*anlasst.**

Das Exemplar, das Isabella ihm im Herbst 1807 schickt, scheint
Denon kurz vor oder kurz nach der Eröffnung der großen Ausstellung erreicht zu haben – jedenfalls zu einer Zeit, in der er unter der
auf ihm lastenden Arbeit fast zusammenbricht. Daher wohl der
sonderbare Beginn seines Dankbriefes. Wieder einmal scheint er
ihr lange nicht geschrieben zu haben:

Bist Du jetzt richtig wütend auf mich? Wenn Du mir 24 Stunden hin-
tereinander bei der Arbeit zusehen könntest, hättest Du Mitleid mit
mir und würdest mich einfach bedauern. Ich bin bloß noch ein arm-
seliger Galeerensklave. Trotzdem habe ich mir die Zeit genommen,
Dein Buch zu lesen, das eine Originalität besitzt, die es zu einem
Kleinod macht. Ich habe nur einen Einwand: wir sind darin eine
Schar von Leuten, die nur aus dem einen Grund zusammen auftre-
*ten, dass Du uns liebst.**

Für Isabellas Porträt von Denon gilt dies ganz gewiss. Wer ihn ken-
nenlernen wolle, so empfiehlt sie ihren Lesern, der solle Denon am
besten in seinem Ägypten-Buch aufsuchen. Dort habe er sich so
wahrhaftig selbst gemalt, wie es selbst einem Tizian nicht besser
gelungen wäre.

Sehen Sie ihn inmitten der riesigen Bauwerke, die ägyptischer Stolz
den künftigen Jahrhunderten hinterlassen hat und mit denen uns
seine gelehrte Neugier nun besser bekannt gemacht hat. Folgen Sie
ihm in die tiefe Stille der Wüste, in den heiligen Schauer der Gräber,
in die Wut des Schlachtgetümmels, in Heimsuchungen und Widrig-
keiten aller Art: er bleibt stets der, der er immer war, in allen Wech-
selfällen der Zeit, im Trubel und im Müßiggang, in seinem Kabinett
und in Gesellschaft. Bis zum Übermaß begierig, sich zu bilden, eifrig

darauf bedacht, den reichen Schatz seiner Kenntnisse jeden Tag zu vermehren – sehen Sie ihn dort alles tun, was diesem Zweck dienlich ist. Inmitten der größten Gefahren, scheint er wahrhaft unverwundbar oder hält sich dafür und setzt sich ihnen immer wieder aus – für andere, ohne an sich selbst zu denken. Er ist ein ausgezeichneter Beobachter und zugleich ein so vorzüglicher Erzähler, dass das, was er gesehen hat, Ihnen nachher erscheint wie etwas, das Sie selbst bestens haben beobachten können. ... Und da hier vom Reisen die Rede ist, darf ich nicht verschweigen, wie köstlich es ist, in seiner Gesellschaft unterwegs zu sein, denn, abgesehen vom Reiz der Unterhaltung mit ihm, hält der Stift, den er stets bei der Hand hat, alles fest, was nur einmal gesehen zu haben man nachher allzu sehr bedauern würde. ... Und was noch? Indem Sie dies lesen, kennen Sie ihn schon und lieben ihn – gleichgültig ob Leserin oder Leser; denn eigenartig, vielleicht einzigartig an ihm ist, dass er den Männern stets lieb und teuer war, den Frauen aber noch unendlich viel mehr.*

Isabella porträtiert hier «ihren» Denon, wie sie ihn kannte: nicht den Generaldirektor der Künste, der sich selbst einen Galeerensklaven nennt, sondern den unabhängigen Denon der italienischen Jahre und der Expedition durch Unter- und Oberägypten, den abenteuerlustigen Liebhaber der Kunst, dem keine Strapaze zu groß war, wenn er sich der Kunst zu nähern versuchte, den freien Mann, der nach eigenem Gutdünken über seine Zeit und sein Geld verfügen konnte und sich nicht scheute, fast alles aufs Spiel zu setzen, um seine Reise im Druck erscheinen zu lassen.

Einen Entwurf ihres Porträts hatte sie ihm schon zwei Jahre vor dem Erscheinen ihres Buches überlassen, als er sie in Italien besuchte. Und er hatte ihr in aller Freundlichkeit geschrieben, nicht nur er selbst, auch andere seien der Meinung, sie habe da kein Porträt von ihm, sondern ein Loblied auf ihn gemacht.* Aber indem sie dies tat, hat sie ihn mit ihrem makellosen Bildnis zu etwas gebracht, worauf er sich im Laufe seines Lebens sonst kaum eingelassen hat: In einem Brief aus Wien teilt er ihr ausnahmsweise einmal einige Züge zu einem schriftlichen Selbstporträt mit, bei dem die Schatten nicht fehlen sollen.

*Mit bloßen Freundlichkeiten kommst Du mir diesmal nicht davon. Ich selbst werde Dir sagen, was es, wie mir wohl bewusst ist, einzuwenden gibt. Zum Beispiel: Ich bin optimistisch bis zum Egoismus. Ich hasse den Kummer so sehr, dass ich ihn lieber anderen bereite, als ihn mir selbst anzutun. Du erinnerst Dich doch bestimmt, wie ich bei unseren Spaziergängen nur denen ein Almosen gab, die wenigstens ein bisschen hoffnungsfroh dreinblickten. Ich bin voller Misstrauen, aber weil ich mich dessen schäme wie eines schändlichen Lasters, das in die Eifersucht mündet, verheimliche ich jenes und gestehe diese nicht ein. Ich bin standhaft, aber untreu, huuu, und – ich weiß nicht, woher es kommt, aber immer wieder finde ich an diesem schlimmen Laster ein paar verlockende Züge und unwiderleglich gute Gründe, die dafür sprechen. Ich bin geizig, aber nicht sparsam, ich liebe das Geld nicht und tue nichts, um welches zu bekommen, aber weil ich nur das Überflüssige wirklich liebe, glaube ich immer, ich müsse zu viel davon haben, um genug zu haben, usw. usw.**

8. Kapitel

Spanischer Winter — Nach dem Frieden von Tilsit im Juli 1807 nähert sich Napoleon dem höchsten Punkt seiner Macht. Teils durch Bündnisverträge und die Errichtung von Vasallenstaaten, teils durch militärische Unterwerfung hat er inzwischen fast den gesamten europäischen Kontinent unter seine Kontrolle gebracht, im Osten bis nach Russland, im Südosten bis an die Grenze des Osmanischen Reiches. Die «Kontinentalsperre», die er von Berlin aus im November 1806 gegen Großbritannien verhängt hat, reicht von Archangelsk am Weißen Meer die zerklüfteten Küsten von Nord-, Mittel-, West- und Südeuropa entlang bis nach Montenegro, wo sich heute Albanien anschließt und damals die Küste des Osmanischen Reiches begann. Die wenigen Lücken, die diese mehr als 15000 Kilometer lange Sperrlinie anfangs noch aufweist, kann Napoleon zumindest für einige Jahre bald schließen – ausgenommen die Küste des mit Großbritannien verbündeten Portugal.

Ein Abkommen mit Spanien erlaubt es den Franzosen, ihre Truppen über spanisches Gebiet nach Portugal marschieren zu lassen, worauf das portugiesische Königshaus im November 1807 die Flucht ergreift und die Hauptstadt des Landes für die nächsten fünfzehn Jahre von Lissabon nach Rio de Janeiro in Brasilien verlegt. Trotzdem gelingt es den Franzosen nicht, sich gegen den Widerstand der Portugiesen und der britischen Truppen unter Arthur Wellesley, dem späteren Herzog von Wellington, auf Dauer im Land festzusetzen.

Die schwankenden Verhältnisse in Spanien machen die Lage nicht einfacher. Die Konstellation an der Spitze des Staates ähnelt der in Neapel zur Zeit von Denons Aufenthalt. König Karl IV. liebt das Vergnügen und überlässt die Politik seiner Gemahlin und deren Günstling, Manuel de Godoy. Am meisten Rückhalt in der Bevölkerung jedoch genießt der Sohn des Königs, Ferdinand. Napoleon indessen glaubt, ein großer Teil der Spanier sei ihm selbst so wohlgesinnt, wie er es in Italien und während der ersten Jahre seines Aufstiegs auch in manchen Teilen Deutschlands erlebt hat.

In einer verwickelten Intrige spielt er den König und dessen an die Macht drängenden Sohn gegeneinander aus, um schließlich seinen eigenen Bruder Joseph Bonaparte als Joseph-Napoléon I. auf den spanischen Thron zu bringen. Doch damit löst er, statt die Lage im Land zu beruhigen, eine Woge der Empörung und des hartnäckigen Widerstands in der Bevölkerung aus, der in die «Guerilla» mündet, einen jahrelangen Kleinkrieg, von dessen Grausamkeit Francisco Goyas Radierungen aus der Serie «Desastres de la Guerra» Zeugnis geben.

Der neue König Joseph muss sich den Zugang zu seiner Hauptstadt im Juli 1808 erst erkämpfen und wird wenig später schon wieder aus ihr vertrieben. Napoleon sieht sich gezwungen, im Oktober 1808 selbst nach Spanien zu gehen, und erobert Anfang Dezember Madrid für seinen Bruder zurück. Portugal jedoch bleibt ihm verschlossen, und auch die wütende Unruhe, in die er Spanien versetzt hat, vermag er nicht zu dämpfen. «Dieser unselige Krieg in Spanien», so soll er in der Verbannung auf der Insel Sankt Helena später gesagt haben, «war die Ursache all meines Unglücks.»*

Denon bricht Anfang November 1808 nach Spanien auf – vier Wochen, nachdem sich Napoleon auf den Weg gemacht hat. So hat es der Kaiser befohlen. Seine Aufgabe ist auch hier eine doppelte – Ausschau zu halten nach Gemälden und anderen Kunstobjekten für das Museum in Paris und außerdem die Stationen der Reise des Kaisers und des Feldzugs seiner Armee in Zeichnungen zu dokumentieren, die später als Grundlage für Gemälde dienen können, die das militärische und historische Walten des Kaisers in lebhaften Bildern für die Zeitgenossen und die Nachwelt bewahren sollen. Deshalb legt Denon so großen Wert darauf, dass ihn sein Zeichner Zix auch in Spanien begleitet, der seinen Eltern kurz vor der Abreise noch einmal nach Straßburg schreibt:

Das Reisen macht mir überhaupt kein Vergnügen, aber was soll ich machen? Ich muss mich glücklich schätzen, dass Monsieur Denon mich dabeihaben will, denn was täte ich in Paris ohne ihn? ... Aber ich wünsche mir von ganzem Herzen, dass der Krieg nicht lange dauert.*

Der Krieg wird noch sehr lange dauern. Doch die Reise, die Benjamin Zix an der Seite Denons in einem nach und nach sich verringernden Abstand hinter Napoleon und seiner Armee macht, ist diesmal verhältnismäßig kurz. Mitte Februar kann Zix seinen Eltern schon wieder aus Paris berichten, wie es ihm dabei ergangen ist.

Kaum waren wir in Spanien, da hatte es mit den guten Tagen ein Ende, denn wir reisten im Gefolge einer Armee, die alles zerstörte; wohin wir auch kamen, überall stießen wir auf die traurigen Spuren des mörderischsten Krieges. Oft fanden wir nicht mal ein Dach, das uns Zuflucht vor dem miserablen Wetter gewährte, geschweige denn Stroh, um uns ein armseliges Nachtlager zu machen. Die einfachsten Lebensmittel waren nur genießbar, weil der Hunger sie würzte. Aber jetzt ist das alles endlich vorbei, und ich habe eine sehr stattliche, sehr interessante Sammlung von Zeichnungen zusammengebracht, deren Fertigstellung mich noch eine gute Weile beschäftigen wird.*

Denon berichtet dem Kaiser über seine Reise durch den spanischen Kriegswinter schon Mitte Januar 1809 in einem Brief aus Valladolid, zu einem Zeitpunkt, wo er – wie der Kaiser selbst – schon wieder auf dem Weg zurück nach Frankreich ist. Er hat seinem Bericht eine lange Liste von Zeichnungen beigefügt, die Zix und gelegentlich vielleicht auch er selbst unterwegs angefertigt haben. Sie lässt den Weg erkennen, den die beiden zurückgelegt haben. Über Bordeaux und Bayonne ins Baskenland kommend, haben sie Vitoria gesehen und sich um den 10. Dezember 1808 mehrere Tage lang in Burgos aufgehalten, wo die Franzosen einen Monat zuvor einen Sieg über die spanische Armee errungen und nachher in Anwesenheit Napoleons die Stadt geplündert haben. In Burgos scheint den beiden Reisenden auch klar geworden zu sein, dass der vor ihnen liegende Weg immer gefährlicher wird. In seinem Brief schreibt Denon:

Bis dahin war ich ohne Bedeckung unterwegs gewesen; aber als ich sah, wie mörderisch es überall um mich her zuging, habe ich mich der Eskorte angeschlossen, die die Abordnung von Mitgliedern des «Gesetzgebenden Rates» begleitete, weshalb ich erst am 28. Dezember in Madrid eintraf.*

Die Zeichnungen, die Zix und Denon in Spanien selbst angefertigt haben, scheinen der einzige Ertrag ihrer Reise durch Spanien gewesen zu sein. In Madrid berät Denon zwar während einiger Tage eine für Beschlagnahmungen unterschiedlicher Art zuständige Armeekommission bei der Auswahl von Kunstwerken in den Häusern einiger geflohener Adeliger. Hier geht es aber nicht um die Erweiterung der Sammlungen, die Denon in Paris anvertraut sind. Von sich aus und für sein Museum hat er auf seinem Weg durch Spanien anscheinend überhaupt nichts beschlagnahmt. Den Grund für so viel Zurückhaltung verschweigt er in seinem Brief an Napoleon nicht.

Wenn nicht der Bruder Ihrer Majestät, sondern ein anderer Fürst den spanischen Thron innehätte, hätte ich Sie zur Ergänzung der Sammlung des Museums um zwanzig Gemälde der spanischen Schule ersucht, die dort völlig fehlen und für immer eine Trophäe

dieses Feldzugs gewesen wären. Aber das kann ja ganz nach dem
Willen Ihrer Majestät noch jederzeit nachgeholt werden ...*

Als Denon dies schreibt, kann er nicht wissen, dass sein Wunsch
schon mehr als erfüllt ist. Drei Tage vorher hat Napoleon ebenfalls
aus Valladolid an seinen Bruder Joseph geschrieben:

Denon möchte ein paar Bilder mitnehmen. Ich würde es begrüßen,
wenn Sie all jene an sich nähmen, die sich in den konfiszierten Häu-
sern und den aufgehobenen Klöstern finden, und mir davon etwa
fünfzig Meisterwerke, die dem Museum in Paris fehlen, als Geschenk
übermachten. Bei Gelegenheit würde ich Ihnen dafür andere geben.
Lassen Sie Denon kommen und sprechen Sie in diesem Sinne mit
ihm. Er kann Ihnen Vorschläge machen. Sie werden verstehen, dass
nur gute Stücke in Frage kommen, aber es heißt ja, Sie seien in die-
ser Beziehung ungeheuer reich.*

Napoleon seinerseits kann, als er dies schreibt, nicht wissen, dass
auch Denon schon wieder auf dem Rückweg nach Frankreich ist
und daher in Madrid keine Vorschläge mehr machen kann. So muss
sich Denon in Geduld fassen und abwarten, was König Joseph-Napoléon ihm abzutreten bereit ist. Der jedoch lässt sich mit
der Erfüllung der Bitte seines Bruders viel Zeit. Erst im Juli 1813
treffen die Kisten mit spanischen Gemälden in Paris ein. Für Denon
sind sie eine große Enttäuschung. Anfangs glaubt er, allenfalls
sechs der fünfzig Bilder verdienten es, im Louvre gezeigt zu werden. Am Ende sind es dann doch immerhin zwölf – darunter Werke
von Zurbarán, Velázquez, Pereda, Murillo, Ribera und Ribalta –, die
zusammen mit sieben aus anderen Quellen stammenden Gemälden fortan die Malerei Spaniens im Musée Napoléon repräsentieren.*
    Einen sehr viel größeren Bilderschatz und obendrein fünf Mil-
lionen Reales aus der spanischen Staatskasse hat Joseph Bonaparte bei sich, nachdem er den spanischen Thron endgültig hat

preisgeben müssen und sich im Schutz einer Armee von 58000 Soldaten mit 140 Kanonen auf französisches Territorium retten will. Bei Vitoria stellt sich ihm und seiner Bedeckung am 21. Juni 1813 eine britische Armee unter dem Befehl des späteren Herzogs von Wellington entgegen. Die Schlacht mündet in eine ungeordnete Flucht der Franzosen. Doch statt ihnen nachzusetzen, nutzen die siegreichen britischen Truppen zum Ärger ihres Oberbefehlshabers die Gelegenheit, auf dem Schlachtfeld reiche Beute zu machen. Auch der Reisewagen, den Joseph Bonaparte zurücklassen muss, und die Wagen mit seinem Gepäck fallen ihnen in die Hände – darin an die 250 von ihren Keilrahmen abgelöste und aufgerollte Gemälde. Der künftige Herzog von Wellington lässt sie sogleich nach England schicken und versucht später, ihre Rückgabe anzubahnen. Doch die Bilder – darunter Werke von Correggio, Velázquez, Murillo, Claude Lorrain, Goya und anderen – kehren nicht nach Spanien zurück. Als der Sohn Karls IV. im Dezember 1813 unter dem Namen Ferdinand VII. auf den spanischen Thron zurückkehrt, überlässt er sie Wellington zum Dank für seine Verdienste bei der Befreiung Spaniens.*

Es gibt die Vermutung, der künstlerische Ertrag von Denons Reise auf die Iberische Halbinsel sei deshalb so mager ausgefallen, weil er, wie die meisten an Kunst interessierten Franzosen seiner Zeit, keinen rechten Sinn für die Malerei Spaniens gehabt habe.* Andererseits weiß man, wie weit Denon der großen Mehrheit seiner Zeitgenossen voraus war mit seiner unorthodoxen Aufgeschlossenheit für künstlerische Äußerungen aus fernen Zeiten und fremden Kulturen, wie sehr er darauf bedacht war, seinen Kunstsinn zu erweitern und zu öffnen, wo immer sich eine Gelegenheit dazu bot. Falls ihm dies bei der Begegnung mit der spanischen Malerei tatsächlich nicht oder weniger gut gelungen sein sollte, lag das vielleicht eher an den Bedingungen, unter denen er in Spanien reiste – an der Kürze der Zeit und vor allem an der kriegsbedingten Unruhe und den Gefahren, die ihn ständig begleiteten. Aber nicht nur die Bedrohung durch feindselige Spanier und ihre Guerilla, auch die Verrohung der eigenen Landsleute, auf deren Spuren sie immer wieder stießen, könnten dem Direktor des Musée Napoléon und seinem Zeichner auf ihrer Reise durch Spanien die Neugier und Aufnahmebereitschaft gründlich verdorben haben.

Zu den Zeichnungen, mit denen Zix und vielleicht auch Denon den Weg Napoleons und seiner Armee durch Spanien dokumentiert haben, gehörte auch eine «Ansicht der Kapelle und des Grabmals des Cid im Kloster San Pedro bei Burgos».* Sie scheint sich wie die meisten der 42 Blätter, die Denon in seinem Brief aus Valladolid an Napoleon aufführt, nicht erhalten zu haben. Erhalten geblieben sind jedoch zwei andere Zeichnungen von Benjamin Zix, die wohl bei der gleichen Gelegenheit entstanden sind und offenbar nicht für Napoleon bestimmt waren. Beide zeigen Denon, wie er sich über das geöffnete Doppelgrab des berühmten Helden der Reconquista und dessen geliebter Gemahlin Jimena beugt – einmal mit einem Schädel, auf dem anderen Blatt mit einem Oberschenkelknochen in den Händen. Auf dem Boden um ihn her liegen weitere Knochen und Gerippeteile wüst verstreut.

Beide Zeichnungen dienten offenbar als Vorlagen für ein kleines Ölbild, das Adolphe Roehn 1809 gemalt und Denon dann möglicherweise geschenkt hat – vielleicht zum Dank für einen größeren Auftrag, den dieser ihm vermittelt hatte. Jedenfalls blieb das Bild bis zu seinem Tod in Denons Besitz (Abb. 18). Ein zweites Bild, eine Gouache von Alexandre-Evariste Fragonard, dem Sohn des bekannteren Jean-Honoré Fragonard, gibt die gleiche Szene in stärkerer Konzentration wieder – mit weniger Beiwerk, aber in dramatischerem Licht – und mutet dabei wie eine Weiterentwicklung des Gemäldes von Roehn an.*

Allen Fassungen dieser merkwürdigen Szene, den Zeichnungen wie den gemalten Bildern, ist gemeinsam, dass sie den gleichen verwirrenden Effekt erzeugen. Auf den ersten Blick sieht es so aus, als sei hier der kaiserliche Raubkommissar beim Plündern eines Grabes dargestellt. Doch dann zeigt der zweite Blick: Nicht

Denon schändet dieses Grab. Geschändet wurde es schon vorher. Denon hat den Schädel oder den Knochen, den er in Händen hält, nicht aus dem Sarkophag genommen. Er ist vielmehr im Begriff, ihn behutsam dorthin zurückzulegen. Er hat soeben begonnen, das Durcheinander zu beheben, das vermutlich plündernde französische Soldaten angerichtet haben, gegen die hier sogar, wenngleich verhalten, Anklage erhoben wird.

In der Legende, die Denon um sein Wirken als Sammler und Beschlagnahmungsexperte in Napoleons Diensten drapiert hat, könnte diese zweideutige Szene eine Schlüsselstellung eingenommen haben. Was wie zerstörerische, frevelhafte Wegnahme aussieht, erweist sich bei näherem Hinsehen als Wiederherstellung von Ordnung.

Denon weiß aber auch – und er wird seine Freude daran gehabt haben –, dass die Uneindeutigkeit der Szene noch eine weitere, heimliche Verzweigung aufweist. Denn zu einer Wegnahme, wenn auch einer behutsamen, ist es in Spanien bei seinem Besuch im Kloster San Pedro de Cardeña doch gekommen. Am Sarkophag des Cid und der Jimena hat sich Denon die Chance zu einem weiteren «frommen Diebstahl» nicht entgehen lassen. Von seiner privaten Reliquiensammlung wird noch zu berichten sein. Zu ihr gehörten auch «Splitter von den Gebeinen des Cid und der Jimena, gefunden in ihrem Grab zu Burgos».*

*

Mit feinen Sägen — Österreich – nicht militärisch, sondern nur politisch und aus der Ferne von Großbritannien und Schweden unterstützt – hält zu Beginn des Jahres 1809 die Gelegenheit für günstig, den Krieg gegen Frankreich wieder aufzunehmen. Napoleon kämpft in Spanien, und es sieht nicht danach aus, als würde er bald von dort zurückkehren. So werden denn von Österreich ein Angriff auf das mit Frankreich verbündete Bayern und die dort stehenden französischen Verbände und gleichzeitig – inspiriert durch den Erfolg der spanischen «Guerilla» – ein Volksaufstand gegen die bayerische Fremdherrschaft in Tirol vorbereitet. Doch als am 9. April 1809 Andreas Hofer mit seinen Kämpfern losschlägt und einen Tag später Österreichs Kriegserklärung gegenüber Bayern erfolgt, ist Napoleon schon seit mehr als zwei Monaten wieder in Paris und erscheint sieben Tage später bei seinen Truppen in Donauwörth.

In mehreren Gefechten zwischen Mitte April und Anfang Mai – bei Abensberg, Landshut, Eggmühl und Regensburg – werden die Österreicher immer wieder geschlagen, und nach der verlustreichen Schlacht von Ebelsberg in der Nähe von Linz hindert die Franzosen nichts mehr, nach Wien zu marschieren. Zwischen dem 11. und dem 13. Mai wird die Stadt besetzt, wie schon einmal im Spätherbst 1805. Damals hatte Denon, von Italien kommend, Wien noch vor der Besetzung besucht und sich dort gründlich umgesehen. Er hatte aus Straßburg sogar eine Liste möglicher Trophäen an Napoleon geschickt. Aber zu Beschlagnahmungen von Kunst war es in der österreichischen Hauptstadt dann doch nicht gekommen. Diesmal macht sich Denon selbst auf den Weg, wieder etwa vier Wochen nach dem Kaiser.

Ermutigt und ermuntert durch den reichen Ertrag an Zeichnungen in Spanien, will Denon sein dokumentarisches Projekt unbedingt fortführen. Der Bestand an Zeichnungen, so schreibt er an Napoleon, habe inzwischen «große Wichtigkeit für die Gegenwart und die Zukunft» erlangt und werde sich auch «bei der Vergabe von Aufträgen an Maler und Manufakturen» als äußerst nützlich erweisen.* So bekommt Benjamin Zix auch auf dieser Reise in einen neuen Krieg reichlich zu tun. Denon benutzt ihn fast wie einen Bildaufzeichnungsapparat. Also muss sich Zix in den Mitteilungen an seine Eltern desto kürzer fassen. Drei Tage vor der Ankunft in Wien schreibt er ihnen aus Linz:

Ich würde euch gern mehr schreiben, aber mir bleibt kaum die Zeit zum Atmen. Sobald wir irgendwo ankommen, muss ich zeichnen, *und sobald die Zeichnung fertig ist, heißt es: Zurück in den Wagen und weiter!**

In der österreichischen Hauptstadt hat man vorsorglich die für besonders bedeutend und wertvoll geltenden Bilder der kaiserlichen Galerie in 54 Kisten zu Schiff die Donau hinab nach Ungarn geschafft. Schon am 11. Mai, als die ersten Franzosen in die Stadt gelangen, nimmt ein französischer Offizier mit einundzwanzig Soldaten das obere Belvedere-Schloss in Beschlag, wo die kaiserliche Gemäldesammlung untergebracht ist. Denon trifft am 6. Juni ein. An diesem Tag hat der französische Generalgouverneur von Wien, Antoine-François Andréossy, den Direktor der Sammlung, Heinrich Füger, zu sich bestellt, um sich auch selbst ein Bild von der Situation zu machen, mit der es der Kunstexperte aus Paris zu tun bekommen wird. Andréossy hat offenbar erfahren, dass die Sammlung nicht mehr komplett ist. Nun soll Füger Auskunft geben, «wo die Bilder seien», und erklärt, dass er sie zu ihrem Schutz aus der Stadt habe schaffen lassen, woraufhin ihm Andréossy gnädig erwidert: «Sie haben als rechtschaffener Mann Ihre Pflicht getan – aber Alles werden Sie nicht fortgebracht haben?»*

Am Abend des nächsten Tages besucht Vivant Denon das Belvedere zum ersten Mal und erscheint schon im Morgengrauen des folgenden Tages wieder, «um mit der Aufnahme des Vorhandenen zu beginnen»*, die ihn dann mehr als eine Woche lang beschäftigt.

In Wien begegnet Denon seinem Bekannten aus Wolfenbüttel wieder, dem künftigen Stendhal und jetzigen Kriegskommissar Henri Beyle, der zum Stab seines Cousins Pierre Daru gehört. Gemeinsam nehmen Beyle und Denon am 15. Juni an der Begräbnisfeier für Joseph Haydn teil, der zwei Wochen zuvor inmitten der Aufregung, die die Besetzung der Stadt verursachte, gestorben ist. Später notiert sich Stendhal:

Ich war mit Denon und Salieri bei der Messe für Haydn in der Schottenkirche oder einer Kirche in der Nähe … Ich glaube, wir gingen

hin aus Angst, wir würden uns eines Tages schämen, nicht hinge-
*gangen zu sein.**

Drei Tage später hat Denon seine Arbeit im Belvedere getan, und
das Beschlagnahmungsprotokoll wird von ihm, von Heinrich Füger
sowie den Konservatoren Tusch und Rosa unterzeichnet. Es umfasst in 316 Einträgen rund vierhundert Bilder – aber keineswegs
nur solche zweiten Ranges, jedenfalls aus der Sicht Denons, dessen
Leidenschaft für die alte deutsche und niederländische Malerei
nicht nachgelassen hat, sondern weiter wächst. Er wählt Werke
von Lucas Cranach, Albrecht Dürer, Hans Baldung Grien, Pieter
Bruegel dem Älteren aus, die der vom Klassizismus geprägte Heinrich Füger offenbar nicht zu den allergrößten Schätzen seiner
Sammlung zählt – außerdem auch Gemälde von Adam Elsheimer,
Giuseppe Arcimboldo und nicht zuletzt auch noch ein weiteres Bild
von Peter Paul Rubens, die «Himmelfahrt Mariae» – so groß und
sperrig (4,90 mal 3,25 Meter), dass die Österreicher bei der «Flüch-
tung» ihrer Bilder nach Ungarn gar nicht erst den Versuch gemacht
hatten, es zu verpacken und auszulagern wie die anderen Rubens-Gemälde. Heinrich Füger protestiert heftig, als er mit ansehen muss, wie sich Denon wider alle Vernunft anschickt, auch diesen Rubens mitzunehmen – als wolle er demonstrieren, was er sich
zutraue, was technisch möglich sei und was seine Restauratoren zu
leisten vermögen.

Alle meine Einwendungen waren fruchtlos. Denn auf meine Bemer-
kung, dass dieses Gemälde seiner Größe, Schwere und Gebrechlich-
keit wegen niemals mehr von seiner Stelle herabgenommen worden
sei, äußerte Herr Denon seinen Entschluss, dasselbe in drei Teile aus-
einandernehmen zu lassen. Selbst meine Erinnerung, dass eine bei
Werken der Malerei so ungewöhnliche Operation Stoff zu einer An-
ekdote in der Kunstgeschichte geben würde, die ich nicht auf meine
Rechnung zu nehmen gedächte, blieb ohne Erfolg; Herr Denon berief
sich auf seinen erhaltenen ausdrücklichen Befehl, dieses Bild zu neh-

men. Es wurde demnach auf beiden Seiten mit feinen Sägen durch-
geschnitten und gleich anderen kleineren Stücken eingepackt.*

Der nach späterer Zählung *fünfte* Koalitionskrieg nimmt einen
merkwürdigen Verlauf. Mit der frühen Besetzung von Wien, die die
Voraussetzung für Denons Zugriff auf die kaiserliche Bildersamm-
lung war, ist dieser Krieg keineswegs entschieden. Sein Ausgang
ist durchaus noch offen, als Denon seine Auswahl getroffen hat und
die beschlagnahmten Bilder schon verpackt werden. Die österreichische Hauptarmee hat sich nach den frühen Niederlagen auf das
nördliche Donauufer zurückgezogen, um sich zu reorganisieren.
Als Napoleon einen ersten Versuch unternimmt, sie entscheidend
zu schlagen, wird er am 22. Mai 1809 in der Schlacht bei Aspern,
östlich von Wien, selbst geschlagen. Es ist die Schlacht, in der der
ältere von Denons Neffen, der General Vivant-Jean Brunet, einen
Arm verliert.* Napoleon macht bei Aspern eine ganz neue Erfahrung. Er erlebt die erste Niederlage in einer von ihm selbst befeh-
ligten Feldschlacht. Doch anderthalb Monate später, mit dem Sieg
über die Österreicher bei Wagram, wenige Kilometer von Aspern
entfernt, am 6. und 7. Juli, kann er auch diesen Krieg noch einmal
zu seinen Gunsten entscheiden.

Napoleon bleibt den Sommer über in Wien. Er residiert im
Schloss Schönbrunn. Maria Walewska, seine polnische Geliebte,
besucht ihn dort. Auch seinen Geburtstag feiert er dort. Diesmal
gibt es zwar keine Ausstellung zu eröffnen und kein Denkmal zu
enthüllen – aber immerhin wird an diesem 15. August ein neues
Projekt auf den Weg gebracht. Ein Obelisk soll auf dem Pont Neuf
in Paris errichtet werden, und Denon bekommt den Auftrag, sich
um die Ausführung zu kümmern.*

Anfang Oktober löst Clemens Wenzel von Metternich den Gra-
fen Stadion im Amt des österreichischen Außenministers ab. In
Schönbrunn wird auch der neue Friede zwischen Frankreich und
Österreich ausgehandelt und am 14. Oktober 1809 unterzeichnet.
Für Österreich bringt er erhebliche Gebietsverluste und führt zu

einer Neuausrichtung der Außenpolitik des Landes. Ein Militär-
bündnis mit Frankreich wird das Kaisertum Österreich drei Jahre
später sogar nötigen, sich an Napoleons Feldzug gegen Russland
zu beteiligen.

*

Abendessen zwischen Alten Meistern — Auf dem Rückweg nach
Paris macht Napoleon Halt in München. Vivant Denon und Benjamin Zix tun es ihm nach. Denon besucht Alois Senefelder und lässt
sich das von ihm erfundene Steindruckverfahren, die Lithographie, zeigen, die im Laufe des 19. Jahrhunderts den Bilderdruck
erleichtern und deutlich verbilligen wird. Denon will die neue
Drucktechnik auch in Frankreich bekannt machen und verwendet
sie nach 1815, als er wieder die Zeit zu solchen Kunstübungen hat,
häufig auch für eigene Grafiken. Aber schon bei dieser ersten Gelegenheit entwirft er zur Probe auch selbst eine Lithographie, «Die
heilige Familie in Ägypten», die er auf dem Stein signiert und datiert: «Essai mit Stift, Feder und Wischer, gefertigt in der Münche-
ner Lithographie, den 15. November 1809. Denon».*
Er besucht in München auch den Direktor der bayerischen Gemäldesammlung, den Maler und Architekten Johann Christian
von Mannlich. Der hatte es schon im Jahr 1800 einmal mit einem
Vorgänger Denons zu tun bekommen, einem gewissen François-
Marie Neveu, der im Auftrag der französischen Regierung in Süddeutschland herumgereist war und dabei Kunstwerke und Bücher,
aber auch interessante Objekte aus technischen und naturkundli-
chen Sammlungen beschlagnahmt hatte. Denon weiß, dass er Bayern – wie schon Sachsen – nicht als besiegtes und besetztes Land
behandeln und hier unbedenklich nehmen kann, was ihm für sein
Museum wünschenswert erscheint. Bayern ist inzwischen ein
wichtiger Verbündeter Frankreichs geworden. Napoleon hat das
frühere Herzogtum deshalb im Jahre 1806 zum Königreich und
damit Mannlichs obersten Dienstherrn vom Herzog zum ersten

bayerischen König erhoben. Wirkliches Vertrauen zwischen der Großmacht Frankreich und Bayern ist hierdurch aber nicht entstanden. Auch Mannlich hat sich ein solides Misstrauen gegenüber den Franzosen und ihren Abgesandten bewahrt und schon beim Ausbruch des eben beendeten Krieges mit Österreich die Schätze seiner Galerie gründlich versteckt. Man könnte sich fragen – vor wem eigentlich? Vor den Österreichern? Vor den Franzosen? Vor beiden? Und er weigert sich auch nachher noch, sie wieder hervorzuholen, obwohl sein eigener König ihn auffordert, dem durchreisenden Kaiser die bayerische Sammlung zu zeigen. Der König versteht nicht, warum Mannlich sich so sehr sträubt. Er versucht, seinen Untergebenen mit einem Hinweis auf die Gunst des Augenblicks zu locken. So werde er, Mannlich, doch eine gewiss willkommene Gelegenheit haben, sich selbst dem Kaiser bekannt zu machen. In seiner Autobiographie erzählt Mannlich, warum er dem König weiter trotzte und mit welchen Worten.

*«Gott bewahre, Majestät! Ich habe nicht die Absicht, einen so hohen Preis – und auf Ihre Kosten – für die Ehre zu bezahlen, mit dem berühmten Mann zu sprechen und mit ihm bekannt zu werden. Er würde seinen getreuen Denon mitbringen. Der ist sein Auge für die Schönen Künste und würde anfangen, zu wählen, und das Besitzverlangen würde sich ohne Zweifel bald hinzugesellen ... Haben Sie deshalb die Güte, Majestät, mir zu verzeihen, wenn ich Ihnen dieses eine Mal nicht gehorche.» Der König lachte über meinen pathetischen Ausruf und sagte: «Sie könnten wohl recht haben, mein lieber Mannlich, also tun Sie, was Sie für richtig halten.»**

Und Mannlich sorgt dafür, dass die bayerischen Gemälde bis zur Abreise Napoleons in ihrem Versteck bleiben. Danach jedoch packt ihn die Ungeduld.

Weil ich es kaum erwarten konnte, unsere Sammlungen wieder hervorzuholen, und die Gefahr nun vorüber war, ließ ich unsere Bilder *wieder aufhängen, vor allem die aus Schleißheim, von denen ich glaubte, sie würden Denon am wenigsten reizen, wegen der vielen altdeutschen Bilder, die dabei waren. Doch zu meiner großen Überraschung begeisterten gerade sie ihn so sehr, dass er gar nichts anderes sehen wollte. Als ich ihn dann doch von ihnen losgerissen hatte, um ihm die italienischen und flämischen Gemälde zu zeigen, nahm er mich im Gehen bald beim Arm und sagte: «Sie haben hier sehr schöne Sachen der größten Meister, aber solche haben wir auch – ich bitte Sie dringend, führen Sie mich zurück zu unseren guten Alten.» Ich konnte nicht umhin, ihm meine Verwunderung darüber zu bezeugen, dass er als Franzose diese frühen Werke, die so ganz anders seien als unsere modernen Gemälde, derart schätzen könne. «Bei mir braucht Sie das gar nicht zu wundern», erwiderte er lebhaft, «mir waren die Bestohlenen schon immer lieber als die Diebe. In diesen Werken liegt eine so reine Originalität, eine so rührende Unbefangenheit, ein Ausdruck von solcher Wahrheit, eine so reiche Einfachheit und eine so tief empfundene Frömmigkeit, dass ich sie den meisten unserer großen Meister, die einander nur nachahmen und sich einer beim anderen bedienen, bei weitem vorziehe.» Schließlich musste unser Abendessen in einem der Säle der alten Meister aufgetragen werden, aus dem er erst, als es Nacht geworden war, in die Stadt zurückkehrte.**

Denon, so berichtet Mannlich weiter, sei es dann tatsächlich gelungen, sein eigenes «Besitzverlangen» auch dem Kaiser einzupflanzen, der nachher König Maximilian I. einen Tausch vorgeschlagen habe. Von allen großen Meistern, soweit sie im Pariser Museum mehrfach vertreten seien, und angefangen bei Raffael, wolle er ein Bild nach Bayern geben für das, was ihm an altdeutschen Meistern aus München geschickt würde. Der König beauftragte Mannlich, sich um die Einzelheiten der Transaktion zu kümmern. Der aber ließ die Angelegenheit mit aller gebotenen Umsicht im Sande verlaufen. Zu deutlich erinnerte er sich noch an ähnliche Versprechungen, die Jahre zuvor Denons Vorgänger Neveu ihm gemacht hatte. Lucien Bonaparte in seiner Eigenschaft als Innenminister hatte sie brieflich sogar noch einmal bekräftigt. Aber in Erfüllung gegangen waren sie nie.*

*

Des Kaisers neue Ehe — Seit längerem macht sich Napoleon Gedanken über die Haltbarkeit der Kaiserwürde, die er selbst geschaffen und sich selbst verliehen hat. Von der Machtfülle, die er im Laufe der Zeit angehäuft hat, verteilt er in Form von Titeln, Würden und Herrschaften mal größere, mal kleinere Anteile breitflächig an die Familie, an seine Brüder und Schwestern und deren Ehepartner und an seine beiden Adoptivkinder aus Joséphines erster Ehe. Aber das zentrale Element in dem dynastischen Gebilde, das dem einstigen Republikaner nun vorschwebt, fehlt. Ein legitimer Thronerbe hat sich, seit er Joséphine de Beauharnais im Jahre 1796 geheiratet hat, nicht einstellen wollen.

Joséphine und er selbst haben lange an seiner Zeugungsfähigkeit gezweifelt. Doch inzwischen ist klar, diese Zweifel sind unbegründet. Napoleon hat schon einen Sohn. Eine Geliebte, Eléonore Denuelle de la Plaigne, hat ihn im Dezember 1806 zur Welt gebracht. Und in Schönbrunn ist eine Bestätigung hinzugekommen. Gegen Ende seines Aufenthalts dort hat ihm Maria Walewska gesagt, dass sie schwanger sei. Anfang Mai 1810 kommt der Junge zur Welt, den sein Vater im Spaß später bisweilen «das Kind von Wagram» nennen wird.* Aber ein legitimer Nachfolger seines Vaters kann er nicht werden – genauso wenig, wie die polnische Gräfin Kaiserin der Franzosen werden könnte.

Dabei ist Napoleon – ebenfalls in Schönbrunn – auf äußerst unliebsame Weise daran erinnert worden, dass er die Frage seiner Nachfolge dringend klären muss, weil sie sich jederzeit stellen kann. Bei einer Militärparade am 12. Oktober 1809, zwei Tage vor dem Abschluss des Friedensvertrags mit Österreich, wird ein junger Deutscher verhaftet, der sich aus der Menge der Zuschauer an

Napoleon heranzudrängen versucht hat. Dieser Friedrich Stapß bestreitet gar nicht, dass er mit dem langen Küchenmesser, das man bei ihm findet, den Kaiser töten wollte. Er verwirkt dann auch seine Begnadigung, indem er erklärt, falls man ihn am Leben ließe, werde er einen neuen Versuch unternehmen. Der Vorgang wird streng geheim gehalten. Aber Napoleon ist erschüttert.

Ein dritter Denkanstoß ist ihm wohl ebenfalls schon in Österreich zuteilgeworden. Falls er sich zur Trennung von Joséphine entschlösse, könnte er gerade in Wien eine Person finden, die eine nahezu ideale Wahl für eine zweite Ehe zu werden verspräche. Der neue österreichische Außenminister, Fürst von Metternich, ist auf ein gedeihliches Verhältnis zu Frankreich bedacht. Napoleon erscheint ihm gegenwärtig und auf nicht absehbare Zeit unbesiegbar, und so bringt er – gewiss auch eingedenk eines außenpolitischen Grundsatzes, der Österreich in der Vergangenheit viel Glück, aber durchaus nicht nur Glück gebracht hat – den Gedanken an eine eheliche Verbindung des Kaisers mit der Erzherzogin Marie-Louise von Österreich ins Spiel.

Sie ist siebzehn Jahre alt, die älteste Tochter des österreichischen Kaisers Franz I., der als Franz II. der letzte Kaiser des Römischen Reiches deutscher Nation gewesen war. Vier Jahre zuvor hat Napoleon ihn genötigt, diese Kaiserwürde aufzugeben und seine Krone niederzulegen. Indem Napoleon nun die Tochter dieses Kaisers zur Frau nimmt, gewinnt er für sein eigenes Kaisertum sogar noch etwas von der Würde des alten, auf Karl den Großen zurückgehenden Kaisertums hinzu. Ein vermutlich eher unerwünschter Nebeneffekt besteht allerdings darin, dass er sich auf diese Weise auch mit dem Frankreich der alten Zeit in Verbindung setzt. Marie-Louise ist eine Großnichte Marie-Antoinettes, der Gemahlin Ludwigs XVI., und der Königin Maria Carolina von Neapel, mit der ein Vierteljahrhundert zuvor auch Denon mehr zu tun bekommen hatte, als ihm lieb war.

Als Kind soll Marie-Louise eine Napoleon-Puppe besessen haben, die ihr alles Schwarze und Schlimme verkörperte. Aber die

Frage nach Neigung und Liebe ist im Falle dieser Verbindung eine der letzten, die sich stellt. «Ich heirate einen Bauch», soll Napoleon gesagt haben, und Marie-Louise hat sich anscheinend, wenn auch schweren Herzens, ihrem Vater zuliebe von dem Gedanken leiten lassen, es sei ihre Pflicht, sich für Österreich zu opfern. Doch beide Eheleute haben, angefangen bei ihrer ersten Begegnung in Compiègne noch vor der Hochzeit, aneinander offenbar viel mehr Gefallen gefunden und sind erheblich besser miteinander ausgekommen, als sie zunächst erwartet hatten.*

Die zweite Ehe Napoleons wird dreimal geschlossen – zuerst am 11. März 1810 in Wien als Ferntrauung oder «Stellvertreterhochzeit», wobei der Bräutigam durch seinen Gegner im vergangenen Krieg, den Erzherzog Karl von Teschen, vertreten wird. Am 1. April 1810 wird auf Schloss Saint Cloud bei Paris dann die Zivilehe geschlossen, bevor am 2. April die kirchliche Hochzeit in Paris selbst stattfindet – allerdings nicht in Notre-Dame wie sechs Jahre zuvor die Kaiserkrönung, und auch in keiner anderen Kirche, sondern im Louvre, in jenem Salon Carré des Musée Napoléon, wo sonst alle zwei Jahre die großen Pariser Kunstausstellungen, die «Salons», stattfinden. Vivant Denon ist an der würdigen Gestaltung des großen Ereignisses maßgeblich beteiligt gewesen.

Der Hochzeitszug bewegt sich an diesem Tag vom Tuilerienpalast durch die fünfhundert Meter lange, frisch renovierte Grande Galerie. Auf beiden Seiten stehen hinter eigens errichteten Balustraden die Zuschauer in jeweils drei Reihen. Die dicht an dicht hängenden Bilder runden hier als willkommene Dekoration den pompösen Aufzug ab. Benjamin Zix hat ihn in einer 1,70 Meter langen, aber nur 24 Zentimeter hohen Abwicklung zeichnerisch festgehalten. Sie sollte als Vorlage für das Dekor einer riesigen Vase dienen, die dann allerdings nie fertig wurde.*

Im Salon Carré, der als Kapelle hergerichtet werden sollte, sind die Gemälde – anders als in der Grande Galerie – durchaus nicht willkommen. Sie stören den Architekten Fontaine, der beauftragt ist, an den hohen Wänden entlang eine Tribüne mit zwei Etagen für die Ehrengäste zu errichten. Denon jedoch widerstrebt es, für diesen einen Tag, so bedeutsam er auch sein mag, die riesigen Bilder abzuhängen. Napoleon mischt sich ein, indem er dem Direktor seines Museums den leichtfertigen Vorschlag macht, wenn die Bilder im Weg seien, solle er sie einfach verbrennen. Doch Denon findet einen Weg, die Bilder an den Wänden durch Fontaines Tribünen und allerlei Draperien so weit verschwinden zu lassen, dass sie das feierlich-sakrale Gepränge des Raumes nicht mehr stören. Napoleon allerdings wird an solche zierlichen Nebensachen nicht mehr gedacht haben, als er mit seiner Braut die provisorische Kapelle betritt und feststellen muss, dass von den fünfzehn Kardinälen, die er zu der feierlichen Zeremonie eingeladen hat, nur zwei erschienen sind.

Einer dieser beiden soll die Messe feiern. Kardinal Joseph Fesch ist ein Onkel des Kaisers, ein Bruder von dessen Mutter. Auch er wird allerdings im Laufe der kommenden Monate und Jahre mehr und mehr auf Distanz zu Napoleon gehen. Doch an diesem Tag traut er das neue kaiserliche Paar – ganz unangefochten, so scheint es, von den Bedenken, die seine dreizehn Amtskollegen veranlasst haben, der Zeremonie im Louvre fernzubleiben.

Am Ende scheint niemand mehr so recht zu wissen, was genau die Kirchenfürsten zu ihrem Affront bewogen hat – dies aber nicht etwa, weil ihre Gründe so fadenscheinig gewesen wären, sondern weil sie, im Gegenteil, so zahlreich und so triftig sind.

Es fängt an bei der Frage nach Napoleons Trennung von Joséphine. Seinem eigenen «Code Civil» zufolge mag sie rechtens sein. Die katholische Kirche aber kennt keine Scheidung, und bevor sie, wie seinerzeit im Fall von Isabella und Carlo Marin, eine Ehe für ungültig zu erklären bereit ist, bedürfte es gründlicher Untersuchungen auch durch den Papst, die aber nicht stattgefunden haben. Schon das wäre Grund genug, der neuen Ehe Napoleons den Segen und die Anerkennung zu verweigern. Aber andere, ungeheuerliche Gründe kommen noch hinzu.

Am 17. Mai 1809, vier Tage nach der Einnahme von Wien, hat

Napoleon die Annexion des Kirchenstaates durch Frankreich und die Aufhebung der weltlichen Macht des Papstes verfügt. Pius VII. reagiert, indem er den Kaiser der Franzosen drei Wochen später faktisch exkommuniziert und nicht nur über ihn, sondern über jeden, der sich an der Verwirklichung von dessen Beschlüssen beteiligt, den Kirchenbann verhängt. Napoleon wiederum lässt daraufhin den Papst gefangen nehmen. Pius VII. wehrt sich von nun an nur noch mit Worten. Dem General, der ihn in der Engelsburg beim Abendessen überrumpelt, erklärt er: «Einen Souverän, der nicht mehr als einen Taler am Tag zum Leben braucht, kann man nicht so leicht einschüchtern, Monsieur.» Es ist dies eine erste Kostprobe der entwaffnenden Friedfertigkeit, derer sich Pius VII. in den folgenden Jahren gegenüber allen befleißigt, mit denen er es während seiner Haftzeit – zuerst in Savona, ab 1812 dann im Schloss von Fontainebleau – zu tun bekommt, auch gegenüber dem Kaiser, auch gegenüber Denon. Die dreizehn Kardinäle, die in stummem Protest zu seiner Hochzeit nicht erschienen sind, lässt der Kaiser ebenfalls verfolgen und an getrennten Orten fernab von Paris unter Hausarrest stellen.

*

Denkmäler — So wie Napoleon, Denons Worten zufolge, «gleichzeitig mit allen erdenklichen Arten von Ruhm befasst» ist*, bekommt es sein *directeur des arts* immer wieder mit der Aufgabe zu tun, alle diese Arten von Ruhm so anschaulich und eindrucksvoll, aber auch so dauerhaft darzustellen wie nur möglich – vor allem im Museum mit seinen ins beinahe Unermessliche wachsenden Sammlungen und durch Gemälde und Skulpturen, die er anregt und in Auftrag gibt, aber auch in Form einer *histoire métallique*, die aus einer langen Folge von Gedenkmünzen besteht, oder in Gestalt von repräsentativem Porzellangeschirr, das in der Manufaktur von Sèvres gefertigt wird, und schließlich sogar durch seine Mitwirkung beim Ausschmücken von Ereignissen, die ihrem Wesen nach eher flüchtig sind – Zeremonien und Festlichkeiten wie der Krönung des Kaisers oder seiner Vermählung mit der Erzherzogin Marie-Louise. In jüngerer Zeit, etwa seit dem Anfang des Jahres 1806, ist eine weitere Gattung von Projekten hinzugekommen – Denkmäler, ihre Planung, ihre Gestaltung, ihre Ausführung. Hierbei geht es nun um die Frage, wie sich der kaiserliche Ruhm im öffentlichen Raum am besten zur Geltung bringen lässt.

Von *einem* Auftrag dieser Art, dem Obelisken, den Napoleon auf dem Pont Neuf errichtet sehen wollte, war schon die Rede. Mit seinen fast sechzig Metern wäre er mehr als doppelt so hoch gewesen wie der Obelisk von Luxor, der 1836 in der Mitte der Place de la Concorde aufgestellt wurde.* Aber der Granit-Lieferant erwies sich als unzuverlässig. Die Kosten drohten aus dem Ruder zu laufen. Die technischen Schwierigkeiten schienen unüberwindlich, und so ist nichts daraus geworden. Genauso wenig wie aus dem von Denon selbst vorgeschlagenen Projekt, den Pont de la Concorde zunächst mit acht, später sogar mit zwölf Skulpturen zu schmücken. Schon die Frage, wie groß die Figuren sein müssten, um die beste Wirkung zu erzielen, führte hier in eine Sackgasse. Bei Versuchen mit einigen Attrappen in Originalgröße zeigte sich bald, dass Figuren, die den Passanten auf der Brücke schon übergroß erschienen, in der Ferne noch allzu klein und unscheinbar wirkten.*

Auf halbem Wege stecken und daher unverwirklicht blieb auch ein Projekt, mit dessen Leitung Denon im Februar 1810 beauftragt wurde. Auf der Place de la Bastille sollte ein Brunnen mit einem riesigen, zusammen mit seinem Sockel 24 Meter hohen Elefanten aus Bronze errichtet werden. Dieser Gigant sollte eine Art von Turm, ein Mittelding zwischen Sänfte und Kampfplattform, auf seinem Rücken tragen, und das Wasser sollte ihm in zwei mächtigen Fontänen aus dem Rüssel in die Höhe schießen. Die Arbeiten am Brunnenbecken und an dem Sockel in seiner Mitte gingen langsam voran. Um dem Projekt neuen Schwung und neue Anschaulichkeit zu verschaffen, ließ der Architekt, Jean-Antoine

Alavoine, neben der Baustelle ein Modell des Elefanten aus Gips über einem Holzgerippe in Originalgröße anfertigen. Dieses mit der Zeit immer mehr verrottende Gipstier blieb den Parisern bis 1846 erhalten, während auf dem Sockel, der ihm eigentlich bestimmt gewesen war, inzwischen längst die Säule zur Erinnerung an die Juli-Revolution von 1830 in die Höhe gewachsen war, die noch heute dort steht. Der Elefant selbst hat nur in dem Roman «Les Misérables» überlebt, wo Victor Hugo ihm allerdings einen eindrucksvollen Auftritt verschafft:

*Er war schmutzig, verachtet, widerwärtig und zugleich prachtvoll, ein hässlicher Anblick für den Bürger, ein melancholischer für den Denker. Er hatte etwas von einem Müllhaufen, den man bald wegfegt, und etwas von einer Majestät, die man bald köpft.**

Doch verhält es sich keineswegs so, dass Denon auf dem Feld der Monumente nichts gelungen wäre. An der Verwirklichung von drei besonders eindrucksvollen Denkmälern war er maßgeblich beteiligt.

Im Februar 1806, wenige Wochen nach der Schlacht bei Austerlitz, beauftragt Napoleon die Architekten Pierre-François Fontaine und Charles Percier, Denons Widersacher in so vielen Einzelfragen beim Umbau und bei der Renovierung des Louvre, mit der Errichtung eines Siegesdenkmals auf der Place du Carrousel zwischen dem Tuilerienpalast und dem Louvre. Ein Triumphbogen soll es werden – nach dem Vorbild und in den Dimensionen der römischen Triumphbögen, namentlich desjenigen für Septimus Severus auf dem Forum Romanum in Rom. Denon soll sich um seine Ausschmückung kümmern, um die Auswahl der Motive und die Anfertigung der Reliefs und der Statuen.

Die Bauarbeiten gehen so schnell voran, dass schon der Sieg im nächsten Feldzug von 1806 und 1807 gegen Preußen unter Einbeziehung des neuen, allerdings noch ungeschmückten Triumphbogens gefeiert werden kann. Denon ist mit seinem Part bei der

Gestaltung deutlich in Verzug geraten. Er hat allerdings auch die entschieden kompliziertere Aufgabe zu bewältigen. Sechs Szenen aus dem Feldzug von 1805 müssen nicht nur ausgewählt, sondern auch entworfen und als Relief ausgeführt werden. Acht Soldatenfiguren in Lebensgröße sollen die verschiedenen Waffengattungen repräsentieren. Zwei weibliche Figuren – «La Victoire» und «La Paix», «Der Sieg» und «Der Frieden» – sollen die Quadriga flankieren. Und außerdem ist da noch die Gestalt, die den Wagen lenkt – der Sieger selbst. Der Bedarf an Marmor muss berechnet, in Carrara bestellt und von dort geliefert werden. Denon bekommt es bei diesem Skulpturenprogramm mit nicht weniger als fünfzehn Bildhauern gleichzeitig zu tun. Jeder von ihnen, so sehr man ihn auch zur Eile drängen mag, ist in seinem eigenen Rhythmus tätig und von wer weiß welchen unvorhersehbaren privaten Problemen umzingelt. Einer will sogar unbedingt in Carrara selbst arbeiten. Seine Figur wird die letzte sein, die schließlich in die Höhe gehievt und vor der Attika verankert wird – der Karabinier auf der Ostseite oben rechts.

Eine Zeitlang spielt Denon mit dem Gedanken, die kürzlich eingetroffene Quadriga vom Brandenburger Tor auf dem Arc de Triomphe du Carrousel zu platzieren. Doch bei näherer Prüfung zeigt sich: Für den Pariser Triumphbogen ist der preußische Siegeswagen zu groß. Stattdessen greift Denon auf die vier antiken Bronzepferde aus der Fassade des Markusdoms in Venedig zurück, die die Franzosen schon 1797 nach Paris mitgenommen hatten.

Schließlich wirft Napoleon selbst den vorgesehenen Zeitplan über den Haufen. Die Einweihung soll am 15. August 1808, an seinem neununddreißigsten Geburtstag stattfinden. Doch bei einer Vorbesichtigung sträubt sich der Jubilar plötzlich dagegen, hier als Wagenlenker im antiken Kostüm in Erscheinung zu treten. Dabei kennt er Denons Pläne seit langem und hatte sie gebilligt. Nun will er, dass sein Bildnis entfernt wird. Soll der Wagen doch leer bleiben! Bis in den September scheint es gedauert zu haben, ihm diesen Geburtstagswunsch zu erfüllen. Und noch mehr Zeit vergeht, bis für den leeren Wagen eine dritte weibliche Figur angefertigt ist, die nun ihrerseits den Sieg oder den Frieden oder beides zugleich verkörpert und die beiden anderen Frauengestalten zu bloßen Begleiterinnen degradiert.

Auf der Place Vendôme, wo bis 1792 ein Reiterstandbild Ludwigs XIV. stand, sollte um das Jahr 1800 eigentlich eine Säule zum Ruhm des französischen Volkes mit einer Statue Karls des Großen errichtet werden. Doch da ist die Zeit schon angebrochen, in der die *gloire* des Ersten Konsuls Bonaparte diejenige seines Volkes überflügelt. Deshalb kommt das Projekt nicht mehr voran, und als Denon es – wahrscheinlich zu Beginn des Jahres 1806 – übernimmt, hat sich dessen Bestimmung in den Köpfen aller Beteiligten entschieden gewandelt. Man denkt nun an eine Säule aus der Bronze der im Dezember 1805 bei Austerlitz erbeuteten österreichischen und russischen Kanonen, in den Dimensionen der Trajanssäule in Rom – 44 Meter hoch, mit einem Durchmesser von 3,60 Meter. Napoleon selbst scheint die erste Idee hierzu gehabt zu haben; dass nicht Karl der Große, sondern er selbst, der Sieger von Austerlitz, hoch oben auf der Säule stehen wird, versteht sich inzwischen von selbst.*

Denon nominiert drei Zeichner, unter ihnen Benjamin Zix, die die Entwürfe für das 270 Meter lange Bilderband anfertigen, das sich an der Säule hinaufwinden und die Operationen des denkwürdigen Feldzugs gegen die Österreicher von 1805 darstellen soll.* Mehr als dreißig Bildhauer sind an der Herstellung der 425 Reliefplatten beteiligt. Sie werden in Bronze gegossen und an dem aus Stein errichteten, innen mit einer Wendeltreppe versehenen Kern der Säule montiert.

Die «Säule der Großen Armee» soll im August 1810 am Geburtstag des Kaisers enthüllt werden – zusammen mit einem weiteren Denkmal, das nur ein paar Straßen von der Place Vendôme entfernt im Entstehen begriffen ist – ein Denkmal für den General Desaix in der Mitte der Place des Victoires. Bis in die Zeit der Revolution hatte auch dort eine Statue Ludwigs XIV. gestanden. Auch sie hatte man im Jahre 1792 niedergelegt und eingeschmolzen, um aus der Bronze Kanonenrohre zu gießen. An ihrer Stelle war eine hölzerne Pyramide zum Gedenken an den Sturm auf die Tuilerien errichtet worden, die die Namen aller an diesem 10. August 1792 Gefallenen verzeichnete.

In der Zeit seines Konsulats soll Napoleon Bonaparte das Holz dieser Pyramide schließlich einem Wachbataillon zum Verfeuern überlassen haben. Damals hätte an dieser Stelle ein drittes Denkmal platziert werden sollen – ein Monument für die Generäle Kléber und Desaix, die beide am gleichen Tag, am 14. Juni 1800, zu Tode gekommen waren – Desaix in Oberitalien bei der Schlacht von Marengo, Kléber bei einem Attentat in Kairo, zehn Monate, nachdem er bei der heimlichen Abreise Bonapartes den Oberbefehl über die in Ägypten zurückbleibenden französischen Truppen übernommen hatte.

Als Vivant Denon die Leitung dieses Projekts übernimmt, geht es nur noch um ein Denkmal für seinen Freund Desaix, und zwar in Form einer monumentalen, fünfeinhalb Meter hohen Bronzestatue auf einem mit ägyptischen Ornamenten verzierten Sockel von sechs Meter Höhe. Den ersten Entwurf des Bildhauers Claude Dejoux lehnt Napoleon ab. Er will Desaix nicht sterbend dargestellt sehen, sondern stehend und kraftvoll mit ausgestrecktem Arm die Richtung weisend – nach Südosten, wo, von Paris aus gesehen, Italien und Ägypten liegen. Auf Denon wiederum geht die Idee zurück, den General als antiken Helden zu zeigen – nämlich nackt – und ihm einen Obelisken an die Seite zu stellen.

Die Vendôme-Säule und die Kolossalstatue des Generals Desaix werden im Frühjahr 1810 zwar mit erheblicher Verspätung gegenüber den ursprünglichen Plänen, aber doch so rechtzeitig fertig, dass der Kaiser beide Monumente an seinem Geburtstag feierlich enthüllen kann. Nachher jedoch nehmen ihre Schicksale im öffentlichen Raum einen sehr unterschiedlichen Verlauf.

Über die Säule auf dem Vendôme-Platz wird fast das ganze

19. Jahrhundert hindurch immer wieder heftig gestritten – anfangs auch über ihre künstlerische Qualität, vor allem aber über ihre politische Botschaft. Die Napoleonfigur im antiken Gewand, die sie anfangs krönt, wird in der Restaurationszeit abgenommen und eingeschmolzen und später – nach der Juli-Revolution von 1830 – durch eine andere ersetzt, die Napoleon als «kleinen Korporal» mit seinem Zweispitz zeigt. In der Zeit der Pariser Kommune von 1870/71 wird die Säule – nicht zuletzt auf Betreiben des Malers Gustave Courbet – als Monument des Despotismus umgestürzt und später doch wieder aufgebaut und nun mit einer Kopie der ursprünglichen Napoleon-Statue wiederum im antiken Gewand versehen, und so hat sie sich bis heute erhalten.

Die Kolossalstatue des Generals Desaix auf der Place des Victoires hingegen war nie umstritten. Die Leute verabscheuten sie einhellig und von Anfang an. Sie war ihnen zu groß und zu nackt. Und so kam es, dass sie, kaum enthüllt, schon wieder verschwand – im Oktober 1810 zunächst teilweise, hinter einem Bretterzaun, der ihre Nacktheit verdecken sollte, im Jahre 1814 dann ganz. Auch sie wurde eingeschmolzen und die Bronze für ein neues Reiterstandbild Heinrichs IV. auf dem Pont Neuf verwendet, nachdem dort das ursprüngliche Denkmal von 1614 während der Revolution ebenfalls verflüssigt worden war.

So hat sich von der Desaix-Statue nach der Ära Napoleons nichts erhalten – nichts außer einem Stück Daumen in der privaten Sammlung von Vivant Denon. Im zweiten der drei Bände des Katalogs zur Versteigerung seines Nachlasses in den Jahren 1826 und 1827 wird es unter der Nummer 722 beschrieben:

Bronze. – Vorderer Teil eines Daumens der von dem verstorbenen M. Dejoux geschaffenen Kolossalstatue des Generals Desaix, die 1810 auf der Place des Victoires in Paris aufgestellt wurde. – Dieses Fragment ist das einzige Stück, das von der genannten Statue erhalten geblieben ist. Länge 2 Zoll, 10 Linien [7,7 Zentimeter]. *

Das Bronzefragment wurde damals für 10 Francs verkauft. Zum Vergleich: eine unter der Nummer 653 angebotene «Haarlocke vom Haupt des Generals Desaix, abgeschnitten bei der Bestattung des Leichnams dieses Generals im Hospiz der Mönche vom Sankt Bernhard im Jahr 1805» erbrachte bei der gleichen Gelegenheit 180 Francs.*

*

Italien sehen ... — Die letzte große Reise zur Erweiterung seines Museums führt Denon noch einmal nach Italien, das er in der Vielfalt seiner Städte und Landschaften besser kennt als jedes andere Land, wahrscheinlich sogar besser als Frankreich – Paris und vielleicht Burgund ausgenommen. Als «Napoleons Auge für die Schönen Künste» ist er in Italien jedoch noch nie unterwegs gewesen. Die Wegführung großer Mengen an Kunstschätzen von dort hat in der Zeit zwischen 1796 und 1800 stattgefunden und wurde von anderen Kunstsachverständigen im Gefolge von Bonapartes Armee besorgt. Denon, eben erst zum Direktor des Museums ernannt, hat damals die letzten Transporte mit italienischer Beute bloß in Empfang genommen. Nun, im August 1811, macht er sich selbst noch einmal auf den Weg, nachdem ihm klar geworden ist, welche Chancen zur Vervollständigung seiner Sammlungen sich dort plötzlich bieten, wenngleich vermutlich nur für kurze Zeit.

Napoleon hat in seiner Auseinandersetzung mit dem Papst den Druck auf die römische Kirche noch einmal erhöht. Er hat im September 1810 für alle inzwischen als Departements zu Frankreich gehörenden Teile Italiens – vor allem für Ligurien, Parma, die Toskana, Umbrien und Latium – die vollständige Aufhebung der dortigen Klöster und Kongregationen angeordnet. Deren gesamter Besitz wird dem französischen Staatsvermögen zugeschlagen – auch der Kunstbesitz.

Denons Interesse regt sich sofort. Aber ihm ist auch von Anfang an klar, dass es unmöglich sein wird, von Paris aus abzuschätzen, worum es bei dieser gewaltigen Transaktion wirklich geht und was dabei auf dem Spiel steht. Der Innenminister, in dessen Zuständigkeit die Aufhebung der Klöster fällt, leitet gelegentlich Aufstellungen, die ihn aus Italien erreichen, an Denon weiter. Diese Verzeichnisse versuchen, einen Überblick über das zu geben, was man schon aus den Klöstern in die dafür eingerichteten Depots geschafft hat.* Aber eine Auswahl lässt sich anhand dieser Unterlagen nicht vornehmen. Denon ahnt nur, dass sich unter den Massen von zweit- und drittklassigen Werken auch solche ersten Ranges finden lassen sollten. Doch aus der Ferne kann er sie nicht ermitteln, auch wenn er die vorhandene Literatur noch so gründlich zu Rate zieht. So schreibt Denon an den Innenminister Montalivet:

*Ich sehe voraus, dass es trotz aller Sorgfalt, die ich hierauf verwenden werde, notwendig sein dürfte, dass eine Person, die über gründliche Kenntnisse im Umgang mit Gemälden verfügt, sich nach Genua begibt, um dort eine sehr große Zahl von Bildern zu sichten, die der Herr Baratta, der Verfasser dieser Aufstellung, nur mit «florentinische, bolognesische, flämische und andere Schulen» bezeichnet. Außerdem möchte ich darauf hinweisen, dass die am Rand der Liste notierten Preise mir sehr niedrig erscheinen und noch einmal geprüft werden sollten, bevor man die Bilder in den Verkauf gibt, sofern man sich überhaupt zu dieser Maßnahme entschließt.**

Was den unumgänglichen Einsatz einer kenntnisreichen Person in Italien angeht, so wird Denon von vornherein an sich selbst gedacht haben, und es gelingt ihm, diesen Gedanken auch dem Innenminister und dem Kaiser nahezubringen.* Mitte August 1811 reist er ab – begleitet von Benjamin Zix und Athanase Lavallée, dem Generalsekretär des Museums. Anfangs ist außerdem auch der Architekt Jean-Baptiste Lepère mit von der Partie, der die Vendôme-Säule in Paris errichtet hat. Mit ihm besucht Denon Granitsteinbrüche in Burgund und im Rhônetal. Die Suche nach edlem

Baumaterial für weitere Denkmäler bleibt ihm ein wesentliches Anliegen, und sie endet nie.

In Italien wird Denon unter diesem Gesichtspunkt auch die Steinbrüche von Carrara besichtigen. Noch im Herbst 1813 versichert er dem Innenminister, die dortigen Vorkommen könnten den Bedarf des Kaiserreiches an Marmor jedweder Qualität für mehrere Jahrhunderte decken, und schlägt daher vor, «dieses kleine Land den Besitzungen Ihrer Majestät jenseits der Alpen anzugliedern».*

Benjamin Zix nimmt ebenfalls zwei Aufträge mit auf die Reise. Er soll die Serie von Zeichnungen zur Dokumentation von Bonapartes erstem Feldzug in Italien vervollständigen und außerdem in einer zweiten Serie den Verlauf der neu angelegten Küstenstraße von der Provence nach Ligurien, auf der die Reisenden unterwegs sind, in charakteristischen Ansichten festhalten.

Der Hauptzweck der Reise ist und bleibt jedoch die Suche nach Bildern, die die Sammlung des Musée Napoléon vervollständigen und bereichern können. Diesmal aber, anders als auf seinen bisherigen Reisen, beschlagnahmt Denon die ihn interessierenden Bilder nicht, sondern verzeichnet sie nur, nach Fundorten sortiert, in einer Liste, die er am Ende seiner Tour dem Innenminister übermittelt. Er hat es ja nun nicht mit Repräsentanten eines Kriegsgegners zu tun, sondern mit Kollegen, die dem gleichen Staats- und Verwaltungsapparat angehören wie er selbst. Der Minister wird sich anhand von Denons Liste um die förmliche Anforderung der gewünschten Bilder bei den verschiedenen Stellen und um den Transport kümmern.

Denon reist im eigenen Land, was zum einen vorteilhaft ist, ihm andererseits aber auch erhebliche Beschränkungen auferlegt. Hilfreich ist es sicherlich, dass kein Krieg seiner Arbeit den Rhythmus und das Tempo vorgibt. Er kann sich Zeit lassen und Zeit nehmen, wie er sie braucht. Er kann sorgfältig auswählen, aber er *muss* auch auswählen, kann nicht wahllos und auf Verdacht alles halbwegs Interessante mit Beschlag belegen, sondern ist gehalten, behutsam vorzugehen und Rücksicht zu nehmen auf die Bewohner der Regionen und Orte, die er heimsucht. Nach seiner Rückkehr schreibt er an den Minister:

Unter mehr als 4000 Bildern, die ich sorgfältig geprüft habe, ist meine Wahl, wie Ihre Exzellenz sehen werden, auf nicht mehr als die Werke von 60 in Frankreich ganz unbekannten Meistern gefallen. Ich bin also mit größter Zurückhaltung vorgegangen; ich habe von jedem Maler nur ein Bild ausgewählt – allerhöchstens zwei, wenn ich gesehen habe, dass ich die Städte damit nicht der Gesamtheit der Werke ihrer Künstler beraube.*

Die frühe italienische Malerei – die *école primitive de l'Italie* – ist auch für den Kenner Denon ein unübersichtliches, nur stellenweise bekanntes Gelände. Deshalb richtet er sein Augenmerk vor allem auf signierte und datierte Bilder, die als Orientierungspunkte auf diesem wenig erforschten Terrain dienen und bei der Zuschreibung weiterer Bilder hilfreich sein können.

Die Wunschliste ausgewählter Bilder, die Denon nach der Rückkehr aus Italien dem Minister Montalivet übermittelt, lässt auch den Reiseweg erkennen, den er mit seinen Gefährten zurücklegt. Savona ist die erste Station. Ende September kommt er nach Genua und gelangt über Chiavari, Carrara und Pisa Mitte Oktober nach Florenz. In den ersten Novembertagen erreicht die Reisegruppe Rom und bleibt dort bis gegen Ende des Monats.

In Rom selbst allerdings gibt es für Denon nichts auszuwählen. Für Rom gelten die Dekrete über die Aufhebung der Klöster nicht. Dennoch hat ihn Napoleon beauftragt, die Stadt zu besuchen. Inzwischen trägt sich der Kaiser nämlich mit dem Gedanken, die Anzahl der 360 dort vorhandenen Kirchen zu verringern, und möchte wissen, wie Denon über dieses Vorhaben denkt.

Er habe, so berichtet Denon dem Kaiser nach seiner Rückkehr aus Italien, den größten Teil dieser Gotteshäuser besucht, um sich ein Bild davon zu machen, «welche bedeutenden *monuments* in

Gestalt von Grabmälern, Gemälden, Säulen und von wertvollem Marmor sie in sich bergen»* – und fährt dann fort:

Seit fünfzehn Jahrhunderten, Sire, hat der Katholizismus Kirchen in Rom errichtet, und es gibt keine einzige, die nicht mit Beutestücken geschmückt ist, die aus der Plünderung der Tempel und Denkmäler des antiken Rom stammen. Es sind also weniger die Einfälle der Barbaren gewesen, die diese Stadt verwüstet haben, als vielmehr die christlichen Priester, die, um die Religion der Heiden zu beseitigen, die Statuen und Tempel ihrer Götter verstümmelten. ... Ohne diesen fehlgeleiteten Eifer, Sire, würde der größte Teil dieser Denkmäler heute noch vorhanden sein, und den Beweis hierfür liefert das Pantheon des Agrippa, das nach wie vor aufrecht steht, weil Bonifatius IV. es im Jahre 609 in eine Kirche verwandelt hat. ... Wenn die Ruinen der alten Monumente trotz dieser Verwüstungen nach wie vor eine so erstaunliche Bewunderung wecken, wie müssen sie da erst gewirkt haben, als sie noch mit den herrlichsten Hervorbringungen Griechenlands und den kostbarsten Marmorsorten des Orients bedeckt waren? – Dem Auge des Betrachters, Sire, stellt sich das heutige Rom deshalb bloß noch als eine Anhäufung kostbarer Beutestücke dar, die über verlassene Klöster und prachtstrotzende Kirchen verstreut sind. Überall stößt man auf ein verwüstetes Altertum. Man seufzt über die Barbarei, mit der hier die Tempel zerstört wurden, wenn man sieht, wie kostbarste Materialien an den Straßen als Grenzsteine dienen, und es packt einen der Zorn, wenn man in dem Kirchlein Santa Prassede Blöcke von antikem roten Marmor sieht, dem wertvollsten und gesuchtesten, den es gibt, die man in stupider Verschwendungssucht für die Stufen eines armseligen Altars verwendet hat. ... Ich wage zu behaupten, Sire, dass es Ihrer Majestät zum Ruhm gereichen würde, dieser fünfzehnhundertjährigen Verwüstung ein Ende zu machen. So viele Säulen sind Kostbarkeiten von höchstem Wert – wegen ihres Alters und wegen der Unmöglichkeit, heute etwas Vergleichbares zu beschaffen. ... Das Übriggebliebene ist daher seltener und würdiger geworden im Hinblick darauf, wie glanzvoll es die

Paläste und Tempel schmücken könnte, die Ihre Majestät wohl noch errichten werden. Es wäre daher notwendig, dass alles, dessen man habhaft werden kann, in großen Magazinen in Rom deponiert wird, und außerdem dafür zu sorgen, dass dort nichts wieder entnommen wird, ohne Ihre Majestät darauf hinzuweisen, welches die angemessenste Verwendung wäre, die man davon machen könnte. *

Spricht hier Denons eigene Überzeugung oder dienstlicher Übereifer? Es ist jedenfalls seltsam, zu beobachten, wie sich der Betrachter, entflammt vom Zorn über den Vandalismus der christlichen Priester, im Verlauf einiger weniger Briefzeilen selbst in einen vandalischen Projektemacher verwandelt und in unerbittlicher Verblendung das Rom der Gegenwart nur noch als ein Baustofflager für die Zukunft des Kaiserreiches wahrnimmt – dies alles aber zum Glück nur auf dem Papier.

*

Todesfälle — Denons Zeichner, Benjamin Zix, hat die Stadt am Tiber ganz anders gesehen, und sie hat ihm sehr viel besser gefallen als seinem Dienstherrn. Schon nach der Rückkehr aus Spanien im Jahre 1809 hatte Zix seinen Eltern geschrieben, er habe vom Reisen nun fast genug – «aber Italien würde ich eines Tages doch noch gern sehen.»* Doch als es dann so weit kommt, lässt sich auch diese so ersehnte Reise für ihn recht beschwerlich an. Er ist nun zwar wieder mit Denon auf Staatskosten unterwegs. Aber das bedeutet keineswegs, dass man im Luxus oder auch nur bequem reisen könnte. Der Hunger, so berichtet Zix seiner Frau, sei ein ständiger Begleiter:

… denn wir sparen viel und essen deshalb nur einmal am Tag. Wenn ich also satt werden will, muss ich mir Brot kaufen und mir damit den Magen vollstopfen. Aber so muss ich immerhin nicht fürchten, ich könnte mein kleines Gehalt ganz verzehren. Wenn ich zurück in

Paris bin, muss ich mich nämlich neu einkleiden. Zwei Paar Stiefel, zwei Hosen, ein Paar Schuhe sind, mit Verlaub, im ... Der grüne Frack hält kaum noch zusammen. *

In Rom, wo die Reisenden am 3. November eintreffen, sieht dann alles aber doch ganz anders aus.

Liebe Frau, ich habe bestimmt schon hundertmal, im Wachen und im Schlaf, von Rom geträumt: endlich ist nun auch dieser Wunsch in Erfüllung gegangen. Ich träume nicht, aber ich bin so angenehm überrascht, dass ich mich nicht zu fragen wage, ob ich nicht doch immer noch träume. Rom hat meine Erwartungen und alles, was ich je gesehen habe, aufs Höchste übertroffen. ... Wirklich, es wundert mich nicht mehr, dass kein Künstler von hier wieder weg will, denn einen herrlicheren Aufenthalt gibt es nicht. Hätte ich hier einen sicheren Broterwerb, so gäbe es keinen Ort auf der Welt, wo ich lieber wohnen würde als in Rom. Adieu, lass es Dir gut gehen, ich hoffe, Dich bald wiederzusehen. Bevor wir abfahren, schreibe ich Dir noch. *

So endet der letzte Brief von Benjamin Zix, der sich erhalten hat, und wahrscheinlich ist es auch der letzte, den er in seinem Leben geschrieben hat. Denn genau einen Monat später, nachdem er mit Denon die Rückreise angetreten hat, stirbt er in Perugia, am 7. Dezember 1811. Die Todesursache wurde nicht geklärt. Es gibt die Vermutung, Zix könnte an einem Fieber gestorben sein, das er sich in Rom zugezogen hat, an Malaria oder Typhus.

Denon hat seit längerem gehofft, während er noch in Italien ist, ein Treffen mit Isabella arrangieren zu können. Aber sein Gesuch, einige Tage Urlaub nehmen zu dürfen, wird von dem ihm vorgesetzten Ministerium nicht beantwortet. Stattdessen, so schreibt er an Isabella, bekommt er die Anweisung, von Perugia über Florenz und Piacenza nach Mailand zu reisen:

*Ich muss mich also zunächst dorthin begeben und hoffe, dass man mir dort ein oder zwei Wochen als Entschädigung für meine Mühen und meinen Kummer nicht verweigern wird, den mir der Verlust eines Künstlers verursacht hat, der sechs Jahre bei mir war und zwei Tage nach einem dreitägigen Fieberanfall in meinen Armen gestorben ist – ohne Krankheit, aber völlig ausgezehrt.**

Doch auch in Mailand findet Denon keine Antwort auf sein Gesuch, sondern nur die Order, nach Paris zurückzukehren.

*Ich wage nicht, dem quälenden Verlangen nachzugeben und Dich zu besuchen. Wäre ich nicht so bekannt, würde ich kommen, und sei es, um Dich nur zu küssen, aber ich weiß nicht, woher diese Manie stammt, mein Kommen überall im Voraus zu melden. Vergebens suche ich seit einem Monat irgendeinen winzigen Grund für eine Reise nach Venedig und finde keinen außer dem wahren, den ich nicht nennen kann ... Ich habe hier gehört, Peppo sei krank. Schreib mir, wie es ihm geht. Morgen in acht Tagen werde ich in Paris sein.**

Als Denon dies schreibt, weiß er noch nicht, dass Peppo, Isabellas Mann Giuseppe Albrizzi, schon im November 1811 gestorben ist. Erst im März 1812 erreichen ihn mit unterschiedlich großer Verspätung mehrere Briefe von Isabella gleichzeitig. Zwei sind ihm auf seinem Rückweg von Rom Station für Station nachgesandt worden. In den frühen Briefen schreibt sie ihm über den Tod ihres seit langem kränkelnden Mannes. In ihrem jüngsten Brief – nun schon aus einer gewissen Distanz zu dem traurigen Geschehen – stellt sie, so scheint es, sich und ihm die Frage, ob nicht eine neue Nähe zwischen ihr und ihm jetzt möglich werden könnte, und sie erwägt, Denon in Paris zu besuchen. Da kommt nun er nicht umhin, ihr ein kompliziertes, verwirrendes Geständnis zu machen. Er zöge es vor, so schreibt er, sie in Italien zu besuchen:

... denn in Italien fändest Du in mir die unveränderliche Zärtlich-
keit, der nichts etwas anhaben kann und die Du hier nicht finden
würdest – diese beständige Treue, die wir einander in gutem Glau-
ben geschworen, aber nicht gehalten haben. Liebe Bettine, bitte,
nimm das nicht als Vorwurf – denn ich bin vielleicht als Erster
schuld und der Schuldigere von uns beiden –, sondern sieh darin
eine weitere Klage über das Unglück, das die äußeren Umstände uns
bereiten. Wir haben uns grenzenlos geliebt, und unser Wiedersehen
[im Jahre 1805] war von den gleichen Leidenschaften begleitet. Aber
die Abwesenheit, das Verlangen nach Liebe, die Freude, die es uns
beiden gemacht hat, hiervon zu sprechen, war vielleicht auch die
Quelle von unser beider Irrtümern. Ich möchte Dir ein Geständnis
machen, das ich von Dir nicht erbitte. Wäre ich Dir nah, würde ich
Dich und auch mich selbst mit den Illusionen täuschen, die mir
meine zärtliche Liebe zu Dir immer noch eingibt. Hier jedoch würde
ich mich schuldig machen, wenn ich Dir nicht schriebe, was ist. Ich
sage es Dir auf die Gefahr hin, alles zu verlieren, alles, woran ich
mehr hänge, als ich Dir sagen kann. So wiederhole ich denn, liebe
Freundin – ich liebe hier. Und doch fahre ich weg von hier, jawohl:
Ich fahre weg, denn ich sehne mich aufrichtig, um nicht zu sagen,
heiß und innig danach, nachher durch Italien zurückzureisen, und
Du allein bist das Ziel dieser Sehnsucht. So sehr ist es wahr, dass die
beste aller Seelen das Gefäß ist, das all jene Inkonsequenzen auf-
fängt, die mit Schuld am schwersten beladen sind.

In zehn oder zwölf Tagen weiß ich mehr und werde Dir schrei-
ben, denn meinen Geständnissen zum Trotz: Würdest Du mir sagen,
dass Du mich nicht mehr liebst – ich würde spüren, dass Du mir
nicht die Wahrheit sagst. Adieu, meine liebe Freundin, Du liebens-
würdigste meiner Freundinnen. *

«Ich liebe hier» – diese Andeutung bezieht sich auf eine Person,
über die man so gut wie nichts weiß. Selbst über ihren Namen
besteht keine Gewissheit – Madame d'Houchin oder d'Ouchin? Im
Pariser Autographenhandel ist im Jahre 1982 ein Kärtchen aufge-

taucht, mit dem Denon den Grafen de Montesquiou, den kaiserlichen Großkämmerer, am 2. Februar 1812 darum gebeten hat, ihr Zutritt zu einem Hofball zu gewähren.* Madame d'Houchin oder d'Ouchin soll mit Denon bis an dessen Lebensende eng verbunden geblieben und bei seinem Tod zutiefst betrübt gewesen sein.*

Unklar ist auch, von was für Plänen Denon in seinem Brief an Isabella spricht – einer Reise, über die er nichts sagen kann oder sagen will, außer dass sie ihn auf dem Rückweg möglicherweise wieder nach Italien führen werde. Es scheint auch, als habe man ihn von seiner Reise durch Italien sehr dringend nach Paris zurückgerufen. Dort jedoch gibt es dann für ihn nicht allzu viel zu tun – außer dass er seine Expedition in die Frühzeit der italienischen Malerei zum Abschluss bringt, indem er die Liste der von ihm ausgewählten Bilder zusammenstellt und mit einem Brief an den Innenminister schickt, in dem es heißt:

Wenn das Musée Napoléon mit Unterstützung Eurer Exzellenz die Bilder zugesandt bekommen könnte, von denen Ihnen ein Verzeichnis beizufügen ich die Ehre habe, so wird ihm nichts zu wünschen übrig bleiben; es wird sich in diesem historischen Abschnitt der Kunst, der ihm bisher fehlt, vervollständigt sehen und wird Ihrer Amtsführung eine außerordentlich interessante Sammlung von Malern aus der Zeit der Wiedergeburt der Künste in Italien zu verdanken haben, die bei Cimabue beginnt und mit Raffael endet.

Hier eine kleine Auswahl von Einträgen aus Denons Aufstellung mit seinen Kommentaren.*

SAVONA, KLOSTER DER RECOLLETTI [FRANZISKANER], AUFGEHOBENE KIRCHE	
«Mariä Himmelfahrt» von Lodovico Brea, datiert 1495.	Sehr wertvolles Tafelbild des ältesten Malers der genuesischen Schule. Sofort verfügbar.

«Hochzeit der heiligen Katharina» von Tuccio di Andria, datiert 1487.	Bild aus der frühen Zeit. Das Museum besitzt keines von diesem wenig bekannten Maler.

GENUA, SAN GIROLAMO BEI DER UNIVERSITÄT

Sechs Frauenstatuen, die Tugenden etc. darstellend, in Bronze. Florentinische Schule.	Nach Meinung des Direktors [Denon selbst] eignen sich diese Statuen zur Ausschmückung der kaiserlichen Paläste. Alle sind sehr schön und können alles Beliebige verkörpern, indem man die Attribute oder Symbole, die sie in Händen halten, austauscht.

PISA, DEPOT IN EINER KAPELLE DES CAMPO SANTO

«Der heilige Franziskus empfängt seine Stigmata» von Giotto.	Ein echtes Tafelbild dieses frühen Malers. Signiert.
«Die hl. Jungfrau mit Engeln» von Cimabue, dem ältesten aller italienischen Maler.	Dieses Bild, von Cimabue um die Mitte des 13. Jahrhunderts für die Kirche San Francesco zu Pisa gemalt, ist ziemlich gut erhalten. Bei der Aufhebung dieses Klosters hat man es mit einem Verkaufswert von fünf Francs inventarisiert.
«Die hl. Jungfrau, die hl. Anna und Jesus» von Benozzo Gozzoli.	Seltenes Tafelbild eines Malers, dessen bewundernswerte Fresken eine der größten Kostbarkeiten des Campo Santo sind. Wenn man statt des bezeichneten Bildes ein kleines Bild desselben Künstlers, das an einer der Säulen im Dom hängt, bekommen könnte, so wäre diese Wahl vorzuziehen, und man könnte sich in Paris eine zutreffende Vorstellung vom Talent dieses großen Malers machen. [Das Bild wurde tatsächlich gegen jenes andere Bild von Gozzoli getauscht: Triumph des hl. Thomas von Aquin.]
«Die hl. Jungfrau und 4 Heilige» von Taddeo di Bartolo.	Achtbare Arbeit eines kaum bekannten Malers, von dem man vielleicht nie wieder etwas finden wird, wenn man sich diese Gelegenheit entgehen lässt.

PARMA, DEPOT DER AKADEMIE

«Die hl. Jungfrau auf ihrem Thron und zwei Heilige» von Giovanni Battista Cima da Conegliano.	Sehr kostbar. Man hat in neuerer Zeit zwei Stifterfiguren hinzugefügt, die sich leicht wieder entfernen lassen werden.

*

Beim Papst in Fontainebleau — Andeutungen über die ominöse Reise, die Denon vielleicht bevorsteht, vielleicht aber auch nicht, tauchen auch in den beiden anderen Briefen auf, die Denon im Jahre 1812 an Isabella schickt. Man könnte auf den Gedanken kommen, Denon halte sich ständig bereit für den neuen Feldzug, der in diesen Monaten vorbereitet wird – nun gegen Russland, das seit einiger Zeit die Bestimmungen der Kontinentalsperre unterläuft, zu deren Einhaltung es sich im Frieden von Tilsit verpflichtet hatte. Dafür will Napoleon das Land nun mit Krieg überziehen. An diesem Krieg wird Denon jedoch nicht teilnehmen. Für ihn gibt es im Zarenreich nichts zu gewinnen. Für Denon hat Napoleons neuer Feldzug – oder vielmehr die Vorbereitungen dazu – nur die eine Folge, dass er bald auch den Papst zu seinen Bekannten zählen kann.

Der Kaiser fürchtet nämlich, während seiner bevorstehenden Abwesenheit könnten die Engländer seinen unerschütterlichen Staatsgefangenen entführen – oder italienische Glaubensfanatiker könnten ihn befreien wollen.* Deshalb lässt er Pius VII. im Juni 1812 von Savona nach Frankreich bringen – auf sein Schloss Fontainebleau, sechzig Kilometer von Paris entfernt, wo er ihn bei seiner Krönung zum Kaiser schon einmal beherbergt hatte, als Gast.

Denon erhält den Auftrag, sich gelegentlich um den Heiligen Vater, der fünf Jahre älter ist als er, zu kümmern, ihn zu besuchen, ihm Gesellschaft zu leisten. In seinen Memoiren erinnert sich Louis Antoine Fauvelet de Bourienne, ein enger Vertrauter Napoleons während der Konsulatszeit, wie Denon ihm eines Tages eine Episode aus der Zeit seines Umgangs mit Pius VII. erzählt habe.

Der Papst hatte sich mit Monsieur Denon sehr angefreundet, und ich muss zugeben, dass es inmitten all der Demütigungen, deren Ziel Pius VII. damals wurde, ein Zeichen der Aufmerksamkeit von Seiten Napoleons war, seinem berühmten Gefangenen einen Mann mit so guten Umgangsformen beizugesellen, der alles Taktgefühl aufzubringen vermochte, dessen der Papst in seiner Lage bedurfte.

*«Der Papst hatte sich angewöhnt, mich zu duzen», erzählte mir Monsieur Denon. «Immer sagte er ‹Mein Sohn› zu mir; und die Unterhaltung mit mir schien ihm großes Vergnügen zu bereiten, vor allem wenn ich ihm von unserer Expedition nach Ägypten erzählte, zu der er mir oft Fragen stellte. Eines Tages bat er mich, ihm das Werk zu lesen zu geben, das ich über die ägyptischen Altertümer geschrieben hatte. Weil nun aber gewisse Bemerkungen darin nicht ganz orthodox waren und nicht mit dem übereinstimmten, was die Genesis über die Erschaffung der Welt sagt, zögerte ich zunächst. Er aber bestand darauf, und ich fügte mich seinem Wunsch. Nachher sagte mir der Heilige Vater, die Lektüre meines Buches habe ihn sehr interessiert, worauf ich die heiklen Punkte zu entschuldigen versuchte. ‹Das ist doch egal›, sagte er mehrmals, ‹das ist ganz egal, mein Sohn; das alles ist doch außerordentlich interessant, und eigentlich habe ich davon nichts gewusst.› Da glaubte ich, Seiner Heiligkeit auch sagen zu können, was mich hatte zögern lassen, ihm das Werk zu leihen. Ich gestand ihm also, dass er es exkommuniziert habe – und seinen Verfasser gleich mit. ‹Exkommuniziert! Dich, mein Sohn!›, erwiderte der Papst mit der rührendsten Güte. ‹Dich habe ich exkommuniziert! Das betrübt mich sehr. Ich versichere dir, das habe ich nicht geahnt.»»**

*

Abflauende Betriebsamkeit — Es scheint, als würde das Übermaß an Arbeit, das dem Direktor des Museums sein Leben inmitten der Kunst in den letzten Jahren oft so schwer gemacht hatte, im Laufe des Jahres 1812 nach und nach versickern. Gleichzeitig wird es für Denon offenbar immer schwieriger, Napoleon zu erreichen. Der irritierende Brief vom 23. Januar 1812 über die Stadt Rom und den Reichtum ihrer Kirchen an antikem Marmor bester Qualität ist tatsächlich der letzte in der Abfolge seiner «Correspondance administrative», den er direkt an den Kaiser gerichtet hat.*

So findet Vivant Denon in diesem Jahr nicht nur die Zeit, ab und an das immerhin eine halbe Tagesreise von Paris entfernte Fontainebleau aufzusuchen, um mit dem Papst zu plaudern. Er kann sich auch mit mehr Ausdauer als bisher um einen Auftrag kümmern, der ihm und dem jungen Henri Beyle schon 1810 von dessen Vetter Pierre Daru, dem Generalintendanten des Kaiserlichen Haushalts, erteilt worden ist. Die beiden sollen ein Inventar erstellen, das sämtliche Gemälde, Statuen, Gemmen und sonstige Kunst- und Wertgegenstände umfasst, die sich in den kaiserlichen Museen und Palästen befinden. Erfreut über die Aussicht auf die Zusammenarbeit mit Denon, hatte Henri Beyle ihm geschrieben: «Unsere Arbeit wird sich zwar nicht durch malerische, wohl aber durch administrative Schönheit auszeichnen, nämlich Klarheit und Kürze.»* Und tatsächlich hatte Beyle schon wenige Tage nach Erteilung dieses Auftrags ein Formular entworfen, mit dessen Hilfe, so behauptete er jedenfalls, «sich jedes beliebige Bild, wie schön es auch sein mag, in einer Zeile beschreiben lässt, sogar die ‹Verklärung›» – von Raffael. Trotzdem war die Arbeit nachher nur langsam vorangegangen und im Jahre 1811 wegen Denons Italienreise sogar monatelang liegen geblieben. Im Jahr darauf nun hofft Stendhal, das Inventar mit drei oder vier Hilfskräften endlich abschließen zu können. Doch nach wenigen Monaten kommt die Arbeit wieder zum Erliegen – diesmal, weil Beyle Ende Juli 1812 mit Napoleon nach Russland geht und erst Ende Januar 1813 nach Paris zurückkehrt. Doch als das Werk – vier gewichtige Bände – schließlich seiner Vollendung entgegengeht, kommt ihm die sachliche Grundlage schon wieder abhanden, indem ein großer Teil der dort aufgeführten Werke und Wertgegenstände dem französischen Staatsbesitz Stück für Stück entgleitet.

Denon findet im Jahr 1812 sogar die Zeit, sich seine Erzählung «Point de lendemain» aus dem Jahr 1777 noch einmal vorzunehmen und eine neue Ausgabe in kleiner Auflage zu veranstalten. Er hat die Muße, den Text gründlich durchzusehen und etliche Änderungen anzubringen – einige davon einschneidend, allesamt dazu angetan, seiner Erzählung noch mehr Raffinement, Esprit, Eleganz, noch mehr von jener schwebenden Leichtigkeit zu verschaffen, die er von Anfang an im Sinn gehabt zu haben scheint.* Aber es bleibt dabei – seine Verfasserschaft gibt er auch diesmal nicht preis. Inzwischen gehört er zu den Notabeln des Kaiserreichs und muss noch mehr auf seinen Ruf achten als fünfunddreißig Jahre zuvor – gerade in diesem Jahr 1812, in dem ihm der Titel eines «Baron de l'Empire» zuteilwird.*

Vor allem aber wartet Vivant Denon auf die Ankunft der Bilder, die er in Italien ausgewählt hat. Anders als 1807 nach dem Feldzug gegen Preußen kann er sich diesmal reichlich Zeit für die Planung der Ausstellung nehmen, die er seinen italienischen Funden widmen wird. Schon aus Florenz, während er noch in Italien unterwegs war, hatte er dem Innenminister Montalivet das Vorhaben, von dem er sich so viel verspricht, angekündigt.

*Wenn diese Gemälde in Paris eingetroffen sind, Monseigneur, werde ich sie mit mehreren guten Bildern der deutschen und flämischen Schule des 14. und 15. Jahrhunderts vereinen, die sich schon im Museum befinden, und ich zweifele nicht daran, dass ihre Ausstellung in einem speziellen Saal auf lebhaftes Interesse bei den Künstlern stoßen wird, indem sie ihnen den Punkt zeigt, von dem die Malerei ihren Ausgang nahm und schließlich die herrlichen Werke der italienischen Kunst und die Epoche ihres größten Glanzes hervorgebracht hat.**

Zwischen dem Frühjahr 1812 und den ersten Monaten des Jahres 1814 kommen die Bilder, die Denon an so zahlreichen Orten ausgewählt hat, nach und nach in Paris an. Und nicht nur sie. Auch die Kisten mit den fünfzig Gemälden aus Spanien, die Joseph Bonaparte auf Wunsch seines kaiserlichen Bruders dem Museum hatte versprechen müssen, treffen im Juli 1813 ein – zwar mit Verspätung, aber doch so rechtzeitig, dass einige von ihnen in die geplante Ausstellung mit aufgenommen werden können. Außerdem sollen nun auch einige der altdeutschen, flämischen und holländischen

Bilder gezeigt werden, die Denon 1809 in Wien beschlagnahmt, aber aus diplomatischer Rücksicht gegenüber der Kaiserin Marie-Louise noch nie ausgestellt hat – darunter Werke von Pieter Bruegel dem Älteren, Hans Burgkmair, Joos van Cleve, Rogier van Weyden und Theoderich von Prag.

Dennoch liegt der Schwerpunkt der Schau bei den Bildern aus Italien, bei den «primitiven» Meistern – also denen des ausgehenden Mittelalters und der frühen Renaissance –, die Denon 1811 unter den Besitztümern der aufgehobenen Klöster entdeckt hat. Sie machen mehr als die Hälfte der 123 Bilder aus, die in einem Katalog aufgeführt und sorgfältig erläutert werden.* In der Vorbemerkung wird der Grundgedanke, von dem sich Denon bei dem Konzept für die Ausstellung leiten ließ, knapp umrissen:

Zum großen Teil stammen die Bilder dieser Ausstellung aus der Zeit vor jener großen Epoche der modernen Malerei, die durch Raffael, Tizian und Correggio zu höchstem Glanz gelangt ist. Die Herbheit der frühen Gemälde wird vermutlich die Blicke derer wenig anziehen, die sich eine bestimmte Vorstellung von Vollkommenheit gebildet haben und nur jene Dinge bewundern, die dieser Vorstellung zu entsprechen scheinen …

Die wahren Kenner jedoch, die – stets in der Minderzahl – den wirklichen Wert eines Werkes zu bestimmen vermögen, werden nicht ohne lebhaftestes Interesse eine chronologische Abfolge von Bildern vor sich sehen, die es ihnen möglich macht, an den Originalwerken selbst die Geschichte der Kunst und die des menschlichen Geistes auf seiner Bahn und in seiner Entwicklung zu studieren. Mit Vergnügen werden sie den Künstlern auf jenem Weg folgen, den Cimabue, geboren um das Jahr 1240, ihnen eröffnete, als er sich von der altgewohnten Malweise der Griechen, die nach Italien gekommen waren, löste, und auf dem dann Raffael, gestorben im Jahr 1520, als Erster der Modernen das Ziel gewiesen hat. Mit Vergnügen werden sie ihnen allen so viel Wertschätzung oder Tadel zuerkennen, wie sie verdient haben, je nachdem, ob sie den Fortschritt der Kunst durch eine

Entdeckung gefördert oder aber zurückgeworfen haben, indem sie sich mehr an das Vorbild der Alten als an das jener Zeitgenossen hielten, die schon darüber hinaus waren.*

Die Ausstellung wird am 25. Juli 1814 im Salon Carré eröffnet – so, wie Denon sie seit mehr als zwei Jahren konzipiert hat. Außerhalb des Museums jedoch hat sich inzwischen sehr Vieles sehr verändert. Selbst der Name, den das Museum trägt, ist nicht mehr der, den es auf Denons Vorschlag während langer Jahre getragen hatte. Seit ein paar Wochen heißt es nicht mehr «Musée Napoléon», sondern «Musée royal du Louvre».

9. Kapitel

Begegnung am Louvre — Der Feldzug gegen Russland endete, wie man weiß, für Napoleon, seine Armee und ganz Frankreich in einer Katastrophe. Von den 450 000 Soldaten, mit denen er im Juni 1812 von Wilna aufgebrochen war, kehrten im Dezember kaum 20 000 zurück. Preußen, Russland, Großbritannien, Schweden, Österreich und Bayern bilden nun eine neue Koalition gegen ihn. Seine durch Massenaushebungen noch einmal aufgefrischten Truppen erleiden im Oktober 1813 bei Leipzig eine weitere verheerende Niederlage und sind seither überall nur noch auf dem Rückzug. Mitte Januar 1814 gibt Napoleon dem unerschütterlichen Papst seine Freiheit und die Herrschaft über den Kirchenstaat zurück. In den ersten Tagen des neuen Jahres hat eine aus Preußen und Russen gebildete Armee, angeführt von dem preußischen General Blücher, an drei Stellen zwischen Koblenz und Mannheim den Rhein überquert. Als es am 30. März 1814 im Norden von Paris, am Fuß des Montmartre, zur entscheidenden Schlacht kommt, steht Napoleon mit Teilen seiner Armee 180 Kilometer entfernt bei Troyes und ist am Geschehen schon gar nicht mehr beteiligt. Einen Tag später besetzen russische und preußische Gardetruppen – an ihrer Spitze Zar Alexander I. und König Friedrich Wilhelm III. von Preußen – die französische Hauptstadt. Am 6. April unterzeichnet der Kaiser der Franzosen in Fontainebleau seine bedingungslose Abdankung. Zwei Wochen später begibt er sich auf den Weg in die Verbannung nach der Insel Elba.

All dies kann Denon nicht entgangen sein. Aber es hält ihn nicht davon ab, mit den Vorbereitungen für die geplante Ausstellung fortzufahren. Im Gegenteil – es spornt ihn sogar an. Er ahnt, dass die siegreichen Mächte der Koalition Rückgabeforderungen stellen und die Sammlungen des Museums in höchste Gefahr bringen werden. Deren Erhaltung hängt nun noch mehr als bisher vor allem von ihm ab.

Am Tag vor der Schlacht von Paris begegnet Denon in der Nähe des Louvre wieder einmal Henri Beyle, dem späteren Stendhal. Der hat an diesem Vormittag zusammen mit einem Freund beobachtet, wie die Kaiserin Marie-Louise und ihr inzwischen bald drei Jahre alter Sohn das Tuilerien-Schloss verlassen haben – zusammen mit einem Konvoi aus mehr als einem Dutzend Gepäckwagen und einer Eskorte von fünfzig oder sechzig Grenadieren. Auch die Kaiserin fürchtet, dass die Dinge nicht so bleiben werden, wie sie sind. Beyles Freund, Louis Crozet, hat die Szene später beschrieben – wie er und Beyle beschließen, den Bildern im Museum einen «letzten Besuch» zu machen, und wie sie nachher Denon begegnen und Henri Beyle ihn gleichsam um Gnade anfleht für den Raffael, den er am meisten liebt.

– *Wenn man doch wenigstens die schöne* Madonna della Seggiola *retten würde … Die Kaiserin ist nach Rambouillet gefahren – nun, da könnte man doch auch die* Madonna *dorthin schicken, das macht keine Mühe, und sie zumindest wäre gerettet.*

– *Ja, da haben Sie recht. Aber ich kann nur auf offizielle Anweisung tätig werden, und außerdem – wozu eine so geringfügige Maßnahme? Wollen Sie, dass ich mich mit einer solchen Dummheit exponiere? Ein Bild* nach Rambouillet schicken?*

Denon denkt weiter. Er denkt an die geplante Ausstellung. Er glaubt, dass es einen Weg gibt, die Gefahr für sein Museum als Ganzes abzuwenden. Es kommt darauf an, die zu erwartenden Besucher aus dem Ausland von der Einzigartigkeit dessen, was er geschaffen hat, zu überzeugen – sie mit der Größe und dem Glanz der Sammlungen seines Museums so zu beeindrucken, dass sie es nicht über sich bringen, Hand anzulegen, dass sie es nicht wagen,

sich mitschuldig zu machen am Untergang dieses unwiederbring-
lichen Kunstwerks aus Kunstwerken. Unter welchem Namen seine
Schöpfung nachher dann fortbesteht – ob als «Musée Napoléon», ob
als «Musée central» oder «Musée royal» –, erweist sich aus diesem
Blickwinkel als eine Frage von sehr geringem Gewicht.

Der König, auf den der neue Name des Museums anspielt, ist
Ludwig XVIII., ein jüngerer Bruder jenes sechzehnten Ludwig,
den die Revolutionäre 1793 hingerichtet haben. Damals war Ludwig XVIII., noch unter seinem Namen Graf von Provence, aus
Frankreich schon geflohen und hatte seither an vielen Orten Europas gelebt, zuletzt in England – abwartend, sich bereithaltend.
Seit der Niedergang Napoleons sich abzeichnete, hatte er immer
wieder erklärt, im Falle seiner Rückkehr auf den Thron sei er
bereit, die seit der Revolution eingetretenen Veränderungen in
Staat und Verwaltung zu akzeptieren und Frankreich als eine
konstitutionelle Monarchie nach dem Vorbild Großbritanniens zu
regieren.

Deshalb ist Ludwig XVIII. für die Alliierten, die soeben Napoleon zu Fall gebracht und in die Verbannung geschickt haben, kein
Gegner, sondern ein Hoffnungsträger. Auch Frankreich selbst erscheint ihnen nicht so sehr als ein besiegtes und nun zu bestrafen-
des Feindesland, sondern als ein pfleglich zu behandelndes, behutsam zu restaurierendes Staatswesen, dem bei seiner Rückkehr
in den Kreis der übrigen europäischen Mächte heftige Demütigungen möglichst erspart werden sollen.

Ob Denon geahnt hat, wie sehr die Staatsoberhäupter und Diplomaten der verbündeten Mächte seinen heimlichen Hoffnungen
gleichsam entgegenkommen, indem sie die Frage der Rückgabe
von geraubter Kunst, wenn überhaupt, nur mit äußerster Zurückhaltung erörtern wollen? Wahrscheinlich nicht. Aber so überra-
schend, wie sie auf den ersten Blick anmutet, ist diese Zurückhaltung vielleicht gar nicht. Es sind ja keineswegs alle Staaten
gleichermaßen durch die französischen Konfiskationen geschä-
digt worden. Gerade die beiden mächtigsten, Russland und Groß-

britannien, haben auf diesem Feld überhaupt keine Verluste zu beklagen. Die in Wien beschlagnahmten Gemälde erscheinen wegen der zeitlichen Nachbarschaft von Kunstraub und Brautwerbung selbst den Geschädigten im Nachhinein wie eine Mitgift für Marie-Louise. Und die Preußen haben dasjenige Stück aus Denons Berliner Kunstbeute, das sie ihrerseits als den größten und demütigendsten Verlust betrachtet hatten, schon während der allerersten Tage ihrer Anwesenheit in Paris wieder unter ihre Kontrolle gebracht.

*

Triumphale Heimholung — Vier Tage nach der Besetzung der Stadt, am 4. April 1814, findet Friedrich von Ribbentrop, der Generalintendant des preußischen Heeres, die Quadriga vom Brandenburger Tor wieder. Nach ihrer Ankunft in Paris hat man sie, wie es scheint, aufwendig restauriert und dann nach einer Verwendung für sie gesucht, aber keine gefunden. Für den Arc de Triomphe du Carrousel erwies sie sich als zu groß. Für den riesigen Arc de Triomphe de l'Etoile, an dem die erst kürzlich begonnenen Bauarbeiten schon wieder ruhen, wird sie auf jeden Fall zu klein sein. Am Pont Neuf, dort, wo früher das Reiterstandbild Heinrichs IV. gestanden hatte, würde sie nicht recht zur Geltung kommen, und vor, in oder auf der Madeleine-Kirche ebenfalls nicht. So hat man sie schließlich in das Hôtel des Menus-Plaisirs verfrachtet, ein Depot für Festdekorationen zum Ausschmücken der Pariser Straßen und Gebäude bei besonderen Anlässen. Dort wird sie gefunden und unverzüglich verpackt – für die Rückkehr nach Berlin, diesmal auf dem Landweg, in fünfzehn Kisten auf sechs großen Frachtwagen. So weit sind die Vorbereitungen gediehen, als sich im letzten Augenblick dann doch noch eine – allerdings kurzfristige – Verwendung findet, nicht für die ganze Quadriga, aber für eines ihrer Pferde.

In diesen ersten Tagen nach dem Fall von Paris ist Ludwig XVIII. noch gar nicht aus dem Exil zurückgekehrt. Erst Anfang Mai soll er Einzug in der Hauptstadt halten, und nun ist plötzlich die Idee aufgekommen, aus diesem Anlass das Denkmal Heinrichs IV. auf dem Pont Neuf wieder zu errichten. Das bronzene Original ist 1792 dem revolutionären Bildersturm zum Opfer gefallen. Deshalb denkt man – für den Augenblick – an ein Provisorium aus Gips, das mit Bronzefarbe angestrichen werden könnte. Aber selbst für eine Gipsfigur ist die Zeit sehr knapp. Der Bildhauer, der den gewagten Auftrag übernommen hat, findet einen Ausweg. Die Arbeit ließe sich deutlich verkürzen, wenn er das Pferd, auf dem Henri Quatre sitzen soll, nicht selbst ausführen, sondern eines der Berliner Pferde abformen und nachgießen würde – in Gips. Dazu muss nun schon die Erlaubnis des preußischen Königs eingeholt werden, der sich jedoch nicht lange bitten lässt. Also packt man für drei Tage eines der Pferde noch einmal aus, und die gipserne Reiterstatue wird tatsächlich rechtzeitig fertig. Sie bleibt den Parisern dann auch eine ganze Weile erhalten. Erst 1818 wird sie durch die Bronzestatue von François Lemot ersetzt, die noch heute auf dem Pont Neuf steht.*

Als Ludwig XVIII. am 3. Mai 1814 bei seinem Einzug in Paris an dem provisorischen Henri Quatre vorüberfährt, ist die Wagenkolonne mit der Berliner Quadriga schon bis kurz vor Brüssel gelangt. Am 9. Mai erreicht sie Aachen, wo man der Legende zufolge die Stadttore abgebrochen hat, damit sie den Weg mitten durch die Stadt nehmen und ihr Triumphzug von den Leuten gebührend bejubelt werden kann. Denn um einen solchen handelt es sich. Immer wieder kommt es entlang der Strecke durch deutsche Lande zu spontanen Kundgebungen und Volksfesten. Etwa am 11. Mai in Düsseldorf, wo eine Zeitung berichtet:

Schon mehrere Stunden vorher war die ganze Gegend bei dem neuen Hafen mit Menschen bedeckt. Sobald man die Wagen, auf welchen jenes Kunstwerk transportiert wird, auf dem jenseitigen Ufer des Rheins erblickte, wurden sie auf dem diesseitigen mit allge-

meinem Jubelgeschrei bewillkommt, und die zum Behuf der Über-
fahrt damit beladenen Kähne wurden, als sie diesseits in den neuen
Hafen einliefen, von den am Ufer versammelten Stadtbehörden
unter Kanonendonner und unter dem Läuten aller Glocken emp-
fangen. *

In den Augen Denons war die Berliner Quadriga immer nur eine Trophäe ohne künstlerischen Wert gewesen, deren Verlust ihn wenig geschmerzt haben wird. In den Augen vieler Deutscher dagegen ist sie das bedeutendste Stück, das es aus Frankreich zurückzuholen galt, und es ist gut möglich, dass die Begeisterung über die rasche Rückkehr dieses heiligsten aller preußischen Kunstwerke nachher den Zorn darüber, wie geringfügig die übrigen Rückerstattungen zunächst ausfielen, stark gedämpft hat.

Anfang Juni kommt der Konvoi beim Jagdschloss Grunewald in der Nähe von Berlin an, wo die Quadriga instand gesetzt wird. Ende Juli werden ihre einzelnen Teile, ohne viel Aufsehen zu erregen, zum Brandenburger Tor transportiert, mit einem Kran in die Höhe gezogen und unter einem Zelt zusammengebaut. Im August 1814, anlässlich der Rückkehr des Königs und seiner Armee, wird sie enthüllt.*

*

Auf der Pirsch — Gegen Ende April 1814 treffen in Paris die ersten Sachverständigen aus den verschiedenen deutschen Staaten ein, die sich um die Rückgabe von entwendeten Kunstsachen und Büchern kümmern sollen. Nicht selten hat man für diese Aufgabe die Leiter der betroffenen Sammlungen selbst bestimmt. Sie hatten Denon bei seinen Besuchen assistieren und die Verzeichnisse der Beschlagnahmungen nachher quittieren müssen. Sie kennen sich in ihren Sammlungen und mit den Verlusten, die sie erlitten haben, am besten aus. Und sie haben, seit Napoleons Stern im Sinken begriffen ist, die Kopien der Beschlagnahmungslisten, die ihnen in den meisten Fällen von französischer Seite ausgehändigt worden waren, hervorgeholt, haben sie geprüft und ergänzt. Wo es nötig war, haben sie, so gut es ging, neue Verzeichnisse angelegt. Nun sollen ihnen diese Unterlagen bei der Durchsetzung ihrer Rückforderungen helfen.

Als erste kommen die hessischen Abgesandten nach Paris – unter ihnen Ludwig Völkel, der Direktor des Kasseler Fridericianums, und Jacob Grimm, der bis zum Ende des Königreichs Westphalen als Privatbibliothekar des Königs Jerôme angestellt war. Er soll in der Bibliothèque Impériale nach wertvollen Büchern fahnden, die die Franzosen bei ihrem Abzug aus Kassel im Oktober 1813 mitgenommen haben.

Aus Preußen kommt Anfang Mai 1814 Jean Henry nach Paris, der Direktor der Kunstkammer des Berliner Stadtschlosses, dessen Angehörige Denon im Oktober 1806 bei seinem spätabendlichen Besuch in Angst und Schrecken versetzt hatte. Henrys Vorfahren gehörten zu den Hugenotten, den protestantischen Flüchtlingen aus Frankreich, die sich nach der Aufhebung des Edikts von Nantes durch Ludwig XIV. in Brandenburg angesiedelt hatten. Nun ist er auf der Suche nach den Skulpturen, Bildern, Münzen und all den anderen Kunstgegenständen, die Denon in seiner Abwesenheit damals aus der Kunstkammer mitgenommen hat. Er wird von Hofrat Ernst Friedrich Bussler begleitet, und auch Henrys Frau, die Malerin Suzette Henry, ist mit von der Partie. Schon auf dem Weg nach Paris hat er begonnen, ein Tagebuch zu führen – in Französisch.

Gut möglich, dass die Kunstbeauftragten anfangs geglaubt haben, sie seien mit ihren ausführlichen Verlustlisten für die vor ihnen liegende Aufgabe gut gerüstet. In Paris jedoch wird ihnen bald klar geworden sein, welche Schwierigkeiten sich hier vor ihnen auftürmen – wie weit und wie verschlungen sich die Wege hinziehen, die von den Einträgen in ihren Verzeichnissen zu den Objekten selbst führen.

Kurz nach ihrer Ankunft sind Henry und Bussler bei einem großen Diner des preußischen Staatskanzlers Karl August von Hardenberg zu Gast, der ihnen nicht verheimlicht, für wie gering er die Erfolgsaussichten der beiden Berliner Kunstkommissare einschätzt. Trotzdem versäumt er es nicht, ihnen ein paar Ratschläge mit auf den Weg zu geben.

Nach dem Essen nahm uns der Kanzler zur Seite und sprach sehr eindringlich über unseren Auftrag – wir sollten uns zunächst einmal wie Jäger an die Fährte der Dinge heften, um zu ermitteln, wo sie sich befinden.

Ein paar Tage später begibt sich Henry dann zum ersten Mal auf die Pirsch:

… in die Antikengalerie der Bibliothek, ohne mich zu erkennen zu geben, wo ich aber nichts von dem fand, was uns genommen wurde, weder alte Sachen noch Gemmen. Von dort ins Museum zu den Statuen, wo ich keine einzige von den unseren fand. Sie haben alles versteckt – aus Taktgefühl oder Tücke?

Solange zwischen den Alliierten und der neuen französischen Regierung kein Friedensvertrag geschlossen ist, müssen sich die Kunstkommissare darauf beschränken, herauszufinden, wo sich die Dinge befinden, die sie zurückfordern wollen. Aber schon das erweist sich als schwierig. Nicht alles, was Denon während seiner verschiedenen Kampagnen beschlagnahmt hat, ist in seinem Museum auch ausgestellt. Vieles hat er an die Museen in den Provinzstädten weitergegeben. Anderes ist zur Ausschmückung von Schlössern und Amtsgebäuden genutzt worden, und das, wofür sich überhaupt keine Verwendung fand, ist in die Depots gewandert. Auf eigene Faust und inkognito, ohne kundige und vor allem mitteilsame Führer gibt es für die deutschen Kunstbeauftragten in diesen unübersichtlichen Gefilden kein Weiterkommen. Aber gerade an der Auskunftsbereitschaft lässt es die französische Seite schmerzlich fehlen. Am 13. Mai 1814 notiert Henry in seinem Tagebuch:

Besuch bei Denon, höflicher, kühler Empfang. Er gibt vor, der größte Teil unserer Kunstsachen sei an die Einrichtungen in den Departements verteilt oder in die Schlösser gebracht worden, und die Brakteaten habe man dem Münzkabinett überlassen.*

Die «Brakteaten», diese eher unscheinbaren mittelalterlichen Silbermünzen, liegen Jean Henry ganz besonders am Herzen, Denon dagegen offensichtlich nicht. Sonst hätte er den Hinweis auf das «Cabinet des médailles» wohl nicht gegeben. Sein Kollege Visconti verrät Henry immerhin «die Stelle im Museum ..., wo sich – auf einer Säule – unsere Trajan-Statue befindet».* Aber zurückfordern kann Henry die Sachen in diesem Augenblick nicht.

*

Joséphines Erbe — Am 29. Mai 1814 stirbt Joséphine kurz vor ihrem einundfünfzigsten Geburtstag in Malmaison an einer Lungenentzündung, nachdem sie sich einige Tage zuvor bei einem Spaziergang mit Zar Alexander I. im Garten ihres Schlosses erkältet hatte. Wenig später entscheidet sich auch das Schicksal jener Bilder, die ihr der General Lagrange 1806, während des Feldzugs in Deutschland, eigenmächtig aus Kassel geschickt hatte, noch bevor Denon dort eingetroffen war. Lagrange waren 48 Gemälde in die Hände gefallen, lauter Bilder erster Wahl – darunter sechs Claude Lorrain, fünf Rembrandt, außerdem Bilder von Leonardo da Vinci, Raffael, Andrea del Sarto, Annibale Carracci, Antonis van Dyck, David Teniers und Paulus Potter* –, aber nur 36 von ihnen waren bei Joséphine angekommen.

Aus diplomatischer Rücksicht hatte Denon nie irgendwelche entschiedenen Schritte unternommen, um diese Bilder für sein Museum zu sichern. So waren sie mit der Zeit gleichsam unmerklich in den Privatbesitz Joséphines übergegangen und hatten den Ausgangspunkt und Kernbestand ihrer eigenen Sammlung gebildet. Inzwischen war diese Sammlung stark gewachsen, umfasste schließlich mehrere hundert Werke, und doch hatte sich die Zahl der Kasseler Bilder – durch Tausch oder Verschenken – bis auf etwa zwanzig weiter verringert. Bei ihrer Scheidung war Joséphine das Schloss Malmaison mit allem, was es enthielt, als Eigentum überlassen worden. Nach ihrem Tod betrachteten sich ihre Erben, die Kinder aus ihrer ersten Ehe, Eugène und Hortense de Beauharnais, als Eigentümer ihrer Hinterlassenschaft.

Auch Denon scheint auf das Eintreten des Erbfalls gewartet zu haben, um noch einmal im Interesse seines Museums die Initiative zu ergreifen.* Ohne Erfolg. Eugène de Beauharnais verkaufte die Kasseler Bilder zu einem sehr moderaten Preis von 400 000 Rubel an Zar Alexander I., der sie schon zu Joséphines Lebzeiten bei ihr gesehen hatte und über ihre Herkunft sehr wohl Bescheid wusste. Vergeblich äußerte Wilhelm Grimm im Dezember 1815 die Hoffnung, dass der Zar «wenn ihm die Wahrheit zu Ohren kommt, nicht anstehn wird, dem Kurfürsten sein Eigentum zukommen zu lassen».* Seither befinden sich die Kasseler Bilder in der Eremitage von Sankt Petersburg.

*

Die Meisterwerke bleiben in Paris — Der Friedensvertrag zwischen Frankreich und den Alliierten wird am 30. Mai 1814 unterzeichnet. Bestimmungen über die Rückgabe der in den vergangenen zwanzig Jahren konfiszierten Kunstwerke enthält er nicht, so dass Ludwig XVIII. einige Tage später verkünden kann:

Der Ruhm der französischen Armeen hat keine Einbuße erlitten: Die Zeugnisse ihrer Tapferkeit bleiben erhalten, und fortan gehören uns die Meisterwerke der Kunst aufgrund von Rechten, die beständiger sind als die des Sieges. *

Jean Henry notiert um diese Zeit in seinem Tagebuch: «Alles ist für uns verloren!»* – und konstatiert, wie das Klima im Verhältnis zu den französischen Gesprächspartnern sofort noch weiter abkühlt. Wenig später wird bekannt, dass sich der französische König immerhin wohlwollend über den Vorschlag geäußert habe, zumindest solche Werke und Kunstgegenstände, die in Frankreich nicht in Museen ausgestellt sind, an die geschädigten Staaten zurückzugeben. Eigentlich soll diese Konzession für kleinere Staaten wie Braunschweig, Schwerin und Hessen-Kassel gar nicht gelten, sondern nur für Österreich und Preußen. Aber selbst den Vertretern dieser beiden Mächte gelingt es nur selten, die Erfüllung des königlichen Versprechens tatsächlich zu erwirken. Wo es um die Rückgabe von Büchern geht, haben sie bisweilen Erfolg – und nicht nur sie, sondern auch die Repräsentanten der kleineren Staaten. Jacob Grimm gelingt es, fast alle aus Kassel verschleppten Bücher für Hessen zu sichern.* Auch Braunschweig erhält unverhofft eine große Anzahl von Kunstsachen zurück, darunter 85 Gemälde und die gesamte, 980 Stücke umfassende Majolika-Sammlung.* Wahrscheinlich ist dies als eine Geste der Dankbarkeit Ludwigs XVIII. zu verstehen – dafür, dass ihm der Herzog von Braunschweig während seines Exils eine Zeitlang Gastfreundschaft gewährt hat.

Auch Jean Henry erlangt für Preußen nach und nach manches aus den Berliner Sammlungen zurück. Anfang August zunächst die Elfenbein- und Bernsteinarbeiten und eine Menge von Kuriositäten. Vieles hiervon war, wie sich zeigt, tatsächlich im Büro der Museumsverwaltung selbst versteckt. Nun stellt man ihm im Museum einen Raum zur Verfügung, wo er sich um das Verpacken all dieser Dinge kümmern kann, und sogar einen Schreiner, der ihm dabei hilft.* Die Arbeit nimmt mehrere Tage in Anspruch, und bei einem seiner Aufenthalte im Louvre bietet sich Henry ein sonderbares Schauspiel.

Habe gesehen, wie man Napoleon aus dem Museum ausquartiert hat: Er hatte Canova eine Kolossalstatue von sich machen lassen, im

Heldenkostüm, also ganz nackt, mit einem Degen in der Hand, und hatte befohlen, sie zwischen den Göttern und Helden der Antike auf-zustellen, als einzigen Helden und Gott der Jetztzeit und als einzigen im kolossalen Format. Als die Statue ihren Platz gefunden hatte, ging er mit seinem Hofstaat hin, sie zu betrachten – und begann so-gleich, sicherlich aus Bestürzung und Scham, sich so splitternackt zu sehen, an ihr herumzukritteln: Die Miene sei zu streng, ein Arm sei zu kurz und sehe aus, als wäre er mal gebrochen gewesen, und dann gab er den Befehl, sie mit einem Vorhang zu verdecken. Ca-nova, der anwesend war und Lobeshymnen erwartet hatte, wurde krank vor Kummer. Es war merkwürdig, zu sehen, wie der Koloss nun langsam aus dem Museum gerollt wurde.*

Denon hingegen ist nach wie vor an seinem Platz. Der Minister, mit dem er korrespondiert, hat gewechselt. An die Stelle des Comte de Montalivet ist der Comte de Blacas, der Minister des königlichen Hauses, getreten. Aber den Direktor des Museums hat Ludwig XVIII. in seinem Amt bestätigt. An Isabella hat Denon Ende Mai 1814 ge-schrieben:

Du möchtest wissen, in welcher Lage ich mich befinde. Nun denn: ich bin provisorisch noch immer alles, was ich bisher gewesen bin. Ich habe schon 25 000 Livres Pension verloren ... Aber mach Dir des-wegen keine Sorgen. Mir bleiben noch 15 000 Livres, und Du kennst mich und weißt, dass ich damit nicht unglücklich sein werde.*

So kann Denon auch die Idee weiterverfolgen, den Louvre als ein-malige, unvergleichliche, unwiederbringliche Schöpfung unan-greifbar zu machen, ihm durch die Darbietung der Fülle seiner Kunstschätze eine überwältigende Erhabenheit zu verschaffen, die anzutasten oder gar zu zerstören niemand wagen wird. Er eröffnet am 25. Juli 1814 die Ausstellung mit Werken der frühen deutschen und vor allem der frühen italienischen Malerei. Und einige Tage später schreibt er dem Comte de Blacas:

Ich hielt es für notwendig, Monseigneur, dass das Museum in diesem
Augenblick den größten Teil seiner Reichtümer sehen lässt; zunächst,
um die Ausländer damit zu erfreuen, die sich so zahlreich in der
Hauptstadt aufhalten, sodann aber auch, um das Gerücht zu zer-
streuen, das sich zu verbreiten beginnt und besagt, wir hätten den
deutschen Fürsten Vieles zurückerstattet. Der Abtransport von
30 Kisten, die wir den preußischen Kommissaren ausgehändigt
haben, hat dieses Gerede veranlasst, und man kann ihm nur ein
*Ende machen, indem man unser Haus in seiner ganzen Pracht zeigt.**

Mit dieser Prachtdemonstration gibt sich Denon aber nicht zufrieden. Für den November hat er in sechs Sälen beim Eingang des
Museums außerdem den «Salon» des Jahres 1814 geplant, die regelmäßige Präsentation von zeitgenössischer Kunst. Und zwischen
diese beiden Termine rückt er noch eine dritte Ausstellung ins lau-
fende Programm. Unter dem seltsam allgemein gehaltenen Titel
«Zeichnungen, Gemälde und Kunstgegenstände» ist sie vom 6. August an in der Galerie d'Apollon des Louvre zu sehen. Was Jean
Henry von allen Ausstellungen Denons in diesen Monaten mut-
maßt, könnte für diese Schau tatsächlich gelten: dass sie nur dem
einen Zweck dienen soll, eine möglichst große Zahl weiterer Werke
aus den Depots des Museums durch Exposition gegen die Rückgabeforderungen der fremden Mächte zu schützen.

*

Wer sich mehr schämt — Henrys Pariser Tagebuch bricht bei einer Eintragung vom 1. Oktober 1814 mitten im Satz ab. Da geht es
schon um Vorbereitungen für die Rückreise, die Henry wenige
Tage später antritt – nicht mit ganz leeren Händen. Außer den
Bernstein- und Elfenbeinarbeiten hat man ihm schließlich auch
seine geliebten Brakteaten ausgehändigt.* Und Denon hat sich sogar dazu bewegen lassen, eine größere Zahl von Gemälden an ihn
herauszugeben, die bei Henry und den anderen Vertretern Preu-

ßens allerdings nur Empörung auslösen. In einem Brief an Denon beklagen sich Henry und sein Kollege Bussler heftig über die Qualität dieser Erstattungen.

Man hat uns gestern endlich die Gemälde ausgehändigt, die Seine sehr christliche Majestät schon am 4. Juni an Seine Majestät den König von Preußen hat zurückgeben lassen. Es waren zwei bedeutsame Gemälde, aber das eine mit einem neuen Kopf und das andere mit unvollkommenen Restaurierungen, welche es entstellen; es waren 14 Gemälde mittelmäßigen Werts. 23 Gemälde waren nahezu unbedeutend, und unter ihnen befinden sich sogar einige Kopien ohne jeden Wert.*

Die «bedeutsamen Gemälde» waren zwei Correggios. Bei dem Bild «mit einem neuen Kopf» handelte es sich um «Leda mit dem Schwan», das Philipp von Orléans im Jahre 1721 für seine berühmte Sammlung gekauft hatte. Sein Sohn jedoch hatte aus Empörung über die seinem Empfinden nach höchst unzüchtige Darstellung ein regelrechtes Attentat auf die Leda verübt, indem er ihren Kopf aus der Leinwand herausschnitt. Schon zweimal war dieser Kopf seither erneuert worden, bevor das Bild nach Sanssouci in die Sammlung Friedrichs des Großen gelangt war. Nachdem es von Denon 1806 mit der übrigen Berliner Beute nach Paris geschickt worden war, hatte der Maler Pierre-Paul Prud'hon der Leda zum dritten Mal einen neuen Kopf angedeihen lassen.* Möglich, dass Henry und Bussler mit dem zweiten Ersatzkopf zufriedener gewesen wären als mit diesem dritten.

Letztlich war ihren Bemühungen um Rückgabe entführter Kunstschätze eben doch nur ein sehr geringer Erfolg beschieden. Vor allem Denon als Herr über die Gemälde zeigte sich unnachgiebig. Es fehlte aber auch die Unterstützung der eigenen Diplomaten, die der Kunst wenig Gewicht einräumten. Ihnen wie auch den Kunstbeauftragten aus den anderen deutschen Staaten gelang es allzu selten, jene selbstbewusste Haltung einzunehmen, die der

Graf Schlabrendorf den preußischen Kunstkommissaren schon zu Beginn ihres Aufenthalts an der Seine empfohlen hatte, als Henry und sein Kollege Bussler dem «Diogenes von Paris» einen Besuch gemacht hatten. Nachher notierte Henry in seinem Tagebuch:

*Als guter Patriot ist er der Meinung, unser Ministerium solle mit einem schroffen Vorstoß und so, als sei dies eine Selbstverständlichkeit, das französische Ministerium auffordern, Beauftragte zu ernennen, die uns unsere Sachen herausgeben.**

Aber Schroffheit scheint die Sache der Preußen und der Vertreter der anderen geschädigten Staaten im Jahre 1814 nicht gewesen zu sein. Jacob Grimm wirkt in einem Brief an seinen Bruder Wilhelm fast erschrocken angesichts der Präzision einer Bemerkung, mit der Quatremère de Quincy im Gespräch mit ihm die Haltung der Deutschen charakterisiert habe:

*Er sagte, was vollkommen wahr ist, wir [Deutschen] schämten uns mehr bei der Zurückforderung des Raubes, als seine Nation bei der Wegnahme desselben getan hätte.**

*

Im Jahr darauf ist alles anders — Inzwischen hat der Wiener Kongress stattgefunden und die territorialen Verhältnisse zwischen den Großmächten Europas neu geordnet. Napoleon hat in nur rund hundert Tagen seine Macht erst zurückgewonnen und dann wieder verloren – diesmal endgültig, bei Waterloo, gegen die Briten, die vom Herzog von Wellington befehligt wurden, und gegen die Preußen unter Blücher. Vier Tage nach der Schlacht, am 22.Juni 1815, unterzeichnet der Kaiser im Pariser Elysée-Palast eine Abdankungserklärung. Denon hat seinen Posten im Museum auch während der Hundert Tage nicht verlassen. Noch einmal ist, von Ende März bis Ende Juni 1815, der Comte de Montalivet als sein Vorgesetzter und wichtigster Ansprechpartner aufgetreten. Seither hat es Denon vor allem mit dem Verwaltungsdirektor des königlichen Hauses, dem Comte de Pradel, zu tun.

Zweieinhalb Wochen nach Waterloo, am 7. Juli, wird Paris erneut von den Alliierten besetzt, und diesmal haben die preußischen Militärs vom ersten Tag an auch das Museum im Visier. Denon hat ihr Vorgehen und alles, was sich während der folgenden Monate im Louvre ereignet, dokumentiert – in Form einer Collage aus Briefen und anderen Zeugnissen der verschiedenen Beteiligten, die er mit eigenen Erläuterungen versehen hat, unter dem Titel *«Précis de ce qui s'est passé au Musée royal depuis l'entrée des alliés à Paris* – Überblick über das, was sich im Königlichen Museum seit dem Einmarsch der Alliierten in Paris zugetragen hat».*

Am Tag nach diesem Einmarsch, am 8. Juli 1815, lässt der Generalintendant des preußischen Heeres, Friedrich von Ribbentrop, der im Jahr zuvor die Berliner Quadriga so rasch ausfindig gemacht hatte, dem Direktor des Museums diese Mitteilung zukommen:

*Monsieur le Baron, der Überbringer dieses Briefes, Kriegskommissar Jacobi, ist beauftragt, bei Ihnen Auskünfte über die aus Preußen verschleppten Kunstgegenstände, die sich nun hier [in Paris] befinden, einzuholen. Er hat den Befehl, sie unverzüglich in Besitz zu nehmen und für ihre Verschickung nach Preußen zu sorgen. – Ich bitte Sie, Monsieur le Baron, Herrn Jacobi die nötigen Auskünfte zu geben, und zähle um so mehr auf Ihre bereitwillige Mitwirkung in dieser Angelegenheit, als jede Behinderung mit militärischen Maßnahmen unterbunden werden müsste. Ribbentrop**

Schon am nächsten Tag hält Ribbentrop es für geboten, seine Drohung gegenüber Denon noch zu verschärfen.

Da Sie zögern, dem Kommissar Jacobi die Ihnen abgeforderten Kunstwerke zu überlassen, teile ich Ihnen mit, dass, wenn Sie bis

heute Abend meinem gestrigen Ersuchen, dem Herrn Jacobi die be-
sagten Kunstwerke herauszugeben, nicht Folge leisten, ich mich Ih-
rer Person versichern werde. *

Etwas später am gleichen Tag droht Ribbentrop in einem weiteren
Schreiben dem Direktor des Museums sogar mit der Verschlep-
pung seiner Person und zwar «nach der Festung Graudenz in Westpreußen».* Der Ton hat sich deutlich geändert seit dem letzten
Jahr. Noch schroffer geht es kaum.

Schon in der Zeit vor Napoleons letzter Niederlage zirkulierte
in Berlin ein Bericht, in dem Jean Henry, ausgehend von seinen
eigenen deprimierenden Erfahrungen im Jahre 1814, Überlegungen dazu anstellt, wie in Paris vorzugehen sei, falls sich dort je
eine zweite Chance ergeben sollte. Er selbst nimmt an der zweiten
Besetzung der französischen Hauptstadt nicht teil. Aber seine Botschaft ist vernommen worden. So hatte Jean Henry in seinem Bericht vorgeschlagen, die Frage zu erörtern,

ob ... die Nationalehre uns nicht berechtigte, nach einigen ausge-
zeichneten Gemälden, Statuen und anderen Antiken, nach dem gege-
benen Beispiel und angenommenen Grundsatz der Franzosen [zu
suchen und sie] als Trophäen unserer Siege uns zuzueignen? ...
Sollte [Denon], wie wahrscheinlich, seine Sammlung in Sicherheit
gebracht haben, so sehe ich nicht ein, warum man sich nicht der
Person dieses Subalternen, Banditen, dieser Âme damnée [dieser
Seele eines Verdammten] des Bonaparte, bemächtigen könnte, bis er
hinlängliche Entschädigung geleistet hätte. Fiat justitia!*

In Denons «Précis» taucht nach wenigen Seiten ein zunächst na-
menloser «junger Mann» auf, der die sofortige Rückgabe von geraubten Kunstobjekten aus den Rheinprovinzen verlangt, die seit
kurzer Zeit unter preußischer Verwaltung stehen. Von Anfang an
erweist sich dieser junge Mann als ein Ausbund von Ungestüm.
Doch als Denon ihn auffordert, seine Befehle zu zeigen, kann er

zunächst nichts vorweisen. Am nächsten Tag jedoch taucht er wieder auf – mit einem Dokument, das ihn bevollmächtigt,

... diejenigen Kunstschätze, welche sich in der Stadt Paris und deren Umgebungen befinden, früher aber in den königlich preußischen Staaten französischerseits geraubt und geplündert worden, sogleich in Beschlag zu nehmen und nach den Orten zurückzusenden, wo sie sich früher befunden haben. Es werden demnach hierdurch alle und jede Militär- und Zivilbehörden dienstlichst ersucht und angewiesen, diesem meinem Bevollmächtigten nicht allein bei der Ausführung seines Auftrags keine Hindernisse in den Weg zu legen, sondern denselben auch nach allen Kräften und selbst durch militärische Exekution zu unterstützen. – Übrigens verspreche ich alles dasjenige zu genehmigen und zu vertreten, was gedachter mein Bevollmächtigter vermöge seines Auftrags tun und unterlassen wird. ... Gegeben in meinem Hauptquartier St. Cloud den 10. Juli 1815. – Seiner Königlichen Majestät von Preußen bestallter Generalfeldmarschall, General en Chef der Preußischen Armeen und Ritter aller hohen Orden. Blücher.*

Der junge Mann heißt Eberhard von Groote. Er ist sechsundzwanzig Jahre alt, stammt aus einer angesehenen Kölner Familie und hat später einen Bericht über seine Bemühungen in Paris verfasst, der sich in manchen Teilen wie ein Gegenstück zu dem Überblick seines Gegenspielers Denon liest. Zum Militärdienst, so schreibt er dort, habe er sich aus der Sorge gemeldet, dass es bei der Rückforderung der geraubten Kunstschätze noch einmal so zugehen könnte, «wie bei dem Friedensschluss 1814, wo man den Franzosen, – wer weiß, ob aus einer falschen Achtung für sie oder für die Sammlungen – zum Triumphe des hochmütigen Volkes allen Raub unangetastet gelassen hatte».* Mit Unterstützung durch seinen unmittelbaren Vorgesetzten hat von Groote rasch Zugang zum Hauptquartier gefunden und hält schon bald jene unwahrscheinliche Ermächtigung in Händen, von der er selbst schreibt, er könne «nicht leugnen, dass mich die Unbeschränktheit der mir darin gegebenen Gewalt teils überraschte, teils aber auf's höchste erfreute».*

Eberhard von Groote zögert auch keinen Augenblick, seine Vollmacht einzusetzen. Er weiß, was er vor allem will – ein Gemälde, das für seine Heimatstadt Köln so viel bedeutet wie die Quadriga für Berlin. Seit seiner Wegnahme durch die Franzosen im Jahre 1794 hat es an Prominenz immer mehr gewonnen und wird inzwischen von ganz Köln, wenn nicht vom ganzen Rheinland schmerzlich vermisst. In der Vergangenheit – zumal nachdem das gesamte linksrheinische Gebiet als Departement Roer zu einem festen Bestandteil des französischen Kaiserreiches geworden war – sind mehrere Initiativen, seine Rückgabe zu erreichen, gescheitert. Diesem Übelstand macht Eberhard von Groote nun ein Ende.

*... es mochte den 11. Juli, etwa 11 Uhr morgens sein, als vor allen andern die «Kreuzigung Petri» – von P. P. Rubens für seine Vaterstadt Köln und die Peterskirche daselbst, wo er getauft worden, gemalt – herabgenommen wurde. Ihr folgte zunächst das kostbare «Jüngste Gericht» der Brüder van Eyck [eigentlich Hans Memling] aus Danzig, dessen sehr große Last ich mit eigener Schulter freudig unterstützte; ferner eine Anzahl allgemein anerkannter Gemälde aus verschiedenen Gegenden der preußischen Monarchie, die in den bereits vorliegenden Nachweisungen angegeben waren, oder von mehrern ihrer Landsleute jubelnd als alte Bekannte begrüßt wurden.**

Wenig später kann von Groote nur mit knapper Not verhindern, dass ihm der soeben errungene Rubens wieder weggenommen wird – diesmal von den eigenen Leuten. Sie haben die vom Keilrahmen abgelöste Leinwand mit mehreren anderen, für Berlin bestimmten Bildern zuunterst auf eine Rolle gewickelt und diese schon in einem Kasten verpackt, als von Groote den Irrtum bemerkt. Die Ausflucht der preußischen Helfer, es sei ohnehin besser, zuerst alles in die Hauptstadt zu schaffen und von dort aus zu verteilen, will er nicht gelten lassen. Er fühlt sich, den bevorstehenden politischen Veränderungen zum Trotz, immer noch in erster Linie als Rheinländer und nicht als Preuße.

Wie hätte ich solches Verfahren aber rücksichtlich meiner Vollmacht und im Angesicht meiner Landsleute rechtfertigen sollen? Recht sollte werden, und nur zu wohl sah ich ein, dass auf diesem Wege Unrecht nur immer Unrecht bleiben würde. Augenblicklich ließ ich daher den Kasten wieder öffnen, das Bild herausnehmen und für sich allein unter besonderer Adresse abgehn, wohin es gehörte.*

*

Die Aachener Säulen — Anfang August, als die Verpackung der von Preußen zurückgeforderten Gemälde, Statuen und Büsten beinahe abgeschlossen ist, entbrennt noch einmal ein heftiger Streit. Ribbentrop verlangt von Denon die Herausgabe von zehn Marmorsäulen, die 1794 von den Franzosen aus dem Aachener Dom zusammen mit dem Sarkophag Karls des Großen entführt worden waren.* Das Problem: Inzwischen sind acht dieser zehn Säulen in der Galerie d'Apollon des Louvre verbaut worden. Zwei von ihnen flankieren die Nische, in der man den Apollo des Belvedere betrachten kann (Abb. 13). Falls es dem Direktor an Arbeitern für diese Operation fehle, so fügt Ribbentrop in seinem Brief hinzu, könne er ihm gern einige preußische Pioniere schicken, die sich damit auskennen.

Denon ist entsetzt und empört. Zum einen, so schreibt er zunächst seinem Vorgesetzten, sei die Stadt Aachen in späteren Jahren für diesen Verlust durch den Kaiser selbst entschädigt worden – nämlich mit einem Porträt Napoleons in Ganzfigur und einem zweiten seiner Gemahlin Joséphine, beide obendrein prunkvoll gerahmt.* Vor allem aber empfindet er das ganze Ansinnen als einen Akt von Vandalismus, der nichts weniger als die Stabilität des ganzen Louvre-Palastes gefährde. Eberhard von Groote berichtet, wie auch er bei dieser Auseinandersetzung mit Denon und Lavallée in Streit gerät.

*Ich entgegnete ihnen, ob sie denn nicht auch die Kirche Karls des Großen auf vandalische Weise zerstört hätten, als sie den Sarkophag und die Säulen ausgebrochen, und Lavallée hatte die Unverschämtheit, mir zu erwidern: «Oh, ce n'était qu'une église! Vous ne détruirez pas pour cela la maison du Roi! [Aber das war ja bloß eine Kirche! Dafür zerstört man doch nicht das Haus des Königs!]» Bei diesen Worten fuhr mir eine ganz furchtbare Glut durch alle Glieder, und ich hätte die Säulen, bei denen wir standen, nur mögen gleich herausziehen und das elende Männlein unter den stürzenden Gewölben begraben können.**

Denon hatte mit der Erbeutung der Säulen in Aachen mehr als zwanzig Jahre zuvor nichts zu tun. Aber die Betrachtungsweise ist ihm aus eigener Anschauung bekannt. Er selbst hat drei Jahre zuvor Rom und seine Kirchen als einen reichhaltigen Fundus wertvoller Baustoffe ins Auge gefasst. Und in der Kirche San Paolo fuori le Mura hat er fünfzig prachtvolle Säulen entdeckt, die im alten Rom das Mausoleum des Hadrian, die «Engelsburg», schmückten und nun durch die Baufälligkeit der Kirche bedroht würden, so dass es ratsam sei, entweder die Kirche abzureißen oder sie gründlich zu restaurieren – um diese Säulen vor der Zerstörung zu retten!* Das Säulen-Entführen scheint seit eh und je eine Disziplin gewesen zu sein, in der mächtige Bauherren mit Vorliebe brillierten. Auch Karl der Große, so vermutet man, hatte die Säulen für das Oktogon seines Doms aus Rom und Ravenna herbeischaffen lassen.

Die Auseinandersetzung um die Aachener Säulen im Pariser Louvre erreicht ihren Höhepunkt, als sich Denon direkt an den preußischen König wendet.* Der reagiert staatsmännisch und friedfertig. Selbstverständlich, so antwortet er Denon, werde er einer Gefährdung oder gar Zerstörung des Louvre nicht zustimmen und sei bereit, wie es Denon vorschlägt, sich mit zehn anderen, nicht verwendeten Säulen und dem Sarkophag Karls des Großen zu begnügen. Schließlich stellt sich heraus, dass die Franzosen aus Aachen erheblich mehr Säulen mitgenommen hatten, als sie selbst noch wissen, so dass zuletzt an die dreißig ungenutzte Säulen dorthin zurückgebracht werden können, ohne dass der Louvre einstürzt. Eberhard von Groote, der seine samsonitischen Anwandlungen inzwischen überwunden hat, verschweigt auch nicht, dass diese Säulen zu der Zeit, da er seinen Bericht schreibt – 1823, acht Jahre nach den Pariser Streitereien – noch immer ungenutzt neben dem Aachener Dom stehen.* Es fehlt dort an Geld – und dies noch für längere Zeit. Erst in den vierziger Jahren des 19. Jahrhunderts werden die Säulen wieder an ihren ursprünglichen Plätzen eingebaut.

*

Im Museum wird es wüst — Die Preußen sind die Ersten, die im Sommer 1815 auf Rückgabe der ihnen entwendeten Kunstwerke drängen und dies mit militärischem Druck auch durchsetzen. Nachher bieten sie ihren Beistand auch anderen Staaten an – zunächst den Vertretern von Mecklenburg-Schwerin, Braunschweig und Kassel. Wie bedeutend die Werke aus dem Besitz des Kurfürsten von Hessen-Kassel für das Museum in Paris waren, zeigt sich auch daran, wie Denon die formelle Genehmigung dieser Rückgabe durch den Minister de Pradel in seiner Dokumenten-Collage kommentiert:

*Mit dieser Rückerstattung begann die Katastrophe des Museums, denn es verlor dabei 150 Gemälde, die in der [Grande] Galerie gehangen hatten, und außerdem mehrere berühmte Antiken.**

Mehr noch als bei der Entfernung der aus Berlin und Potsdam stammenden Gemälde müssen sich diesmal Lücken in der Hängung aufgetan haben, die nicht mehr zu verbergen sind. In seinem einzigen Brief aus dem Jahre 1815 schreibt Denon an Isabella:

Du willst wissen, wie es mit mir steht, nun ja, meine liebe Freundin, ich bin weiterhin oder, besser gesagt, noch immer das, was ich schon seit langem bin, doch was für ein Unterschied bei dem, womit ich mich nun beschäftige! Ich habe das schönste, das größte Monument errichtet, das es je gegeben hat, und ich habe es vollendet. Zurzeit jedoch bin ich nur noch da, um es planmäßig zu zerteilen und dem versammelten Europa zu beweisen, dass ein ehrenwerter Mann hier noch die Stellung hält. ... Ich sehe zu, wie mein Leben zunichtegemacht wird, allerdings ohne dass dabei mein Ansehen schwindet.*

Dass Denon die Zeit noch findet, an Isabella zu schreiben, ist erstaunlich. In diesem September erreicht der Betrieb, der im Louvre herrscht, seinen Höhepunkt. Einer nach dem anderen holen auch die übrigen Staaten, sobald ihre Beauftragten eintreffen, die von ihnen beanspruchten Kunstwerke aus dem Museum. Um den 17. September beginnen die Niederlande, unterstützt von der britischen Armee, ihre Bilder abzuhängen. Am 21. September folgen die Österreicher mit eigenen Truppen. Dabei haben sie es nicht nur mit den Ansprüchen zu tun, die sich aus Denons Beschlagnahmungen in Wien ergeben, sondern auch mit den Forderungen der Lombardei und Venetiens, die nach den Vereinbarungen des Wiener Kongresses wieder dem österreichischen Herrschaftsgebiet angegliedert werden. Die Spanier erscheinen am 22. September, und am nächsten Tag folgen ihnen die Repräsentanten der Toskana. Am 29. September treten mit preußischer Unterstützung auch die Abgesandten des Königreichs Sardinien-Piemont für Ligurien und Genua auf.*

Der Herzog von Wellington schreibt dem britischen Außenminister Viscount Castlereagh um diese Zeit einen ausführlichen Brief, der später im «Journal des Débats» veröffentlicht wird. Darin wird deutlich, wie sich die Ansichten der Alliierten zu den Rückforderungen gegenüber Frankreich seit dem letzten Jahr verändert haben:

Die Haltung, die die Alliierten in der Frage des Museums zur Zeit des Pariser Vertrages [vom Mai 1814] einnahmen, darf man wohl auf ihr Bestreben zurückführen, die französische Armee zu versöhnen und die Aussöhnung mit Europa zu festigen, wozu diese Armee damals auch ihre Bereitschaft zeigte. – Jetzt aber ist die Lage eine völlig andere. Die Armee hat die berechtigten Erwartungen der Welt enttäuscht und die erste Gelegenheit ergriffen, um gegen ihren Souverän zu revoltieren und dem Feind der ganzen Menschheit von neuem ihre Dienste anzutragen ... – Nachdem diese Armee nun von den Armeen Europas besiegt und durch einmütigen Beschluss der Staatsoberhäupter aufgelöst worden ist, gibt es keinen Grund mehr, der die europäischen Mächte veranlassen könnte, um der Aussöhnung mit dieser Armee willen ihren eigenen Untertanen noch einmal Unrecht zu tun.*

Jacob Grimm, der, wie es scheint, erst im letzten Augenblick losgeschickt worden ist, sich in Paris noch einmal nach Büchern und Handschriften aus Kasseler Besitz umzusehen, hat schon in Mainz gehört, dass es im Museum gerade «drunter und drüber her» geht.* Kurz nach der Ankunft kann er dann Genaueres berichten:

Aus Bonn ist ein gewisser Groote hier, der als Freiwilliger dient und hier in der ersten Zeit (gleich nach dem Einzug) im Museum am wenigsten die Franzosen geschont hat, daher bei ihnen gewaltig verschrien ist. ... Im Museum fängt es an, wüst zu werden, und die Franzosen gebärden sich jämmerlich ... Da sieht man schon große Lücken, leere Rahmen, Staub und Bretter, englische Soldaten halten Wacht, deutsche und englische Zuschauer strömen hinzu und die französischen Maler vergießen Tränen, nach ihren Zeitungen. (Abb. 20) Die Aufseher lassen sich kaum blicken.*

So erlebt nun auch Denon sein Waterloo. Die Sammlung, die er im Laufe der Jahre zusammengetragen hat, zerfällt binnen weniger Wochen. Und Wutausbrüche helfen nicht. Nachdem die Leiter, die Denon umgestoßen haben soll, wieder aufgerichtet und der am Bilderrahmen hängende niederländische Kunstbeauftragte Petrus Johannes van Regemorter aus seiner prekären Schwebe erlöst ist, wird der Rubens dennoch abgehängt und mit ihm sehr viele andere Bilder. Denon hat die groteske Szene in seinem Bericht über die Vorkommnisse im Museum nicht erwähnt, wohl aber eine andere, in der sich einer der niederländischen Kommissare trotz der angespannten Lage äußerst kollegial verhält:

Am 21. [September] kam einer der belgischen Kommissare, der mit dem Abhängen von Bildern beschäftigt war, und teilte der Direktion mit, ein Ausländer von vornehmem Aussehen sei mit dem Ansinnen an ihn herangetreten, er wolle ihm 10 000 Francs zahlen, wenn er ein bestimmtes Bild, das er ihm bezeichnete, zusammen mit den übrigen hinausschaffen und ihm draußen übergeben würde.

An den Minister de Pradel schreibt Denon daraufhin:

Ein solches Ansinnen zeigt Ihnen, Monsieur le Comte, in welcher Lage sich das Museum und ich mich in ihm augenblicklich befinden und wie sehr das Staatseigentum gefährdet ist, da vierzig von den Ausländern angestellte Arbeiter sich jederzeit von ähnlichen Angeboten verlocken lassen könnten.

Eine Woche später stellt sich dann heraus, dass inmitten des Durcheinanders tatsächlich drei kleinformatige Bilder aus altem französischen Besitz gestohlen worden sind.* Und doch schmerzen solche Verluste Denon viel weniger als jene, die die Ausländer verursachen und gegen die er nichts ausrichten kann, außer dass er hier und da die Vorgänge ein wenig verzögert.

Am Tag zuvor [am 25. September 1815] kam ein Adjutant des Fürsten zu Schwarzenberg in Begleitung eines Oberst der Pioniere zum Generaldirektor des Museums und legte ihm den Befehl vor, die Bronzepferde, die den Arc de Triomphe du Carrousel krönen, herunterzunehmen. – Der Direktor erwiderte, der Arc de Triomphe sei ein öffentliches Denkmal, das nicht seiner Aufsicht unterstehe. Sie wendeten ein, der Direktor selbst habe den Bogen doch errichten lassen, und als dieser dem in aller Form widersprach, fragten sie nach der Adresse des Architekten. Der Direktor antwortete, dass er schon seit einem Jahr nicht mehr wisse, wo dieser Architekt wohnhaft sei. – Die beiden österreichischen Offiziere zogen sich daraufhin höflich zurück und erklärten, sie würden sich anderswo nach den Auskünften umhören, die ihnen der Direktor nicht geben könne. *

Ende September macht ein Brite Denon seine Aufwartung. Denon kennt ihn anscheinend schon seit dem vorigen Jahr. Da hatte dieser Mister Hamilton sein Museum besucht und sich darüber sehr lobend geäußert. Nun ist er Ratgeber des Bildhauers Canova geworden, der mit Unterstützung der Briten als Vertreter des Papstes agiert. Denon hegt den Verdacht, dass die Briten, die keinerlei Rückgabeansprüche gegenüber Frankreich geltend machen können, dennoch an der Zerstörung und Zerstreuung seines Museums interessiert sind, weil sich für sie dabei immer wieder Chancen ergeben, Bruchstücke aus dem Zerfall für ihr eigenes Britisches Museum zu ergattern.

Hamilton hat seine Meinung über das Pariser Museum inzwischen geändert. Gleich zu Beginn der Unterhaltung, die Denon später aufgezeichnet hat, provoziert er Denon mit der Frage, ob es überhaupt sinnvoll sei, eine solche Menge von Kunstobjekten anzuhäufen. Schon deren bloße Zahl lähme doch das Denken. Denon mag die Frage nicht wirklich ernst nehmen. Aber sein Gesprächspartner bohrt weiter:

Hamilton: *Jedenfalls hat Ihr Museum weder einen Tizian noch einen Raffael hervorgebracht.*

Denon: *Solche Männer fallen auch in erleuchteten Zeiten nur gelegentlich vom Himmel – immerhin ist in Frankreich eine gute Malerschule entstanden, während sich anderswo kaum ein einzelner Künstler hervorgetan hat.*

Hamilton: *Man muss einfach feststellen, dass Paris für einen Studienort zu verlottert ist, das Museum liegt nun mal viel zu nah beim Palais Royal.*

Denon: *... Einem Engländer steht es wahrlich gut an, über die Sitten unserer Hauptstadt Klage zu führen, während sich auf allen Straßen Londons ständig Szenen zutragen, wie sie sich hier nur in den Galerien des Palais Royal abspielen. ...*

Hamilton: *Wir beneiden Sie nicht um das, was Sie hier angehäuft haben. Da gebe ich unserem Museum doch den Vorzug. Außerdem hat es den Vorteil, uns zu gehören, während die Dinge, aus denen das Ihre besteht, denen gehören, die sie zurückfordern.* *

Denon ist im Bilde über das, was sich Lord Elgin, formell gedeckt durch eine Genehmigung der Hohen Pforte, in Athen erlaubt hat, um das Britische Museum zu bereichern. Er fragt seinen Besucher:

Verdankt es sein Dasein nicht den Beschädigungen der Denkmäler von Athen, Beschädigungen, die durch einen in der Öffentlichkeit stehenden Mann gedeckt und durch einen Ankauf aus Staatsgeldern sanktioniert wurden?

Das Gespräch wird immer hitziger. Denons Empörung wächst, während die Kohärenz seiner Argumente abnimmt. Doch als sein Besucher die Wogen zu glätten versucht und hinzufügt: «Ich verzeihe Ihnen Ihre Heftigkeit» – da entfährt Denon, seinem eigenen Protokoll zufolge, ein seltsamer Satz, unbedenklich hingeworfen, aber denk- und merkwürdig.

Ich bilde mir überhaupt nichts darauf ein, das Museum geschaffen zu haben. Ich bin in alledem nur der Mann, der zufällig zur rechten Zeit am rechten Ort war. – Je suis en tout ceci l'homme des circonstances.

*

Ende einer Mission — Zuletzt tritt der Bildhauer Antonio Canova auf, um als Vertreter des Kirchenstaates die aus Rom stammenden Antiken zurückzunehmen – die Laokoon-Gruppe, den Apollo von Belvedere und all die anderen Skulpturen, die jede für sich und in ihrer Gesamtheit die Hauptattraktion des Museums gewesen sind (Abb. 20). Es nützt Denon auch nichts mehr, dass er plötzlich so tut, als würde er den Adjutanten nicht kennen, den der preußische Stadtkommandant Friedrich Müffling dem Bildhauer zu seinem Schutz mitgegeben hat. Eine weitere Nachfrage, eine weitere Bestätigung, beide unter dem Datum des 2. Oktober 1815 – dann ist auch diese Angelegenheit geklärt. Canova kann beginnen, gemäß seinen Weisungen die nach Rom gehörenden Kunstobjekte zurückzunehmen. «Von diesem Augenblick an betrachtete ich meine Mission als beendet», schreibt Denon in seinem Bericht.*

Der Minister des königlichen Hauses, der Comte de Pradel, richtet Denon aus, dass Ludwig XVIII. mit seinen Bemühungen um die Erhaltung der Gemälde und sonstigen Kunstgegenstände, die nun von den Beauftragten der verbündeten Mächte entführt worden sind, zufrieden sei. Hierfür dankt ihm Denon und legt noch ein letztes, gutes Wort für seine engsten Mitarbeiter ein, Athanase Lavallée, Louis Morel d'Arleux und Ennio Quirino Visconti. Dann erklärt er seinen Rücktritt.

Sire, mein vorgerücktes Alter und meine angegriffene Gesundheit gebieten mir Ruhe. Ich wage daher, sie von Eurer Majestät zu erbitten.*

Am Ende flaut die Militanz ein wenig ab, von der die Auseinander-
setzungen im Louvre monatelang geprägt waren. Es stellt sich sogar auf beiden Seiten so etwas wie Respekt und Verständnis für den
Gegner ein. Friedrich Wilhelm von Ribbentrop verabschiedet sich
von Denon mit diesen Worten:

*Monsieur le Baron, es ist mir, nun da ich Paris verlasse und in mein
Vaterland zurückkehre, ein tief empfundenes Anliegen, Ihnen zu bekunden, wie sehr mich die Vielfalt Ihrer Talente beeindruckt hat. – So
unerfreulich unsere dienstlichen Beziehungen für Sie auch gewesen
sein mögen, haben sie doch nur meine Hochachtung für einen Gelehrten vermehrt, dessen kostbare Bekanntschaft gemacht zu haben, ich
mich glücklich schätze. – Zu dem Dank für die angenehmen Augenblicke in Ihrer Gesellschaft gesellt sich derjenige, den Ihnen die zivili-
sierte Welt für die Erhaltung ihrer Meisterwerke schuldet, und ich
bitte Sie, diesen wie jenen entgegennehmen zu wollen. – Gern hätte ich
mich persönlich von Ihnen verabschiedet, aber mein labiler Gesund-
heitszustand lässt dies nicht zu, so dass ich Sie nur bitten kann, mir
Ihre Freundschaft zu bewahren und mich in freundlichem Andenken
zu behalten. Mit vorzüglicher Hochachtung usw. Ribbentrop.* *

Worauf Denon ihm antwortet:

*Zwischen Leuten, die dazu gemacht sind, einander zu schätzen, er-
wachsen aus Geschäften Beziehungen, und diese Beziehungen wiederum lassen Freundschaft entstehen. Unserer Korrespondenz sieht
man dies zwar nicht an, aber ich habe stets mit lebhafter Zufriedenheit bemerkt, dass Ihre Denkweise und Ihr Vorgehen mir gegenüber
jeden Tag aufs Neue widerlegten, was die Umstände diesen Tagen an
Betrüblichem aufluden.* *

Mit wachsendem Abstand haben auch andere Beteiligte ihr Urteil
über Vivant Denon, über die Vorgänge im Herbst 1815 und über die
Zeit, in der das Museum in Paris auf Kosten fast ganz Europas

glänzte, gemäßigt und zurechtgerückt. Dem Kasseler Kunstbeauftragten Ludwig Völkel scheinen in der Rückschau die Vorteile der zeitweiligen Versetzung seiner Statuen an die Seine fast größer als die Nachteile:

Schmerzlich war freilich für jede deutsche Hauptstadt der Verlust ihrer Kunstwerke gewesen, aber doch hatte ihnen weder die Wanderung noch der Aufenthalt in dem neuen Schauplatze Nachteile gebracht. War auch manches nicht vorsichtig genug gepackt gewesen und nicht unversehrt hingekommen, so fanden sich geschickte Künstler genug, das Beschädigte wieder auszubessern und das Abgelöste wieder anzufügen. – Nun nutzten geschäftige und gut bezahlte Zeichner den neuen Zuwachs zur Vermehrung der verschiedenen Kupferwerke, die unter dem Namen von «Monuments» oder «Galerie du Musée Napoléon» oder «Musée» erschienen, und hierdurch sowohl als durch beigefügte Beschreibungen und Kritiken erlangte manches unbekannte oder nicht genug gewürdigte Kunstwerk den ihm gebührenden Ruhm, wenn auch der Ort, woher es genommen war, fast immer verschwiegen oder nicht genau angegeben wurde. Ja, die Deutung von manchem wurde sicherer und richtiger durch die leichtere Vergleichung ähnlicher Monumente, welche hier [in Paris] zusammentrafen.*

Sogar Eberhard von Groote mäßigt einmal seinen sonst so scharfen Ton, wenn er Denons Museum ein «an und für sich allerdings unübertreffliches Werk» nennt und Verständnis dafür äußert, dass ein Mann, der «seine ganze Lebenstätigkeit daran gesetzt hatte, sich aus den Kunstschätzen aller Weltteile ein Denkmal wie das Musée Napoléon zu stiften», in dessen Zerstörung «so leicht nicht willigen würde».*

    Besonders gut scheint sich der Braunschweiger Kunstbeauftragte Johann Friedrich Ferdinand Emperius mit Denon verstanden zu haben – schon bei der Wegführung der von ihm gehüteten Kunstschätze wie dann auch bei ihrer Zurückholung.

Herr Denon, dem ich, bei dem so erwünschten Wechsel der Verhält-
nisse, das wieder abholte, was er uns vor 9 Jahren genommen hatte,
bewies mir ebenso viel Höflichkeit als vormals in Braunschweig:
Und mir war es recht lieb, dass ich bei meinem Geschäfte eben die
milden Formen anwenden konnte, die er sich es damals zum Ver-
dienst machte, zu beobachten. ... und ich versagte es mir sogar, über
die Wiedererlangung so mancher mir werten Kunstwerke mein Ver-
gnügen lebhaft zu äußern.*

10. Kapitel

Das Diktionär der Wetterfahnen — Es ist ein sonderbares Schauspiel, das Frankreich zwischen dem Frühjahr 1814 und dem Sommer 1815 bietet. Damit die Herrschaft Napoleons tatsächlich zu Ende geht und ein neuer, weiterer König aus alter Familie seinen Thron besteigen kann, müssen, so scheint es, alle wichtigen Ereignisse zweimal geschehen. Zweimal wird die Grande Armée entscheidend geschlagen. Zweimal wird Paris von ausländischen Truppen besetzt. Zweimal dankt der Kaiser ab und wird zweimal in die Verbannung geschickt. Zweimal kehrt der König zurück, zweimal wird in Paris ein Frieden geschlossen und mit ihm auch zweimal eine Restauration eingeleitet.

Wie viele andere namhafte Zeitgenossen wird auch Denon in dieser Zeit der Umstürze, Umbrüche und Umschwünge von Satirikern und Karikaturisten aufs Korn genommen – wegen seines Opportunismus, wegen der Wendigkeit, mit der er, ohne zu stürzen und bruchlos, den Übergang aus dem «Empire» Napoleons in das «Royaume» Ludwigs XVIII. vollbringt. Auf einer dieser Karikaturen hechtet ein am ganzen Körper behaarter Denon mit vorgestreckten Armen über einen Blumenkasten hinweg, in dem eine Lilie blüht, die Wappenblume der französischen Könige (Abb. 19). Im Hintergrund sieht man das Portal des Museums. Hinter Denon steht sein Sekretär Athanase Lavallée im Kostüm des *perruquier* oder Figaros, der er in jungen Jahren gewesen sein soll, und hält eine Büste des Kaisers hoch. Vor ihr oder vielmehr vor der Gegenwart Napoleons scheint der Direktor des Museums Reißaus zu nehmen.

«Saute pour Le Roy» steht unter der Zeichnung. *Saute* steht in Verbindung mit «Sprung», *le saut*, und mit *sauter*, «springen».

Nimmt man das Wort als Imperativ von *sauter*, so ergibt sich ein Befehl, der aus der Welt der Hundedressur stammen könnte: «Spring für den König». Fasst man *saute* als Substantiv auf, so zielt der Ausdruck in die gleiche Richtung: «Kehrtwende zum König». *La saute* bezeichnet einen plötzlichen Umschwung, einen Schwenk, ein Umschlagen der Stimmung, des Wetters oder der Richtung, aus der der Wind weht.

Die «Wetterfahne» – *la girouette* – ist im Französischen das metaphorische Gegenstück zum deutschen «Wendehals». Ein findiger Verleger, ein gewisser Alexis Eymery, hat im Jahre 1815 ein «Dictionnaire des Girouettes» herausgebracht, ein Lexikon der Wendehälse, in dem «unsere Zeitgenossen, nämlich Staatsmänner, Literaten, Generäle, Künstler, Senatoren, Chansonniers, Bischöfe, Präfekten, Journalisten, Minister etc.» nach ihren eigenen Äußerungen geschildert werden, also nach «Reden, Verlautbarungen und Auszügen aus Werken, die sie unter den verschiedenen Regierungssystemen verfassten, die Frankreich seit fünfundzwanzig Jahren erlebt hat.»* Ein voluminöser Band von mehr als vierhundert Seiten mit Hunderten von Artikeln über Personen, die, wenn sie sich selbst und den eigenen Prinzipien während der vergangenen fünfundzwanzig Jahre immer treu geblieben wären, wahrscheinlich nicht mehr leben würden – Leute wie der Maler Jacques-Louis David oder der Außenminister Talleyrand, aber auch der Verleger selbst, der sich in sein Lexikon aufnimmt und gesteht, er habe im Jahre 1814 wetterwendischerweise sowohl ein Buch über den Feldzug der Preußen nach Paris als auch eines über den Feldzug der Franzosen nach Moskau herausgebracht.* Ein sehr knapper Eintrag ist sogar einem gewissen Napoleon gewidmet:

Schüler der Militärakademie von Brienne; nachdem er der Republik gedient und gelobt hatte, die Tyrannei zu hassen, machte er sich zum Ersten Konsul, zum Kaiser der Franzosen und zum König von Italien. Dankte im April 1814 ab. Behauptete am 28. März 1815, nie abgedankt zu haben. Dankte am 22. Juni noch einmal ab. *

Auch Dominique Vivant Denon ist in das «Lexikon der Wetterfahnen» aufgenommen worden. Über ihn liest man dort:

*Vor 1789 königlicher Kammerherr; Mitglied des Instituts; er begleitete den Kaiser nach Ägypten, was ihm den Titel eines Baron d'Empire und das Kreuz eines Offiziers der Ehrenlegion eintrug. Monsieur Dominique Vivant Denon hat das Museum so sehr in sein Herz geschlossen, dass er sich nie auch nur für einen Augenblick davon trennen wollte. Welchen Namen dieses Institut auch immer trug, ob ‹Muséum des arts et de la république› oder ‹Musée Napoléon› oder ‹Musée royal des arts› – sein Leben lang hat Monsieur Denon dessen Genuss und dessen Leitung sich selbst vorbehalten. Er hat sich, als die Ausstellung im November 1814 anstand, um den Beifall des Königs und der Mitglieder der königlichen Familie mit ebenso viel Grazie bemüht wie um den des Kaisers, als er diesem Bilder zeigte, die ihm schmeichelten.**

Seltsam – die zentralen Sätze dieses Eintrags weisen gar nicht auf etwas Wetterfahnenhaftes bei Denon hin. Im Gegenteil. Sie handeln von seiner Beständigkeit, von seiner ausdauernden Liebe zur Kunst, die sich durch den Wechsel der Regime und Museumsnamen weder beirren noch erschöpfen lässt.

Der Kunst hatte er sich – was der Herausgeber des «Dictionnaire des Girouettes» wahrscheinlich gar nicht ahnte – sogar schon lange vor seiner Zeit als Museumsleiter verschrieben, und auch nachdem er sein Amt verloren hat, bleibt er ihr zugewandt, wobei sich sein Wirkungsfeld allerdings deutlich verkleinert. Von nun an beschränkt sich Denon auf die eigene Sammlung. Aber auch die ist immer noch so groß und vielfältig, so reich an Schönem und Merkwürdigem, dass er mit ihr nie fertig werden wird.

*

Private Bereicherung — Der Verdacht liegt nahe, und die Kunstbeauftragten, die sich um die Rückgewinnung der ihren Staaten abhandengekommenen Kunstwerke bemühten, haben ihn wohl immer gehegt, wenn auch nur selten laut werden lassen: dass Vivant Denon sich bisweilen oder regelmäßig auch als Kunsträuber in eigener Sache, für seine private Sammlung betätigt habe. Eberhard von Groote spricht einmal, ohne Einzelheiten anzuführen, von «nachweislich in seinen Privatsammlungen befindlichen geraubten Kunstgegenständen».* Und da, wo von Groote erwähnt, dass ein Teil der Berliner Gemmen, Münzen und Medaillen nicht zurückerstattet worden sei, vermutet er, sie seien «in die Privatsammlungen Denons, der sie meist eigenhändig geraubt hatte, geflossen.»* Gelegenheiten zu solchen unfrommen Diebstählen müssen sich Denon tatsächlich oft geboten haben. Aber hat er sie genutzt?

Hinweise auf irreguläre, private Eroberungen oder Erwerbungen Vivant Denons, die über das Format kleiner, meist harmloser Andenken hinausgehen, sind rar. Gerade bei den von ihm geleiteten, offiziellen Beschlagnahmungen scheint er sich in dieser Hinsicht korrekt verhalten zu haben. Meist war hierbei ja sowohl der Direktor der betroffenen Sammlung als auch ein Vertreter der französischen Militärverwaltung anwesend, und Denon selbst hat dafür gesorgt, dass bei diesen Besuchen genaue Protokolle angelegt wurden.

Aus den Anfängen seiner Tätigkeit als Direktor des Museums ist allerdings ein Vorgang bekannt, der fragwürdig anmutet. Im September 1803 bietet ihm ein gewisser Blanchard für 3600 Francs ein Konvolut von 160 Zeichnungen an, die zum Teil aus der berühmten Sammlung des Kardinals Albani stammen – darin, unter vielen anderen wertvollen Stücken, auch fünf Blätter, die Raffael zugeschrieben werden, und vier Skizzen Michelangelos zu seinen Fresken in der Sixtinischen Kapelle. In seiner Eigenschaft als Museumsdirektor erklärt Denon dem Anbieter, er habe vergeblich versucht, die Zeichnungen zu dem verlangten Preis dem Staat, also dem von ihm selbst geleiteten Museum, anzubieten, und erwirbt sie dann in seiner Eigenschaft als Privatmann zu ebenjenem Preis für die eigene Sammlung.*

Zumindest sechs der zahlreichen Zeichnungen von Albrecht Dürer in Denons Sammlung stammten offenbar aus dem Bestand der Wiener Albertina. Er hat sie 1809 bei seinem Aufenthalt in Wien von dem französischen Generalgouverneur der Stadt, Antoine-François Andréossy, gegen Geld oder als Geschenk erhalten. Andréossy gehörte zu den Kunden eines pflichtvergessenen Konservators der Albertina, der damals einen schwunghaften Handel mit Zeichnungen aus der ihm anvertrauten Sammlung trieb. Auch in diesem Fall hat sich Denon also nicht selbst als Kunsträuber in eigener Sache betätigt. Aber er hat von den Räubereien eines anderen profitiert und könnte – gut informiert, wie er war – sehr wohl geahnt haben, dass es bei dieser Transaktion nicht mit rechten Dingen zuging.*

Auch als «Direktor der Künste», als künstlerischer Leiter verschiedener Denkmals- und Dekorationsprojekte, wird Denon bisweilen Gelegenheit gehabt haben, die eigene Sammlung zu erweitern – durch kleinere Arbeiten, die ihm Künstler aus Dankbarkeit für größere Aufträge in freundschaftlicher Verbundenheit überließen, oder durch Skizzen und Modelle zu aufwendigen Projekten, die nach deren Fertigstellung nicht mehr benötigt wurden.

In Anbetracht all der Chancen zur Selbstbereicherung, die sich dem Kunstliebhaber und Sammler Denon in seiner Zeit als Kunstminister Napoleons geboten haben müssen, wird man seine Amtsführung aber dennoch nicht anders als im Großen und Ganzen gewissenhaft bezeichnen können. Den ihm begegnenden Versuchungen ist er wahrscheinlich schon deshalb nur selten erlegen, weil er das große Museum mit allem, was es enthielt und was er ihm beschaffte und zutragen ließ, genauso sehr als «seines» betrachtet hat wie die eigene private Sammlung.

*

In Würde ohne Amt — *«C'est mon sort d'avoir un cabinet»** – hatte er Isabella schon 1794 geschrieben, kurz nach seiner erzwungenen Rückkehr aus Italien: «Eine Sammlung haben – das ist mein Schicksal.» Damals hatte er nur an seine eigene Sammlung gedacht – noch nicht an die große Sammlung, die er dann dreizehn Jahre lang noch so viel größer machte und die ihm dabei ebenfalls zum Schicksal wurde. Nun denkt er wieder an die eigene, private Sammlung. Er hat sie in den Jahren, die seinem «Musée Napoléon» gehörten, zwar durch Zukäufe gelegentlich erweitert. Aber nie hat er sich ihr so intensiv widmen können, wie sie es seit langem von ihm fordert und seiner Überzeugung nach auch längst verdient hat. Zuerst fehlte der Platz, und als seit dem Sommer 1806 dieser Platz vorhanden war – eine große, sechs stattliche Zimmer umfassende Wohnung am Quai Voltaire, am linken Seine-Ufer mit Blick auf den Louvre (Abb. 21) –, da fehlte die Zeit. Im Februar 1816, vier Monate nach seiner Demission, schreibt Denon an einen englischen Freund, den Botaniker, Kunst- und Büchersammler Dawson Turner:

*Möge meine Arbeit mir die Wertschätzung jener Menschen erhalten, die in mir weniger den Amtsinhaber als den passionierten Kunstfreund gesehen haben.**

Ämter als solche waren ihm nicht wichtig. Die Ehren, die Titel, der Rang, das Auskommen, die Macht – lauter Eigenschaften, die ein Amt *auch* attraktiv machen – interessierten ihn wenig. An seinem Amt interessierte Denon vor allem der Zugang zu den Werken der Kunst, den es ihm verschaffte, und die Befugnis, mit ihnen Umgang zu haben. An Isabella schreibt er in dieser Zeit:

Ich habe kein Amt mehr, ich habe alles zurückgegeben. Nur so kann ich in Ruhe leben ... Die letzte Stelle [als Direktor des Königlichen Museums] hat mir nichts eingetragen. Aber ich habe sie lange behalten, in der Hoffnung, so den Beweis zu erbringen, dass ich mich we-

*der von Unwillen noch von parteilicher Voreingenommenheit leiten
ließ. Nun bin ich einfach wieder der geworden, den Du gekannt
hast, und Du weißt, dass ich glücklich war.* *

Denon hält also auch unter Ludwig XVIII. so lange, wie es ihm
möglich erscheint, an seinem Amt fest. Er will auf diese Weise
deutlich machen, dass er auch vorher dieses Amt nicht in erster
Linie als enthusiastischer Parteigänger des Kaisers ausgeübt hat.
Als einem begeisterten Liebhaber der Kunst, der er ist und sein
Leben lang war, gilt ihm, wenn es darauf ankommt, das Museum
mehr als der Kaiser – und er zögert nicht, der Kunst seine Treue
auch unter dem nachfolgenden König zu beweisen. Er tritt erst zurück, als von dem Museum, das er geleitet hatte, fast nichts mehr
übrig ist und die Idee, der es seine Entfaltung verdankte, ihre
Grundlage verloren hat. Da erst wendet er sich der eigenen Sammlung zu. Aber auch jetzt nicht nur, um sie zu pflegen und sich an
ihr zu erfreuen. Er will sie dokumentieren und dem interessierten
Publikum zeigen und zugänglich machen – zunächst im Druck,
und zwar in jenem Verfahren, das er einige Jahre zuvor in München kennengelernt hat, in Gestalt von Lithographien.

*

Monument seiner Sammlung — Schon im Januar 1816 beginnt
Denon ein Rechnungsbuch zu führen, in dem er alle Ausgaben für
sein neues Projekt verzeichnet: die Honorare für die Künstler, die
die von ihm ausgewählten Stücke seiner Sammlung lithographie-
ren, die Ausgaben für die Drucker und die Materialkosten für Papier und Druckfarben.* Noch einmal lässt er sich auf ein koopera-
tives Großvorhaben ein – wie schon in der alten Zeit bei der
«Voyage pittoresque» des Abbé de Saint-Non, wie dann auch bei
der massenhaften Vervielfältigung von Davids Gewand-Entwürfen
für den Wohlfahrtsausschuss während der Revolution und noch
einmal beim Druck der ersten Ausgabe seiner eigenen Ägypten-

reise im Atlas-Format unter dem Konsulat. «Ich habe», schreibt er an Isabella, «so viele verschiedene Beschäftigungen wieder aufgenommen, dass der Tag, wenn ich ihn zu Hause verbringe, jedes Mal zu kurz ist.»*

Zunächst, so scheint es, denkt Denon bei seinem neuen Projekt vor allem an eine umfangreiche Serie großformatiger, mit knappen Erläuterungen versehener Bildtafeln, die den Subskribenten nach und nach in Lieferungen zugestellt werden. Doch der Titel, den er für sein Projekt vorsieht, könnte ambitiöser kaum sein – «Histoire des arts depuis les temps les plus anciens jusqu'à nos jours – Geschichte der Kunst von den ältesten Zeiten bis in unsere Tage». Denon selbst nennt sein Unterfangen einmal «vermessen»* und scheut sich dennoch nicht, Erwartungen zu wecken, die er auf der Basis seiner eigenen Sammlung, so vielfältig sie auch ist, gewiss nicht erfüllen kann. Möglich, dass er die Übergröße seines Titels um des erhofften Erfolgs willen billigend in Kauf nimmt. Aber vielleicht steht ihm auch die Originalität seiner Sammlung so deutlich vor Augen, dass ihm Übertreibungen gerechtfertigt erscheinen.

Diese Sammlung ist ja tatsächlich von einem seltenen, vielleicht zu ihrer Zeit einzigartigen Reichtum. Sie umfasst nicht nur ägyptische, griechische und römische Altertümer und Objekte aus allen späteren Epochen der europäischen Geschichte. Sie enthält auch Kunst- und Gebrauchsgegenstände aus außereuropäischen Kulturen – aus China, Japan, Ozeanien, Südamerika – und zeugt auf diese Weise von Denons weitgespanntem Interesse an allen von Menschen gemachten Dingen, die einen Sinn für Schönheit erkennen lassen. Wie sich dieser Schönheitssinn in den verschiedenen Teilen der Welt und im Laufe der Zeiten entwickelt, das will Denon – nach dem Vorbild von Seroux d'Agincourt – als eine Kunstgeschichte in «Monumenten» oder «Denkmälern» darstellen und dabei auch der eigenen Sammlung ein Denkmal setzen.

Doch um die «Geschichte» der Kunst, um den darstellenden, erläuternden, erzählenden, verbindenden Text seines Werkes kümmert sich Denon, wenn überhaupt, nur wenig. Er ist vollauf damit beschäftigt, geeignete Objekte seiner Sammlung auszuwählen und für die prachtvollen Tafeln, die auf diese Weise entstehen, anzuordnen. Abgesehen von einigen wenigen Notizen zu einzelnen Werken, die in seiner «Histoire des arts» gezeigt werden sollen, gibt es nur einen Text, in dem er die angestrebte enzyklopädische Weite seines Projekts in den Blick zu nehmen versucht, und diesen Text hat er nach wenigen Seiten abgebrochen. Es ist der Bericht über die Entstehung und Zusammensetzung seines Kabinetts, an dessen Beginn er schildert, wie er als kleiner Junge jenem Bürger seiner Heimatstadt begegnete, der an die fünfzig Zeichnungen zusammengetragen hatte und ihn so beeindruckte, dass er den Sammler für den nützlichsten und bedeutendsten Mann im Staat ansah.

Während dieses Stück mit seinen Ansätzen zu einem literarischen Selbstporträt Fragment bleibt, gelangt die Arbeit an den Bildtafeln, wie es scheint, zu einem gewissen Abschluss. Denon hatte sich anfangs zwischen 250 und 300 Tafeln vorgenommen, und etwas mehr als 300 sind es schließlich auch geworden.* Die Eintragungen in dem Rechnungsbuch, in dem Denon seine Ausgaben notiert hat, enden im Oktober 1820.

Seine Erben, die beiden Neffen, haben es als ihre Pflicht angesehen, dafür zu sorgen, dass das Projekt ihres Onkels schließlich doch noch zu einem Abschluss gebracht und gedruckt wurde. Sie beauftragten einen seiner Freunde, das unfertig gebliebene Material für eine Veröffentlichung aufzubereiten. Dieser Amaury Duval hatte bis zu seiner Pensionierung im Jahre 1815 ein Büro für Wissenschaft und Kunst im Innenministerium geleitet. Mit viel gutem Willen geht er an die Arbeit, aber auch mit ganz eigenen Vorstellungen davon, wie eine Geschichte der Kunst in «Denkmälern» beschaffen sein soll.

Vier Jahre nach Denons Tod erscheinen in vier stattlichen Bänden die «Monuments des Arts du Dessin chez les peuples tant anciens que modernes – Denkmäler der Zeichenkunst bei den Völkern der alten und der neuen Zeit». Auf der Titelseite wird die Teilung der Aufgaben klar benannt: «Versammelt von Baron Denon» und «unter seiner Obhut und seinen Augen lithographiert» – «beschrieben und erläutert von Amaury Duval».

Die vier Bände enthalten die Tafeln, die Denon hatte anfertigen lassen. Amaury Duval hat den Stoff in drei Teile gegliedert: 1. «Ursprung, Aufstieg und Niedergang der Zeichenkunst» bei den «barbarischen» Völkern sowie in Ägypten, im Orient, in Asien, bei den alten Griechen und Römern. 2. «Die Zeichenkunst seit ihrer Renaissance in Europa». 3. «Die Malerschulen Europas von der Renaissance der Künste bis in unsere Tage». Von Anfang an gerät diese in sich noch sehr viel stärker gegliederte Systematik in ein sonderbares Missverhältnis zum Umfang des für die verschiedenen Teile vorhandenen Bildmaterials. So kommt es, dass sich der erste und der zweite Teil mit etwa sechzig Tafeln den ersten Band teilen, während der dritte Teil über die europäischen Malerschulen mit etwa zweihundertfünfzig Tafeln die drei übrigen Bände einnimmt. Unklar bleibt auch, was Amaury Duval dazu veranlasst hat, das gesamte Werk, das eine Fülle unterschiedlicher Kunstobjekte und Gebrauchsgegenstände zeigt, als eine «Geschichte der Zeichenkunst» zu bezeichnen.

Duval selbst berichtet in seiner Einleitung, welche Schwierigkeiten ihm die Herausgabe des reichen Bildmaterials bereitete, das Denon so gut wie kommentarlos hinterlassen hatte. Zwar habe er oft davon gesprochen, wie ihm die Bildtafeln «als Beispiele und Belege für eine Geschichte dienen sollten, in der man die Kunst an ihrem Ursprung ergreifen würde, um ihr dann beim Fortschreiten und in ihrem Auf und Ab bis in unsere Tage zu folgen».* Aber als er, Duval, sich dann mit den Materialien vertraut zu machen und herauszufinden versuchte, nach welchen Vorstellungen Denon sie habe ordnen und klassifizieren wollen, da sei ihm bald klar geworden, dass er gar nicht wusste, «nach welchem Plan Monsieur Denon bei dem Werk, das er sich vorgenommen hatte, vorgehen wollte und ob er sich mit einem solchen Plan überhaupt noch beschäftigt hatte.»*

Kein Wunder, dass die Erläuterungen, die der posthume Herausgeber den Bildtafeln beigab, unter solchen Voraussetzungen Stückwerk blieben. Seine Arbeit stand offenkundig unter keinem guten Stern. So sind die «Monuments des Arts du dessin» aller nachträglich eingewanderten Systematik zum Trotz das geblieben, was sie wohl auch in den Augen Denons vor allem sein sollten – ein Denkmal seiner Sammlung auf höchst eindrucksvollen Bildtafeln, ergänzt durch einige Textbeigaben; eine ausführliche «Notiz über Denons Leben und Arbeiten» aus der Feder von Amaury Duval; sodann – hier zum ersten Mal gedruckt – die Briefe, die zwischen Voltaire und Denon vor und nach dessen Besuch in Ferney im Juli 1775 gewechselt wurden; außerdem das erwähnte Fragment über die Entstehung und Zusammensetzung von Denons Kabinett; und schließlich das lange Protokoll einer Séance, die im Beisein zahlreicher Freunde und Interessierter in Denons Wohnung am Quai Voltaire stattfand – die Auswicklung einer Mumie, die der General Sébastiani 1802 aus Ägypten mitgebracht und der Kaiserin Joséphine geschenkt hatte und die Denon beim Verkauf von deren Nachlass 1814 erworben hatte.*

*

Treffpunkt am Quai Voltaire — Denon kommt anscheinend nicht umhin, sein gesellschaftliches Leben unter den neuen Verhältnissen neu zu organisieren. Er wahrt eine gewisse Distanz gegenüber den Kreisen, die in Paris nun den Ton angeben. Die Gesellschaft sei heikel geworden, berichtet er Isabella. Deshalb verkehre er nun hauptsächlich mit Ausländern.* Vor allem englische Reisende, so scheint es, wenden sich an ihn. Schon sein Ägypten-Buch und seine weit ausgreifenden Aktivitäten als selbst sammelnder Direktor des Louvre-Museums haben ihn über die Grenzen Frankreichs hinaus bekannt gemacht. Nun weckt auch seine private Sammlung die Neugier von Leuten, die sich auskennen, selbst solchen, die von weither kommen, und Denon hat nichts dagegen, ihnen seine Schätze zu zeigen. So schreibt ein gewisser Thomas Frognall Dibdin in seiner dreibändigen «Biographischen, antiquarischen und malerischen Reise durch Frankreich und Deutschland» über Denon:

*Sein Haus ist der Treffpunkt aller Engländer, die über etwas Geschmack und eine seriöse Empfehlung verfügen; und ich muss zugeben, dass niemand die Unannehmlichkeiten, die sich oft notwendig ergeben, wenn man ein derart offenes Haus führt, je mit mehr Geschick und besserer Laune auf sich genommen hat als der Baron Denon. Manchmal fand ich die Haupträume seiner Wohnung vollgestopft mit Landsleuten von mir; und einmal, rein zufällig, befand ich mich sogar an der Spitze einer Gruppe von ihrer zweiundzwanzig – darunter drei britische Offiziere und eine noch größere Zahl von Angehörigen unserer beiden Universitäten. Ich muss allerdings hinzufügen, dass er mich nachher beiseitenahm und sagte: «Mein Freund, wenn Sie das nächste Mal kommen, dann bitte nicht mit einer so zahlreichen Armee. Mir kam es vor, als wäre ich noch in Ägypten.»**

Dibdin ist einer der wenigen Besucher, denen in Denons Räumen der «Gilles» oder «Pierrot» von Antoine Watteau auffällt. Doch auch ihn beeindruckt das Bild nicht durch die Kunst seines Schöpfers. Es erscheint ihm «einzigartig wegen seiner Größe».* Mit einer gewissen Verwunderung hält Dibdin auch fest, dass die Besucher in jedem Raum auf mindestens ein Porträt des Wohnungsinhabers stoßen. Und als Denon ihm «mit sonderbarem Frohlocken und großer Genugtuung» den Fuß der Mumie zeigt, den er aus Ägypten mitgebracht hat, da überkommt Dibdin doch ein Befremden. Denon, so schreibt er, «meint, er sei so edel wie der Fuß der Venus de Medici. Aber die Geschmäcker sind verschieden».*

Es scheint eine ebenfalls englische Dame gewesen zu sein, von der sich die selbst in Paris wohnhafte Madame de Genlis eines Tages um das Jahr 1820 zu Denon führen lässt. Schon beim

Betrachten der lithographierten Tafeln von Denons geplantem Werk vergeht ein so großer Teil der Zeit*, dass sie ihm wenig später einen zweiten Besuch macht. Diesmal erfreut sie sich außer an den chinesischen Lackarbeiten vor allem an einer Abteilung von Denons Sammlung, der die meisten Besucher wenig abgewinnen können:

Ich bewunderte dort vor allem die Handarbeiten der Wilden, ihre wunderbar geflochtenen Körbe, ihre Kopfbedeckungen, ihre Gürtel, ihre ungemein kunstvoll gewebten Stoffe aus Baumrinde. ... All ihre Haushaltsgeräte, Schalen und Teller, sind bezaubernd; sie sind mit kleinen, hauchzarten, sehr hübschen Zeichnungen verziert. Mir fiel eine Art kleiner, sehr einfallsreicher Schatulle auf – eine Kokosnuss, von der man nur die eine Hälfte poliert und ein Gesicht darauf gezeichnet hat; auf der anderen Hälfte hat man die Fasern stehen lassen, sie stellen die Haare auf dem Kopf oder eine Perücke dar. Die Ausführung dieses kleinen Stücks ist bezaubernd. ... Monsieur Denon zeigt all diese Sachen mit einer Freundlichkeit, die sie noch kostbarer macht.*

Nicht alle Besucher kommen zu Denon, um seine Sammlung zu betrachten. Dawson Turner, Denons englischer Freund, schickt eines Tages einen gewissen James Heath nach Paris, der ihn um Autographen einiger prominenter Personen bitten soll und seinem Auftraggeber nachher mitteilt:

Monsieur Denon hat mir einen Teil einer Rede überlassen, die Friedrich der Große, der König von Preußen, zu Ehren von Voltaire gehalten hat – in seiner eigenen Handschrift. Er bat mich allerdings, niemandem zu sagen, von wem ich sie habe – aus einem Grund, den ich hier nicht mitteilen kann. Er hat mir außerdem einen Brief von Volney versprochen. ... Ich hoffte, auch einen Brief von Bonaparte bekommen zu können, und fragte Denon danach, aber ohne Erfolg.*

Die vielleicht anschaulichste Schilderung eines Besuchs in Denons Wohnung am Quai Voltaire stammt von der irischen Schriftstellerin Lady Morgan, eigentlich Sydney Owenson. Sie hat Vivant Denon wahrscheinlich 1816 zum ersten Mal aufgesucht und in ihrem Buch «France» davon berichtet.

Das Haus des Barons Denon beherbergt die merkwürdigste, vielfältigste und eigenartigste Kunst- und Antikensammlung von Paris, die sich in Privatbesitz befindet. ... Gemälde, Münzen, Bronzefiguren, Zeichnungen und außerdem chinesische, indische und ägyptische Altertümer und Raritäten – all das ist in eine zugleich philosophische und chronologische Ordnung gebracht, wodurch jene fernen Zeiten in ein deutlicheres Licht gerückt und die Fortschritte des menschlichen Geistes anhand einiger merkwürdiger Proben veranschaulicht werden sollen.*

Unter den Gemälden bemerkt die Besucherin einen Wasserfall von Ruisdael, ein Molière-Porträt von Sébastien Bourdon, das heute Charles-Antoine Coypel zugeschrieben wird. Sie erwähnt Bilder von Schedoni und Andrea Schiavone, von Rosalba Carriera und Watteau und schließlich «unter den modernen Werken den Kopf einer griechischen Dame von Madame Lebrun» – Isabellas Porträt, das sich Denon 1792 in Venedig von der Malerin erbeten hatte.

Lady Morgan beschreibt auch die Sammlungen von Münzen und Medaillen, von Bronzefiguren und Porzellanvasen, und kommt dann auf Denons Mappen mit Originalzeichnungen von Parmigianino, Guercino, Raffael und Julio Romano zu sprechen, die bei ihr die größte Begeisterung wecken. Die Unmittelbarkeit dieser Handzeichnungen, so schreibt sie, ergreife sie stärker, als es die gründlich ausgearbeitete Vollkommenheit der nach ihnen entstandenen Gemälde je könnte. Der Fuß der Mumie, den Denon einer ägyptischen Prinzessin zuschreibt, erregt auch ihre Phantasie.

*Mindestens zweitausend Jahre sind vergangen, seit er sich in den Teppich des Diwans drückte oder durch die Orangenhaine des Deltas streifte. Es ist dies der zarte, kleine Fuß, den Monsieur Denon schon in seinem Reisebuch beschrieben hat ...**

Ein Schauder packt die Besucherin hingegen beim Anblick der Totenmaske Robespierres. Denon erzählt auch ihr in aller Ausführlichkeit von seiner nächtlichen Begegnung mit dem Schreckensmann und schließt seine Geschichte mit der Bemerkung: «Er war gekleidet wie ein *petit-maître*, ein Stutzer, und seine bestickte Mousselin-Weste war mit rosa Seide gefüttert».* Diese Darbietung scheint Denons irische Besucherin so beeindruckt zu haben, dass sie dessen Erzähltalent schließlich über all seine anderen Talente stellte. Am Ende ihres Berichts über sein privates Museum gesteht sie:

*Wenn Denon mir von seiner Sammlung sprach, habe ich immer gedacht, dass eine Stunde im Gespräch mit ihm so viel wert sei wie alles, was er da zusammengetragen hat, obwohl doch dreitausend Jahre mitgewirkt haben, diese Schätze anzuhäufen!**

*

Isabella in Paris — Im Jahre 1817 wird das so lange gehegte, immer wieder verschobene, immer wieder in Aussicht genommene Vorhaben endlich in die Tat umgesetzt. Isabella kommt nach Paris, mit Giuseppino, ihrem jüngeren, inzwischen siebzehn Jahre alten Sohn, und keine Madame d'Houchin trübt, so scheint es, Denons «ungeheure Freude, Dich zu sehen, Dich zu küssen, mich um Dich zu kümmern, Dir meine zärtliche Zuneigung zu bekunden».*

Ungefähr fünf Monate wird sie bleiben, von Ende Mai bis Anfang Oktober. Denon findet für sie eine kleine Wohnung mit einer Terrasse nach Süden, in einem ganz neuen Haus, an einer ganz neuen Straße, an der Rue de Rivoli, gleich gegenüber dem Louvre. Der Tuilerienpalast ist fünfundzwanzig Schritte entfernt, die Comédie Française und das Palais-Royal dreihundert. Er will alles so arrangieren, dass die Wohnung bei Isabellas Ankunft fertig hergerichtet ist, damit sie nicht erst in einem Gasthof Quartier nehmen muss, sondern gleich einziehen kann. «Du wirst Dich dort sehr wohl fühlen, und um so mehr Freude wird es mir machen, Dich zu sehen.»*

Er will ihren Sohn mit seinem Neffen Dominique-Vivant Brunet zusammenbringen, der unverheiratet bei seinem Onkel am Quai Voltaire wohnt. «Ich vergaß, Dir zu sagen, dass es von Dir zu mir nur ein kurzer Spaziergang ist, bei dem die Stadt nicht stört.»*

Man weiß wenig über die Monate, die Isabella – nur einen kurzen Spaziergang über die nächste Seine-Brücke von Denon entfernt – in Paris zugebracht hat. Das schönste Museum der Welt kann Denon ihr nicht mehr zeigen. Aber der Louvre war auch damals nicht die einzige Attraktion der französischen Hauptstadt. Isabella hätte wohl gern Madame de Staël wiedergesehen. Aber die liegt krank danieder und stirbt im Juli 1817. Stattdessen freundet sich Isabella mit deren Rivalin an, Madame de Genlis. Sie begegnet in Paris auch dem Naturforscher Georges Cuvier, den Gelehrten Aubin-Louis Millin und Alexander von Humboldt und den berühmtesten Schauspielern der Zeit, François-Joseph Talma und Mademoiselle Mars.*

Solange sich Isabella in Paris aufhält, schreibt ihr Denon keine ausführlichen Briefe. Wohl aber schickt er ihr eine Anzahl kurz gefasster Billets, allesamt ohne Datum, so dass sich ihre Reihenfolge nicht bestimmen lässt. Auf den ersten Blick sind sie wenig aussagekräftig. Mehrere betreffen Absagen von Verabredungen. Zwei von ihnen lassen erkennen, dass Denon an einem neuen Porträt von Isabellas Sohn arbeitet, den er 1805 bei seinem Besuch in Italien schon einmal gezeichnet hat. Manchmal jedoch kommt auch in diesen Billets ein beschwingter Ton auf, der an die Briefe und Kärtchen erinnert, die Denon seiner Geliebten geschrieben hatte, als er bei ihr in Italien war. Fast dreißig Jahre sind seither vergangen – und dennoch:

Liebe Freundin, hebe mir das Vergnügen, das Du mir heute machen wolltest, für einen anderen Tag auf. Man kommt mich abholen, und ich muss fort. Ich küsse Dich von ganzem Herzen.*

Mein liebes Kind, mit unser beider Verabredungen trifft es sich sehr gut, denn ich kann weder morgen noch am Sonntag, nehmen wir also den Freitag. Ich werde um die ora solita [zur gewohnten Stunde] kommen und Dich küssen ...*

Das klingt, als hätten sie trotz allem bisweilen ungestörte Zeit füreinander gefunden. Denon ist siebzig und sie dreizehn Jahre jünger. Auch fünf Jahre später schreibt ein Freund Denons, Jacques de Norvins, in einem Artikel für ein biographisches Lexikon namhafter Zeitgenossen, die Natur habe Denon «eine ganz besondere Vitalität mitgegeben», und fügt hinzu: «Monsieur Denon wird niemals alt sein, auch mit hundert Jahren würde er immer noch jung sterben.»* Und Amaury Duval, der posthume Vollender von Denons Tafelwerk, erklärt in der biographischen Notiz, die er dem ersten der vier großen Bände beigibt, mit bemerkenswerter Offenheit:

Sein Gedächtnis war stets zuverlässig, seine Vorstellungskraft frisch und lebhaft; und durch ein seltenes Vorrecht, das er zweifellos der unverbrüchlichen Heiterkeit seines Naturells verdankte, wurde er von den Frauen noch immer aufgenommen, die zu suchen und zu lieben er nie aufgehört hatte.*

Es ist das letzte Zusammensein von Vivant Denon und Isabella Albrizzi. Im Oktober 1817 kehrt sie nach Venedig zurück. Von nun an schreibt ihr Denon nur noch Briefe, vor allem Empfehlungsschreiben, Briefe also, in denen er – außer in Anspielungen – nicht sehr persönlich werden kann und in denen er der Form halber nicht umhinkommt, Isabella wieder mit «Sie» anzusprechen, Briefe an Isabella, die er Leuten mitgibt, die man heute nicht mehr kennt – einem Kapitän Ferguson, einer Madame Prescot, einer Mylady Skinner und einem Mr. Coulman, einer Mademoiselle Kingston und ihrem Bruder, der Offizier bei der Marine ist. Im April 1819 empfiehlt er Isabella allerdings auch Mylady Morgan – die Schriftstellerin, die nach ihrem Buch über Frankreich nun auch eines über Italien schreiben will, das dann 1821 erscheint. Darin schildert sie den freundlichen Empfang, den ihr Isabella bereitet hat, und fügt hinzu:

Wer je das Vergnügen hatte, den Salon des Baron Denon in Paris zu besuchen, hat dort auch ein vorzügliches Porträt von ihr gesehen, betitelt «Bildnis einer griechischen Dame».*

*

Nachtgeschichten — Lady Morgan macht sich das Vergnügen, Denon in seinem Salon in Paris zu besuchen, noch etliche Male, nachdem sie aus Italien zurückgekehrt ist. Es scheint, als habe sich zwischen ihr und Denon im Laufe der Zeit eine sehr herzliche Freundschaft entfaltet. So kommt es, dass sie ihm in einem späteren Werk, ihrem 1829 erschienenen «Book of the Boudoir», einen weiteren, besonders prachtvollen Auftritt verschafft – nicht als Sammler, sondern als Erzähler. Diesmal besucht sie nicht ihn, sondern er kommt – überfallartig – zu ihr.

Denon ging unsäglich spät zu Bett – und wir unsäglich früh. Nach einem Monat voller Bälle, Soiréen, Gesellschaften und Opern mussten wir uns geschlagen geben und für einen Abend zu Hause bleiben, erteilten entsprechende Anweisungen und schickten die Bediensteten zu Bett. Doch siehe da, als das letzte Licht gelöscht und die letzte Glut im Verlöschen war, während wir durch das düstere Vorzimmer

unseres alten Hauses im Faubourg Saint-Germain gähnend dem
Schlafzimmer zustrebten, ertönte ein lautes Läuten. Wie von unsicht-
barer Hand öffnete sich, in seinen Angeln quietschend, das große
Tor, und es kam ein Kabriolett in den gepflasterten Hof gerattert.
Wir eilten zurück – damit nicht unsere Nachtlichter durch die Fens-
ter nach draußen schienen und den unzeitigen Eindringling nach
oben brächten. Pierre, der Dielenbohner, schob, eine Grimasse
schneidend, seinen Kopf herein und fragte: «Madame sind nicht da-
heim, nicht wahr?» und verschwand dann gleich wieder, um den
nächtlichen Besucher aufzuhalten. Doch vergeblich. Er war schon
im Vorzimmer – wir hörten Denons Stimme: «Schon gut, mein Lie-
ber – leg dich schlafen, alles ist gut.» Und da kam er auch schon wie
auf Zehenspitzen herein und trällerte dazu: «Et l'on revient toujours
à ses premiers amours» – mit einer Intonation, die zur Situation
passte. ... «Aber wir wollten gerade zu Bett gehen, mein lieber
Denon.» – «Das sehe ich», sagte er, nahm mir behutsam das Nacht-
licht aus der Hand, zündete damit zwei große Kerzen auf dem Tisch
an, zog für mich einen Sessel in die Nähe des Kamins, warf einen
neuen Holzscheit in die Glut und erbat mit flehender Miene – «encore
un petit moment». «Unser Gemahl und wir selbst» warfen einander
gleichermaßen verdrießliche Blicke zu und gähnten widerwillig un-
ser Einverständnis, wunderten uns aber auch über unsere schlechte
Form und darüber, wie sie uns so sehr niederdrückte, dass wir nicht
mal mehr die Gesellschaft eines Mannes glaubten genießen zu kön-
nen, den wir so sehr liebten und schätzten.

Denon hatte mir gerade an diesem Tag sein herrliches Buch über
Ägypten geschenkt (die große Ausgabe), und der riesige Foliant lag
mitten im Raum auf einem schweren Marmortisch, der wie eigens
für ihn gemacht schien. Wir hatten uns die Bildtafeln angesehen,
und Denon hatte seinen Stift hervorgeholt und die Namen einiger
bedeutender Personen aufgeschrieben, die darin abgebildet sind.
Nun rückte auch er näher ans Feuer, setzte seine Erzählermiene auf
und schilderte uns seinen Aufenthalt mit Bonaparte in Ägypten in
derart merkwürdigen, lebhaften Einzelheiten ..., dass wir, ohne es

*zu bemerken, beim Fragenstellen so sehr in Erregung gerieten wie er
beim Erzählen.*

Von Ägypten gelangt der Erzähler über das Begräbnis des Generals
Desaix auf dem Großen Sankt Bernhard zu Bonapartes Feldzügen
in Deutschland. Er schildert den Einzug der französischen Armee
in Potsdam und seinen weiter oben erwähnten nächtlichen Besuch
mit dem siegreichen Kaiser im Schloss Sanssouci und lässt sich
auch nicht davon abhalten, die tragikomische Szene seiner Begegnung mit den beiden Bestattungskommissaren auf einem mit Leichen übersäten Schlachtfeld noch anzuhängen. Doch dann bricht
er ab.

*Mitten in der Schilderung eines höchst interessanten Abenteuers ...
hielt er plötzlich inne, legte den Finger an die Lippen und zählte die
dumpfen Schläge der Uhr am Tuilerien-Palast mit – drei Uhr früh.
Verwirrt sprang er auf und entschuldigte sich, dass er uns zu einer
so unzeitigen Nachtwache genötigt habe, und wollte forteilen. Nun
war ich es, die ihn aufhielt: «Aber erzählen Sie erst Ihre Geschichte
zu Ende.» – «Es hat drei geschlagen», entgegnete Denon schon von
der Tür. ... «Das Ende erzähle ich ein andermal.» Mit dieser List der
Erzählerin aus «Tausendundeiner Nacht» tänzelte er davon – mit
siebzig noch so kregel wie mit siebzehn –, warf sich in sein Kabriolett
und ratterte davon, wie er gekommen war.* *

*

Nicht unsterblich — Zum letzten Mal schreibt Denon an Isabella
unter dem Datum des 1. April 1825. Wieder ist es ein Empfehlungsschreiben, das er ihr schickt, wieder für einige Reisende, die wir
nicht kennen. Aber im Unterschied zu den anderen Schreiben, die
er ihr nach ihrer Rückkehr aus Paris geschickt hat, spricht er Isabella hier noch einmal mit Du an.

Mein liebes Kind, gestatte mir, Dir drei charmante Personen vorzu-
stellen, die zusammen mit ihrem Vater reisen. Ich habe hier mit ih-
nen in der größten Vertrautheit gelebt. Die Fräulein Felding wissen,
dass Du mir wohlgesinnt bist, und es wäre ihnen ein großes Vergnü-
gen, gerade Dich kennenzulernen. ... Alles, was Du für sie tun
kannst, wird sie sehr glücklich machen, und ebenso glücklich werde
ich in Gedanken bei euch sein.

Dein letzter Brief war von einer so anmutigen Jugend des Ge-
fühls, dass ich beim Lesen glaubte, ich sei – wir beide seien kaum
zwanzig. Ich versichere Dir, dass ich seiner würdig war, und danke
Dir dafür von ganzem Herzen. Adieu, meine liebe, liebenswürdige
Freundin, ich küsse Dich von ganzem Herzen.

Denon.

Tausend Grüße an Deinen Sohn*

Nicht sein Alter bringt Denon den offenkundig viel zu frühen Tod,
sondern die schlechte Luft bei einer Kunstauktion. Zum Verkauf
steht dort die Gemäldesammlung des Investors und Kunstsamm-
lers Augustin Lapeyrière. Nach einem Bankrott muss er den größten Teil seiner bedeutenden Sammlung zu Geld machen. Die Versteigerung findet am 26. April 1825 in der Rue du Gros-Chenet statt,
heute ein Teil der Rue du Sentier im 2. Arrondissement von Paris.
Dort befindet sich der, neben dem Hôtel Bullion, zweite Saal für
große Kunstauktionen in Paris – im Hôtel Lebrun, wo bis zu seinem
Tod im Jahre 1813 der Kunsthändler und Kunstexperte Jean-Baptiste-Pierre Lebrun gelebt hatte, schon seit längerer Zeit getrennt
von seiner Frau, der Malerin Elisabeth Vigée-Lebrun.* Auch nach
Lebruns Tod scheint der Kunsthandel in diesem Haus lebendig geblieben zu sein.

Jacques de Norvins, der die Vorgänge um den Tod seines
Freundes Denon anscheinend aus der Nähe beobachten konnte,
hat in der Ausgabe des «Constitutionnel» vom 8. Mai 1825 darüber
berichtet.

Die letzten Augenblicke des Barons Dominique Vivant Denon gehö-
ren, wie all seine Lebensjahre, der Allgemeinheit. Wenige Menschen
haben mehr gelebt und besser gelebt – für andere und für sich selbst.
... Am letzten Dienstag, dem 26. April, nahm Monsieur Denon an der
Versteigerung der Gemäldesammlung des Monsieur Lapeyrière teil.
Nachdem er zwei Stunden lang die allzu stickige Luft im Saal geat-
met hatte, fühlte er sich unwohl, verspürte eine Übelkeit und begab
sich auf der Suche nach frischer Luft unglücklicherweise in den hin-
tersten Raum. Der plötzliche Temperatursturz setzte ihm sofort zu.
Schweißtropfen traten auf seine Stirn, wie er es bisher kaum je erlebt
hatte. Es war fünf Uhr, als er die Versteigerung verließ und nach
Hause zurückkehren wollte. Er fühlte sich sehr schwach; man
musste ihm die Treppe zu seiner Wohnung hinaufhelfen; er erlitt eine
leichte Ohnmacht, der heftige Magenschmerzen, Atemnot und ein
Kältegefühl in den Gliedmaßen folgten. Man rief nach Monsieur Du-
bois, seinem Freund. Dieser war jedoch abwesend, stattdessen kam
sein Sohn. Der Puls ging regelmäßig und zeigte keine Symptome.
Reizlindernde Medikamente wurden ihm verabreicht, mit einigem
Erfolg. Gegen elf Uhr abends erkannte Monsieur Larrey, ein ande-
rer Freund von Monsieur Denon aus der Zeit in Ägypten, alarmie-
rendere Symptome. Ihm schien, der Kranke sei dem Tod nahe. Ver-
geblich versuchten die Herren Brunet, die Neffen und Adoptivsöhne
von Monsieur Denon, die ganze Nacht hindurch, ihm etwas Wärme
in die Gliedmaßen zurückzuholen. Unmerklich war Monsieur
Denon, nach einer neuerlichen Ohnmacht, wieder zur Besinnung ge-
kommen. Die organischen Funktionen hatten sich teilweise erholt,
doch zwei Stunden später fiel er in seinen früheren Zustand zurück
und wurde trotz der früher angewendeten Mittel, trotz des Einsatzes
von Senf- und Zugpflastern zusehends schwächer. Sein Atem ging
schwer, er sprach gelassen und zum ersten Mal von seinem Ende,
schlief dann für zwanzig Minuten ein und wachte nicht wieder
auf. ...

Merkwürdig und unübersehbar ist, dass der Patriarch der schö-
nen Künste die ersten bedrohlichen Anzeichen des nahenden Todes

an einem Ort wahrnahm, der diesen Künsten seit jeher gewidmet war, und es steht wohl außer Zweifel, dass der Vorfall, der ihm in der Galerie Lebrun zustieß, das Ende seiner Tage um mehrere Jahre vorweggenommen hat. Die Trauer des gelehrten Europa und der Hauptstadt und der untröstliche Schmerz der Herren Brunet, seiner Neffen, werden das Andenken an einen Mann noch lange ehren, der seinen Zeitgenossen lieb und teuer war und den zum Freund gehabt zu haben einen nur mit Stolz erfüllen kann.*

Vivant Denon wird am 30. April 1825 auf dem Friedhof Père Lachaise im Nordosten von Paris beerdigt. Gleich hinter Jacques de Norvins' Bericht über seinen Tod hat der «Constitutionnel» auch die Trauer-rede abgedruckt, die der Maler Antoine-Jean Gros, der damalige Präsident der Académie des Beaux-Arts, an Denons Grab gehalten hat.

Monsieur Denon war der lebhafteste und aufrichtigste Freund der Künstler. ... Fast alle, die sich auf dem Feld der Kunst betätigen, be-kamen von seiner Fürsorge, von seinen Ermutigungen etwas mit, und für die meisten beginnt ihr Wohlergehen mit dem Augenblick, in dem er die Leitung des Museums übernahm ...

So setzte sich Monsieur Denon jederzeit und überall mit ganzer Kraft für die Künste und die Künstler ein; seit langem schon genoss er die Früchte seiner Mühen und Anstrengungen, als er tief betrübt, wie ganz Frankreich, mit ansehen musste, dass dieses herrliche Mu-seum zerstückelt wurde. Mit Trauer erfüllte ihn der Gedanke, dass die kostbarsten Monumente der Kunst zum Spielball des Waffen-glücks hatten werden können. Da gewann denn seine Empörung die Oberhand über den Schmerz: «Sollen sie die Sachen doch mitneh-men», rief er aus, « – der Blick dafür fehlt ihnen, und Frankreich wird durch seinen Vorrang in der Kunst immer aufs Neue beweisen, dass diese Meisterwerke hier besser aufgehoben waren als an-derswo.» Hoffen wir – hoffen wir, dass die französische Malerei die Weissagung eines Mannes nicht Lügen straft, der seinem Land Ehre *gemacht hat, der von ihm geliebt wurde und der ihm einen Namen hinterlässt, den es immer mit Stolz nennen wird.**

Der Trauerredner übertreibt, wenn er Denon einen aufrichtigen Freund *fast aller* Künstler nennt. Selbst bei seinem Begräbnis ist zumindest ein Maler anwesend, der einen Eklat nicht scheut, um sich als Feind Denons zu bekennen. Dominique Ingres, neun Jahre jünger als Gros, gehört schon einer anderen Malergeneration an, die sich dem von Jacques-Louis David verfochtenen und von Denon von Amts wegen verwalteten Klassizismus nicht mehr verpflichtet fühlt. Jahrelang hat Ingres in Italien unter der Missachtung gelitten, die seiner Kunst aus Frankreich entgegengebracht wurde. Nun tritt er bis dicht an das Grab Denons heran, um sich ostentativ zu vergewissern, dass der Generaldirektor der Künste – «*mon anti-moi* – mein Anti-Ich» – tatsächlich nicht mehr am Leben ist. Er wirft einen Blick in die Tiefe und sagt: «Gut, sehr gut! Da ist er nun, und da bleibt er.»* Nachher bewirbt sich Ingres um den Sitz in der Académie des Beaux-Arts, der durch Denons Tod frei geworden ist. Mit Erfolg.

Die beiden Neffen bestellen für Denons letzte Ruhestätte bei dem Bildhauer Pierre Cartellier, einem Freund ihres Onkels, eine lebensgroße Grabfigur in Bronze. Ende 1827 wird sie aufgestellt, Denon bequem sitzend, in der rechten Hand ein Zeichengerät haltend, wahrscheinlich eine Radiernadel, die inzwischen abhandengekommen ist.* Im Übrigen jedoch befindet sich der bronzene Denon in einem recht guten Zustand und ist auf dem weitläufigen Friedhof vergleichsweise leicht zu finden – schräg gegenüber den Gräbern von Frédéric Chopin und dem Jazzpianisten Michel Petrucciani.

*

Zerstreuung nach Nummern — Sechs Wochen nach der Beerdigung, Mitte Juni 1825, bieten Denons Neffen die Sammlung ihres

Onkels als Ganzes dem Britischen Museum zum Kauf an – für 28000 Pfund.* Aber die Transaktion kommt nicht zustande. Stattdessen wird eine aufwendige Versteigerung arrangiert, die in Paris einiges Aufsehen erregt. In drei Teilauktionen, die jeweils mehrere Tage in Anspruch nehmen, wird das Kabinett Denons zum Verkauf gebracht – im Mai 1826, genau ein Jahr nach Denons Tod, zunächst die «Gemälde und Zeichnungen» in 987 Nummern; im Januar 1827 die «Antiken, historischen und modernen Denkmäler sowie orientalische Arbeiten» in 1390 Nummern, und schließlich im Februar 1827 die «Druckgrafik und illustrierte Bücher» in 801 Nummern.* Die Versteigerung findet nicht im Hôtel Bullion und auch nicht in der Galerie Lebrun statt, sondern in Denons Wohnung am Quai Voltaire. Das Gesamtergebnis der drei Auktionen beläuft sich auf etwa 250000 Francs.* Der nach den Versteigerungsterminen in drei Bände gegliederte und zum Teil ausführlich kommentierte Katalog vermittelt, wenn auch nur schriftlich, heute am ehesten noch einen Eindruck vom Umfang und Reichtum der Sammlung Denons, von ihrer Qualität und ihrer bis weit ins Merkwürdige reichenden Vielfalt.

Nicht wenige Zuschreibungen vor allem bei den Gemälden und Zeichnungen müssen nach heutigem Wissensstand als falsch oder zweifelhaft angesehen werden. Aber auch nach kritischer Prüfung bleibt eine erstaunliche Zahl vorzüglicher Bilder von großen Meistern übrig – Werke von Fra Angelico und Hans Memling, von Rubens, Chardin, Sebastien Bourdon, Ruisdael, von den Zeitgenossen David, Gérard, Gros, Prud'hon, Fragonard, Greuze und Hubert Robert. Bei den Zeichnungen sind wohl besonders bemerkenswert die großen Konvolute von Arbeiten Parmigianinos, Guercinos und Callots. Aber auch Raffael, Dürer und Rembrandt sind vertreten und viele andere mehr. Denons eigene Zeichnungen aus Ägypten, die als Vorlagen für die Bildtafeln seiner «Voyage en Egypte» dienten, wurden bei der Auktion anscheinend zurückgehalten oder wieder zurückgezogen und erst einige Jahre später an das Britische Museum verkauft.*

Watteaus «Gilles» oder «Pierrot» hatte während der zwei Jahrzehnte, die seit Denons Kauf vergangen waren, in der Wertschätzung des Publikums offenbar kaum gewonnen. Einer von Denons Neffen kaufte das Bild bei der Versteigerung für 650 Francs selbst. Im Jahre 1838 verkaufte er es für 2000 Francs an einen gewissen Casimir Perrin, Marquis de Cypierre. Einige Jahre später gelangte es für 2500 oder – einer anderen Quelle zufolge – für 16 000 Francs zu dem Arzt und Kunstsammler Louis La Caze, der es bei seinem Tod 1869 mit seiner ganzen, sehr großen Sammlung dem Louvre vermachte.* Es war die bedeutendste Schenkung, die dem Louvre je zuteilwurde. Denon übrigens hat dem Museum, dem er dreizehn Jahre lang seine ganze Kraft gewidmet hatte, nichts hinterlassen. Ob dies als eine Geste zu verstehen ist und was sie bedeuten könnte, ist nicht klar. Möglich auch, dass er sich noch nicht alt genug fühlte oder einfach noch nicht die Zeit gehabt hatte, sein privates Museum mit den Augen eines Erblassers zu betrachten.

Bei der Versteigerung des zweiten Teils seiner Sammlung kamen antike, historische und moderne «Denkmäler» und asiatische Kunst zum Verkauf. Denons Sammlung ägyptischer Antiquitäten war besonders groß – sie umfasste 265 Nummern, dabei unter vielem anderen verschiedene Papyrus-Handschriften, einige Mumien und Mumienteile, auch der Fuß jener Prinzessin, der im Katalog unter der Nummer 248 mit einer gewissen Zurückhaltung beschrieben wird: «Ein menschlicher Fuß, sehr gut erhalten. Monsieur Denon hat eine Zeichnung davon veröffentlicht: ‹Voyage en Egypte›, Tafel C, Nr. 6.»

Bei den griechischen Denkmälern handelt es sich größtenteils um antike Münzen, bei den römischen außerdem auch um eine größere Zahl von Bronzefiguren. Die Gruppe der «Historischen Denkmäler» wird im Katalog eröffnet mit einem Fragment aus Kalkstein «abgelöst von der Cheops-Pyramide, der höchsten von Gizeh», und einem Sandsteinfragment von einem der beiden Memnon-Kolosse bei Theben.* Es folgen dann mehrere Objekte, die in den Besitz Denons gelangt zu sein scheinen, als er auf seiner Reise durch Spanien in Valladolid Zugang zum Gebäude der dortigen Glaubensaufsicht fand: ein Kupfersiegel des Inquisitionsgerichts der Stadt, das ein Kreuz zwischen einem Schwert und einem Olivenzweig zeigt, außerdem spitz zulaufende Papiermützen, die man überführten Ketzern aufsetzte, sowie Kreuze, die man ihnen um den Hals hängte, und ganze Packen von Akten des Heiligen Offiziums, Denunziationen, Verhörprotokolle und Gerichtsurteile.*

Unmittelbar darauf folgt in diesem Teil des Katalogs unter der Nr. 646 ein Objekt, das für Denon eine ganz besondere Bedeutung gehabt haben wird. Ein mittelalterliches Reliquiar, das aber nicht etwa Überreste von kirchlich approbierten Heiligen enthält, sondern eine von Denon selbst zusammengetragene Kollektion von irdischen Andenken und Fragmenten weltlicher Gestalten – ein säkulares Heiligtum, ein privates Pantheon. Nach dem riesigen Museum nun ein winziges Museum der Erinnerungen und Wertschätzungen, das selbst wiederum einige charakteristische Züge zu einem letzten, posthumen Porträt seines Schöpfers liefert.* Heute wird es in einem Museum im zentralfranzösischen Châteauroux aufbewahrt. Der Katalog von 1826 beschreibt es so:

Vergoldetes Kupfer. Ein sechseckiges gotisches Reliquiar, an den Ecken von sechs Türmchen flankiert, die durch Strebebögen mit einem kleinen, von einem Kreuz überragten Aufbau verbunden sind. Die beiden Frontseiten sind in jeweils sechs Fächer unterteilt und enthalten die folgenden Gegenstände: Splitter von den Gebeinen des Cid und der Jimena, gefunden in ihrem Grab zu Burgos. – Splitter von den Gebeinen der Heloise und des Abälard, aus ihren Gräbern im Kloster Paraclet. – Haar von Agnès Sorel, die zu Loches beerdigt liegt, und von Ines de Castro aus Alcaboça. – Ein Teil des Schnurrbarts Heinrichs IV., König von Frankreich, der bei der Exhumierung der Königsleichname in Saint-Denis 1793 ganz aufgefunden wurde. – Ein Stück vom Leichentuch Turennes. – Splitter von den Gebeinen Molières und La Fontaines. – Haar des Generals Desaix. Zwei wei-

*tere Fächer in den Seitenwänden dieses Objekts enthalten zum einen
die eigenhändige Unterschrift Napoleons, zum anderen ein blutbe-
flecktes Teil des Hemdes, das er bei seinem Tod trug, sowie eine
Locke seines Haars und ein Blatt der Weide, unter der er auf der
Insel St. Helena ruht. Höhe 16 Zoll, 3 Linien.**

Der dritte Teil der Versteigerung ist der Druckgrafik und den illustrierten Büchern gewidmet. Auf diesem Feld ist die Sammlung Zanetti, die Denon in Venedig gekauft hatte, prägend geblieben – mit
ihren eigenen Schwerpunkten, den zahlreichen Kupferstichen von
Lucas von Leyden und Marcantonio Raimondi, der überkompletten
Sammlung von Rembrandts Radierungen und dem vollständigen
Werk von Jacques Callot. Die drei Bände mit Rembrandt-Radierun-
gen fanden übrigens zunächst keinen Käufer. Sie wurden 1829 für
40 000 Francs nach England verkauft.*

Unter den Büchern, die am Schluss der Versteigerung zum
Ausruf kamen, finden sich, wie zu erwarten, auch zwei Exemplare
von Isabellas Buch über Antonio Canova* und ein Exemplar des
Büchleins «L'Originale e il Ritratto»*, das Denon und andere
Freunde Isabellas 1792 aus Anlass des Porträts herausgebracht haben, das Elisabeth Vigée-Lebrun von Isabella damals gemalt hat
und das Denon später, nachdem er es aus Venedig zurückerlangt
hatte, stets in seiner Nähe behielt. Das Bild selbst ist schon in der
ersten Versteigerung angeboten und verkauft worden. Der Katalog
beschreibt es unter der Nummer 210:

*Mme. Lebrun (Vigée) – Porträt der Madame Albrizzi, als Bruststück,
dem Betrachter zugewandt, mit lockigem Haar, das von einem weißen Band gehalten wird; sie hat ein rotes Schultertuch umgelegt und
hebt sich von einem Himmel im Hintergrund ab. Höhe 18 Zoll –
Breite 12 1/2 Zoll. Leinwand.**

Für dieses Bild liegt dem Auktionator ein schriftliches Gebot vor.
Es geht nicht an einen der Bieter im Saal, sondern – für 260 Francs –

an den Grafen Tommaso Mocenigo Soranzo, Isabellas Freund und Geliebten schon während ihrer zweiten Ehe mit Giuseppe Albrizzi und auch nach dessen Tod. Soranzo kauft das Bild nicht für sich, sondern verschenkt es weiter – an wen ist nicht klar. Einer Überlieferung zufolge überlässt er es Isabellas jüngerem Sohn Giuseppino. Einer anderen Überlieferung zufolge macht er es Isabella selbst zum Geschenk – vielleicht um sie zu besänftigen. Sie ist in den letzten Jahren auf Soranzo nicht gut zu sprechen gewesen. Schon vor längerem hat er sich mit einer anderen, jüngeren Frau verbunden. Er hat sie sogar geheiratet. Die Beziehung zu Isabella ist darüber, so scheint es, nicht zerbrochen, wohl aber schwieriger geworden. Und nun schenkt er ihr, wenn es denn so war, ihr eigenes Porträt, auf dem Denons Blicke, sofern man dessen Idee vom magischen Haften der Blicke zu folgen vermag, unzählige Spuren hinterlassen haben.

Isabella hat Vivant Denon um elf Jahre überlebt. Sie starb am 27. September 1836 in ihrem Haus in Venedig. Ihr Grab befindet sich in der Kapelle *Madonna delle Grazie*, in der Nähe der Villa Albrizzi am Terraglio.*

Wenn ihr Porträt nicht schon vorher zu ihrem jüngeren Sohn Giuseppino gekommen ist, gelangt es nun nach ihrem Tod zu ihm. Später vermacht der es seinem älteren Halbbruder Giambattista Marin. Nach dessen Tod bleibt es noch bis 1898 im Besitz der Familie in Venedig. Danach wechselt es in die Sammlung eines gewissen Stefano Bardini und wird mit dieser 1899 zum ersten Mal bei Christie's in London versteigert. In den Jahren 1920, 1926 und 1948 taucht es erneut bei Christie's auf, bis es 1950 über eine Londoner Galerie in das Kunstmuseum von Toledo gelangt – nicht nach Spanien, sondern nach Ohio.*

Nachspann

Was in Frankreich blieb — Es war schon die Rede davon – der größte Teil der bedeutenden, erstklassigen Bilder und Skulpturen, die in den Jahren 1794 bis 1813 aus anderen Ländern nach Paris geschafft worden waren, wurde in den Monaten nach der Schlacht bei Waterloo von den Beauftragten der geschädigten Staaten zurückgefordert und kehrte auch tatsächlich zurück – in die Niederlande, nach Belgien, nach Italien, nach Wien, Berlin, Potsdam, Braunschweig, Schwerin und Danzig.

Dennoch blieben damals unzählige Kunstwerke in Frankreich zurück. Die Schwierigkeiten, mit denen es die Abgesandten der verschiedenen Regierungen bei ihren Rückforderungen zu tun bekamen, waren beträchtlich. Schon die Identifikation der Bilder war in einer Zeit ohne Fotografie in vielen Fällen ein vertracktes Problem – weniger bei den allgemein bekannten Meisterwerken, aber doch bei einer großen Zahl ausgezeichneter Bilder mit oft identischen oder leicht verwechselbaren und wenig aussagekräftigen Titeln, die es wiederzufinden und den rechtmäßigen Besitzern zuzuordnen galt. Eine zusätzliche Schwierigkeit ergab sich daraus, dass die Bilder im Musée Napoléon nicht selten unter anderen Künstlernamen ausgestellt waren als an ihrem Herkunftsort, nicht um sie zu tarnen oder Spuren zu verwischen, sondern weil die Spezialisten des Louvre sie – oft zu Recht – neu zugeschrieben hatten.

Auch befanden sich längst nicht alle Bilder in der Grande Galerie und den Sälen des Louvre oder in dessen Depot. Altdorfers berühmte «Alexanderschlacht», die aus München entführt worden war, entdeckte man in Napoleons Badezimmer im Schloss von Saint-Cloud. Zahlreiche Bilder, auch solche ersten Ranges, waren in Anbetracht der in Paris herrschenden Überfülle an die seit 1801 in wichtigen Provinzstädten entstandenen Dependancen des Louvre weitergegeben worden – und dort hängen etliche von ihnen noch heute, weil sie für die Kunstbeauftragten im Jahre 1815 einfach nicht erreichbar waren. Vivant Denon und Athanase Lavallée wussten über den Verbleib dieser Werke zwar mehr, als sie damals preisgaben, aber auch sie hatten den Überblick längst verloren.

Eine französische Kunsthistorikerin hat in einer Detailstudie das Schicksal von 506 Gemälden untersucht, die zwischen 1796 und 1814 aus Italien entführt worden waren. Ihr Ergebnis: Neun Bilder sind verschollen, 249 wurden zurückgegeben, aber 248, also fast die Hälte, blieben in Frankreich.*

Gerade bei den Gemälden aus Italien kam es allerdings auch vor, dass die Abgesandten ihnen zustehende und zugängliche Bilder gar nicht zurückforderten. Die Kosten für den Rücktransport standen ihrer Meinung nach in keinem vernünftigen Verhältnis zum Wert der Bilder. Sie betrachteten die Werke der italienischen «Primitiven» noch immer mit den Augen jenes Beamten, der in Pisa ein Werk von Cimabue mit einem geschätzten Wert von fünf Francs inventarisiert hatte. So feierte Denon mit seinem avancierten Kunstverstand doch noch heimliche Triumphe. Einige der schönsten Bilder der italienischen Renaissance und Frührenaissance, die Denon aus Italien mitgebracht hatte, als er dort die Chance zu seinem letzten großen Fischzug wahrnahm, hängen deshalb auch heute noch im Louvre.

*

Verehrung, Liebe, Annäherung — «Ich bin in alledem nur der Mann, der zufällig zur rechten Zeit am rechten Ort war», so hatte Denon gegenüber jenem etwas zudringlichen Mr. Hamilton von sich gesagt. Aber wenn der Zufall tatsächlich den Ausschlag «in alledem» gegeben haben sollte, war doch fast immer auch eines der vielen Talente Denons mit im Spiel – sein Talent, die Gunst der Stunde zu erkennen und Gelegenheiten, die sich ihm boten, nicht ungenutzt verstreichen zu lassen. Und wenn er hierbei etwas von einem Opportunisten hatte, dann nicht aus Bequemlichkeit oder Mangel an Mut. Für seine große Liebe, für die Kunst tat er alles, war sich für nichts zu schade, nahm alles auf sich.

Mit Kontakten zur Pariser Welt der Künste beginnt es. Solidität jedoch erlangt sein Verhältnis mit der Kunst erst in der Nähe der jeweils Großen und Mächtigen während der sehr wechselhaften Zeiten, die er durchlebt. Denons Sympathie für die Inhaber von Macht erreicht in seiner Beziehung zu Napoleon Bonaparte ihren höchsten Punkt. Doch bei aller Begeisterung für ihn überwiegt auch hier die Verehrung für die Kunst. Sie ist sein eigentlicher Lebenszweck. Deshalb widerstrebt es ihm nicht, unter dem zurückgekehrten Ludwig XVIII. seinen Posten zu behalten und sogar eine Skulptur des Königs in seinem Kabinett aufzustellen. Er hält es für seine Pflicht, die große Sammlung, die er zusammengetragen hat, auch unter den veränderten politischen Verhältnissen vor dem drohenden Untergang zu bewahren. Erst ganz zuletzt, als klar wird, dass er ihre Zerstreuung nicht verhindern kann, zieht er sich zurück und widmet sich seiner viel kleineren, privaten Sammlung, die während seiner Zeit als Direktor der Künste in Kisten verpackt bleiben musste, weil er in seinen Privaträumen im Louvre den Platz nicht hatte und wohl auch nicht die Zeit, sie auf- und auszustellen.*

Denon verehrt die Kunst auf vielerlei Weise – aber nicht wie etwas Jenseitiges, etwas Göttliches, etwas prinzipiell Unerreichbares, sondern so wie der Mann eine Frau verehrt. Was zunächst unerreichbar zu sein scheint, weckt das Verlangen nach Annäherung. Erst geht es um Sehen, dann um Umgang, schließlich um Berührung und Besitz – dabei stets auch um Behutsamkeit und Zärtlichkeit, aber nur zum einen, denn zum anderen kommen auch Kraft und Stärke ins Spiel – gewisse Spielarten von Gewalt ebenfalls, so dass Verletzungsrisiken nicht immer auszuschließen sind. Der gelegentlich sich beimischende Fetischismus nimmt sogar die Beschädigung des Begehrten wohlgemut in Kauf.

Selbst-Sehen ist das Mindeste – also Annäherung an die Kunst, dorthin gehen, wo sie ist. Beschreibungen, Reproduktionen, illustrierte Bücher, Bibliotheken, Studien – all das genügt nicht. Zu Lady Morgan sagt Denon: «Ich habe nicht studiert. Ich habe viel gesehen.»

Sammlungen und Galerien machen den Zugang einfach – dort ist das Ansehen reines Vergnügen, aber deshalb in gewisser Weise auch zu leicht. Faszinierender ist die Annäherung, wo sich ihr Schwierigkeiten in den Weg stellen, die es zu überwinden gilt. Wo sich das Begehrte dem Blick entzieht, wo es nicht ohne weiteres zugänglich und womöglich sogar weit entfernt ist, da ist jeder Aufwand gerechtfertigt. Wenn der Umgang mit der Kunst nicht anders zu bewerkstelligen ist, lohnt es sich immer, alle Unannehmlichkeiten, alle Gefahren, alle Strapazen beim Überwinden von Entfernungen mit Geduld auf sich zu nehmen – in Kalabrien ebenso wie in Ägypten oder in Preußen. Wo es um die Annäherung an die Kunst geht, will sich Denon auch nicht vertreten lassen, schickt keine Untergebenen – er selbst besucht die Sammlungen in den besiegten, besetzten Ländern, um selbst zu sehen und selbst auszuwählen.

Sein Musée Napoléon hat dessen Besuchern – Franzosen, Deutschen, Briten und anderen – den Blick dafür geöffnet, dass auch die Kunst eine Geschichte hat. Es hat ihnen die Wertschätzung der alten, «primitiven» Kunst Italiens, der Niederlande und Deutschlands nahegebracht.* Es hat sie Vieles neu sehen gelehrt, so wie Denon selbst Vieles immer wieder neu sehen gelernt hat – im Laufe der Zeit, im Zuge seines Sammelns, auch beim bloßen Einsammeln. Es wird nicht viele Zeitgenossen gegeben haben, die in ihrem Leben mehr Werke der Kunst gesehen haben als er. Möglich, dass dank der ungeheuren Masse an Bildern, die er betrachten, vergleichen, prüfen und bewegen musste, konnte, durfte, das

Sammeln als solches für Denon zu einer schöpferischen Erkenntnistätigkeit geworden ist, so wie sich dem Schreibenden das Schreiben unter der Hand verwandeln kann und ihm plötzlich nicht mehr nur dazu dient, festzuhalten, was er schon weiß oder sich im Vorhinein ausgedacht hat, sondern zu einem Tun wird, bei dem er zu neuen Einsichten und Gedanken gelangt und sich selbst durch unerwartete Funde und Entdeckungen überrascht.

*

Zeitweilige Verluste, bleibender Gewinn — Auch Goethe hat einen lyrischen Kommentar zum Umgang seiner Zeitgenossen mit der Kunst und zu den Turbulenzen geliefert, die nicht zuletzt sein französischer Bekannter aus dem Jahre 1790 in halb Europa auslöste – einen Vierzeiler aus dem Jahre 1816 mit dem Titel «Museen»:

> *An Bildern schleppt ihr hin und her*
> *Verlornes und Erworbnes;*
> *Und bei dem Senden kreuz und quer*
> *Was bleibt uns denn? – Verdorbnes!*

Gewiss, manches verdarb in jenen Jahren, und anderes ging verloren. Die Verluste scheinen allerdings geringer gewesen zu sein, als man erwarten sollte. Das meiste wirklich Bedeutende kehrte eben doch zurück, manchmal sogar in einem besseren Zustand, als es gekommen war, nämlich gepflegt, gesäubert, restauriert. Im Ganzen gesehen, hat das «Senden kreuz und quer» die Bilder und Skulpturen wohl nicht allzu sehr verdorben.

Aber es hat sie auf eine andere, eigenartige Weise gründlich verändert. Es hat ihnen in ihren Herkunftsländern zu einer Sichtbarkeit verholfen, die sie vorher nicht hatten. Es hat ihnen dort eine Aufmerksamkeit verschafft, die vorher nicht da war. Durch ihren Ausflug an die Seine – «ins Freie» – sind die geraubten Kunstwerke zwar nicht, wie es den revolutionären Kunsträubern anfangs vorschwebte, «befreit» worden. Aber als sie schließlich zurückkehrten, waren sie in einem gewissen Sinne «nationalisiert», waren zu einer Angelegenheit der ganzen Nation geworden. Zum ersten Mal entwickelte sich in breiteren Kreisen der Bevölkerung das Bewusstsein von einem nationalen Kunsterbe.* Schon Johann Friedrich Ferdinand Emperius stellt in seinem Bericht fest:

*Die Freunde der fortschreitenden Kultur der Völker bemerken bei diesen Ereignissen mit wahrem Vergnügen, dass die Werke der bildenden Kunst jetzt ein allgemeines Interesse einflößen; dass die Regierungen einen hohen Wert auf ihren Besitz legen.**

Bis heute wird im litauischen Wilna oder Vilnius die Legende von der kleinen Annenkirche erzählt. Napoleon auf seinem Weg nach Russland habe an ihr ein solches Gefallen gefunden, dass er den Wunsch äußerte, sie später mit nach Paris zu nehmen. Daraus ist dann zwar nichts geworden, aber in dem verhaltenen Stolz, mit dem diese Geschichte noch immer erzählt wird, schwingt auch nach zweihundert Jahren noch etwas von der Empfindung mit, wie sehr es schon eine Auszeichnung und Ehre für die Stadt und ihre bezaubernde Backsteinkirche sei, dass ein Napoleon auch nur in Erwägung zog, sich dieser Kostbarkeit für seine Kapitale zu bemächtigen.

Die Völker, die ihrer Meisterwerke tatsächlich eine Zeitlang verlustig gingen, schätzten sie nach deren Rückkehr umso mehr. Viele dieser Werke verschwanden nicht mehr oder nur noch für eine Übergangsfrist in schwer zugänglichen Fürstensammlungen. Stattdessen wurden sie an vielen Orten zum Grundstock öffentlicher Kunstsammlungen und nationaler Museen, nach dem Vorbild des Louvre in seiner besten Zeit.

*

Eine europäische Geschichte — Dimensionen, die über Frankreichs Grenzen weit hinausreichten, hatte die Lebensgeschichte Vivant Denons von Anfang an – seit der Prophezeiung der Zigeunerin. Eine europäische – mehr noch: eine universale, weltumspannende Perspektive war ja auch in der Französischen Revolution wirksam, und schon Jahre, bevor sie in Frankreich zum Durchbruch gelangte, wirkte diese Perspektive bis nach Nordamerika hinüber.

Die französischen Revolutionäre wussten, dass sie ihren europäischen Nachbarn – auch wenn sie mit einer Armee kamen – etwas zu bieten und zu bringen hatten, das über militärische Besatzung und Unterdrückung hinausging. Dies allerdings verstanden in Deutschland bei weitem nicht alle – und von denen, die es zunächst verstanden, wurden in den Jahren von Napoleons Herrschaft viele wieder schwankend.

Denn Napoleon Bonaparte verwandelte sich in der kurzen Zeit seines Regiments vom Repräsentanten dieses Neuen, einer an die Gesamheit Europas gerichteten freiheitlichen Botschaft, zum Diktator im Kaiserkostüm. So geriet sein Programm für ganz Europa bei den gewaltsam Beglückten in Misskredit, und die Sympathien spalteten sich bald auch in Deutschland. Die einen waren mal mit mehr, mal mit weniger Begeisterung einverstanden, sich durch einen «Weltgeist zu Pferde», den Hegel durch Jena reiten gesehen zu haben glaubte, von beengender Fürstenherrschaft befreien zu lassen. Andere konnten sich ihre Freiheit nicht anders denn als Ergebnis von Selbstbefreiung vorstellen – und das musste nach so viel Unterwerfung eine andere Freiheit sein als die der Franzosen, nicht die universale Freiheit, deren Universalität im Laufe der Jahre immer mehr zur Ideologie und Attrappe degenerierte, sondern die eigene, aus deutschem Patriotismus hervorgehende, mit nationalem Stolz aufgeladene Freiheit. Die jedoch ertrank dann im deutschen Antiliberalismus und in einem Nationalismus, der, angestoßen durch die napoleonischen Demütigungen, so viel Fahrt aufnahm, dass er nach 1815 für 130 Jahre nicht mehr zum Halten, geschweige denn zur Besinnung kam und selbst durch die Niederlage im Ersten Weltkrieg nicht ausgebremst wurde.

Die alten, die Kunstwerke betreffenden Rechnungen zwischen Deutschland und Frankreich, die nach Napoleon hundert Jahre lang für beglichen galten, wurden im 20. Jahrhundert gelegentlich wieder aufgemacht. Nach dem Ende des Ersten Weltkriegs tauchte in extremeren französischen Kreisen die Idee auf, durch die Aufnahme entsprechender Reparationsforderungen in den Versailler Vertrag die frühen Sammlungen des Louvre in ihrer alten Pracht wiedererstehen zu lassen. Verwirklicht wurde dieser Plan nicht.

Andererseits schickte die deutsche Reichsregierung kurz vor dem Beginn des Zweiten Weltkriegs einige Kunsthistoriker mit dem geheimen Auftrag nach Frankreich, sich in den dortigen Museen und Bibliotheken umzutun und ein Verzeichnis der nach 1794 aus dem Rheinland geraubten und immer noch in französischem Besitz befindlichen Kunst- und Bücherschätze zu erstellen. Die Liste, die die kunsthistorischen Geheimagenten schließlich erstellten, füllte dreihundert Seiten, und der deutsche Kunstraub während des Zweiten Weltkriegs nahm tatsächlich – auch in Frankreich – gewaltige Ausmaße an. Aber jene Liste lag ihm nicht zugrunde.*

Anhang

Anmerkungen

Vorspann

13 *Ambassadeur ... Einpacker!* – Wittkop, *Die Welt des Empire*, S. 340.

– *aufgerichtet hatten* – Wescher, *Kunstraub*, S. 138.

14 *Monsieur Denon ... sieht* – Chatelain, *Dominique Vivant Denon*, S. 252 f.

– *Raubkommissär* – Hammer-Purgstall, *Erinnerungen aus meinem Leben, 1774–1852*, S. 189.

– *Politik des ... Kunstraubs* – Wescher, *Kunstraub*, S. 54.

15 *Sollen sie ... anderswo* – Der Maler Antoine-Jean Gros zitiert diese Worte Denons in seiner Rede bei dessen Begräbnis am 30. 4. 1825. *Le Constitutionnel*, 8. Mai 1825, S. 4.

17 *Barbaren und Sklaven* – Zit. n. Wescher, *Kunstraub*, S. 33.

18 *nachher zu verbrennen* – Wescher, *Kunstraub*, S. 27–33.

– *umwandelte* – Wescher, *Kunstraub*, S. 33–35. Gould, *Trophy of Conquest*, S. 23.

19 *kaum Beachtung fand* – Wescher, *Kunstraub*, S. 53 f. – Vgl. auch Gramaccini, «Rubens' Petrus-Martyrium im Exil», S. 85–90.

– *nach Paris schaffen* – Wescher, *Kunstraub*, S. 54. Treue, *Kunstraub*, S. 199 f.

20 *Die Republik ... schmücken* – Zit. n. Saunier, *Les Conquêtes Artistiques de la Révolution et de l'Empire*, S. 26.

– *Vertreter des Volkes ... Republik* – Zit. n. Wescher, *Kunstraub*, S. 38.

22 *Bürger ... befinden* – Zit. n. Saunier, *Les Conquêtes Artistiques*, S. 58.

23 *Ein neues ... Marmor* – Goncourt, *Histoire de la société française pendant le Directoire*, S. 283–285.

24 *La Grèce ... plus* – Wescher, *Kunstraub*, S. 76 f.

– *Bürger Direktoren ... weggeführt werden* – Chatelain, *Dominique Vivant Denon*, S. 75.

25 *Mein Leben lang ... Zukunft* – Denon, *Voyage en Egypte*, S. 1.

1. Kapitel

27 *Mit einer ... ließ* – Denon, «Fragment d'un écrit», in: Duval, *Monuments*, Bd. 1, S. 21.

28 *Du wirst ... erfüllen* – Norvins, «Denon», S. 353.

29 *Der bon Vivant ... verlor* – Der undatierte Brief an einen unbekannten General stammt aus der Zeit nach der Schlacht bei Aspern im Jahre 1809. Er wurde als Probe von Denons Handschrift im Faksimile abgedruckt in: *Iconographie des contemporains depuis 1789 jusqu'à 1829*, Paris 1832.

30 *Modell sitzen musste* – Bartsch, *Denon*, Bd. 121/1, Nr. 133, S. 117.

31 *mich Ihrer Person zu nähern* – Dieser Bericht folgt der Erzählung von Coupin, in: Mauriès, *Vies remarquables*, S. 108. Variationen finden sich z. B. bei Norvins, S. 354 und Duval, «Notice», in: Duval, *Monuments*, Bd. 1, S. 3.

31 *Los, Denon...* – Lady Morgan, *France*, S. 155; dies., *The Book of the Boudoir*, Bd. 1, S. 25.

32 *für fünfzehntausend Francs zu kaufen* – Gordon, «Un homme de l'Ancien Régime», in: Gallo (Hrsg.), *Les vies*, S. 46.

– *ihrem König hinterlassen hat* – Gordon, «Un homme», in: Gallo (Hrsg.), *Les vies*, S. 43.

33 *erworben hat* – Ebd.

– *lässt es zwar drucken* – Vgl. das Literaturverzeichnis.

35 *militärische Lage am Ural* – Chevallier, «Les débuts de Vivant Denon», S. 75 f.

36 *in ein anderes Exemplar übertragen* – Chevallier, «Les débuts», S. 75.

– *blieb rätselhaft* – Chevallier, «Les débuts», S. 80 f.

37 *beklagt sich in einem Brief* – Voltaire an Denon, 20. Dezember 1775. Die Briefe, die Voltaire und Denon Anfang Juli 1775 und von Dezember 1775 bis Januar 1776 gewechselt haben, sind mehrfach gedruckt worden, zuerst in: Duval, *Monuments*, Bd. 1, S. 15–19, später auch bei Mauriès, S. 18–24.

– *Was ... Tyrannei der Konventionen* – Denon, *Nur diese Nacht*, S. 31 f. (*Point de lendemain*, 1965, S. 394).

38 *Leben Sie wohl ... fand keine* – Denon, *Nur diese Nacht*, S. 51 f. (*Point de lendemain*, 1965, S. 402).

41 *Als ich das erste Mal...* – Dupuy-Vachey, *Vivant Denon et le «Voyage pittoresque»*, S. 92 u. Anm. 144 u. 145.

42 *Wir stiegen ... lenken konnte* – Swinburne, *Voyage dans les deux Siciles*, Bd. IV, S. 212, Anm. 9. Eine frühere Fassung in: Dupuy-Vachey, *Vivant Denon et le «Voyage pittoresque»*, S. 63.

– *Wunder der Verflüssigung ... mitzuerleben* – Denon, *Voyage au royaume de Naples*, S. 68 f.

43 *Man führte uns ... Amphoren* – Dupuy-Vachey, *Vivant Denon et le «Voyage pittoresque»*, S. 93 f. Vgl. auch Denon, *Voyage au royaume de Naples*, S. 118.

– *gedruckt worden sind* – Vgl. die vorige Anm. und die *Voyage pittoresque* des Abbé de Saint-Non, Bd. II, 1782, S. 129.

44 *einiges für sich erlangen* – Swinburne, *Voyage dans les deux Siciles*, Bd. II, S. 127.

– *Deshalb ist Catania ... gegönnt hätte* – Denon, *Voyage en Sicile*, S. 34.

45 *Wir zeichneten ... bewahrt* – Denon, *Voyage en Sicile*, S. 35.

46 *In einer Geschichte ... strebt* – Denon, «Fragment d'un écrit», in: Duval, *Monuments*, Bd. 1, S. 23.

47 *Ernennung zum Botschaftssekretär* – Dupuy, «Chronologie», in: Katalog-Denon, S. 495 f.

48 *zurückdrängen will* – Chevallier, «Denon Chargé d'affaires à Naples», S. 104 f.

– *füllen einen dicken Band* – Denon, *Négocier sur un volcan. Dominique-Vivant Denon et sa correspondance de Naples avec le comte de Vergennes (1782–1785)*.

49 *mit ... hochgeschlagenem Rock* – Bartsch, *Denon*, Bd. 121/1, Nr. 37 u. 38, S. 44 f.

– *Oeuvre priapique* – Bartsch, *Denon*, Bd. 121/1, Nr. 16 ff., S. 24 ff.

51 *Denon hatte ... gewesen wäre* – La Fizelière, *L'oeuvre originale de Vivant Denon*, Bd. 1, S. 25.

52 *Bald darauf ... überlassen* – Portalis, Beraldi, *Les Graveurs du dix-huitième siècle*, Bd. 1, S. 734 f.

54 *Ausübung seiner Ämter* – Denon, *Négocier sur un volcan*, S. 508. Dupuy, «Chronologie», in: Katalog-Denon, S. 497. Chevallier, «Denon Chargé d'affaires à Naples», S. 119 f.

– *nicht wusste, wohin damit* – Denon, «Fragment d'un écrit», in: Duval, *Monuments*, Bd. 1, S. 21.

– *eine ... Sammlung ... Bemühens* – Denon an Angiviller, 4. Juni 1785. Zit. n. Dupuy, «Chronologie», in: Katalog-Denon, S. 497.

55 *von einem Graveur ... gefordert wird* – Katalog-Denon, Nr. 28, S. 84 f.

2. Kapitel

58 *Ich habe ... nicht böse ist* – Denon, *Lettres*, Marocco (eine Ortschaft zwischen Mogliano und Venedig), 4. November 1788, S. 44.

59 *von dem noch die Rede sein wird* – Vgl. S. 245. Isabellas Brief über die Veröffentlichung ihrer *Ritratti* in: Portalis, Beraldi, *Les Graveurs du dix-huitième siècle*, Bd. 1, S. 730 f.

– *Übersiedlung nach Venedig* – Favaro, *Isabella Teotochi Albrizzi, La sua vita, i suoi amori e i suoi viaggi*, S. 30 ff.

60 *der Menschenschlag ... dort besitzt* – Denon, *Lettres*, Venedig, 12. November 1788, S. 47.

61 *Die Liste ... lang und glanzvoll* – Vgl. Favaro, *Isabella Teotochi Albrizzi*, S. 40 ff.

– *Byron über Isabella* – In einem Brief an Thomas Moore vom 24. Dezember 1816.

– *in acht Bänden* – Carlo Marin, *Storia civile e politica del commercio de' Veneziani*, Venedig 1808.

62 *Da bin ich ... wagte* – Denon, *Lettres*, Danzig, 6. Juni 1807, S. 545.

63 *Weißt Du noch ... gefreut haben* – Denon, *Lettres*, Paris, 18. Juni 1814, S. 572.

– *und diese Viertelstunde ... noch geben* – Denon, *Lettres*, Paris, 3. Januar 1795, S. 360.

– *Was tust Du jetzt gerade* – Denon, *Lettres*, Paris, 10. März 1794, S. 295.

64 *Liebe Bettine ... geliebt haben* – Denon, *Lettres*, Paris, 21. April 1810, S. 556.

– *Man fragt ... das halbe Vergnügen* – Denon, *Lettres*, Ferrara, 6. April 1789, S. 49.

65 *Ich tue ... was es zu sehen gibt* – Denon, *Lettres*, Bologna, 27. April 1789, S. 52.

– *Im Gegenteil ... genossen habe* – Lady Morgan, *France*, Teil 2, S. 157 f. Fn.

67 *Ich habe ... ich kann* – Denon, *Lettres*, Modena, 6. Juli 1789, S. 61.

– *Man weiß ... Verhältnisse* – Denon, *Lettres*, Bologna, 27. Juli 1789, S. 64 f.

68 *Ich soll ... zu retten* – Denon, *Lettres*, Modena, 11. August 1789, S. 67.

– *Selbstporträts* – Bartsch, *Denon*, Bd. 121/1, Nr. 212–257, S. 178 ff.

– *Was ich bisher ... Kunst* – Denon, *Lettres*, Florenz, 31. August 1789, S. 69 f.

69 *Meine ... sehr glücklich* – Denon, *Lettres*, Florenz, 23. September 1789, S. 72.

– *Ich muss ... gefasst habe* – Denon, *Lettres*, Florenz, 23. September 1789, S. 73.

70 *Vaterland meiner Wahl* – Denon, *Lettres*, Florenz, 10. Oktober 1789, S. 74.

– *Der erste ... der einzige freie* – Denon, *Lettres*, Florenz, 30. Oktober 1789, S. 76.

71 *starke Protektion verfügt* – Sandt, «Spicilège vénitien», in: Gallo (Hrsg.), *Les vies*, S. 261 f.

72 *Ich wäre … meiner Freiheit* – Verhör Denons, 12. August 1790, in: Mauriès, S. 38 f.

73 *Chance zu diesem Verhör* – Sandt, «Spicilège vénitien», in: Gallo (Hrsg.), *Les vies*, S. 262.

– *Meine Zeichnungen … zu Werke gehen* – Verhör Denons, 12. August 1790, in: Mauriès, S. 41 f.

74 *sogar gezeichnet hat* – Bartsch, *Denon*, Bd. 121/1, Nr. 59, S. 65.

– *Seine Art … erwächst* – Bericht von Benincasa, 14. Januar 1792. Zit. n. Dupuy, «Chronologie», in: Katalog-Denon, S. 499a.

75 *Gewöhnlich … im Café Alle Rive* – Bericht von Benincasa, 24. Mai 1791, in: Mauriès, S. 43.

– *Ich weiß … ebenfalls* – Aussage von Novelli, 27. Mai 1791, in: Mauriès, S. 45 f.

– *Regelmäßig … schenkt sie ihr* – Aussage von Cumano, in: Mauriès, S. 47.

– *Er lebt … für Drucke aus* – Aussage von Sardi, 26. Mai 1791, in: Mauriès, S. 44 f.

76 *Stets … wieder zu veräußern* – Denon, «Fragment d'un écrit», in: Duval, *Monuments*, Bd. 1, S. 22.

77 *428 Blätter* – Pérignon, *Description*, Bd. 3, S. 2 ff., 64 ff., 92 ff., 152 ff.

– *nach Venedig zurückkehrte* – Denon, *Lettres*, Bologna, 12. Mai 1789, S. 54 f.

79 *in Venedig gekannt* – Goethe, *Tagebücher und Briefe*, Weimarer Ausgabe, Bd. 19. Nachdr. München: dtv 1987, Bd. 112, S. 216 u. 210.

– *von sich gegeben hat* – Dupuy, «Chronologie», in: Katalog-Denon, S. 499a.

– *Protektion genießt* – Sandt, «Spicilège vénitien», in: Gallo (Hrsg.), *Les vies*, S. 263.

80 *Es muss … gefiel* – Vigée-Lebrun, *Souvenirs*, S. 208.

83 *dass ich … die Abwesenden* – Denon, *Lettres*, Venedig, Juni 1792, S. 113.

– *Bruder, Freund* – In einem Brief vom 9. Juni 1810, zit. n. Giorgetti, *Ritratto di Isabella*, S. 220.

84 *Ich spüre … versetzen* – Denon, *Lettres*, Florenz, 17. Oktober 1789, S. 75.

3. Kapitel

85 *Ich habe … nie wieder* – Denon, *Lettres*, Venedig, 30. Juni 1792, S. 116.

86 *einer beispiellosen … zugefügt* – Zit. n. Wikipedia-Materialien zum Artikel «Manifest des Herzogs von Braunschweig».

88 *Wer hätte gedacht … würden* – Denon, *Lettres*, Venedig, 26./27. Oktober 1792, S. 136.

– *Heute heißt es … ebenso* – Denon, *Lettres*, Venedig, 26./27. Oktober 1792, S. 137 f.

– *Er zollt … gibt* – Benincasa, Bericht vom 13. Oktober 1792. Zit. n. Dupuy, «Chronologie», in: Katalog-Denon, S. 499b.

89 *kommen zu lassen* – Brief an Novelli, Venedig, 13. Oktober 1792. Zit. n. Dupuy, «Chronologie», in: Katalog-Denon, S. 499b.

90 *Denon und seine Schüler* – Sandt, «Spicilège vénitien», in: Gallo (Hrsg.), *Les vies*, S. 265 u. 276.

91 *dass er sich … empfängt* – Zit. n. Dupuy, «Chronologie», in: Katalog-Denon, S. 499c.

– *verdächtig gemacht zu haben* – Sandt, «Spicilège vénitien», in: Gallo (Hrsg.), *Les vies*, S. 258 u. Anm. 9 auf S. 268.

91 *im geheimen Einvernehmen ... Gewinn erzielt* – Pélissier, «Vivant Denon suspect à Venise 1793, S. 266.

92 *im kleinen Kreis ... kann* – Zit. n. Sandt, «Spicilège vénitien», in: Gallo (Hrsg.), *Les vies*, S. 267.

93 *Der Franzose ... verlassen* – Zit. n. Sandt, «Spicilège vénitien», in: Gallo (Hrsg.), *Les vies*, S. 267 u. Anm. 56.

94 *glaubt er ihr* – Denon erinnert sich und sie vier Wochen später an diese Szene: Denon, *Lettres*, Florenz, 14. August 1793, S. 181.

– *Ich öffne ... ihre Spur* – Denon, *Lettres*, Auf dem Boot, 15. Juli 1793, S. 145 f.

95 *weiterarbeiten können* – Denon, *Lettres*, Florenz, 27. Juli 1793, S. 166.

– *verlassen kann* – Denon, *Lettres*, Florenz, 13. August 1793, S. 184.

– *den Verstand verlieren* – Denon, *Lettres*, Ferrara, 17. Juli 1793, S. 153.

96 *vorzüglich gelingt* – Denon, *Lettres*, Florenz, 5. August 1793, S. 179. Vgl. Bartsch, *Denon*, Bd. 121/1, Nr. 284, S. 224.

– *in Florenz jetzt lebt* – Denon, *Lettres*, Florenz, 18. August 1793, S. 189.

– *Radierungen zu verkaufen* – Denon, *Lettres*, Florenz, 21. Juli 1793, S. 160.

– *Das ist ... Freude macht* – Denon, *Lettres*, Florenz, 25. August 1793, S. 197.

97 *Jedes Mal ... neuer Tod* – Denon, *Lettres*, Chur, 24. November 1793, S. 269.

– *Wenn ich bedenke ... armseliges Leben* – Denon, *Lettres*, Florenz, 27. Juli 1793, S. 167.

– *Wie fromme Leute ... ich selbst* – Denon, *Lettres*, Florenz, 27. Juli 1793, S. 164.

– *Person zu schicken* – Denon, *Lettres*, Florenz, 21. Juli 1793, S. 163.

98 *Bevor ich ... gesehen hat* – Denon, *Lettres*, Auf dem Boot, 15. Juli 1793, S. 146.

– *Ich hatte ... verschmelzen werden* – Denon, *Lettres*, Padua, 16. Juli 1793, S. 150.

– *in Ton zu modellieren* – Denon, *Lettres*, Florenz, 2. September 1793, S. 199.

– *in Florenz gefunden haben* – Réau, *Histoire de l'expansion de l'art français*, Bd. 1, S. 172.

– *Ich würde ... mehr brauchen* – Denon, *Lettres*, Florenz, 29. September 1793, S. 223. Diesen Brief hat Denon mit einer Zeichnung versehen, die zeigt, wie Isabella die Büste Denons umarmt. *Lettres*, S. 8.

99 *bei ihm beklagte* – Denon, *Lettres*, Florenz, 15. September 1793, S. 213.

– *Es gibt ... Unglücks* – Denon, *Lettres*, Florenz, 8. September 1793, S. 210.

100 *Hätten sie ... unglücklich* – Denon, *Lettres*, Florenz, 27. Juli 1793, S. 167.

– *Gebe der Himmel ... für uns* – Denon, *Lettres*, Florenz, 18. August 1793, S. 188.

– *Wenn es ... gentilhomme werden* – Denon, *Lettres*, Florenz, 2. September 1793, S. 201.

101 *Mir fällt ... stecken zu lassen* – Denon, *Lettres*, Florenz, 13. Oktober 1793, S. 233.

– *Meine Liebe ... in Bologna* – Denon, *Lettres*, Bologna, 28. Oktober 1793, S. 244.

102 *Sie wollte ... weitergelaufen* – Denon, *Lettres*, Desenzano, 31. Oktober 1793, S. 248.

– *gleichzeitig erreichen* – Denon, *Lettres*, Morbegno, 17. November 1793, S. 263.

– *Denkbar ... für einen Reisenden* – Denon, *Lettres*, Morbegno, 8. November 1793, S. 255.

103 *Liebe Freundin ... Jahrhundert* – Denon, *Lettres*, Basel, 2. Dezember 1793, S. 270.

4. Kapitel

106 *Liebe Freundin ... Leben lang* – Denon, *Lettres*, Paris, 12. Dezember 1793, S. 273.

– *Ich bin ... Hilfe zuteil* – Denon, *Lettres*, Paris, 29. Dezember 1793, S. 274.

107 *Schon dreimal ... tun zu dürfen* – Denon, *Lettres*, Paris, 29. Dezember 1793, S. 274.

108 *Es ist ... fertig* – Denon, *Lettres*, Paris, 6. Januar 1794, S. 277.

– *Sei ganz ... jetzt* – Denon, *Lettres*, Paris, 14. April 1794, S. 306.

– *Ich wohne ... Wert* – Denon, *Lettres*, Paris, 3. März 1794, S. 293.

109 *so manches gelingt* – Denon, *Lettres*, Paris, 27. Januar 1794, S. 282.

– *Vorbestellung ... abgegeben* – Denon, *Lettres*, Basel, 3. Dezember 1793, S. 273.

– *für sich behält* – Katalog-Denon, Nr. 49, S. 93 f. Bordes, «Un graveur à Paris», in: Gallo (Hrsg.), *Les vies*, S. 87 f.

– *in die Oper gehen* – Denon, *Lettres*, Paris, 20. Januar 1794, S. 279.

110 *Hochschule eingerichtet worden* – Denon, *Lettres*, Paris, 29. Dezember 1793, S. 275.

– *Mir fehlen ... liebe* – Denon, *Lettres*, Paris, 1. April 1794, S. 302.

– *Aubourg ... fand* – Denon, *Lettres*, Paris, 29. Dezember 1793, S. 275.

112 *zu tun hat* – Denon, *Lettres*, Paris, 19. [21.] Januar 1794, S. 280.

– *Jeder ... warten zu lassen* – Denon, *Lettres*, Paris, 27. Januar 1794, S. 281.

114 *Ich versichere ... Deputierter* – Ris, *Les Amateurs d'autrefois*, S. 422.

115 *so hätte ich ... neben Dir* – Denon, *Lettres*, Paris, 1. April 1794, S. 302.

116 *den republikanischen Sitten ... anpassen* – Zit. n. Katalog-Denon, Nr. 54, S. 96.

– *beschlagnahmt hatte* – Denon, *Lettres*, Paris, 30. Juni 1794, S. 324.

– *Nie wird ... würdig sein* – Denon, *Lettres*, Paris, 22. April 1794, S. 307.

– *Männerkostüme ... mit Schärpe* – Bartsch, Bd 121/1, S. 261–268.

117 *Man hat ... verdreifachen* – Denon, *Lettres*, Paris, 27. Mai 1794, S. 316.

– *Der Wohlfahrtsausschuss ... wie ein Traum vor* – Coupin, «Notice», in: Mauriès, S. 112 f.

118 *Heute ist ... Ablenkung* – Denon, *Lettres*, Paris, 23. [24.] März 1794, S. 299.

119 *Ende des Terrors* – Couty, *Jean-Benjamin de Laborde ou le bonheur d'être fermier-général*, S. 331–339.

– *Nichts hat sich ... ausstößt* – Denon, *Lettres*, Paris, 4. August 1794, S. 328 f.

– *Robespierre ... mit dir* – Zit. n. Chatelain, *Dominique Vivant Denon*, S. 73.

120 *vorzüglich gelungen* – Das Bild hängt heute in der Grande Galerie des Louvre.

– *Die Kostüme ... an Isabella* – Denon, *Lettres*, Paris, 12. August 1794, S. 330.

– *18000 Livres* – Katalog-Denon, Nr. 54, S. 96.

– *bei sich behielt* – Denon, *Lettres*, Paris, 2. Dezember 1794, S. 352. – Vgl. Pérignon, *Description*, Bd. 1., Nr. 114, S. 54 f.

121 *ein jähes Ende* – Roux, *Inventaire. Graveurs du XVIIIe siècle*, Bd. 6, Nr. 405, S. 599 ff.

– *Heute ... zu verdanken habe* – Denon, *Lettres*, Paris, 22. September 1794, S. 339.

– *besichtigt werden können* – Gould, *Trophy of Conquest*, S. 34.

– *Es war schon ... am Tag* – Denon, *Lettres*, Paris, 6. Oktober 1794, S. 343.

122 *Madonnenskulptur ... von Michelangelo* – Gould, *Trophy of Conquest*, S. 35.

– *soeben verdoppelt ... das andere* – Denon, *Lettres*, Paris, 2. Dezember 1794, S. 352.

123 *Diese Zeit ... zubringen* – Denon, *Lettres*, Paris, 25. Dezember 1795, S. 423 f.

123 *Ein erster Katalog – Catalogue des objets contenus dans la galerie du Muséum français* (1793).

125 *Meine alten Bekannten* ... *zwanzig* – Denon, *Lettres*, Paris, 24. Februar 1794, S. 291.

126 *Spitzel gewesen sein muss* – Dupuy, «Chronologie», in: Katalog-Denon, S. 500b. Denon, *Lettres*, Paris, 1. Juli 1795, S. 391; 20. Januar 1797, S. 461; 25. März 1797, S. 470.

- *mehr als 250 Pfund Gewicht* – Denon, *Lettres*, Paris, 2. Juli 1795, S. 393 f.; 14. Juli 1795, S. 396 f.

127 *in ihrem Sinne entschieden werden* – Favaro, *Isabella Teotochi Albrizzi*, S. 82–96.

128 *Reise nach Italien* – Denon, *Lettres*, Paris, 5. September 1795, S. 406.

- *einen Abwesenden zu lieben* – Denon, *Lettres*, Florenz, 21. Oktober 1793, S. 238.

- *Dieser Priesterin* ... *empfunden* – Foscolo, *Sesto tomo dell'io*. Entstanden etwa 1799–1801.

130 *Ich wage es nicht* ... *besonnener* – Denon, *Lettres*, Paris, 11. Januar 1796, S. 426.

- *Indem ich* ... *Ruin* – Denon, *Lettres*, Paris, 21. September 1795, S. 411.

- *Schelte mich* ... *entschieden* – Denon, *Lettres*, Paris, 25. Januar 1796, S. 429.

131 *als hätte man* ... *geräumt* – Denon, *Lettres*, Paris, 18. April 1796, S. 439.

- *Ihr Porträt* ... *von Frauen* – Denon, *Lettres*, Paris, 18. Juni 1796, S. 443.

- *liebenswürdig und begehrenswert* – Denon, *Lettres*, Paris, 25. Dezember 1795, S. 424.

132 *Erhältlich* ... *Hôtel Bullion* – Bartsch, Bd. 121/1, Nr. 293.

133 *Joséphine* – Pigeard, *Napoléon amoureux*, S. 48 f.

- *Madame de Buonaparte* – Denon, *Lettres*, Paris, 20. Juni 1797, S. 476 f.; 4. September 1797, S. 481; 9. Oktober 1797, S. 483.

- *großmütig vergolten* – Vgl. Lady Morgan, *France*, Teil 2, Buch VIII, S. 157. La Fizelière, *L'Oeuvre originale de Vivant Denon*, Bd. 1, S. 36 f.

134 *Auch Denons Radierung* – Bartsch, Bd. 121/1, Nr. 288, S. 228.

- *die größte* ... *machen lässt* – Denon, *Lettres*, Paris, 11. Januar 1796, S. 426.

- *stellt er es aus* – Dupuy, «Chronologie», in: Katalog-Denon, S. 501 a.

136 *überhaupt zusammenzubringen* – Wescher, *Kunstraub*, S. 59 f.; Gould, *Trophy*, S. 51 u. 53.

- *Ausmaße annehmen würde* – Gould, *Trophy of Conquest*, S. 46 u. 58 f.

137 *in die Seine mündete* – Gould, *Trophy of Conquest*, S. 64.

138 *in Tolentino ankündigt* – Vgl. oben, S. 21 f.

- *formuliert hatte* – Vgl. oben, S. 24.

- *Sie müssen* ... *nichts mehr* – Denon, *Lettres*, Paris, 18. Juni 1796, S. 443.

- *Wenn Du* ... *Buonaparte* – Denon, *Lettres*, Paris, 7. März 1797, S. 467.

140 *zu einem* ... *Kompliment inspiriert hatten* – Vgl. oben, S. 60.

- *Das Nachtgespenst* ... *Europas ist* – Denon, *Lettres*, Paris, 23. Mai 1797, S. 474 f.

141 *Vor dem Augenblick* ... *braucht* – Denon, *Lettres*, Paris, 20. Juni 1797, S. 476 f.

142 *Du glaubst* ... *labt sich* – Denon, *Lettres*, Paris, 28. September 1797, S. 482.

- *Es wird Dich* ... *ritzen* – Denon, *Lettres*, Paris, 21. April 1798, S. 486 f.

- *Ich versichere* ... *zurückzukehren* – Denon, *Lettres*, Paris, 5. Mai 1798, S. 488.

5. Kapitel

147 *Ich blieb ... gestellt sein würden* – Denon, *Voyage en Egypte*, S. 35. Denons Zeichnung, Tafel XV, 5, in: Bartsch, Bd. 121/2, Nr. 72, S. 55.

148 *stimmt nicht* – Vgl. Dewachter, «Denon, l'Egypte, Champollion», in: Gallo (Hrsg.), *Les vies*, S. 574 f.

– *Jetzt erst ... ergeben hatte* – Denon, *Voyage en Egypte*, S. 68.

149 *Ich habe mich ... wohl zu fühlen* – Denon, *Voyage en Egypte*, S. 73.

– *... meiner eigentlichen Expedition* – Denon, *Voyage en Egypte*, S. 87.

– *Ich gebe zu ... nacheilen müssten* – Denon, *Voyage en Egypte*, S. IX f.

150 *trägt ... während dieser Kampagne Uniform* – Bartsch, Bd. 121/2, Nr. 180, S. 135. Denon, *Voyage en Egypte*, S. 254, Kommentar zu Tafel 54b, Nr. 2.

– *In General Desaix ... konnte* – Denon, *Voyage en Egypte*, S. VIII.

151 *Wenn die Liebe ... gemacht* – Denon, *Voyage en Egypte*, S. XII.

– *Sein Eifer ... bei sich* – Savary, *Mémoires*, Bd. 1, Kap. VII, S. 121 f.

– *Der Morgen ... mir entgangen* – Denon, *Voyage en Egypte*, S. IX.

152 *eigentlich sehen wollte* – Denon, *Voyage en Egypte*, S. 118.

– *Mir scheint ... interessant macht* – Denon, *Voyage en Egypte*, S. VIII.

– *ich meistens ... es wollte* – Denon, *Voyage en Egypte*, S. VIII.

153 *Es war so heiß ... machen ließ* – Denon, *Voyage en Egypte*, S. 171.

– *Der Gedanke ... unweigerlich holte* – Denon, *Voyage en Egypte*, S. 177.

– *Wie hätte man ... bezeichnete* – Denon, *Voyage en Egypte*, S. 200 f.

154 *als eine der größten ... bereichern könnten* – Denon, *Voyage en Egypte*, S. 23.

– *notiert er* – Denon, *Voyage en Egypte*, S. 21.

155 *die größten ... die man kennt* – Denon, *Voyage en Egypte*, S. 163 u. Tafel L.1. Bartsch, Bd. 121/2, Nr. 168, S. 123.

– *Wollte man ... bestimmt wird* – Denon, *Voyage en Egypte*, S. 140.

– *Es wäre interessant ... zu huldigen* – Denon, *Voyage en Egypte*, S. 176.

156 *Ich betrachtete ... zu schaffen machen können* – Denon, *Voyage en Egypte*, S. 201.

157 *wie Riesen erschienen* – Denon, *Voyage en Egypte*, S. 113 f.

– *Dendera lehrte mich ... verzieren* – Denon, *Voyage en Egypte*, S. IX.

– *Wenn man erwägt ... herzugeben* – Denon, *Voyage en Egypte*, S. 62.

158 *Welche Eintönigkeit ... selbst war* – Denon, *Voyage en Egypte*, S. 170.

– *öffentliche Meinung zu lenken versuchen* – Denon, *Voyage en Egypte*, S. 71.

159 *in der Tat ... aufgewirbelt haben* – Denon, *Voyage en Egypte*, S. 173.

– *die Ausmaße ... eingemeißelt* – Denon, *Voyage en Egypte*, S. IX.

162 *wieder von ihm hören* – Denon, *Mit Napoleon in Ägypten*, S. 371.

– *In Wirklichkeit ... unterwegs* – Dewachter, «Denon, l'Egypte, Champollion», in: Gallo (Hrsg.), *Les vies*, S. 584.

– *Kaum hatte man ... auf und davon* – Denon, *Voyage en Egypte*, S. 223.

163 *Was für interessante ... angesehen* – Denon, *Voyage en Egypte*, S. 128.

165 *in Kupfer ... stechen zu lassen* – Denon, *Lettres*, Paris, 3. Dezember 1799, S. 489 f.

– *Wir haben beide ... bewohnen* – Denon, *Lettres*, Paris, 15. März 1800, S. 491 f.

– *Mein Werk ... keine Hemden mehr* – Denon, *Lettres*, S. 493 f.

– *Du fragst ... übrig haben* – Denon, *Lettres*, S. 496.

166 *Wenn ich Dir ... auf dieser Welt* – Denon, *Lettres*, S. 498.

– *Ich bin ... für meinen Text* – Denon, *Lettres*, S. 499.

167 *Was für ein Glück ... auf Reisen geht* – Denon, *Lettres*, Paris, 24. Oktober 1802, S. 506.

– *An Bonaparte ... Denon* – Denon, *Voyage en Egypte*, Widmung, S. V.

168 *Ich fahre ... von meinem guten Ruf* – Denon, *Lettres*, Paris, 30. Juli 1802, S. 504.

– *Ah, Monsieur ... dem armen Freitag begegnen* – Vigée-Lebrun, *Souvenirs*, S. 502.

6. Kapitel

169 *von ... Verwaltungsrat geleitet wird* – Lelièvre, *Vivant Denon*, S. 111.

172 *weitere werden folgen* – Gould, *Trophy of Conquest*, S. 75 ff.

– *in ... künstlerischen Fragen* – Marie-Anne Dupuy, «Vivant Denon ou les paradoxes du directeur des Arts», in: Katalog-Denon, S. 270.

173 *Denons Nachbarn* – Dupuy, «Chronologie», in: Katalog-Denon, Bd. 1, S. 502a.

174 *Gewiss ... noch den Rest* – Zit. n. La Fizelière, Bd. 1, S. 58.

– *Ich habe die Ehre ... anzeigen könnten* – Denon, *Correspondance administrative*, Nr. 1285, 6. Januar 1808. Vgl. auch Gould, *Trophy of Conquest*, S. 88.

175 *Was ich vorausgesehen ... ausgesetzt* – Denon, *Correspondance administrative*, Nr. 1347, 1. März 1808.

– *Monsieur Denon ... Geduld haben muss* – Fontaine, Journal, 14. April 1808. Zit. n. Bresc-Bautier, in: Katalog-Denon, S. 132.

– *heute noch vorhanden* – Vgl. Gould, *Trophy of Conquest*, S. 88 f.

176 *Er entreißt mich ... gar nichts* – Denon, *Lettres*, Paris, 9. Januar 1803, S. 509.

– *Du sagst mir ... vergessen lässt* – Denon, *Lettres*, Paris, 29. Januar 1803, S. 510.

– *Ich verbringe ... bewerkstelligen* – Denon, *Correspondance administrative*, AN 3, 1. Januar 1803. Vgl. auch Katalog-Denon, Nr. 125, S. 145.

177 *Über der Tür ... angebracht werden* – Denon, *Correspondance administrative*, AN 10, 14. Juli 1803.

– *wie ein Herrschername verwendet* – Gould, *Trophy of Conquest*, S. 87.

– *schreibt Denon an Bonaparte* – Denon, *Correspondance administrative*, AN 11, 27. Juli 1803.

178 *Den ‹Apoll› verdankt ... verschaffte* – Notice de la Galérie des Antiques du Musée Napoléon, 1803, S. 105.

– *Statue aushändigen* – Gould, *Trophy of Conquest*, S. 60. Wescher, *Kunstraub*, S. 98. Gallo, «Les antiques», in: Katalog-Denon, S. 184.

179 *Hundert Kisten ... zu Denkmälern türmt* – Denon, «Discours sur les monuments d'antiquité arrivés d'Italie», in: Mauriès, S. 70 f.

– *Luft und Wasser ... Denkmäler* – Denon, «Discours», in: Mauriès, S. 74.

180 *Wenden wir uns ... mitzugeben* – Denon, «Discours», in: Mauriès, S. 76. Denon zitiert Winckelmann anscheinend nach einer freien französischen Übersetzung. Er bezieht sich vermutlich auf die Beschreibung des Apollo von Belvedere im zweiten Teil von Winckelmanns *Geschichte der Kunst des Alterthums*, Dresden 1764, S. 393.

– *Ob sie nun ... zu erringen war* – Denon, «Discours», in: Mauriès, S. 77.

182 *Richemont* – Arthur de Richemont oder Arthur III. de Bretagne gehört eigentlich nicht in diese Reihe. Er ist nie als Eroberer, sondern für fünf Jahre als Gefangener nach England gelangt, hat aber doch einen wichtigen Sieg gegen die Engländer errungen – allerdings in der Normandie, während des Hundertjährigen Krieges.

183 *gewiss auf ... Interesse ... stoßen* – Denon, *Correspondance administrative*, Nr. 278, 15. November 1803.

– *Diese Statue ... anzweifeln könnte* – Denon, *Correspondance administrative*, AN16, 16. Dezember 1803.

185 *unterhalb der beiden Ringer* – Katalog-Denon, Nr. 260, S. 288.

– *wenn es um die Kunst geht* – Denon, «Fragment d'un écrit», in: Duval, *Monuments*, Bd. 1, S. 21.

– *Du sagst mir ... Dir angetan habe* – Denon, *Lettres*, Paris, 6. November 1803, S. 514.

186 *Nun habe ich ... mit Eleganz* – Denon, *Lettres*, Paris, 18. Juni 1803, S. 512 f.

– *Wenn Du wüsstest ... erlebt hast* – Denon, *Lettres*, Paris, 6. November 1803, S. 515.

187 *Spottpreis von 300 Francs* – Ris, *Les Amateurs d'autrefois*, S. 446. Katalog-Denon, Nr. 537, S. 446.

– *Das Museum ... Einlass finden* – Zit. n. Bresc-Bautier, in: Katalog-Denon, S. 144, Anm. 144.

188 *Diese erstaunliche Sammlung ... erfreuten* – Zit. n. Bresc-Bautier, in: Katalog-Denon, S. 144, Anm. 144.

– *Es entstand ... Hauptstadt* – Boisserée, «Fragment einer Selbstbiographie, 1800–1808», S. 21.

– *wo uns die Bildwerke ... anzogen* – Boisserée, «Fragment einer Selbstbiographie, 1800–1808», S. 22 u. 26.

189 *weil ich muss ... gewöhnt* – Meyer, *Briefe aus der Hauptstadt und dem Innern Frankreichs*, Bd. 1, S. 133.

– *wegen der Sorgsamkeit ... zuströmt* – Meyer, *Briefe aus der Hauptstadt und dem Innern Frankreichs*, Bd. 1, S. 138 f.

– *Recht traurig ... erzeugte* – Kleist, «An Adolfine von Werdeck», Paris, Frankfurt am Main, November 1801, in: Kleist, *Briefe 1793–1804*, S. 226.

– *Auch sind mir ... empörten* – Karl August Varnhagen von Ense, *Denkwürdigkeiten des eignen Lebens*, Bd. 2 (1810–1815), S. 95.

190 *Dass jedermann ... für den Pöbel nicht da* – Varnhagen von Ense, *Denkwürdigkeiten des eignen Lebens*, Bd. 2 (1810–1815), S. 94. Das «Dichterwort» stammt von Goethe – aus seinen Venezianischen Epigrammen von 1790, Nr. 15.

– *die in ihrem gewöhnlichen ... die Hände* – Chézy, *Unvergessenes*, S. 271 f.

191 *um sich versammelt hat* – Boisserée, «Fragment einer Selbstbiographie, 1800–1808», S. 24.

– *Freund Bartolini ... denken kann* – Chézy, *Unvergessenes*, S. 277 f.

193 *Ich sah sie ... vom Blitz getroffen* – Chézy, *Leben und Kunst in Paris seit Napoleon I.*, S. 378.

– *Das arme Mädchen ... gestorben* – Chezy, *Leben und Kunst in Paris seit Napoleon I.*, S. 380 f.

194 *Lebendig ... beklommen machen* – Denon, «Discours», in: Mauriès, S. 77.

195 *Wer einen Begriff ... des Gebers* – Schlabrendorf, «Napoleon Bonaparte und das französische Volk unter seinem Konsulate», in: *Anti-Napoleon*, S. 134 f.

– *Bonaparte ... Porträt* – Schlabrendorf, «Napoleon Bonaparte und das französische Volk unter seinem Konsulate», in: *Anti-Napoleon*, S. 207.

196 *diesen Idealen ... gerecht wird* – Vgl. Pougetoux, «De la République des Arts au peuple artiste», in: Katalog-Denon, S. 340 ff.

197 *fast einen Meter breit* – Katalog-Denon, Nr. 133, S. 147.

198 *Verbundenheit ... stiften* – Dupuy, «Vivant Denon», in: Katalog-Denon, S. 271 u. Anm. 18.

200 *an derselben Stelle ... dem sie galt* – Savary, *Mémoires*, Bd. 2, S. 124 f.

– *Eine Lobrede ... vollkommen machen* – Denon, *Correspondance administrative*, AN 36, Paris, 20. April 1805.

201 *Unter Ihrem Vorsitz ... erinnern* – Denon, *Correspondance administrative*, AN 36, Paris, 20. April 1805.

– *Sire ... verzögern würde* – Denon, *Correspondance administrative*, AN 40–1, Großer St. Bernhard, 19. Juni 1805.

– *Sich lieben ... Besseres gibt es nicht* – Denon, *Lettres*, Triest, 10. August 1805, S. 524.

203 *für lange Zeit* – Giorgetti, *Ritratto di Isabella*, S. 217 ff.

– *Ich hatte großes Glück ... küssen* – Denon, *Lettres*, Wien, 28. August 1805, S. 526.

205 *Sire, es sollte ... Denon* – Denon, *Correspondance administrative*, AN 44, Straßburg, 13. November 1805.

206 *besser als sein Französisch* – Dollinger, «Le dessinateur strasbourgeois Benjamin Zix», S. 199 f.

207 *Es hat sich ... zur gleichen Familie* – Denon, *Lettres*, München, 12. Januar 1806, S. 538.

– *Die ersten vierzehn Tage ... mich umsehe* – Zix an seine Eltern, Paris, 1. Mai 1806, in: Dollinger, S. 203. Die Originalbriefe von Benjamin Zix waren für mich nicht erreichbar. Zix hat sie in einer, wie Dollinger bemerkt (S. 196, Anm. 2), abenteuerlichen Orthographie auf Deutsch geschrieben. Sie wurden hier aus dem Französischen zurückübersetzt.

– *Monsieur Denon ... zu tun* – Zix an seine Eltern, Paris, 22. Juni 1806, in: Dollinger, S. 203.

7. Kapitel

210 *So geschah es ... abzugeben* – Müller, *Erinnerungen aus den Kriegszeiten von 1806–1813*, S. 5 f.

211 *General Dentzel ... nicht fühlen ließ* – Goethe, *Tagebücher 1831*, Werke, WA, Bd. 90, S. 9 f.

212 *für die tapfere Herzogin empfunden habe* – Friedrich von Müller, *Erinnerungen*, S. 6 ff., 52 f., 60 ff.

– *Denon wünscht ... nivellieren* – Goethe, *Briefe*, WA, Bd. 112, Nr. 5260, S. 208.

213 *Habe ich ... munter und artig* – Goethe, *Briefe*, WA, Bd. 112, Nr. 5269, S. 216.

– *Wenn auch ... Gemälde ersten Ranges in Dresden* – Denon, *Correspondance administrative*, AN 59, Berlin, 28. Oktober 1805.

214 *Sonst brachten wir ... gehorcht* – Zit. n. Savoy, *Kunstraub*, S. 129 f.

215 *Verzeichnis ... zunächst zehn Seiten* – Vgl. Savoy, *Kunstraub*, CD, S. 391 ff.

216 *aus Schloss Sanssouci* – Vgl. Savoy, *Kunstraub*, CD, S. 405 ff.

217 *Von dem Besuch ... Wäsche waschen* – Lady Morgan, *The Book of the Boudoir*, Bd. 1, S. 32.

218 *seit langem ruhe* – Schadow, *Kunstwerke und Kunstansichten* (1849), Bd. 1, S. 482.

– *sollte er dergleichen ... glaubt* – Schadow an Böttiger, 5. März 1807. Zit. n. Schadow, *Kunstwerke und Kunstansichten*, Bd. 1, S. 484.

– *Selbst Geld bedürfend ... in Paris gehört* – Schadow, *Kunstwerke und Kunstansichten*, Bd. 1, S. 75.

– *Quittung ... erhalten geblieben* – Savoy, *Kunstraub*, CD, S. 306. Katalog-Denon, Nr. 248, S. 251.

219 *Denon ... herbeigerufen wurde* – Schadow, *Kunstwerke und Kunstansichten*, Bd. 1, S. 74.

– *6000 Francs gezahlt* – Cullen, Kieling, *Das Brandenburger Tor*, S. 43.

– *Seit einem Monat ... all Deine Lieben* – Denon, *Lettres*, Berlin, 24. November 1806, S. 542.

220 *Sire, zwei Pferde der Quadriga ... besitzt* – Denon, *Correspondance administrative*, AN61, Berlin, 3. Dezember 1806.

221 *Ich bin überzeugt ... Pflichtgefühl* – Denon, *Correspondance administrative*, AN61, Berlin, 3. Dezember 1806.

222 *Damals erhielt ... sehen wir weiter* – Talleyrand, *Mémoires du Prince de Talleyrand*, Bd. 1, S. 310.

– *neben dem Louvre lag* – Cullen, Kieling, *Das Brandenburger Tor*, S. 43.

225 *noch nicht hinausgelangt* – Emperius, «Über die Wegführung und die Zurückkunft der Braunschweigischen Kunst- und Bücherschätze», Sp. 6.

226 *Wäre das Geschäft ... Kenntnisse* – Emperius, «Über die Wegführung und die Zurückkunft», Sp. 15 f.

– *er wollte nun einmal ... nie gemacht worden* – Emperius, «Über die Wegführung und die Zurückkunft», Sp. 20 f.

227 *nicht darüber spricht* – Emperius, «Über die Wegführung und die Zurückkunft», Sp. 17 f., 23.

– *nach Paris gebracht* – Emperius, «Über die Wegführung und die Zurückkunft», Sp. 23.

229 *im Reinhardswald ... verstecken lassen* – Völkel, «Die Beraubung des Museums zu Kassel», S. 262.

– *gegen andere getauscht* – Pougetoux, «Le Directeur et l'Impératrice», in: Gallo (Hrsg.), *Les vies*, S. 108 f.

– *Protokoll aufgenommen* – Vgl. Savoy, *Kunstraub*, CD, S. 449 ff.

230 *Ich empfing ihn ... hätte* – Völkel, «Die Beraubung des Museums zu Kassel», S. 266 f.

231 *beide Sammlungen ... in Schutz genommen habe* – Völkel, «Die Beraubung des Museums zu Kassel», S. 268.

– *müsse er grausam sein ... öffentlich* – Völkel, «Die Beraubung des Museums zu Kassel», S. 268 f.

– *Dieses zweite Kasseler Protokoll* – Vgl. Savoy, *Kunstraub*, CD, S. 459 ff.

231 *Ein drittes Protokoll* – Vgl. Savoy, *Kunstraub*, CD, S. 466 ff.

232 *nur noch zu Festen ... hinwegtrösten* – Denon, *Lettres*, Paris, 29. März 1805, S. 516.

– *auf den Heimweg nach Paris macht* – Dupuy, «Chronologie», in: Katalog-Denon, S. 504a.

233 *über die Grenzen hinaus...berühmt machte* – Dupuy, «Chronologie», in: Katalog-Denon, S. 504a. *Journal de Paris*, 15. März 1807.

234 *in Lübeck entsprungen* – Gerstein, «Le regard consolateur du grand homme». Le Concours pour la *Bataille d'Eylau*», in: Katalog-Denon, S. 325.

– *Die unglücklichen Russen ... gedient habe* – Zit. n. Lelièvre, *Vivant Denon*, S. 170.

236 *Elfenbeinschnitzereien ... bestimmt sind* – Savoy, *Kunstraub*, CD, S. 471–480.

237 *dort gefunden hat* – Dupuy, «Chronologie», in: Katalog-Denon, S. 504a.

– *am innigsten geliebt hat* – Pigeard, *Napoléon amoureux*, S. 158.

– *Ich habe kürzlich ... gefördert wird* – Denon, *Lettres*, Danzig, 6. Juni 1807, S. 544 f.

238 *Ungeduldig erwartete ... gemacht hatte* – Tissot, «Notice sur Vivant Denon», S. XXVI f.

239 *lässt es seiner Autorin durchgehen* – Lady Morgan, *Le livre du Boudoir*, Bd. 1, S. 45.

240 *Über das Mitgefühl ... enterrer les morts* – Lady Morgan, *The Book of the Boudoir*, «Raconteurs», S. 32 ff.

241 *hingen... beim Zollfest* – Denon, *Correspondance administrative*, Nr. 1158, 17. August 1807.

– *zurückgekehrt zu sein* – Denon, *Correspondance administrative*, Nr. 1157, 11. August 1807.

– *um die geplante Ausstellung ... kümmern* – Denon, *Correspondance administrative*, Nr. 1201, 28. September 1807.

242 *Statuen ... 1806 und 1807* – Anonym, *Statues, bustes, bas-reliefs*, Paris 1807.

– *eines stammt von Rembrandt* – Diese und die folgenden Angaben über zutreffende und falsche Zuschreibungen verdanke ich der Rekonstruktion der Ausstellung von 1807, die Bénédicte Savoy auf der ihrem Buch *Kunstraub* beigefügten CD unternommen hat.

243 *In dieser ungeheuer ... empfohlen sein soll* – Anonym, *Statues, bustes, bas-reliefs*, S. I f.

– *12 000 Exemplare verkauft* – Savoy, *Kunstraub*, S. 346.

244 *Die Franzosen ... nicht Rembrandt kannten* – *Morgenblatt*, 2. November 1807, Nr. 262, S. 1046. Zit. n. Savoy, *Kunstraub*, S. 355.

– *Die Pariser ... darstellte* – *Morgenblatt*, 2. November 1807, Nr. 262, S. 1046. Zit. n. Savoy, *Kunstraub*, S. 355.

– *nicht vorhanden waren* – Vgl. Savoy, *Kunstraub*, S. 355 ff., 372.

– *in die Präsentation integriert* – Savoy, *Kunstraub*, S. 359 ff.

245 *Novelli ... hat sie angefertigt* – Katalog-Denon, Nr. 48, S. 93.

– *in Isabellas Salon verkehrt* – Katalog-Denon, Nr. 48, S. 93.

– *Erst seit ich ... veranlasst* – Isabella Teotochi Albrizzi an Denon, Terraglio, 3. Oktober 1806. Zit. n. Artikel «Denon» in: Portalis, Beraldi, *Les Graveurs du dix-huitième siècle*, Bd. 1, S. 730.

246 *Bist Du jetzt ... uns liebst* – Denon, *Lettres*, Paris, 1. November 1807, S. 545.

– *Sehen Sie ihn ... unendlich viel mehr* – Isabella Teotochi Albrizzi, «Vivente De-Non», zit. n. Mauriès, S. 54–57.

247 *ein Loblied auf ihn gemacht* – Denon, *Lettres*, Verona, 12. September 1805, S. 530.
248 *Mit bloßen Freundlichkeiten ... usw. usw.* – Denon, *Lettres*, Wien, 16. August 1805, S. 525.

8. Kapitel

250 *die Ursache all meines Unglücks* – Zit. n. Baticle, «La mission en Espagne», in: Gallo (Hrsg.), *Les vies*, S. 327.
251 *Das Reisen ... lange dauert* – Zix an seine Eltern, Paris, 29. Oktober 1808, in: Dollinger, S. 210.
  – *Kaum waren wir ... beschäftigen wird* – Zix an seine Eltern, Paris, 16. Februar 1809, in: Dollinger, S. 211.
252 *Bis dahin ... eintraf* – Denon an Napoleon, Valladolid, 18. Januar 1809, *Correspondance administrative*, AN 78.
  – *Wenn nicht der Bruder ... nachgeholt werden* – Denon an Napoleon, Valladolid, 18. Januar 1809, *Correspondance administrative*, AN 78.
253 *Denon möchte ... ungeheuer reich* – Napoleon an Joseph, König von Spanien, Valladolid, 15. Januar 1809. Zit. n. Lelièvre, S. 210.
  – *die Malerei Spaniens ... repräsentieren* – Lelièvre, S. 210. Baticle, «La mission en Espagne», in: Gallo (Hrsg.), *Les vies*, S. 332 f.
254 *Verdienste bei der Befreiung Spaniens* – Wescher, *Kunstraub*, S. 116 f.
  – *keinen rechten Sinn für die Malerei Spaniens gehabt* – Z. B. Baticle, «La mission en Espagne», in: Gallo (Hrsg.), *Les vies*, S. 327.
255 *Ansicht der Kapelle ... bei Burgos* – Denon an Napoleon, Valladolid, 18. Januar 1809, *Correspondance administrative*, AN 78.
  – *Weiterentwicklung des Gemäldes von Roehn* – Dupuy, in: Katalog-Denon, S. 480 ff., Nr. 605–608.
256 *Splitter ... Grab zu Burgos* – Pérignon, Bd. 2, S. 129, Nr. 646.
257 *als äußerst nützlich erweisen* – Denon an Napoleon, Paris, 16. April 1809, *Correspondance administrative*, AN 81.
  – *Ich würde euch gern ... und weiter* – Zix an seine Eltern, Linz, 3. Juni 1809, in: Dollinger, S. 211 f.
258 *Sie haben ... fortgebracht haben* – Engerth, *Kunsthistorische Sammlungen des allerhöchsten Kaiserhauses*, Bd. 1, S. LXXV.
  – *mit der Aufnahme des Vorhandenen beginnen* – Engerth, *Kunsthistorische Sammlungen*, Bd. 1, S. LXXVI.
  – *Ich war ... hingegangen zu sein* – Stendhal, Marginalia de Haydn, in: O.C. 49, 100/1. Zit. n. Claudon, Introduction zu: Claudon, Bailly, *Vivant Denon*. Colloque, S. 9.
259 *Alle meine Einwendungen ... eingepackt* – Engerth, *Kunsthistorische Sammlungen*, Bd. 1, S. LXXVI f.
260 *einen Arm verliert* – Vgl. S. 29.
  – *sich um die Ausführung kümmern* – Dupuy, «Chronologie», in: Katalog-Denon, S. 504c.
261 *Die heilige Familie ... Denon* – Bartsch, Denon, Bd. 121/2, Nr. 459, S. 255. Katalog-Denon, Nr. 69, S. 101 f.

262 *Gott bewahre ... für richtig halten* – Mannlich, *Histoire de ma vie*, Bd. 2, S. 520 f.
   – *Weil ich es ... zurückkehrte* – Mannlich, *Histoire de ma vie*, Bd. 2, S. 521.
264 *in Erfüllung gegangen waren sie nie* – Mannlich, *Histoire de ma vie*, Bd. 2, S. 476.
   Savoy, *Kunstraub*, S. 79 f.
   – *das Kind von Wagram* – Pigeard, *Napoléon amoureux*, S. 159.
266 *besser miteinander ausgekommen, als erwartet* – Pigeard, *Napoléon amoureux*, S. 174 ff.
   – *Vase, die allerdings nie fertig wurde* – Katalog-Denon, Nr. 161, S. 158 f.
268 *mit allen ... Arten von Ruhm befasst* – Vgl. S. 179.
269 *Obelisk von Luxor ... aufgestellt* – Katalog-Denon, Nr. 369, S. 364 f.
   – *in der Ferne unscheinbar* – Katalog-Denon, Nr. 370, S. 365.
270 *Er war schmutzig ... köpft* – Hugo, *Les Misérables*, Bd. 4: *L'idylle rue Plumet et l'épopée rue Saint-Denis*.
272 *versteht sich ... von selbst* – Denon an Napoleon, Paris, 15. Juni 1806, *Correspondance administrative*, Nr. 927 – 3.
   – *darstellen soll* – Denon an Napoleon, Paris, 10. März 1806. *Correspondance administrative*, AN52.
274 *Bronze ... 10 Linien* – Pérignon, *Description*, Bd. 2: *Monuments antiques, historiques, modernes*, S. 157 f.
275 *bei der gleichen Gelegenheit 180 Francs* – Pérignon, *Déscription*, Bd. 2, S. 132. Richard-Desaix, *La Relique de Molière du Cabinet du Baron Vivant Denon*, S. 31, Anm. 2.
276 *was man ... in die Depots geschafft hat* – Denon an den Innenminister Montalivet, 28. Januar 1811, Nr. 1979. 26. April 1811, Nr. 2073. 3. Mai 1811, Nr. 2084.
   – *Ich sehe voraus ... entschließt* – Denon an den Innenminister Montalivet, 26. April 1811, *Correspondance administrative*, Nr. 2073.
   – *diesen Gedanken dem Kaiser nahezubringen* – Denon an Napoleon, 3. Juli 1811, *Correspondance administrative*, AN91.
277 *dieses kleine Land ... anzugliedern* – Denon an den Innenminister Montalivet, 6. Oktober 1813, *Correspondance administrative*, Nr. 2961.
278 *Unter mehr als 4000 ... beraube* – Denon an den Innenminister Montalivet, 6. Januar 1812, *Correspondance administrative*, Nr. 2249.
279 *in sich bergen* – Denon an Napoleon, 23. Januar 1812, *Correspondance administrative*, AN96.
   – *Seit fünfzehn Jahrhunderten ... machen könnte* – Denon an Napoleon, 23. Januar 1812. *Correspondance administrative*, AN96.
280 *aber Italien ... gern sehen* – Zix an seine Eltern, Paris, 16. Februar 1809, in: Dollinger, S. 211.
   – *denn wir sparen ... hält kaum noch zusammen* – Zix an seine Frau, Florenz, 17. Oktober 1811, in: Dollinger, S. 217.
281 *Liebe Frau ... schreibe ich Dir noch* – Zix an seine Frau, Rom, 7. November 1811, in: Dollinger, S. 218.
282 *Ich muss mich also ... völlig ausgezehrt* – Denon, *Lettres*, Florenz, 10. Dezember 1811, S. 561.
   – *Ich wage nicht ... in Paris sein* – Denon, *Lettres*, Mailand, 20. Dezember 1811, S. 562.
283 *denn in Italien ... Freundinnen* – Denon, *Lettres*, Paris, 14. März 1812, S. 563 f.

284 *Zutritt zu einem Hofball zu gewähren* – Dupuy, «Chronologie», in: Katalog-Denon, S.505c.
  – *zutiefst betrübt gewesen* – Denon, *Lettres*, S.564, Anm. 1.
  – *Wenn das Musée ... mit Raffael endet* – Denon an den Innenminister Montalivet, 6.Januar 1812, *Correspondance administrative*, Nr. 2249.
  – *Aufstellung mit seinen Kommentaren* – Denon an Napoleon, 6.Januar 1812, *Correspondance administrative*, AN 93.
286 *ihn befreien wollen* – Bourienne, *Mémoires*, Bd. 9, S.73.
  – *Der Papst ... nicht geahnt* – Bourienne, *Mémoires*, Bd. 9, S.74 f.
287 *der letzte ... den er direkt an den Kaiser gerichtet hat* – Vgl. S.279.
288 *Unsere Arbeit ... Kürze* – Williamson, «Stendhal et Dominique-Vivant Denon», S.177, 180, 189, 191.
289 *von Anfang an im Sinn gehabt* – Vgl. die Ausgabe in *Romanciers du XVIIIe siècle II*, der «Bibliothèque de la Pléiade», S.383–402, mit den Lesarten im Anhang, S.1949 ff.
  – *Titel eines «Baron de l'Empire» zuteilwird* – Dupuy, «Chronologie», in: Katalog-Denon, S.505c.
  – *Wenn diese Gemälde ... hervorgebracht hat* – Denon an den Innenminister Montalivet, Florenz, 28.Oktober 1811, *Correspondance administrative*, Nr. 2233–2.
290 *sorgfältig erläutert werden* – Anonym (Morel d'Arleux): *Notice des tableaux des écoles primitives de l'Italie*. Vgl. auch Hamard, «L'exposition des ‹écoles primitives› au Louvre», in: Katalog-Denon, S.226 ff., 231.
  – *Zum großen Teil ... darüber hinaus waren* – Anonym (Morel d'Arleux): *Notice des tableaux des écoles primitives de l'Italie*, S.I f.

9. Kapitel

294 *Wenn man doch ... nach Rambouillet schicken* – Louis Crozet, Journal 1814: «Départ de l'impératrice. Denon. Mars 1814», in: Stendhal, *Oeuvres intimes*, Bd. 1, S.1095–1097.
297 *noch heute auf dem Pont Neuf steht* – Savoy, *Kunstraub*, S.374 ff. Cullen, Kieling, *Das Brandenburger Tor*, S.46 ff., 54 ff.
  – *Schon mehrere Stunden vorher ... empfangen* – Zit. bei Emil von Siefart, «Aus der Geschichte des Brandenburger Tores und der Quadriga», *Schriften des Vereins für die Geschichte Berlins*, Heft XLV, Berlin 1912. Zit. n. Cullen, Kieling, *Das Brandenburger Tor*, S.48.
298 *Im August 1814 ... wird sie enthüllt.* – Cullen, Kieling, *Das Brandenburger Tor*, S.54.
300 *Nach dem Essen ... wo sie sich befinden* – Henry, *Journal d'un voyage à Paris en 1814*, 4.Mai 1814, S.21.
  – *in die Antikengalerie ... Tücke?* – Henry, *Journal*, 7.Mai 1814, S.24.
301 *Besuch bei Denon ... dem Münzkabinett überlassen* – Henry, *Journal*, 13.Mai 1814, S.28.
  – *die Stelle im Museum ... befindet* – Henry, *Journal*, 15.Mai 1814, S.30.
  – *Paulus Potter* – Vgl. Saunier, *Les Conquêtes Artistiques*, S.78.

302 *Initiative zu ergreifen* – Denon an den Grafen Blacas, Ministre de la Maison du Roi, 30. Juni 1814. *Correspondance administrative*, Nr. 3135.

– *wenn ihm die Wahrheit ... zukommen zu lassen* – Zit. n. Völkel, S. 325.

– *Der Ruhm ... des Sieges* – Saunier, *Les Conquêtes Artistiques*, S. 85.

303 *Alles ... verloren* – Henry, *Journal*, 6. Juni 1814, S. 55.

– *Bücher für Hessen sichern* – Grimm, *Briefwechsel*, Paris, 7. Juni 1814, S. 353.

– *die gesamte ... Majolika-Sammlung* – Denon an den Comte de Blacas, 11. Juli 1814, *Correspondance administrative*, Nr. 3152. Savoy, *Kunstraub*, S. 175 f.

– *Schreiner, der ihm dabei hilft* – Henry, *Journal*, 6. und 8. August 1814, S. 90, 91 f.

– *Habe gesehen ... aus dem Museum gerollt wurde* – Henry, *Journal*, 16. August 1814, S. 95 f.

304 *Du möchtest wissen ... nicht unglücklich sein werde* – Denon, *Lettres*, Paris, 27. Mai 1814, S. 570.

305 *Ich hielt es ... in seiner ganzen Pracht zeigt* – Denon an den Comte de Blacas, 3. August 1814, *Correspondance administrative*, Nr. 3172.

– *Brakteaten ausgehändigt* – Henry, *Journal*, 17. September 1814, S. 116.

306 *Man hat uns ... ohne jeden Wert* – Entwurf eines Briefes an Denon vom 23. August 1814. Stiftung Preußische Schlösser und Gärten Berlin Brandenburg, Akten des Hof- und Oberhofmarschallamtes, Dossier 151. Zit. n. Savoy, *Kunstraub*, S. 179 f.

– *einen neuen Kopf angedeihen lassen* – Vgl. Savoy, *Kunstraub*, S. 334 f.

307 *Als guter Patriot ... unsere Sachen herausgeben* – Henry, *Journal*, 7. Mai 1814, S. 24.

– *Er sagte ... getan hätte* – Edmund Stengel, *Private und amtliche Beziehungen der Brüder Grimm zu Hessen*, 2 Bde., Marburg 1886, Bd. II, S. 83. Zit. n. Savoy, *Kunstraub*, S. 192.

308 *Précis ... zugetragen hat* – Dieser «Précis de ce qui s'est passé au Musée royal depuis l'entrée des alliés à Paris» ist Teil der von Marie-Anne Dupuy und anderen veranstalteten Ausgabe von Denons *Correspondance administrative*. Vgl. das Literaturverzeichnis.

– *Monsieur le Baron ... Ribbentrop* – Ribbentrop an Denon, 8. Juli 1815, Nr. 3476, in: Denon, «Précis».

– *Da Sie zögern ... versichern werde* – Ribbentrop an Denon, 9. Juli 1815, Nr. 3478, in: Denon, «Précis».

309 *nach der Festung ... in Westpreußen* – Ribbentrop an Denon, 9. Juli 1815, Nr. 3480, in: Denon, «Précis».

– *ob die Nationalehre ... Fiat justitia* – Handschriftlicher Bericht von Henry, Berlin, Geheimes Staatsarchiv Preußischer Kulturbesitz, Rep. 143, IV, Nr. 13 fol. 1–2. Zit. n. Savoy, *Kunstraub*, S. 183.

310 *diejenigen Kunstschätze ... Blücher* – Groote, «Die Wegnahme der durch die Franzosen geraubten Kunstschätze in Paris. 1815», S. 102.

– *wie bei dem Friedensschluss ... unangetastet gelassen hatte* – Groote, «Die Wegnahme», S. 98.

311 *nicht leugnen ... auf's höchste erfreute* – Groote, «Die Wegnahme», S. 102.

– *es mochte ... begrüßt wurden* – Groote, «Die Wegnahme», S. 105.

312 *Wie hätte ich ... wohin es gehörte* – Groote, «Die Wegnahme», S. 118.

312 *aus dem Aachener Dom … entführt worden waren* – Ribbentrop an Denon, 1. August 1815, in: Denon, «Précis», Nr. 3499.

- *beide … prunkvoll gerahmt* – Denon an den Comte de Pradel, 1. August 1815, «Précis», Nr. 3500.

313 *Ich entgegnete … begraben können* – Von Groote, «Die Wegnahme», S. 122 f.

- *Säulen vor der Zerstörung retten* – Denon an Napoleon, 23. Januar 1812. *Correspondance administrative*, AN96.

- *an den preußischen König wendet* – Denon an Seine Majestät den König von Preußen, 21. August 1815, in: Denon, «Précis», Nr. 3504.

314 *noch immer ungenutzt neben dem Aachener Dom* – Von Groote, «Die Wegnahme», S. 127.

- *Mit dieser Rückerstattung … berühmte Antiken* – Denon, «Précis», nach Nr. 3496.

315 *Du willst wissen … schwindet* – Denon, *Lettres*, Paris, 11. September 1815, S. 573 f.

- *die Abgesandten … für Ligurien und Genua* – Vgl. Savoy, *Kunstraub*, S. 188.

316 *Die Haltung … Unrecht zu tun* – Der Duke of Wellington an Lord Castlereagh, Paris, 23. September 1815. Abgedruckt im *Journal des débats*, 18. Oktober 1815. Vgl. auch: Gould, *Conquest of Trophy*, S. 131 ff.

- *drunter und drüber her* – Jacob Grimm an Wilhelm und Ludwig Grimm, Mainz 13. September 1815, in: Grimm, *Briefwechsel*, S. 453.

- *Aus Bonn … lassen sich kaum blicken* – Jacob Grimm an Wilhelm Grimm, Paris, 23. September 1815, in: Grimm, *Briefwechsel*, S. 455.

317 *Am 21. … und ihm draußen übergeben würde* – Denon, «Précis», 21. September 1815, vor Nr. 3536.

- *Ein solches Ansinnen … verlocken lassen könnten* – Denon an M. de Pradel, 21. September 1815, in: Denon, «Précis», Nr. 3536.

- *gestohlen worden sind* – Denon an den Polizeipräfekten, 28. September 1815 in: Denon, «Précis», Nr. 3545.

318 *Am Tag zuvor … nicht geben könne* – Denon, 26. September 1815, in: Denon, «Précis», nach Nr. 3544.

319 *Hamilton … die sie zurückfordern – Verdankt es … wurden? – Ich bilde … homme des circonstances* – Denon, «Précis», 30. September 1815, nach Nr. 3547.

320 *meine Mission als beendet* – Denon, «Précis», 2. Oktober 1815. Nach Nr. 3558.

- *Sire … zu erbitten* – Denon, «Précis», 3. Oktober 1815, Nr. 3561.

321 *Monsieur le Baron … Ribbentrop* – Ribbentrop an Denon, Paris, 4. November 1815. Zit. n. Saunier, *Les Conquêtes Artistiques*, S. 159 f.

- *Zwischen Leuten … aufluden* – Zit. n. Lelièvre, *Vivant Denon*, S. 223.

322 *Schmerzlich war … zusammentrafen* – Völkel, S. 330.

- *nicht willigen würde* – Groote, «Die Wegnahme», S. 103.

323 *Herr Denon … zu äußern* – Emperius, Sp. 35.

10. Kapitel

326 *Reden … erlebt hat* – Eymery, *Dictionnaire des girouettes*, Titelseite.

- *Moskau herausgebracht* – Eymery, *Dictionnaire des girouettes*, S. 151.

326 *Schüler ... Dankte ... noch einmal ab* – Eymery, *Dictionnaire des girouettes*, S. 321.

327 *Vor 1789 ... ihm schmeichelten* – Eymery, *Dictionnaire des girouettes*, S. 112 f.

328 *nachweislich ... geraubten Kunstgegenständen* – Groote, «Die Wegnahme», S. 110.

– *in die Privatsammlungen ... geflossen* – Groote, «Die Wegnahme», S. 118.

329 *für die eigene Sammlung* – Bicart-Sée, Dupuy, «Dessins des diverses Ecoles» in: Katalog-Denon, S. 452.

– *mit rechten Dingen zuging* – Bicart-Sée, Dupuy, «Dessins des diverses Ecoles» in: Katalog-Denon, S. 452 f.

330 *C'est ... un cabinet* – Denon, *Lettres*, Paris, 24. Februar 1794, S. 290.

– *Möge ... gesehen haben* – Denon an Dawson Turner, 17. Februar 1816. Zit. n. Dupuy, «Chronologie», in: Katalog-Denon, S. 506.

– *Ich habe ... glücklich war* – Denon, *Lettres*, Paris, 28. März 1816, S. 575.

331 *Papier und Druckfarben* – Katalog-Denon, Nr. 438, S. 400.

332 *Ich habe ... kurz ist* – Denon, *Lettres*, Paris, 28. März 1816, S. 575.

– *vermessen* – Denon, «Fragment d'un écrit», in: Duval, *Monuments*, Bd. 1, S. 21.

333 *auch geworden* – Katalog-Denon, Nr. 438, S. 400.

334 *als Beispiele ... folgen* – Duval, *Monuments*, Bd. 1, S. VIII.

– *nach welchem Plan ... beschäftigt hatte* – Duval, *Monuments*, Bd. 1, S. IX.

335 *erworben hatte* – Duval, *Monuments*, Bd. 1, Erläuterung zu Tafel III.

– *mit Ausländern* – Denon, *Lettres*, Paris, 28. März 1816, S. 575.

336 *Sein Haus... in Ägypten* – Dibdin, *A Biographical, Antiquarian and Picturesque Tour in France and Germany*, Bd. II, S. 280.

– *... wegen seiner Größe* – Dibdin, Bd. II, S. 281.

– *Geschmäcker sind verschieden* – Dibdin, Bd. II, S. 282.

337 *Teil der Zeit* – Mme. de Genlis, *Mémoires inédits sur le dix-huitième siècle et la révolution française*, Bd. 7, S. 36 f.

– *Ich bewunderte ... kostbarer macht* – Mme. de Genlis, *Mémoires inédits*, Bd. 7, S. 41 f.

– *Monsier Denon ... ohne Erfolg* – Brief von James Heath, 27. Juni 1820. Cambridge, Trinity College Library, Dawson Turner. Zit. n. Dupuy, «Chronologie», in: Katalog-Denon, S. 506.

338 *Das Haus ... werden sollen* – Lady Morgan, *France*, Teil II, Buch 5, S. 42.

339 *Mindestens ... beschrieben hat* – Lady Morgan, *France*, Teil II, Buch 5, S. 46.

– *Er war ... gefüttert* – Lady Morgan, *France*, Teil II, Buch 5, S. 48.

– *Wenn Denon ... anzuhäufen* – Lady Morgan, *France*, Teil II, Buch 5, S. 48.

– *ungeheure Freude ... zu bekunden* – Denon, *Lettres*, Paris, 2. Mai 1817, S. 580.

340 *Du wirst ... sehen* – Denon, *Lettres*, Paris, 7. Mai 1817, S. 581.

– *Ich vergaß ... stört* – Denon, *Lettres*, Paris, 7. Mai 1817, S. 581 f.

– *Talma und Mademoiselle Mars* – Favaro, *Isabella Teotochi Albrizzi*, S. 175.

341 *Liebe Freundin ... von ganzem Herzen* – Denon, *Lettres*, Paris, Mai–Oktober 1817, S. 585.

– *Mein liebes Kind ... Dich küssen* – Denon, *Lettres*, Paris, Mai–Oktober 1817, S. 585.

– *Monsieur Denon ... jung sterben* – Norvins, Artikel «Denon», in: *Biographie nouvelle des contemporains*, Bd. 5, S. 353.

– *Sein Gedächtnis ... aufgehört hatte* – Duval, «Notice», in: Duval, *Monuments*, Bd. 1, S. 12.

342 *Wer je … einer griechischen Dame* – Lady Morgan, *Italy*, Bd. 2, S. 399 f.
- *Denon ging … gekommen war* – Lady Morgan, *The Book of the Boudoir*, Bd. 1, «Raconteurs», S. 30 ff., 34.
345 *Mein liebes Kind … Deinen Sohn* – Denon, *Lettres*, Paris, 1. April 1825, S. 596.
- *Vigée-Lebrun* – Kertanguy, *Madame Vigée-Lebrun*, S. 314.
346 *Die letzten Augenblicke … erfüllen kann* – *Le Constitutionnel. Journal du commerce, politique et littéraire*, 8. Mai 1825, S. 3.
347 *Monsieur Denon … nennen wird* – *Le Constitutionnel*, 8. Mai 1825, S. 3 f.
348 *Gut … da bleibt er* – Zit. n. Chatelain, *Dominique Vivant Denon*, S. 281.
- *abhandengekommen ist* – Vgl. das Gipsmodell der Skulptur. Katalog-Denon, Nr. 634, S. 491.
349 *für 28000 Pfund* – Dupuy, «Chronologie», in: Katalog-Denon, S. 507.
- *in 801 Nummern* – Pérignon, *Description*.
- *auf etwa 250000 Francs* – Ris, *Les Amateurs d'autrefois*, S. 449.
- *an das Britische Museum verkauft* – Pérignon u. a., *Description*, Bd. 1, Nr. 892, S. 204. Katalog-Denon, Nr. 83, S. 116.
350 *dem Louvre vermachte* – Pérignon, *Description*, Bd. 1, Nr. 187, S. 86. Katalog-Denon, Nr. 537, S. 446.
- *Memnon-Kolosse bei Theben* – Pérignon, *Description*, Bd. 2, Nr. 628 u. 629, S. 123.
351 *Verhörprotokolle und Gerichtsurteile* – Pérignon, *Description*, Bd. 2, Nr. 631–645.
- *zu einem … Porträt seines Schöpfers liefert* – Richard-Desaix, *La Relique de Molière du Cabinet du Baron Vivant Denon*.
- *Vergoldetes Kupfer … 3 Linien* – Pérignon, *Description*, Bd. 2, Nr. 646, S. 129. Vgl. auch Katalog-Denon, Nr. 480, S. 420 f.
352 *nach England verkauft* – Katalog-Denon, Nr. 584, S. 465.
- *Buch über Antonio Canova* – Pérignon, *Description*, Bd. 3, Nr. 639 u. 640, S. 181 f.
- *L'Originale e il Ritratto* – Pérignon, *Description*, Bd. 3, Nr. 725, S. 196.
- *Mme. Lebrun … Leinwand* – Pérignon, *Description*, Bd. 1, Nr. 210, S. 94.
353 *am Terraglio* – Favaro, *Isabella Teotochi Albrizzi*, S. 181.
- *sondern nach Ohio* – Katalog-Denon, Nr. 540, S. 447.

Nachspann

356 *blieben in Frankreich* – Marie-Louise Blumer, «Catalogue des peintures transportées d'Italie en France de 1796 à 1814», *Bulletin de la Société de l'Histoire de l'Art français*, 1936, S. 244–348. Vgl. auch Gould, *Trophy of Conquest*, S. 128.
357 *sie auf- und auszustellen* – Harmand, *Manuel de l'amateur des arts dans Paris pour 1824*, S. 163.
358 *Wertschätzung … nahegebracht* – Vgl. Gaethgens, «Les visiteurs allemands…», in: Gallo (Hrsg.), *Les vies*, S. 725 ff.
359 *An Bildern … Verdorbnes* – Goethe, *Gedichte*, WA Bd. 3, S. 121.
360 *Bewusstsein von … Kunsterbe* – Wescher, S. 143.
- *Die Freunde … legen* – Emperius, Sp. 4.
362 *nicht zugrunde* – Nicholas, *Der Raub der Europa*, S. 165 ff.

Literaturverzeichnis

Die Übersetzungen der Zitate aus den französischen, englischen und italienischen Quellen ins Deutsche stammen, soweit in den Anmerkungen nicht anders angegeben, von mir. Um auch den Passagen aus deutschen Quellen ein gewisses Maß an sprachlicher Gegenwartsnähe zu geben, wie sie sich bei den Übersetzungen von selbst und unvermeidlich einstellt, schien es mir sinnvoll, diese Textstücke unter Wahrung von Wortlaut und Lautstand in ihrer Orthographie zu modernisieren. R.K.[*]

Schriften von Vivant Denon in chronologischer Reihenfolge

Julie ou Le bon père. Comédie en trois actes et en prose par M. D* N**, Paris: Delalain 1769. (BNF-Gallica)

Point de lendemain, hrsg. v. Marguerite du Cheyron, in: *Romanciers du XVIIIe siècle,* Bd. 2, Paris: Gallimard 1965. Text der Ausgabe von 1812, mit den Varianten der Ausgabe von 1777 und Bibliographie.

Point de lendemain und *La nuit merveilleuse ou Le Nec plus ultra du plaisir,* mit einer Vorbemerkung von Poulet-Malassis, ergänzt von Jean-Jacques Pauvert, Paris: Belles Lettres 1993.

Nur diese Nacht und Anatole France: *Baron Denon,* übers. und mit einem Nachwort von Reinhard Kaiser, Frankfurt am Main: Schöffling 1997.

Voyage en Calabre, 1778, veröffentlicht in Form von Anmerkungen zu: Henri Swinburne, *Voyage dans les deux Siciles en 1777, 1778, 1779 et 1780.* Traduit de l'anglois par un voyageur françois, Bd. 2, Paris: Didot 1785, S. 88–249. (BNF-Gallica)

Voyage en Sicile, 1778, Einleitung von P. Mauriès, Paris: Le Promeneur – Gallimard 1993.

Voyage au royaume de Naples, Vorwort von Pierre Rosenberg. Einleitung und Anmerkungen von Mathieu Couty, Paris: Perrin 1997.

Le «Voyage pittoresque»: un manuscrit inconnu [1778], siehe unten: Marie-Anne Dupuy-Vachey.

Négocier sur un volcan. Dominique-Vivant Denon et sa correspondance de Naples avec le comte de Vergennes (1782–1785), hrsg. v. Françoise Janin. Einleitung von Jean Claude Waquet, Brüssel: Peter Lang 2007.

Pages d'un journal de voyage en Italie, 1788, hrsg. v. Elena Del Panta, Paris: Le Promeneur – Gallimard 1998.

---

[*] Zahlreiche noch vor wenigen Jahren nur schwer erreichbare Texte sind nun in digitalisierter Form im Internet zugänglich. Ohne Anspruch auf Vollständigkeit füge ich den Literaturangaben Hinweise auf die digitalen Archive bei, in denen mir elektronische Versionen der genannten Werke begegnet sind.

BNF-Gallica – Bibliothèque Nationale Paris: gallica.bnf.fr
BSB digital – Bayerische Staatsbibliothek digital: www.bsb-muenchen.de/literatursuche/
DDB – www.deutsche-digitale-bibliothek.de/
Google Books – books.google.de/
Internet Archive – www.archive.org

Lettres à Bettine, hrsg. v. Fausta Garavini, Arles: Actes Sud 1999.

Interrogatoire de Vivant Denon (Venedig, 12. August 1790), in: Mauriès 1998, S. 37–42.

Voyage en Egypte (Voyage dans la basse et la haute Egypte, pendant les campagnes du général Bonaparte), 2. Ausgabe in Quarto, Paris: Didot 1802. (BNF-Gallica)

Mit Napoleon in Ägypten, 1798–1799, hrsg. v. Helmut Arndt, Tübingen: Erdmann 1977.

Correspondance administrative de Vivant Denon, 1802–1815, hrsg. v. Marie-Anne Dupuy, Isabelle le Masne de Chermont u. Elaine Williamson, Paris 1999. www.napoleonica. org/denon/index.html

Discours sur les monuments d'antiquité arrivés d'Italie (1803), in: Mauriès 1998, S. 70–77.

Précis de ce qui s'est passé au Musée royal depuis l'entrée des alliées à Paris (1815), in: *Correspondance administrative de Vivant Denon, 1802–1815*.

Fragment d'un écrit de M. Denon sur la formation et la composition de son cabinet (etwa 1820), in: Amaury Duval, *Monuments des Arts du dessin...*, Paris 1829, Bd. 1, S. 21–25; auch in: Mauriès 1998, S. 90–96.

Quellen und Schriften zu Vivant Denon

Albrizzi, Isabella Teotochi, «Vivente De-Non», in: *Ritratti*, Venedig: Alvisopoli 1816, S. 25–30. (Google Books) Frz. Übers. in: Mauriès 1998, S. 54–57.

Anonym, *Catalogue des objets contenus dans la galerie du Muséum Français*, Paris: C.-F. Patris 1793. (Google Books)

– (Ennio Quirino Visconti), *Notice des statues, bustes et bas-reliefs de la Galerie des antiques du Musée central des arts*, Paris: Imprimerie des Sciences et Arts 1800. (BNF-Gallica)

– (Ennio Quirino Visconti), *Notice des statues, bustes et bas-reliefs de la Galerie des antiques du Musée Napoléon*, Paris: Imprimerie des Sciences et Arts 1803. (BNF-Gallica)

– «Cabinet de feu M. le baron V. Denon» (Über die bevorstehende Versteigerung von Denons eigener Sammlung), in: *Le Constitutionnel*, Paris, 22. April 1826, S. 2 f.

– *Iconographie des contemporains depuis 1789 jusqu'à 1829*, Paris: Delpech 1832. (Google Books)

– *Statues, bustes, bas-reliefs, bronzes, et autres antiquités, peintures, dessins, et objets curieux, Conquis par la Grande Armée, dans les années 1806 et 1807*, Paris: Dubray 1807. (BNF-Gallica)

– (Morel d'Arleux), *Notice des tableaux des écoles primitives de l'Italie, de l'Allemagne et de plusieurs autres tableaux de différentes écoles*, Paris: Dubray 1814, 1815.

– *Louvre From Revolution to First Empire*. Digital Bibliography. 60 titles on Gallica. (Quellentexte, insbesondere frühe Ausstellungskataloge, und Bildmaterial zur Geschichte des Louvre) http://www.napoleon.org/en/napoleonica/library/LouvreNapoleon_Bibliographie_Gallica_eng.pdf

Bartsch, *The illustrated Bartsch*, Bd. 121/1 u. 121/2: *Dominique Vivant Denon*, hrsg. v. Petra ten-Doesschate Chu, New York: Abaris Books 1988.

Baticle, Jeannine, «La mission en Espagne», in: Gallo, S. 325–344.

Bicart-Sée, Lise u. M.–A. Dupuy, «Dessins des diverses Ecoles» in: Katalog-Denon, S. 451 ff.

Blumer, Marie-Louise, «La mission de Denon en Italie (1811)», in: *Revue des études napoléoniennes*, November 1934, S. 237–257.

Boisserée, Sulpiz, «Fragment einer Selbstbiographie, 1800–1808», in: S. B., *Lebensbeschreibung*, hrsg. v. Mathilde Boisserée, Stuttgart: Cotta 1862, Bd. 1. (DDB)

Bordes, Philippe, «Un graveur à Paris, 1793–1798», in: Gallo, S.83–103.

Bourienne, Louis Antoine Fauvelet de, *Mémoires sur Napoléon, le Directoire, le Consulat, l'Empire et la Restauration*, 10 Bde., Paris: Ladvocat 1829–1831. Bd. 9 (1830). (Google Books)

Bresc-Bautier, Geneviève, *Le Louvre, une histoire de Palais*, Paris: Musée du Louvre, Somogy éditions d'art 2008.

– «Dominique-Vivant Denon, premier directeur du Louvre», in: Katalog-Denon, S.130–145.

Chatelain, Jean, *Dominique Vivant Denon et le Louvre de Napoléon*, Paris: Perrin 1973 u. 1999.

Chevallier, Gabriel, «Les débuts de Vivant Denon», in: *Mémoires de la Société d'histoire et d'archéologie de Chalon-sur-Saône* 1962–63, S.59–83.

– «Denon Chargé d'affaires à Naples – 1782–1785», in: *Mémoires de la Société d'histoire et d'archéologie de Chalon-sur-Saône* 1964–65, S.104–121.

Chézy, Helmina von, *Unvergessenes. Denkwürdigkeiten aus dem Leben von H. v. Ch. Von ihr selbst erzählt*. 1. Teil, Leipzig: Brockhaus 1858.

– *Leben und Kunst in Paris seit Napoleon I.*, hrsg. v. Bénédicte Savoy, Berlin: Akademie Verlag 2009.

Chu, Petra ten-Doesschate *siehe* Bartsch.

Claudon, Francis u. Bernard Bailly (Hrsg.), *Vivant Denon. Colloque de Chalon-sur-Saône du 22 mars 1997*, Chalon-sur-Saône: Comité Vivant Denon 1998.

Coupin, P.-A., «Notice nécrologique sur M. le Baron Denon», in: *Revue encyclopédique*, Juli 1825, in: Mauriès 1998, S.107–121.

Couty, Mathieu, *Jean-Benjamin de Laborde ou le bonheur d'être fermier-général*, Paris: Michel de Maule 2001.

Cullen, Michael S., Uwe Kieling, *Das Brandenburger Tor. Ein deutsches Symbol*, Berlin: Berlin Edition 1999.

Description des objets d'arts qui composent le cabinet de feu M. le Baron V. Denon (Katalog der Versteigerung des Nachlasses von Denon, 1826) – *siehe* Pérignon, A.N.

Dewachter, Michel, «Denon, l'Egypte, Champollion et le Louvre. De la légende à la réalité», in: Gallo, S.569–598.

Dibdin, Thomas Frognall, *A Biographical, Antiquarian and Picturesque Tour in France and Germany*, London: Robert Jennings and John Major 1829. 3 Bde. (Google Books)

Dollinger, Ferdinand, «Le dessinateur strasbourgeois Benjamin Zix (1771–1811), d'après des documents inédits», in: *Archives alsaciennes d'histoire de l'art*, 2e année, 1923, Strasbourg, Paris: Librairie Istra 1923, S.193–220.

Dubois *siehe* Pérignon, A. N.

Duchesne Aîné *siehe* Pérignon, A. N.

Dupuy, Marie-Anne, «Vivant Denon ou les paradoxes du directeur des Arts», in: Katalog-Denon, S.270–275.

– «Chronologie», in: Katalog-Denon, S.494–507.

– *Vivant Denon et le «Voyage pittoresque»: un manuscrit inconnu*, Paris: Fondation Custodia 2009.

Duval, Amaury, *Monuments des arts du dessin chez les peuples tant anciens que modernes, recueillis par le Baron Vivant Denon ... pour servir à l'histoire des arts, lithographiés par ses soins et sous ses yeux, décrits et expliqués par Amaury Duval*, Paris: Brunet-Denon 1829. 4 Bde. (Internet Archive)

– «Notice sur la vie et les ouvrages de M. le Baron Vivant Denon», Einleitung zu: Amaury Duval, *Monuments des arts du dessin* (1829), Bd. 1. Auch in: Mauriès 1998, S. 122–142.

Emperius, Johann Friedrich Ferdinand, «Über die Wegführung und die Zurückkunft der Braunschweigischen Kunst- und Bücherschätze», in: *Braunschweigisches Magazin*, Januar 1816. 1.-4. Stück, Sp. 1–64.

Engerth, Eduard von, *Kunsthistorische Sammlungen des Allerhöchsten Kaiserhauses. Gemälde. Beschreibendes Verzeichnis*, Bd. 1, Wien: Selbstverlag der Direction 1881. Darin: «Zur Geschichte der Kaiserlichen Gemälde-Galerie», S. XII-LXXXIX.

Eymery, Alexis, *Dictionnaire des girouettes, ou nos contemporains peints d'après eux-mêmes, par une société de girouettes*, Paris: Alexis Eymery 1815. (BNF-Gallica)

Favaro, Adriano, *Isabella Teotochi Albrizzi. La sua vita, i suoi amori et i suoi viaggi*, Udine: Gaspari editore 2003.

Foscolo, Ugo, *Sesto tomo dell'io*. Etwa 1799–1801. www.classicitaliani.it/foscolo/fosco34. htm

Gaethgens, Thomas W., «Les visiteurs allemands du musée Napoléon», in: Gallo, S. 725–739.

Gallo, Daniela, «Les antiques au Louvre», in: Katalog-Denon, S. 182–194.

– (Hrsg.), *Les vies de Dominique-Vivant Denon*. Actes du colloque organisé au musée du Louvre du 8 au 11 décembre 1999, 2 Bde., Paris: La documentation française 2001.

Genlis, Madame de, *Mémoires inédits sur le dix-huitième siècle et la révolution française*, Paris: Ladvocat 1825, Bd. 7. (Google Books)

Gerstein, Marc, «‹Le regard consolateur du grand homme›. Le Concours pour la *Bataille d'Eylau*», in: Katalog-Denon, S. 321 ff.

Ghali, Ibrahim Amin, *Vivant Denon ou la conquête du bonheur*. Einleitung v. Jean-Claude de Vatin, Kairo: Institut Français d'archéologie orientale 1986.

Giorgetti, Cinzia, *Ritratto di Isabella. Studi e documenti su Isabella Teotochi Albrizzi*, Florenz: Le Lettere 1992.

Goethe, Johann Wolfgang von, *Tagebücher und Briefe*. Weimarer Ausgabe, Reprint, München: dtv 1987.

Goncourt, Edmond und Jules de, *Histoire de la société française pendant le Directoire*, Paris: Charpentier 1892. (BNF-Gallica)

Gordon, Alden, «Un homme de l'Ancien Régime», in: Gallo, S. 37–55.

Gould, Cecil, *Trophy of Conquest. The Musée Napoléon and the Creation of the Louvre*, London: Faber and Faber 1965.

Gramaccini, Norberto, «Rubens' *Petrus-Martyrium* im Exil», in: Hiltrud Kier u. Frank Günter Zehnder (Hrsg.), *Lust und Verlust. Kölner Sammler zwischen Trikolore und Preußenadler*, Köln: Museen der Stadt Köln, Wienand 1995, S. 85–90.

Grimm, Jacob und Wilhelm, *Briefwechsel zwischen Jacob und Wilhelm Grimm*, hrsg. v. Heinz Rölleke. Kritische Ausgabe in Einzelbänden Bd. 1.1. Stuttgart: Hirzel 2001.

Groote, Eberhard von, «Die Wegnahme der durch die Franzosen geraubten Kunstschätze in Paris. 1815. Aus dem Tagebuch eines Preußischen Freiwilligen», *Agrippina, Zeitschrift für Poesie, Literatur, Kritik und Kunst*, 22. Februar–24. März 1824.

Gros, Antoine-Jean, «Discours prononcé sur la tombe de M. Denon, le 30 avril», in: *Le Constitutionnel*, Paris, 8. Mai 1825, S. 3 f.

Hamard, Monica Preti, «L'exposition des ›écoles primitives‹ au Louvre», in: Katalog-Denon, S. 226–243.

Hammer-Purgstall, Josef von, *Erinnerungen aus meinem Leben, 1774–1852. Fontes rerum Austriacarum. Österreichische Geschichtsquellen*, 2. Abt., 70. Band, Wien, Leipzig 1940.

Harmand, C., *Manuel de l'amateur des arts dans Paris pour 1824*, Paris: Hesse, Pélicier 1824.

Henry, Jean, *Journal d'un voyage à Paris en 1814*, hrsg. v. Bénédicte Savoy u. Nicolas Labasque, Paris: Le Promeneur – Gallimard 2001.

Kagané, Ludmila, «Denon et la Russie: intermédiaire pour l'Ermitage impérial», in: Gallo, S. 279–324.

Katalog-Denon, *Dominique-Vivant Denon. L'oeil de Napoléon*, Katalog zur Ausstellung im Louvre, Oktober 1999 – Januar 2000, hrsg. v. Pierre Rosenberg u. Marie-Anne Dupuy, Paris: Réunion des musées nationaux 1999.

Kertanguy, Inès de, *Madame Vigée-Lebrun*, Paris: Perrin 2000.

Kleist, Heinrich von, *Briefe 1793–1804*, Gesamtausgabe, hrsg. v. Helmut Sembdner, Bd. 6, München: dtv 1964.

Kleßmann, Eckart, *Goethe und seine lieben Deutschen*, Frankfurt am Main: Eichborn 2010, Die Andere Bibliothek, Bd. 307 (»Verfluchtes Volk. Du wirst nicht klug«, S. 107–209).

Kultermann, Udo, *Geschichte der Kunstgeschichte. Der Weg einer Wissenschaft*, Frankfurt am Main, Berlin: Ullstein 1981.

La Fizelière, Albert de, *L'oeuvre originale de Vivant Denon. Collection de 317 eaux-fortes, avec une notice très-détaillée sur sa vie intime, ses relations et son Oeuvre*, 2 Bde., Paris: A. Barraud 1873.

Lanzac de Laborie, Léon, *Paris sous Napoléon, Bd. VIII: Spectacles et Musées*, Paris: Plon 1913.

Lelièvre, Pierre, *Vivant Denon. Homme des lumières – «Ministre des Arts» de Napoléon*, Paris: Picard 1993.

Lougnot, Claude, *Vivant Denon: un roman*, Précy-sous-Thil: l'Armançon 1995.

Malgouyres, Philippe, *Le Musée Napoléon*, Paris: Musée du Louvre 1999, Collection «Promenades».

Mannlich, Johann Christian von, *Histoire de ma vie*, hrsg. v. Karl-Heinz Bender, Hermann Kleber, Trier: Spee, Bd. 1: 1989, Bd. 2: 1993. Index raisonée, Trier: Paulinus 2003.

Mauriès, Patrick (Hrsg.), *Vies remarquables de Vivant Denon*, Paris: Le Promeneur – Gallimard 1998.

Meyer, Friedrich Johann Lorenz, *Briefe aus der Hauptstadt und dem Innern Frankreichs*, 2. Aufl. Tübingen: Cotta 1803. (BSB digital)

Milde, Wolfgang, «Stendhal in Wolfenbüttel: Kriegskommissar und Bibliotheksbenutzer», in: *Wolfenbütteler Beiträge*, Jg. 1982, Bd. 5, S. 165–189.

Morgan, Lady (Sydney Owenson), *France*, Philadelphia: M. Thomas 1817. (Google Books) – *Italy*, New York: Seymour 1821, 2 Bde. (Google Books)

- *The Book of the Boudoir*, 2 Bde., New York: Harper 1829. (Google Books)
- *Le livre du boudoir*. Aus d. Engl. v. A. J. B. Defauconpret, Bd. 1, Paris: Gosselin 1829.
  (BNF-Gallica)
Müller, Friedrich von, *Erinnerungen aus den Kriegszeiten von 1806–1813*, Braunschweig:
  Viehweg 1851. (Google Books)
Nicholas, Lynn H., *Der Raub der Europa. Das Schicksal europäischer Kunstwerke im Dritten Reich*, München: Kindler 1995.
Norvins, Jacques Marquet de Montbreton de, Artikel «Denon», in: *Biographie nouvelle des contemporains*, hrsg. v. A. V. Arnault, A. Jay, E. Jouy, J. Norvins, Bd. 5, Paris: Librairie historique 1822, S. 352–358. (Google Books)
- «Les derniers moments du baron Dominique Vivant Denon...», in: *Le Constitutionnel*,
  Paris, 8. Mai 1825, S. 3.
Orgogozo, Chantal, «Le voyage dans la Basse et la Haute-Egypte», in: Katalog-Denon,
  S. 108–115.
Pécout, Gilles, «Vivant Denon, l'impossible négociateur de 1814–1815», in: Gallo, S. 497–515.
Péllissier, Léon G., «Vivant Denon suspect à Venise (1793)», in: *Bulletin de la Société de l'Histoire de l'Art Français*, 1912, S. 260–289.
Pérignon, A.N., Dubois, L. J. J., Duchesne Ainé, Jean: *Description des objets d'arts qui composent le cabinet de feu M. le Baron V. Denon*, Paris: Hippolyte Tilliard 1826. Bd. 1,
  hrsg. v. Pérignon, A.N., «Tableaux, Dessins et Miniatures». Bd. 2, hrsg. v. Dubois,
  «Monuments antiques, historiques, et modernes». Bd. 3, hrsg. v. Duchesne Ainé,
  «Estampes et livres à figures». Katalog der Versteigerung des Nachlasses von Denon.
  (Google Books)
Peronnet, Benjamin, «Denon, collectionneur typique ou atypique?», in: Gallo, S. 741–768.
Pigeard, Alain, *Napoléon amoureux*, Paris: Tallandier 2007.
Portalis, Roger u. Henri Beraldi, *Les graveurs du dix-huitième siècle*, Paris: Damascène
  Morgand et Charles Fatout 1880, Bd. 1, Artikel: Denon (Vivant), S. 728–737. Reprint
  Paris: L'echelle de Jacob 2001.
Pougetoux, Alain, «De la République des Arts au peuple artiste», in: Katalog-Denon,
  S. 340–351.
- «Le Directeur et l'Impératrice», in: Gallo, S. 105–123.
Réau, Louis, *Histoire de l'expansion de l'art français: Le monde latin*. Paris: Laurens 1933.
  Bd. 1.
Reid, Martine, «Vies et légendes de Dominique-Vivant Denon», in: Gallo, S. 15–33.
Richard-Desaix, Ulric, *La Relique de Molière du Cabinet du Baron Vivant Denon*, Paris:
  Vignères 1880. (Internet Archive)
Ris, Louis Torterat, Comte Clément de, *Les Amateurs d'autrefois*, Paris: Plon 1877, «Le
  baron Vivant Denon», S. 407–451. (BNF-Gallica)
Roger, Philippe, «Denon libertin. Des corps très diplomatiques», in: Gallo, S. 57–82.
Rosenberg, Pierre *siehe* Katalog-Denon.
Roux, Marcel, *Inventaire du fonds français. Graveurs du XVIIIe siècle*, Bd. 6 (Damontot-Denon), Paris: Bibliothèque Nationale 1949.
Saint-Non, Jean Baptiste Claude Richard, abbé de, *Voyage pittoresque ou description des royaumes de Naples et de Sicile*, 5 Bde. Paris 1781–1786. (BNF-Gallica)
Sandt, Udolpho van de, «Spicilège vénitien», in: Gallo, S. 253–277.

Saunier, Charles, *Les Conquêtes Artistiques de la Révolution et de l'Empire. Reprises et abandons des alliés en 1815, Leurs conséquences sur les musées d'Europe*. Paris: Renouard, Laurens 1902.

Savary, Anne Jean Marie René, Duc de Rovigo, *Mémoires du Duc de Rovigo pour servir à l'histoire de l'empereur Napoléon*, 7 Bde., Paris: Bossange 1828. (BNF-Gallica)

Savoy, Bénédicte, *Kunstraub. Napoleons Konfiszierungen in Deutschland und die europäischen Folgen*. Mit einem Katalog der Kunstwerke aus deutschen Sammlungen im Musée Napoléon, Wien: Böhlau 2011.

Schadow, Johann Gottfried, *Kunstwerke und Kunstansichten. Ein Quellenwerk zur Berliner Kunst- und Kulturgeschichte zwischen 1780 und 1845* (1849), hrsg. v. Götz Eckardt, Berlin: Deutscher Verlag für Kunstwissenschaft 1987.

Schlabrendorf, Gustav von, *Anti-Napoleon*, Frankfurt am Main: Eichborn 1991. Die Andere Bibliothek, Bd. 84.

Steinmann, Ernst, *Der Kunstraub Napoleons*. Hrsg. v. Yvonne Dohna. Rom: Bibliotheca Hertziana – Max-Planck-Institut für Kunstgeschichte 2007. Elektronische Publikation: http://edoc.biblhertz.it/editionen/steinmann/kunstraub/

Stendhal (Henri Beyle), Begegnung mit Denon vor dem Louvre, März 1814, notiert von Louis Crozet, in: Stendhal, *Oeuvres intimes*, Bd. 1, hrsg. v. V. del Litto, Paris: Gallimard 1981, Anhang VIII, S. 1095–1097.

Swinburne, Henri, *Voyage dans les deux Siciles en 1777, 1778, 1779 et 1780*, Bd. I-V, Paris: Didot 1785–1787. Enthält in Form langer Fußnoten große Teile der Aufzeichnungen, die Denon während seiner Erkundung Süditaliens in den Jahren 1777 und 1778 anfertigte. (BNF-Gallica)

Talleyrand-Périgord, Charles Maurice de, *Mémoires du Prince de Talleyrand*. Mit einem Vorwort und Anmerkungen des Duc de Broglie, Paris: Calmann Lévy 1891. (BNF-Gallica)

Tissot, P.-F., «Notice sur Vivant Denon», in: Vivant Denon, V*oyage dans la basse et la haute Egypte*, Bd. 1, Paris: Gaugain 1829. (Google Books)

Treue, Wilhelm, *Kunstraub. Über die Schicksale von Kunstwerken in Krieg, Revolution und Frieden*, Düsseldorf: Droste 1957.

Varnhagen von Ense, Karl August, *Werke in fünf Bänden*, Bd. 2. Denkwürdigkeiten des eignen Lebens (1810–1815), hrsg. v. Konrad Feilchenfeldt, Frankfurt am Main: Deutscher Klassiker Verlag 1987. Aufenthalt in Paris 1810, S. 92–105.

Vigée-Le Brun, Elisabeth, «*Les Femmes régnaient alors, la Révolution les a detrônées*» – *Souvenirs*, hrsg. v. Didier Masseau, Paris: Tallandier 2009.

Völkel, Ludwig, «Die Beraubung des Museums und der Bibliothek zu Kassel durch die Franzosen und der Bau des westphälischen Ständesaals», hrsg. v. Albert Duncker unter dem Titel «Eines hessischen Gelehrten Lebenserinnerungen aus der Zeit des Königs Jerôme», in: *Zeitschrift des Vereins für hessische Geschichte und Landeskunde*, 1882, Bd. 9, S. 249–347.

Wescher, Paul, *Kunstraub unter Napoleon*, Berlin: Gebr. Mann 1976.

Williamson, Elaine, «Stendhal et Dominique-Vivant Denon. De l'expédition d'Egypte à l'inventaire du Musée Napoléon», in: *Stendhal Club* 1989, Jg. 123, S. 171–196.

Wittkop, Justus Franz, *Die Welt des Empire. Directoire, Empire, Klassizismus*, München: Desch 1968.

Bildnachweis

Namenregister